金融犯罪辩护丛书

保险业犯罪风险防范与罪刑适用

BAOXIANYE FANZUI
FENGXIAN FANGFAN YU ZUIXING SHIYONG

韩哲　曹波　田川颐◎著

中国金融出版社

责任编辑：王雪珂
责任校对：刘　明
责任印制：陈晓川

图书在版编目（CIP）数据

保险业犯罪风险防范与罪刑适用（Baoxianye Fanzui Fengxian Fangfan yu Zuixing Shiyong）/韩哲，曹波，田川颐著.—北京：中国金融出版社，2018.4
（金融犯罪辩护丛书）
ISBN 978-7-5049-9463-9

Ⅰ.①保…　Ⅱ.①韩…②曹…③田…　Ⅲ.①保险—刑事犯罪—研究—中国　Ⅳ.①D924.334

中国版本图书馆CIP数据核字（2018）第033798号

出版发行　中国金融出版社
社址　北京市丰台区益泽路2号
市场开发部　（010）63266347，63805472，63439533（传真）
网上书店　http://www.chinafph.com
（010）63286832，63365686（传真）
读者服务部　（010）66070833，62568380
邮编　100071
经销　新华书店
印刷　保利达印务有限公司
尺寸　169毫米×239毫米
印张　20.25
字数　386千
版次　2018年4月第1版
印次　2018年4月第1次印刷
定价　66.00元
ISBN 978-7-5049-9463-9

《金融犯罪辩护丛书》编委会

《保险业犯罪风险防范与罪刑适用》

韩　哲　曹　波　田川颐　著

总　　序

习近平总书记指出，金融是国家重要的核心竞争力，金融制度是经济社会发展中重要的基础性制度，金融安全是国家安全的重要组成部分。近些年来，我国金融业迎来了快速发展期，已经形成了以银行、证券、保险、信托为主体，其他相关金融为补充的金融体系。

首先，近年来银行业的发展和监管取得良好成效。经银行业监督管理委员会审批成立的商业银行自身得到良好的发展，同时对传统银行业务范围进行有益地补充。中国人民银行和银行业监督管理委员会根据我国经济形势变化，不断加强金融宏观调控和审慎监管，着力防范金融风险，保障了金融体系稳定。其次，随着我国经济体制改革的逐步深化，证券业积极创新和稳步发展。宏观经济快速增长，上市公司股权分置改革。证券公司综合治理等多项基础性制度改革工作基本完成，历史遗留的一些突出制度障碍和市场风险得以化解，我国资本市场发生转折性变化，已初步建立多层次资本市场体系，沪港通、深港通开通并正常运行，宏观经济“晴雨表”作用日渐显现。再次，保险业始终坚持围绕中心、服务大局、深化改革、加强监管，保险监管和保险行业面貌发生了深刻变化，各方面工作取得突破性进展。最后，互联网金融产业的迅猛发展成为一大亮点，以第三方支付、P2P 贷款模式、小贷模式、众筹融资、余额宝模式等多种形式，以比特币等数字货币为代表的互联网货币爆发，从某种意义上来说，比其他任何互联网金融形式都更具颠覆性。大数据金融则集合海量非结构化数据，通过对其进行实时分析，为互联网金融机构提供客户全方位信息，通过分析和挖掘客户的交易和消费信息掌握客户的消费习惯，并准确预测客户行为，使金融机构和金融服务平台在营销和风险控制方面有的放矢，形成了一批国内著名的互联网金融巨头。值得一提的是，金融科技进入到 3.0 阶段，科技对金融的变革程度更深，以大数据、人工智能和区块链等更为前沿的技术作为支撑。人工智能依赖于神经网络的发展，使深度学习成为可能，将有望更好地解决了金融领域中一些痛点问题，如个性化服务、信息不对称等。新金融体系以虚拟方式替代物理方式，在支付、借贷、证券交易和发行、保险、资管、风控与征信等领域，金融科技开始以科技的驱动逐步变革金融，重构金融生态圈。

与此同时，金融行业乱象频生，E 租宝、泛亚等各类跑路事件、非法集资案件引发的社会热点事件频频见诸报端，被害人人数众多，财产损失惨重，严重影响社会稳定。近期，金融犯罪的总体发案数量称上升趋势，其中非法集资案件呈大幅增长，证券、期货领域等新型犯罪层出不穷，银行业信用卡犯罪仍然占据数量优势，骗取贷款犯罪有所抬头，外汇领域地下钱庄及洗钱犯罪比较突出，金融领域职务犯罪重大案件多发。我们发布的《2017 度中国金融犯罪研究报告》统计显示，排名前十位的金融犯罪分别是：信用卡诈骗罪（47%）、非法吸收公众存款罪（29%）、骗取贷款、票据承兑、金融票证罪（6%）、妨害信用卡管理罪（5%）、保险诈骗罪（3%）、出售、购买、运输假币罪（2%）、贷款诈骗罪（2%）、票据诈骗罪（2%）、持有、使用假币罪（2%）、违法发放贷款罪（1%）。金融犯罪不仅严重破坏了国家金融监管秩序，严重损害广大公众的财产权益，而且危害国家金融安全，严重阻碍国家金融秩序的健康发展，造成社会极大的不稳定。

十八大以来，党中央对金融改革和金融监管提出一系列的要求。为治理互联网金融领域乱象，2016 年 4 月，国务院部署开展了互联网金融风险专项整治工作，集中整治违法违规行为，防范和化解互联网金融风险，但是，整治效果未达到预期目标。2017 年 6 月，中国人民银行等国家十七部门联合印发了《关于进一步做好互联网金融风险专项整治清理整顿工作的通知》，通知明确将专项整治工作延长一年。2017 年 7 月 14 日至 15 日，第五次全国金融工作会议在北京举行，与以往不同，本次会议由习近平总书记主持，同时有五名政治局常委出席，规格空前，充分了决策层对金融工作和金融安全的重视程度。

2017 年全国金融工作会议召开后，中国人民银行、银监会、证监会、保监会等金融监管机构于第一时间召开会议，传达金融工作会议精神，部署本系统重点监管工作。特别需要关注的是，“两高一部”也相继迅速出台相关文件、召开系统工作会议，积极贯彻落实中央金融工作会议精神。最高人民法院发布了《进一步加强金融审判工作的若干意见》。最高人民检察院相继发布《关于认真贯彻落实全国金融工作会议精神加强和改进金融检察工作的通知》和《关于办理涉互联网金融犯罪案件有关问题座谈会纪要》。公安部专门召开落实金融工作会议精神会，提出具体工作要求，一方面，针对经济金融犯罪呈现出的新情况新特点，要充分运用大数据技术提高预测预警预防能力，有效提高打击防范的智能化水平，努力做到早识别、早预警、早发现、早处置，为防止发生系统性金融风险提供支持保障；另一方面，针对涉众型、风险型经济犯罪牵涉面大、跨地域广的特点，要坚持上下联动、多警合成、区域协同，创新建立一体化打击犯罪新机制，着力提高打击经济金融领域犯罪效能。

从目前中央精神要求和监管态势来看，金融业的强监管时代已经到来。隐藏在金融行业中的违法违规行为将逐步暴露在阳光之下。与此同时，金融行业及从业人员面临的刑事风险将逐步升高，金融行业刑事案件进入高发期将成为大概率事件。以我国金融中心上海为例，据 2017 年 7 月发布的《上海金融检察白皮书》显示，上海市金融犯罪涉案人数上升，非法集资案件高发，涉互联网金融领域刑事风险上升。总体来看，原因有二：一方面，从案件新增量看，强监管背景下公安机关、司法机关对金融违法犯罪打击力度加大，金融刑事案件发案量增大；另一方面，从存量案件转化看，由于以往监管机构与公安机关、司法机关衔接不畅，一些涉嫌刑事犯罪的违法行为经监管机构行政处罚后即被终结程序。随着“行刑衔接”机制逐步完善，金融行业行政违法案件的刑事转化率也将逐步提高。为了维护金融安全，必须深化金融改革，加强金融监管，科学防范金融风险，强化安全能力建设。除此之外，维护金融安全必须依靠法治，通过法律手段保障金融安全，尤其是运用刑事法手段保护金融安全显得尤为重要。

北京市雨仁律师事务所刑事合规部律师团队致力于金融犯罪的辩护和刑事风控工作，近年来承办了大量的金融犯罪案件，其中不乏一些新型案件，比如全国第一案——违法运用资金案，涉及保险资金运用方面的问题，争议很大，最终取得良好的辩护效果。我们在办理案件的同时，还成立了专门的金融犯罪研究院，对金融犯罪进行了系统研究，深入探究了金融安全与刑事法保护的关系，总结了证券、基金、期货、银行、保险、外汇等金融领域办案经验，编写出版了《金融犯罪辩护丛书》。本丛书共五本，分别是《金融犯罪法规汇编与常见诉讼文书》《金融犯罪典型判例》《银行业犯罪风险防范与罪刑适用》《证券业犯罪风险防范与罪刑适用》《保险业犯罪风险防范与罪刑适用》。

总体来看，本丛书具有三大特点：

一是内容全面详实。丛书全面梳理了金融行业法律、法规、部门规章和行业规范性文件，精心筛选了金融犯罪典型案例，深入研究了证券、期货、银行、保险行业等领域犯罪理论问题。比如，在《证券业犯罪风险防范和罪刑适用》研究中，探究了证券期货犯罪司法认定中存在的疑难问题，研究了证券期货犯罪中刑法条文的适用范围和介入程度问题，以及行政违法性与刑事违法性的关系问题。真正实现跨专业、跨学科研究，克服当前绝大部分著作将“疑难”问题仅停留在罪与非罪、此罪与彼罪分析方面的局限性。

二是体例新颖合理。丛书既包括了金融刑事法规汇编和常见诉讼文书，又包括了典型判例解析，并对针对证券、期货、银行、保险犯罪的理论进行深入研究，按照法规—案例—理论的体系安排丛书的编写体系。另一方面，对于每本书又有自己独特的编写体例。比如，关于《金融犯罪法规汇编与常见诉讼文书》的体例，就是按照金融犯罪类型和法律法规效力的双层逻辑整理编写；另外，关于《金融犯罪典型判例》一书，则按照案例导读、刑法规定、立案追诉标准、案情摘要、焦点问题和专家提示的体例编写，全面归纳案件焦点，准确分析刑法适用，提出专家建议。再比如，关于《证券业犯罪风险防范与罪刑适用》的体例，突破了目前学界通行的“案例＋法律法规汇编”“理论＋刑法基本问题（或部分理论争议问题）”“刑法基本问题＋法律法规汇编”等的体例，创新地采用了证券期货犯罪理论、刑法疑难问题、典型司法案例解析相结合的行文体例。这种体例安排，不仅便于读者学习研究，而且符合金融犯罪实务工作者的办案实际。

三是研究深入浅出。丛书立足于服务金融犯罪案件办理，方便公检法律办案实操，注重刑法理论与司法实践的融合，遵循从理论到实践、实践到理论的研究路径，以办案人的视角出发，深度研究金融犯罪问题。在保险犯罪研究中，丛书以投保方、保险机构、保险从业人员和保险监管人员为主体开展深入研究，深入分析了投保方保险诈骗罪的五种疑难情形，归纳了散见于刑法分则中关于保险机构实施的罪名，将保险机构犯罪归纳为保险资质类、保险资金类和保险运营类。通过对疑难复杂问题的细致剖析，践行了深入研究，浅显表达的研究理念。

如果说琳琅满目的金融法律书籍在锦上添花方面各显神通，那么，本套丛书则在雪中送炭方面傲然独立！前者助力成功者走向梦想的巅峰，后者则警示成功者如何避免攀登高峰时坠落万劫不复的深渊，如何在坠落中力挽狂澜……彼此交流，共同成长！

关注我们，时刻坚守底线思维！

牢记我们，可以远离地狱之灾！

珍惜我们，才能拥有真正的幸福与成功！

作为不苟言笑的沉稳老友，我们相互携手，且行且珍惜！

是为序！

栾政明

2018年3月10日于北京雨仁律师事务所

前　言

近年来，我国金融行业迎来了快速发展期。与此同时，花样繁多的保险金融违法犯罪乱象层出不穷。虚假出资、违规激进投资、产品不当创新、销售误导、违规套费、数据造假等保险乱象为社会所关注。这一系列行为轻则涉嫌违法违规，重则涉嫌刑事犯罪。保险行业该等违规违法行为侵犯了相关主体的合法利益，扰乱了保险市场的正常秩序，危害了国家保险金融安全。

为保障保险行业健康发展，保监会坚持“保险姓保，保监姓监”的定位，采取了一系列有力措施下大力气治理保险行业乱象。通过持续推进保险机构自查及监管检查，督促公司切实整改，依法严肃惩处，坚持“双罚制”原则，完善监管制度等措施坚决查处扰乱保险市场的行为。2017 年 4 月，保监会印发了《关于进一步加强保险业风险防控有关事项的通知》，该通知指出了当前保险业风险突出的九个重点领域，并对保险公司提出了 39 条风险防控措施要求，要求全行业开展自查。通过强化保险公司在风险防控中的主体责任和一线责任，督促公司将各项风险防控要求落到实处，增强了保险业风险防范的前瞻性、有效性和针对性。通过行业自查整改和监管部门严厉查处，行业整治取得了一定效果。

治理保险行业乱象的重要基础是织密监管法网。合理完善的监管立法有赖于扎实的理论研究。目前，证券业、银行业等金融业其他细分行业刑事犯罪的研究成果相对较多，保险犯罪方面可资借鉴的研究成果较少。这一现象反映了学界和实务界对保险犯罪这一相对小众的领域的缺乏关注。在此背景下，全面、深入、系统的研究保险犯罪理论，总结保险犯罪实践经验，对保障保险行业的健康发展具有特别的现实意义。

本书以保险行业的刑事犯罪为研究对象，为维护相关主体利益、规范保险市场秩序和维护金融市场安全提供一条新的治理思路。在借鉴保险犯罪既有研究成果的基础上，结合保险犯罪案件办理实际情况，本书全面、深入、系统地研究了我国保险犯罪的理论与实务疑难问题。

概而言之，本书具有三个特点：

一是内容涵盖全面。本书按照保险行业参与主体，将保险犯罪细分为投保方保险犯罪、保险机构保险犯罪、保险从业人员相关犯罪和保险监管人员保险犯罪等四类，全面覆盖了保险行业行为主体，从民事责任、行政责任和刑事责任三个维度阐述了保险犯罪的法律责任。

二是理论研究深入。本书从保险的载体与构造论起，研究了保险犯罪的基本理论，分析了保险犯罪的特征，从保险刑法规范的解释前提、立场和路径三个层面探讨了保险刑法规范的解释原理，具有较高的理论水平。

三是有效指导实践。本书注重刑法理论与司法实践的融合，从理论研究入手，落脚于为实务操作提供参考建议。以预防保险犯罪为例，为从源头治理保险犯罪，本书专辟一章，分析了保险犯罪的致罪因素及风险防范，从社会因素、制度因素和人性因素全方位分析了保险犯罪的致罪因素，从宏观应对和微观治理两个角度提供了切实有效的风险防范建议。

希望本书对致力于保险犯罪研究和从事保险相关业务的人士有所启发！

保险行业属于专业性较强的领域，保险犯罪研究更是属于跨学科领域。由于作者学力有限，文中难免有不妥、疏漏或者有待完善之处，还望各位读者评判指正！

韩　哲

2018 年 3 月 12 日于北京西城区金融街

目　录

绪　论

保险犯罪的研究起点

常言道，“天有不测风云，人有旦夕祸福”。作为不测之风云和旦夕之祸福的重要表现，危险（Risk；风险）是具有破坏性和普遍性的，无所不在地存立于各类生命与事物。人类从摇篮到坟墓（From Cradle to Grave）的全过程无时无刻不面临着形式多样的危险。在人类社会的日常经济生活中，无论个人、家庭或企业，皆可能遭遇各种危险，从而不同程度地导致个人生活陷入不安、家庭经济陷入困顿、企业经营陷入中断。随着科学技术的快速发展，人类生活的广度和深度得到前所未有的提升，但所面临的危险类别和危害亦随之增加。例如，高速运转的现代交通与高度危险的化学物品，在给人类生活带来极大便利的同时，所蕴藏的高度危险，也不可避免地给人类造成重大甚至灾难性的人员伤亡和财产损失。① 为抑制危险发生，减缓危险现实化的危害，确保人民生活安全与安定，人们不得不寻求各种方法、开发各种危险管理机制，对风险进行科学的管理和有效的防范，而保险正是被公认的最广泛、最重要和最精巧的危险应对机制。

第一节　保险的概念与特征

一、保险的定义

“人类语言的非凡成就得力于创造出许多普遍的概念，使人类的思考、沟通和决策能有重要的凭借。”② 概念反映客观事物的本质属性及其对象范围，既是人们思维的原初起点，也是思维的最基本单位。然而，由于保险本质的认知差异以及保险的跨领域和跨学科性，学者对保险概念的理解存在极大差异，甚至还有学者明确否定定义保险的可行性。“如果试图对保险下定义是不可避免的，那么就如同以前试图攀登勃朗峰一样，也会失败。山的形状和外貌取决于爬山的人从哪个方向去看，同样，保险的轮廓取决于所讨论的问题。”③ 保险固然具有多面相性，精准定义保险确有相当困难，但对不同面相、不同轮廓的保险进行客观描述，还是能够刻画保险的基本内涵的。

① 令人记忆犹新并极为震惊的是“8·12天津滨海新区爆炸事故”。2015年8月12日23:30左右，位于天津市滨海新区天津港的瑞海公司危险品仓库运抵区南侧集装箱内硝化棉由于湿润剂散失出现局部干燥，在高温（天气）等因素的作用下加速分解放热，积热自燃，引起相邻集装箱内的硝化棉和其他危险化学品长时间大面积燃烧，导致堆放于运抵区的硝酸铵等危险化学品发生爆炸。此次火灾爆炸事故造成165人遇难、8人失踪、798人受伤、304幢建筑物、12428辆商品汽车、7533个集装箱受损，直接经济损失68.66亿元，被国务院调查组认定为特别重大生产安全责任事故。参见《天津港“8·12”爆炸事故调查报告》，载新华网：http：//xuan.news.cn/cloudnews/wyxh/20160205/2691823_f.html。

② ［英］丹尼斯·罗伊德．法律的理念［M］．张茂柏译．上海译文出版社，2014：220.

③ ［美］克拉克．保险合同法［M］．何美欢等译．北京大学出版社，2002：1.

(一)作为危险管理的保险

所谓“无危险,无保险”。正因社会生活中广泛地存在着各类危险,为防止危险现实化给人类带来的巨大损失,才产生了用于管理危险的保险制度。“从危险管理观点来看,保险甚为单纯。亦即保险是一种危险转嫁的方法,经济单位利用此种方法抗损失发生所致之财务损失负担移转给保险人。移转必有其代价,但是,依保险基本原理,经济单位是以小而确定之成本换取大而不确定之损失。”①

在人类生存和发展过程中,源于自然界和人类自身的危险始终如梦魇般追随着人类,前者如地震、洪水、冰雹、台风等自然灾害,后者如凶杀、盗窃、意外伤害、疾病等不幸事件。这些灾害和事件具有超强的破坏力,轻则给个体造成生活困难,重则形成灭顶之灾。“如何规避、减少以及分担风险是个人、组织、国家以及社会维持存续与发展必须解决的首要问题。风险的客观存在特征以及行为者对风险的判断、认知、预期以及态度共同决定了它们会选择怎样的工具、方法以及制度安排来应对。”② 就应对危险的手段而言,人们可以选择放弃从事某种活动,以逃避危险;人们可以选择采取科学办法降低危险发生概率,以预防危险;人们可以选择借助必要机制使他人承担危险,以转移危险;人们还可以选择集结团体共担损失,以分散危险。

正如学者评论道,“上述四种危险应对手段中,前三种都有明显的局限性,或因噎废食,或防不胜防,或无处转移,不能从根本上解决问题;只有第四种手段能够实现目的性活动与损失补偿之间的统一,是人们能够以极小的代价换取可靠的保障,得以无后顾之忧地从事各种有益活动,这种方法就是保险”。③ 著名经济学家彼得·F. 德鲁克也认为,“一个社会管理突发性事件,一般要通过保险来实现”。④ 主动利用危险来防范危险,通过集中危险来转移危险,是保险这类危险管理机制最大的特点。保险的基本原理在于“人人为我,我为人人”的互助合作机制,⑤ 即聚合社会大众的集体力量来分担个体所遭受的损失,从而把个体风险降到个体可以承受的最低限度。在保险机制中,保险人将大量存在的、分散的、每个经济单位所面临的同质危险集中起来。投保人(被保险人)则将本应由其独立承受的危险转移给保险人,并通过保险人的经营行为,将该危险转移给全体投保人(被保险人),由大家共同分摊危险现实化的危害。

---

① 郑镇樑. 保险学原理[M]. 台湾五南图书出版股份有限公司,2014:54.

② 杨雪冬. 风险社会与秩序重建[M]. 社会科学文献出版社,2006:44.

③ 温世扬主编. 保险法[M]. 法律出版社,2016:5.

④ [美] C. 小阿瑟·威廉斯等. 风险管理与保险[M]. 马从辉等译,经济科学出版社,2000:5.

⑤ 吴荣清. 财产保险概要[M]. 台湾三民书局,1992:5.

（二）作为经济制度的保险

在经济意义上，保险是分散危险、消化损失的一种财务安排或融资活动。“保险是集合若干多数有遭遇相同危险可能的经济单位，成立一个利害与共的团体，以公平合理的方法聚集资金，对约定的危险事故所致的损失予以补偿或缓和，以确保经济生活安定的一种自助互助的经济制度。”[①] 也就是说，保险属于将损失危险转移给一个危险共担组织，然后在成员中重新分摊损失的经济活动。在许多人把损失危险转移给保险人的情况下，因保险人集中了大量同质危险，所以能够借助大数法则来准确预测危险现实化所造成的损失，并据此制定保险费率，通过向社会成员收取保险费，形成保险基金，由该保险基金向少数不幸成员支付保险金，以补偿其因保险合同约定的事故遭受的意外损失。由于保险人财力充盈，其财务支付能力的确定性加上预测损失的准确性，理所当然地成为保险交易的本质特征。

尽管危险内在的破坏性会可预测地造成损失后果，但危险在何时对哪个具体个体造成何种严重程度的损失并不确定，并且只有很小比例的被保险人最终会实际遭受损失。通过保险机制的运作，同质危险所造成的总损失可以被合理地预测，并根据预测结论事先为损失成本进行融资，并将所融资金用于补偿少数人不幸遭受的损失，从而在危险共同体内部实现再分配。正是在此种意义上，有学者将保险视作一种“社会化”的制度安排，通过保险机制，一组人（被保险人）将风险转移给另一方（保险人）以集合损失资料，据此可以用统计方法来预测损失，并用所有风险转移者缴纳的资金（保险费）来支付损失。详而言之，第一，保险是一种社会化的制度安排。个人或法人通过用相对较少的保险费换取经济生活安排，免遭潜在的巨大损失，以保护自己；第二，保险必须集合面临相似危险的一大组个人或法人，结成危险共同体；第三，允许成为被保险人的每一个人或法人将危险转移给整个危险共同体；第四，通过损失统计预测和保费的计算，系统性地积聚资金；第五，根据保险合同条款来补偿损失或给付保险金。[②] 概而言之，“保险的真意，在于利用自己有限的力量，配合他人的力量，结合成团体的力量，以救助自己或者他人的经济准备措施”。[③]

在现代社会中，保险是一项为危险提供保障的营利性金融服务，已成为经济的“助推器”和社会的“稳定器”。客观存在的各种危险对经济与社会必然造成冲击和影响，而保险则能够以有效的危险转移将此种冲击和影响产生的危害

---

① 凌氤宝等．保险学理论与实务［M］．台湾华泰文化事业股份有限公司，2014：48.

② ［美］特瑞斯·普雷切特等．风险管理与保险［M］．孙祁祥等译．中国社会科学文献出版社，1998：35.

③ 吴荣清．财产保险概要［M］．台湾三民书局，1992：5.

后果降至最低，从而促进经济社会的发展。对此，我国台湾学者曾指出，“保险为一经济制度，其能促进经济单位安居乐业，经济社会安和乐利，总体经济的安定团结。因此，保险之为经济制度，除其本身独具确保经济单位经济生活安定的功能，为现代任何企业、家庭或个人经济活动所不可或缺外，其对于个体经济如生产、交换、消费、分配消费者效用与生产者的收益等，以及对总体经济如储蓄、投资、物价水平、经济循环、经济发展、经济成长与社会福利水准的提升等，均能产生衍生的效果”。[①] 事实上，保险通过建立保险基金对危险进行积极而科学的管理，并依法将自己无法承受的危险转移给再保险人。通过提前收取保费的方式，保险人将部分保险资金用于投资，不仅能够通过投资收益向保单持有人提供更多的赔付，也能为保险人拓展收入来源，实现自身盈利，还能通过投资本身为经济社会的发展注入长期且稳定的资金支持，推动整个经济社会的安定和乐利。

（三）作为法律制度的保险

作为法律制度，保险具有狭义和广义两类。狭义的保险，专指保险合同；广义的保险，则为保险的法律关系。在我国现行法律体系中，保险意指作为法律行为的保险合同。2015 年 4 月 24 日修订通过的《保险法》第二条规定：“本法所称保险，是指投保人根据合同约定，向保险人支付保险费，保险人对于合同约定的可能发生的事故因其发生所造成的财产损失承担赔偿保险金责任，或者当被保险人死亡、伤残、疾病或者达到合同约定的年龄、期限等条件时承担给付保险金责任的商业保险行为。”而该法第十条第一款并没有规定保险合同的实质内容，必须结合第二条的规定填补保险合同双方当事人的主要权利和义务。《保险法》第二条所称的保险属于狭义保险的范畴，不包括社会保障制度中的社会保险，而是以约定的形式表现出的商业保险行为，即保险合同。依据《保险法》的法定定义，作为法律制度的保险，应包括下列三点内涵：

其一，保险是一种特殊的商事行为，是表现为具体的保险合同的商业交易行为。保险是发生在平等主体之间的商事交易，需要交易双方基于意思自治而签订保险合同，以实现危险转移的目的。因此，保险交易自当遵守市场交易的一般原理，并受到《合同法》的当然约束。然而，保险合同仍有其特殊性，所以由《保险法》专门予以特别规定。具体表现为：一方面，保险交易双方当事人的特殊性。基于“人人为我、我为人人”的自助互助合作机制，保险交易本应发生在遭受相同危险的投保人之间，但实际交易中，保险交易却发生在保险人和投保人之间。保险人利用保险的自助互助合作机制开发保险产品，投保人

---

① 凌氤宝等．保险学理论与实务［M］．台湾华泰文化事业股份有限公司，2014：56.

则通过购买该产品形成危险共同体。另一方面，保险交易对象的特殊性。保险交易的对象不是某种特定权利，而是对特定危险的转移与承担。保险交易的实质是以确定性的保险费支出，换取保险人对不确定性损失危险的承担。“凭借出售和购买一些只有在某些不确定的事件发生的时候才兑现的合约，来取代不确定所毁坏的市场，从而明确地将不确定性纳入考虑视野范围内。”[①] 这一特殊性也决定保险合同对价的不平等性，投保人在支付约定的相对较小数额的保险费后，将危险及危险现实化造成的损失转移给保险人。而根据是否在约定期限内发生约定的保险事故，保险人既可能在不支付任何对价的情形下获得投保人的保险费，也可能支付数倍于保险费的保险金，以补偿投保人因保险事故遭受的损失。

其二，保险是以投保人支付保险费，保险人负担补偿危险损失为内容的法律关系。“合同以设立、变更或终止民事权利义务关系为目的和宗旨。”[②] 作为合同的一种，保险也不例外，即保险当事人通过订立保险合同形成保险法律关系，以具体地承担权利并履行义务。在保险法律关系中，投保人将危险转移给保险人，但必须向保险人支付作为保险人负担补偿危险损失对价的保险费。“保险必有保险费的存在，否则仅当事人一方对于他方因一定事故所生的危险，负担赔偿责任，而无对价的时候，那不过是一种损害担保契约而已。”[③] 与之相对，保险人则依据保险合同享有收取保险费的权利，但在发生保险合同约定的保险事故时，则应当按照合同约定的金额履行损害赔偿义务。其中，联结保险人义务和投保人（受益人）权利的媒介即为保险事故。根据《保险法》第十六条第五款，保险事故是指保险合同约定的保险责任范围内的事故，亦即保险人依保险合同所负责任之事由，也是投保人所转移之危险。

其三，保险的适用范围包括财产保险和人身保险两大类型。财产保险是以财产及其有关利益为保险标的，当保险合同约定的可能发生的保险事故实际发生并造成财产损失之时，保险人按照保险合同的约定履行向被保险人支付保险赔偿金的法律义务。人身保险是以被保险人的寿命或身体作为保险标的，当发生保险事故或具备给付条件，如被保险人死亡、伤残、患病或者被保险人生存到约定的年龄、期限时，保险人承担向被保险人或受益人支付人身保险金的责任。值得注意的是，在两类保险中，保险人的保险责任的性质并不相同，在财产保险中的保险责任是补偿性的损失填补，在人身保险中的保险责任则是返还性和给付性的。

---

① ［美］阿罗．信息经济学［M］．何宝玉等译．北京经济学院出版社，1989：191.

② 王利明．合同法［M］．中国人民大学出版社，2015：5.

③ 陈云中．保险学［M］．台湾五南图书出版股份有限公司，2009：22.

二、保险的要素

保险的要素是指进行保险经济活动所应具备的基本条件。如果说保险的定义从不同侧面揭示保险所具有的基本内涵，毋宁各种不同的保险要素则搭建起保险以及保险运行的基本框架。现代商业保险的要素包括以下五方面内容。

（一）可保危险的存在

所谓可保危险，是指可被保险公司接受的风险，或可以向保险公司转嫁的风险。[①] 保险虽然属于管理危险的一种最普遍而有效的方法，但不是每种危险都适于以保险方式加以处理。通常认为，理想的可保危险应具有六项要件：（1）危险应当是纯粹危险。纯粹危险是没有获利可能而只有损失机会的危险，纯粹危险引起的事故构成可保危险的基础。（2）危险应当具有不确定性。危险是否发生、发生的时间、发生的原因和结果是不确定的。如果是确定的或必然发生的危险，或者已经形成的现实损害，保险人是不承保的。（3）危险应使大量标的具有遭受损失的可能。这一条件要求大量性质相近、价值相近的危险单位面临同样的危险，其存在是满足保险经营大数法则的要求。（4）危险应该有导致重大损失的可能。可保危险应是一种发生重大损失的可能性较大、遭受重大损失机会较小的危险。危险一旦发生，由其导致的损失是被保险人无力承担的。（5）危险不能使大多数的保险对象同时遭受损失。即危险损失发生应具有分散性，如果大多数保险标的同时遭受重大损失，则保险人通过收取保险费建立的保险基金将无法补偿所有损失。（6）危险应当具有现实的可测性。保险经营要求制定准确的费率，费率的计算依据是危险发生的概率及其所导致标的损失的概率，因此，危险必须具有可测性。

值得注意的是，可保危险的要件并非静止不变的。随着社会经济的发展，特别是科学技术的进步和市场环境的变化，传统的可保危险要件将随之发生改变，可保危险的范围也相应呈现扩张的趋势，这对保险公司的经营和保险业的发展产生了深远的影响。

（二）大量同质危险的集合与分散

保险分散危险、消化损失的功能是通过大量同质危险的经济单位的集合与分散来实现的，亦即保险的过程既是危险集合的过程，又是危险分散的过程。众多投保人将其所遭遇的危险转移给保险人，保险人通过承保而将众多危险集合起来。当发生保险责任范围内的损失时，保险人又通过保险的补偿行为将少数人发生的危险损失分摊给全部投保人，从而分散所集合的危险并消化危险现

---

① 樊启荣．保险法［M］．北京大学出版社，2011：9.

实化的损失。

保险的上述运行机制决定，保险所保危险的集合与分散应满足两项前提条件：一是危险的大量性。危险的大量性既是基于危险分散的技术要求，也是概率论和大数法则原理得以运用的条件。如果是少数或个别的危险，就无所谓集合或分散，而且危险损失发生的概率难以合理测定，大数法则难以有效地发挥作用。二是危险的同质性。同质危险是危险单位在种类、品质、性能及价值等方面大体相近。如果危险不同质，危险损失发生的概率就不相同，危险也就无法进行集合与分散，并且，因不同质危险损失发生的概率存在差异，若进行集合与分散，会导致保险人经营财务不稳定，保险人不能充分提供保险供给。

（三）保险费率的厘定

既然保险是一种经济保障活动，属于特殊商品交换行为，厘定保险商品的价格，及厘定保险费率，自应成为保险的基本要素。保险费率的高低直接影响保险的供求状况，为保证保险经营的稳健性以及保障被保险人的合法权益，保险人应根据概率论和大数法则，科学地厘定保险费率。具体来说，厘定保险费率应具有：（1）公平性。保险人收取的保险费应与其承担的保险责任对等，要求投保人缴纳的保险费应与其保险标的的危险状况相适应。（2）合理性。保险人收取的保险费不应在抵补保险赔付或给付有关的营业费用后，获得过高的营业利润。（3）适度性。保险人依据厘定的保险费率收取的保险费应足以抵补一切可能发生的损失及有关营业费用。（4）稳定性。所厘定的保险费率应在短期内保持稳定性。（5）弹性原则。尽管保险费率短期内应保持稳定，但在长期内应根据实际情况的变动，适时作出相应的调整。①

保险人需要强调的是，尽管厘定保险费率是保险产品定价的基础，但保险费率的厘定与保险产品的定价仍有明显区别。前者主要根据保险标的的危险状况确定某一保险标的的费率，确定保险人应收取的危险保费；而后者除考虑危险状况外，还需要综合考虑其他因素，如市场竞争的需要、市场供求的变化、保险监管的要求以及再保险人承保条件的变化等。

（四）保险基金的建立

保险基金是指保险人为保证其如约履行保险赔偿或给付义务，根据法律规定和业务特性需要，从保费收入或盈余收入中提取的与其承担的保险责任相对应的一定数量的基金，包括未到期责任准备金和未决赔款准备金等。保险的分摊损失与补偿功能的发挥必然以保险人具有相应规模的保险基金为前提。由于保险经营的特殊性，较之其他行业的基金，保险基金具有来源分散性和广泛性、

① 见付荣辉，李丞北主编．保险原理与实务［M］．清华大学出版社，2014：18.

总体上的返还性、使用上的专项性、赔付责任的长期性和运用上的增值性等特点。

保险基金对于保险具有绝对基础和核心的价值，其不仅是保险业存续的现实经济基础，也是保证保险人收支平衡和保证保险人财务稳健的经济基础，还从根本上制约着保险人业务经营的规模，成为影响保险业顺畅和平稳运行的关键因素。就保险人财务管理角度观之，除资本金外，从保险收入中提取部分保险费所形成的保险基金是以各种准备金的形式存在。在财产保险和责任保险中，保险基金表现为未到期责任准备金、赔款准备金、总准备金和其他准备金等几种形式；而在人身保险中，则主要以寿险责任准备金的形式存在。此外，从保障被保险人利益的角度，按照集中管理、统筹使用原则建立的保险保证金也属于保险基金的范畴。当然，保险基金也可以成为保险公司进行投资活动的经济基础，保险投资收益对保险公司经营效益和保障被保险人利益均具有重要意义，但是保险基金的投资必须遵循法律法规的规定和“保险业姓保”的要求，从而保障保险基金始终处于充盈状态。

（五）保险合同的订立

作为特定经济关系，保险是投保人和保险人之间的商品交换关系。这种经济关系需要有关法律对其进行保护和规范，即通过一定的法律形式固定下来，这种法律形式就是保险合同。“保险合同是指投保人与保险人约定，投保人向保险人给付保险费，在保险事故发生时则由保险人给付保险金的协议。在投保方，投保人应承担给付保险费的义务，在发生保险事故时，享有保险金给付请求权；在保险方，保险人享有受领投保人给付保险费的权利，承担约定的危险，并在保险事故发生时履行给付保险金的义务。”[①] 保险法律关系的建立须以保险合同订立为基础，因为保险是专门对自然灾害和意外事故造成的经济损失予以补偿的。危险是否现实化，何时现实化以及现实化所造成损失程度如何，均具有相当的偶然性和随机性。保险的这一特殊性要求保险人与投保人应在确定的法律或合同关系约束下各自履行各自的义务。正因如此，订立保险合同成为保险的法律保证。[②]

三、保险的特征

保险的特征是指保险内涵的外在表现，是保险活动区别于其他经济活动的基本属性。通常认为，现代商业保险的特征包括五个方面的内容。

---

① 高宇．中国保险法［M］．高等教育出版社，2015：40.

② 刘永刚主编．保险学［M］．人民邮电出版社，2013：34.

（一）互助性

保险是转移危险和消化损失的经济保障制度和手段。保险的运行机制是大家共同出资，通过保险人建立保险基金，当有被保险人遭受损失时，从共同的保险基金中提取资金对其进行损失补偿。这就意味着少数人的损失由大家共同来分摊，体现了“人人为我、我为人人”的互助共济精神。为保证保险互助性特征的真正实现，保险只能是填补危险损失的手段，被保险人（受益人）不能获取超过危险损失的补偿；保险人既要确保保险基金的充盈，还只应在保险金额限制下，对被保险人遭受的损失进行填补，所支付的保险金不得超过被保险人的实际损失。同时，不论是投保人、被保险人与受益人，还是保险人都必须竭力避免、抑制和消除保险运营过程中的道德风险。当然，在现代商业保险条件下，保险的互助性并不否定保险公司的营利性。经营商业保险业务的保险公司属商业性机构，必然追求自身利润的最大化，但保险公司是以中间性机构的身份组织危险分散和经济补偿，其只是使投保人和投保人之间的互助关系演变成保险公司与投保人的直接关系，但这种变化并未改变保险“人人为我、我为人人”的本质。

（二）经济性

作为特定经济保障活动，保险乃整个国民经济的有机组成部分，并与银行业、证券业一道成为我国金融业的三大支柱。保险的经济性表现为保障对象、保障手段以及保障目的等方面。保险“所保障的对象即财产和人身，都直接或间接属于社会再生产中的生产资料和劳动力两大经济要素”。[①] 其所实现保障的手段，最终大多必须采取支付货币的形式进行补偿或给付。保险的保障目的，无论从宏观角度还是从微观角度，都在于确保社会经济生活的稳定，促进社会经济的发展。事实上，鉴于保险公司属于市场上重要的金融主体，保险的经济性还体现为保险资金的融通功能，即保险资金的积聚、运用和分配功能。随着经济的飞速发展，特别是金融创新的日新月异，保险资金融通功能发挥的空间日渐辽阔，保险业已在金融市场上占据非常重要的地位，是资产管理和股市的重要参与者。通过保险资金融通功能的发挥，既可以积聚大量社会资金，拓展人们投资渠道，增加投资回报，还可以为资本市场的发展提供长期且稳定的资金，实现保险市场与货币市场、资本市场的有机结合和协调发展。

（三）商品性

保险是一种商品交换活动，保险人销售保险产品，投保人购买保险产品。这里所交换的不是普通商品，而是特殊的劳务商品——危险保障服务。“保险是

---

① 齐瑞宗主编．保险理论与实践［M］．知识产权出版社，2015：50.

一种服务性产品。保险公司销售的，不是某项财产权或与财产有关的权利，而是一种风险防范或危险承担的服务。”① 据此，保险人所提供的危险保障服务是以无形的虚拟商品的形式表示的，投保人、被保险人与保险公司签订保险合同，通过支付保险费获得保险公司的危险保障服务，而保险人则通过提供危险保障服务而获取保险费，因此保险业应归属于国民经济的第三产业。作为一种商品，保险的价格确定和表现形式具有特殊性，“其必然先确定价格，而后才能预测市场经营成本。不仅如此，保险商品的价格还是以间接形式表现的，并且对市场供需反应不很灵敏”。②

（四）法律性

从法律角度看，保险是一种合同行为，保险关系的确立，以保险合同为基础，受法律的保护和规范。保险双方当事人通过保险合同的形式约定双方的权利义务，并且保险合同的履行以及变更等都受到相关法律的制约。依照《保险法》的规定，投保人提出保险要求，经保险人同意承保，并就合同条款达成协议，保险合同成立；保险人收到被保险人或者受益人的赔偿或者给付保险金的请求后，应及时做出核定；属于保险责任的，在与被保险人或者受益人达成有关赔偿或者给付保险金额的协议后，履行赔偿或者给付保险金义务。除此之外，保险的法律性还表现为两方面：其一，法律是保险组织或某些保险业务活动产生的前提条件。即法律为保险公司以及保险中介机构的设立和运行规定了必要的条件和规则，同时根据有关法律法规，某些特殊群体或行业，不论当事人是否愿意，都必须参加相关保险，如机动车第三者责任险；其二，对保险业的监督管理必须以法律为依据。为维护保险市场秩序，保护投保人、被保险人和受益人的合法权益，必须对保险业实施监督管理，而监督管理的对象、内容、方式与程序必须具有明确的法律依据。

（五）科学性

作为特定危险管理方法，保险对危险的转移并非出于恣意，而有其深厚的科学根据，是以科学的手段处理危险的有效措施。现代保险的经营过程中，保险对危险的转移和损失的分摊以基于预测的保险精算技术为基础，实现对承保风险的预测，并据此进行保险产品的定价和开发。保险人运用概率论和大数法则等数理工具，通过将大量面临同质危险的个体集中起来，对整体危险发生概率以及危害后果程度进行科学测算，计算出保险产品的价格，建立科学而合理的保险基金，并按照规定提存必要的保险准备金，用以保证危险损失的有效分

---

① 曹兴权．保险法学［M］．华中科技大学出版社，2014：9.

② 陆爱勤编著．保险原理与实务［M］．华东理工大学出版社，2014：3.

摊和保险行业的稳健运营。与此同时，保险精算的科学性还表现为强烈的与时俱进的时代性和创新性。传统的保险精算更多地以来自保险行业甚至是保险公司内部的损失数据为基础，通过一定的抽样模式和技术，进行保险精算。然而在大数据时代，特别是在“三个更加”的大背景下，① 社会的数字化为低成本地获取预测危险及其危害的全量数据成为可能，这将从根本上改变保险精算理论和技术，并进一步提升保险的科学性。②

第二节 保险的载体与构造

作为保险的载体，保险合同为保险主体履行各自义务、行使各自权利提供依据，在保险行为的实施中起着举足轻重的作用。“保险合同是联系投保人、保险人及其他保险关系人之间权利义务关系的纽带，各国保险公司业务的开展乃至整个保险制度的运转，无不需借助保险合同这一法律形式。”③ 因此，了解保险合同，对于深入理解保险的基本内涵以及全面把握保险犯罪有着至关重要的意义。

一、保险的载体

（一）保险合同的定义及意义

为规范保险市场和保险行为，世界各国均将调整保险经济关系的规则上升为法律关系，从而使保险运行法律化。前已述及，作为法律制度的保险，在狭义上就专指保险合同。根据《保险法》第十条，保险合同是指投保人与保险人约定保险权利义务关系的协议，具体包括保险单、保险凭证、暂保单、投保单以及其他书面形式。保险的实践运行机制是，依据法律规定和双方当事人签订的保险合同，投保人承担一次性或分期向保险人支付约定的保险费的义务，保险人承诺对被保险人因特定危险现实化时或约定期限届至时承担经济补偿或给付保险金。由此可见，保险活动的载体是保险合同关系，相应的保险合同也成为商业保险之核心。在保险活动中，投保人和保险人通过保险合同这个载体，在双方当事人之间形成具有法律约束力的权利和义务关系。

“保险合同既是保险制度的功能得以落实的具体手段，也是保险法规制的主

① 所谓“三个更加”，是指大数据时代，更加透彻地感知、更加全面地互联互通和更加深入地智能化。

② 王和．大数据时代保险变革研究［M］．中国金融出版社，2014：141－142.

③ 蔺翠牌主编．保险法教程［M］．中国财政经济出版社，1998：58.

要内容。”[①] 在本质上，保险是以危险保障服务为内容的虚拟商品，并无实物，其载体是保险合同所约定有关保险标的、保险期间、保险事故、保险赔偿范围和方式等条款。投保方须要详细阅读保险合同的相关条款，始能知晓自己购买的究竟是何种商品。保险交易也属于延时交易，总是先由保险人向众多的投保人收取保险费，保险事故发生后才依照保险合同的约定向个别被保险人（受益人）履行保险赔付责任，而保险合同这一具有法律上约束力的协议确保了投保方的权益能够得到法律的保障。保险合同不仅是保险当事人履约的主要依据，而且是保险监管机构依法实施监管的关键对象，还是解决保险纠纷的重要证据，即在当事人就保险发生纠纷并诉至法院或提交仲裁时，保险合同是人民法院或仲裁机构据以明断是非、公正裁决的重要证据。

（二）保险合同的法律特征

除有偿性、诺成性、非要式等法律特征外，保险合同还是一种双务性、射幸性、附和性、补偿性、继续性和属人性合同。[②]

第一，保险合同的双务性。合同的双务性是指保险合同双方当事人互负给付义务，即享有的权利和承担的义务对等，一方的权利即为另一方的义务。依据保险合同的约定，投保人负有支付保险费的义务，保险人负有在保险期间承担投保人、被保险人损害危险的义务。保险人的危险承担义务意味着，从保险期间开始之日起，保险保障对象的损害风险就依约定全部或部分转移至保险人处。保险期间内发生保险事故的，保险人赔偿或给付保险金；保险期间内未发生保险事故的，保险人也在这段时间内提供经济上和精神上的保障，使投保方免于忧虑和不安。《保险法》第十四条确认了保险合同的双务性，该条规定：“保险合同成立后，投保人按照约定交付保险费，保险人按照约定的时间开始承担保险责任。”

第二，保险合同的射幸性。保险合同的射幸性是指合同的履行内容在订立合同时并不能确定，合同履行的结果建立在时间可能发生或不发生的基础上。保险合同的射幸性来源于保险事故发生的偶然性，在保险期间，发生约定的保险事故造成损失的，被保险人（受益人）从保险人处获得远大于其所付保险费的保险金；未发生约定的保险事故或未造成损失的，虽然投保人已经付出保费，被保险人在多数险种中还是得不到任何货币补偿。保险人的情况则与此相反。

---

① 温世扬主编．保险法［M］．法律出版社，2016：33.

② “保险合同的法律特征”整理自温世扬主编．保险法［M］．法律出版社，2016：33－38. 樊启荣．保险法［M］．北京大学出版社，2011：23－27；刘革，邓庆彪主编．保险原理与实务［M］．西安电子科技大学出版社，2014：50－51；郑镇樑．保险学原理［M］．台湾五南图书出版股份有限公司，2014：103－107.

值得注意的是，保险合同的射幸性是就单个保险合同而非全部承包的保险合同而言的，“此种射幸性质，是从个别契约而言的，如就全体保险契约而言，保险人预期收取的保费，应足以支付保险之成本，其所带有的射幸性质，并不较其他列为交换契约的为多”。[①]

第三，保险合同的附和性。保险合同的附和性是指保险人提出合同的主要条款内容，投保方只能总体上做出接受或不接受他方条件的决定，一般没有变更和修改合同的权利。鉴于保险合同的技术性、保险业务运作的团体性以及出于交易成本控制的需要，保险合同通常表现为标准化的格式合同，投保方如果必须修改或者变更某项条款，只能采用保险人事先准备的附加条款或附属保单。保险合同的附和性符合保险经营的客观需要，但却容易被保险人滥用，给投保方权益造成损害。为防止保险合同附和性给投保方造成不必要的不利益，《保险法》第十七条规定了保险人在保险合同订立之时对合同条款内容的（明确）说明和提示义务；[②]《保险法》第十九条规定了保险人提供的保险合同条款内容不得违反强制性、禁止性规定，不得对投保人造成不合理的利益；[③]《保险法》第三十条规定了保险合同双方当事人就合同条款有两种以上解释的，人民法院或仲裁机构应当作出有利于被保险人和受益人的解释。[④]

第四，保险合同的补偿性。保险的最主要功能是填补损失，使被保险人恢复到损失发生前的经济状况，而非改善或增益其经济状况，故保险合同具有补偿性的特点。在不同的保险种类中，补偿性的表现有所不同：在财产和责任保险中表现为具体经济损失，而在人身保险中较多体现为填补抽象损失，因为人身损害往往难以量化，但补偿具体医疗费用和住院费用的填补损失型意外伤害保险和健康保险，仍具有明显的补偿性。保险合同的补偿性避免了投保人或被保险人不当利用保险制度，通过购买保险而获利，或者故意制造保险事故，引发道德风险，并由此引申出保险损失填补原则，进而为落实该原则，保险法规

---

① 汤俊湘．保险学［M］．台湾三民书局，1987：77.

② 《保险法》第十七条：“订立保险合同，采用保险人提供的格式条款的，保险人向投保人提供的投保单应当附格式条款，保险人应当向投保人说明合同的内容。对保险合同中免除保险人责任的条款，保险人在订立合同时应当在投保单、保险单或者其他保险凭证上作出足以引起投保人注意的提示，并对该条款的内容以书面或者口头形式向投保人作出明确说明；未作提示或者明确说明的，该条款不产生效力。”

③ 《保险法》第十九条：“采用保险人提供的格式条款订立的保险合同中的下列条款无效：（一）免除保险人依法应承担的义务或者加重投保人、被保险人责任的；（二）排除投保人、被保险人或者受益人依法享有的权利的。”

④ 《保险法》第三十条：“采用保险人提供的格式条款订立的保险合同，保险人与投保人、被保险人或者受益人对合同条款有争议的，应当按照通常理解予以解释。对合同条款有两种以上解释的，人民法院或者仲裁机构应当作出有利于被保险人和受益人的解释。”

定了保险利益、保险代位权、重复保险禁止、超额保险禁止等多项制度。不过，补偿性强调的是保险人的赔付数额与被保险人的实际损失额具有直接相关性，而非赔付数额等同于实际损失。因为实践中，投保人为节省保费而未按照保险标的的全部价值购买保险，或者保险人为回避不可控风险而在保单中设定赔付上限。

第五，保险合同的继续性。继续性合同是与一时性合同相对的范畴，即合同内容非一次给付可完结，而是继续地实现的合同。保险合同是典型的继续性合同，其继续期间因保险种类的不同而长短不一。但不论继续期限长或短，各类保险合同的内容都并非一次给付即可完结，保险人的危险保障期间往往要持续一定的时间。正因具有继续性，保险合同应适用“情事变更原则”，当合同成立基础在合同存续期间发生显著变化，致使原合同显失公平时，允许对合同内容作出变更。如当危险增加或减少时，保险得重新核定保险费，并相应增加或者减少。对此，《保险法》第五十三条规定：“有下列情形之一的，除合同另有约定外，保险人应当降低保险费，并按日计算退还相应的保险费：（一）据以确定保险费率的有关情况发生变化，保险标的的危险程度明显减少的；（二）保险标的的保险价值明显减少的。”

第六，保险合同的属人性。保险合同具有强烈的属人性，其所保障的是遭受损失的被保险人本人，是保障被保险人的保险利益，因而保险合同的预期损失和保险费率高低与被保险人本身的特质或属性有着十分紧密的关系。被保险人的客观情况（如年龄、生活习惯、工作性质和环境等）和主观因素（包括处事态度和诚信状况）是保险人决定是否承保以及估算保险费率多少的重要依据，也影响着保险事故发生的概率。正因其属人性，保险合同的转让较一般合同受到更多的限制。如《保险法》第三十四条第二款规定，投保人转让“以死亡为给付保险金条件”的人身保险合同，必须经过被保险人的书面同意；又如第四十九条第三款规定，因保险标的转让导致的财产保险合同转让，如引起危险程度增加的，保险人有合同解除权。

（三）保险合同的基本原则

保险合同的基本原则，是保险合同订立和履行必须遵循的基本准则。作为合同的一种，保险合同固然应当遵守平等、自愿、公平、公序良俗等共通原则；但与一般经济合同有别，法律规定订立和履行保险合同还要遵循保险利益原则、损失补偿原则、最大诚信原则和近因原则等。兹扼要论述如下：

1. 保险利益原则

保险利益原则意指投保人或被保险人只有对保险标的具有法律上承认的利益，才能同保险人订立有效的保险合同，才能在保险标的遭受承保责任范围内的损失时，从保险人处获得损失赔偿。若被保险人对保险标的不具有法律上承认的利益，则保险合同在法律上无效。《保险法》第十二条明文规定，保险利益是指投保人或者被保险人对保险标的具有的法律上承认的利益。人身保险的投保人在保险合同订立时，对被保险人应当具有保险利益；财产保险的被保险人在保险事故发生时，对保险标的应当具有保险利益。之所以特别强调保险合同须坚持保险利益原则，原因有三：其一，避免赌博行为。保险与赌博的差异在于保险是以填补自有资产的损失为目的，而赌博则旨在贪图他人钱财。如果保险合同不以保险利益的存在为条件，保险无异于应予取缔的赌博。其二，防止道德风险。尽管保险主要是对危险损失进行事后补偿，但保险仍具有一定程度的事前预防危险现实化的目的与功效。如果允许投保人在缺乏保险利益的场合购买保险，则保险事故发生时，投保人或被保险人虽未遭受任何损失，却可获得保险金赔偿，这无疑会诱导道德风险发生之虞。其三，限制损失填补的额度。保险合同之补偿性决定被保险人（受益人）不能获得超过其保险利益范围的赔偿。换而言之，保险利益乃保险合同填补损失的最高限额，即便保险金额的最高限额大于保险利益的价值，也应以保险利益价值为限，对被保险人（受益人）所遭受的损失进行填补。

2. 损失补偿原则

损失补偿原则是指保险事故发生时，被保险人（受益人）从保险人处获得的赔偿应正好补偿被保险人因保险事故所造成的保险金额范围内的实际损失，而不能通过保险获得超过损失限度的利益。“损失补偿原则是保险制度的保障职能的法律表现。因为，保险补偿的目的，是使被保险人得到的保险赔偿基本能够弥补其因保险事故遭受的保险金额范围内的实际损失，借此及时恢复其正常的生产和生活，保障被保险人原有状态不变。”① 《保险法》第五十五条第三款规定，“保险金额不得超过保险价值。超过保险价值的，超过部分无效”。同时《保险法》还明确排除被保险人的双重受赔权，规定了代位求偿规则和委付规则，通过被保险人向保险人转让追偿权或保险标的所有权而将损失补偿原则贯彻到底。

在保险实务中，理解损失补偿原则还应注意以下三点：其一，补偿以保险责任范围内损失的发生为前提，即有损失发生就有补偿，无损失则无补偿；其二，补偿以被保险人恢复到受损失前的经济状态为限，赔偿额除保险事故对保险利益造成的直接损失外，还包括被保险人所花费的施救费用、诉讼费等间接损失；其三，损失补偿原则存在若干适用例外情形。诚然，损失补偿原则是保险合同的一项基本原则，但保险实务中仍有例外情形。如人身保险

① 贾林青．保险法［M］．中国人民大学出版社，2014：78.

中，因作为保险标的的生命或身体机能无法估价，被保险人发生死亡、伤残或疾病等所造成的经济损失和精神痛苦，难以用保险金予以完全弥补，所以人身保险合同是给付性合同，不受该原则规制；又如定值保险中，保险人是按照双方约定的保险金额进行保险赔偿。保险事故发生时，保险人不论保险标的损失金额如何，均按照约定的保险金额进行赔偿，最终实际支付的保险金可能超过实际损失。

3. 最大诚信原则

最大诚信原则是指“保险合同双方在订立和履行保险合同时，必须保证最大限度的诚意和最高度的诚实，双方都应恪守信用，履行合同约定的义务，互不欺骗和隐瞒，否则会影响合同的效力”。[①] 按理说，任何性质合同的订立和履行，都须以双方当事人的诚信为基础，而不得有隐瞒和欺骗行为。但在保险合同领域，却必须强调最大诚信原则。“因为保险契约缔订时，保险人多须根据要保人（投保人）的告知，以决定承保与否，承保费率或其承保条件等。因此，要保人的告知是否完全与正确，对保险人承保的责任甚为重要，故为保护保险人的利益，乃有最大诚信原则之产生。”[②]

虽然最大诚信原则的产生是出于保险人约束投保人的需要，但从公平角度来看，最大诚信原则也不应对保险人有所例外。是故，最大诚信原则的适用内容包括投保人应如实告知和履行保证，也要求保险人应遵循弃权与禁止反言等规则。详而言之，就如实告知而言，订立和履行保险合同时，投保人应按照保险人的询问，将与保险标的有关的重要事实如实地向保险人做声明、申报和陈述。如《保险法》第十六条第一款与第二款规定，“订立保险合同，保险人就保险标的或者被保险人的有关情况提出询问的，投保人应当如实告知。投保人故意或者因重大过失未履行前款规定的如实告知义务，足以影响保险人决定是否同意承保或者提高保险费率的，保险人有权解除合同”。就履行保证来说，保证是指保险人要求被保险人保证做或保证不做某事，或者保证某种事态存在或不存在。由于保险人无法直接控制保险标的的使用情况，只有在保险事故发生时才能了解事故发生的始末、保险标的受损原因和受损情况，为保护保险人的合法权益，防止道德风险行为发生，有必要要求投保人履行相关保证。弃权和禁止反言则主要是针对保险人所作出的制度安排。弃权是合同一方自愿放弃其在保险合同中可以主张的某种权利。如果保险人自愿放弃其某种合同权利，以后保险人不能以被放弃的权利被违背为由拒不履行保险责任。禁止反言是指合同一方既然已经自动放弃其保险合同中可以主张的某种权利，那就不能重新主张

① 钟明主编．保险学［M］．上海财经大学出版社，2015：72.

② 凌氤宝等．保险学理论与实务［M］．台湾华泰文化事业股份有限公司，2014：95.

被放弃的权利。

4. 近因原则

近因原则是保险标的发生损失时，须判断承保的危险与保险标的之间是否存在因果关系，从而确定保险标的所受之损失是否应得到保险赔偿。这是为明确事故与损失之间的因果关系，认定保险责任而专设的一项保险合同的基本原则。“近因”并非时间或空间上与危险损失发生最接近的条件，而是功能上实质支配危险损失发生的条件。“所谓‘近因’（Proximate Cause），也称主力近因，是损失的有效原因。近因并不是一项结果的直接原因，而是一项结果的主要（Dominant）或有效（Effective）的原因，在原因与结果之间，经历的时间可长可短，也可能引起若干连续发生的中间原因，只要没有任何其他新生而又独立的力量打破或中断此一因果连锁（Chain of Causation）关系，此即一引发某种结果的原因，乃谓损失的近因。”① 保险人通常只对承保危险与保险标的损失之间足以评价为有效原因的场合，负赔偿责任；对于承保危险不属于有效原因的场合，则免于负赔偿责任。在单一原因导致危险损失的情形中，损失近因的认定不存在特别疑难，该单一原因即为近因；而在多种原因导致损失的情形，应从多种致损原因中确认实质处于支配地位、具有决定性作用的原因属于近因。在确定损失的近因后，保险人是否负保险责任，还应取决于该近因是否属于保险合同约定的保险事故。

二、保险的构造

保险的构造，即保险的逻辑结构，是指投保方与保险方（主体）就何种保险标的（客体）订立保险合同，约定在该保险标的发生保险事故由保险人依照法律规定和合同约定向被保险人或受益人给付保险金（内容）。保险的构造包括保险合同的主体、保险合同的客体以及保险合同的内容，本书仅介述其中保险合同的主体和客体两个方面。

（一）保险合同的主体

保险合同的主体有广义与狭义之分。广义者是指与保险合同的订立和履行具有直接关系、间接关系或辅助关系的人，包括保险合同的当事人、保险合同的关系人以及保险合同的辅助人三类。狭义者则仅指保险合同的当事人。

1. 保险合同的当事人

保险合同的当事人是订立保险合同，享有保险合同权利，负担保险合同义务的人，包括保险人和投保人。

---

① 陈云中．保险学［M］．台湾五南图书出版股份有限公司，2009：196.

(1) 保险人

保险人，又称投保人。《保险法》第十条第三款将“保险人”定义为，“是指与投保人订立保险合同，并按照合同约定承担赔偿或者给付保险金责任的保险公司”。保险人是经营保险事业的组织体，其通过收取保险费组织保险基金，并在保险事故发生时履行保险赔付责任。保险人是专门负责集中危险和管理危险并籍借危险保障服务赚取利润之商法人，具有明显的营业性和营利性。然而，考虑到保险人的运营状况关乎保险分散危险和消化损失功能的发挥，影响着极为广泛的保险购买人群，是维护金融秩序和实现金融稳定的重要工具，世界各国均对保险人的营业资格采取特许主义，为保险经营设定极为严格的准入门槛，同时对被批准成立的保险公司的业务范围有明确限定。

我国《保险法》不仅为保险公司规定了高标准的设立条件，如第六十八条关于保险公司之法定设立条件的规定，① 以及第六十九条关于保险公司注册资本的规定，② 都较普通公司的标准更为严格。而且《保险法》第六十七条规定我国保险公司的设立采用核准制，“设立保险公司应当经国务院保险监督管理机构批准”。据此，即使完全符合《保险法》第六十八条与第六十九条明列的各项条件也未必能够成功设立保险公司，除非已经获得国务院保险监督管理机构批准。《保险法》第九十五条第三款还规定“保险公司应当在国务院保险监督管理机构依法批准的业务范围内从事保险经营活动”。对于违反《保险法》规定，擅自设立保险公司、超出批准的业务范围经营的，《保险法》第一百五十八条与第一百六十条明确规定了相应的行政处罚措施。其中，构成犯罪的，还应依据《刑法》第一百七十四条或第二百二十四条，以擅自设立金融机构罪或非法经营罪，追究刑事责任。严厉而科学的法律制裁措施的存在，为确保保险公司严格依法设立和经营提供了坚强后盾。

(2) 投保人

投保人，是为了分散特定危险可能给自己或他人的合法利益造成损失，而向保险人发出投保请求，与保险人订立保险合同，并依约负有交付保险费义务的人。《保险法》第十条第二款规定：“投保人是指与保险人订立保险合同，并

---

① 《保险法》第六十八条：“设立保险公司应当具备下列条件：（一）主要股东具有持续盈利能力，信誉良好，最近三年内无重大违法违规记录，净资产不低于人民币二亿元；（二）有符合本法和《中华人民共和国公司法》规定的章程；（三）有符合本法规定的注册资本；（四）有具备任职专业知识和业务工作经验的董事、监事和高级管理人员；（五）有健全的组织机构和管理制度；（六）有符合要求的营业场所和与经营业务有关的其他设施；（七）法律、行政法规和国务院保险监督管理机构规定的其他条件。”

② 《保险法》第六十九条：“设立保险公司，其注册资本的最低限额为人民币二亿元。国务院保险监督管理机构根据保险公司的业务范围、经营规模，可以调整其注册资本的最低限额，但不得低于本条第一款规定的限额。保险公司的注册资本必须为实缴货币资本。”

按照合同约定负有支付保险费义务的人。”据此，投保人应当具有权利能力和相应的行为能力。凡具有权利能力的自然人、法人或其他组织，均可以成为保险合同之投保人。根据《合同法》第九条，当事人订立合同，应具有相应的民事权利能力和民事行为能力。当事人依法可以委托代理人订立合同。因此，投保人应具有相应的民事权利能力和民事行为能力。保险合同成立以当事人意思表示合致为要素，订立合同的人必须具备行为能力，即独立表达其意思、理解自己行为性质和控制行为后果的能力。考虑到保险合同为有偿合同，投保人负有缴纳保险费的义务，既不是纯获利的合同，也非与限制行为能力人的年龄、智力、精神健康状况相适应而订立的合同，限制行为能力人不能单独处理保险合同，需由其法定代理人代为订立，否则需经其法定代理人追认。无行为人能力人则只能由其法定代理人代为订立保险合同。

关于投保人，需要特别注意两点：一方面，人身保险的投保人在合同订立时须具有保险利益。根据《保险法》第十二条第一款和第二款以及第三十一条第三款，人身保险的投保人在保险合同订立时，对被保险人应具有保险利益，否则合同无效。对被保险人缺乏保险利益的自然人或单位不能向保险人投保，自然不能成为（人身）保险合同的投保人，由此可以避免在保险领域可能出现的道德风险。另一方面，投保人虽然负有交付保险费的义务，但却不当然享有合同利益。财产保险合同利益为被保险人而存在，而人身保险合同利益则为被保险人或受益人而存在。所以，如果投保人并非为自己的财产或者人身投保，投保人通常不享有保险合同利益，但仍应依保险合同负交付保险费的主给付义务。

2. 保险合同的关系人

保险合同的关系人，是指虽非保险合同的当事人，但因保险合同的订立和履行而与保险合同具有利害关系、对保险合同利益有独立请求权的人，包括被保险人和受益人。

（1）被保险人

被保险人是指财产或人身受保险合同保障，享有保险金给付请求权的人。投保人可以为被保险人。财产保险中，被保险人是保险事故发生时真正受到损失的人；人身保险中，被保险人是保险事故发生的载体，是保险合同承保危险的承受者。至于被保险人的资格，法律通常不做严格限制。被保险人既可以是完全民事行为能力人，也可以是限制民事行为能力人或无民事行为能力人。但是为保护未成年人和精神病人等无民事行为能力人，应有效防范道德风险发生，《保险法》第三十三条禁止为无民事行为能力人投保以死亡为给付保险金条件的人身保险，保险人也不得承保。不过父母为其未成年子女投保的人身保险除外。

由于被保险人是危险损失的实际承受者，为保护其在保险关系中的正当权益和避免可能的道德风险，法律赋予被保险人在一定情形下享有同意权。如《保险法》第三十四条规定，“以死亡为给付保险金条件的合同，未经被保险人同意并认可保险金额的，合同无效。按照以死亡为给付保险金条件的合同所签发的保险单，未经被保险人书面同意，不得转让或者质押”。第三十九条规定，“人身保险的受益人由被保险人或者投保人指定。投保人指定受益人时须经被保险人同意”。在财产保险中，《保险法》第五十四条第四款则规定，保险人为维护保险标的的安全而采取安全预防措施，须经被保险人同意。与同意权相对，因被保险人虽不是保险合同的当事人，但对保险人危险估计、管控和事故发生后的损害控制都影响重大，并且往往是法律义务和合同义务履行难以回避的关键主体，不少法定或约定义务将被保险人与投保人并列作为义务主体，如危险增加的通知义务、维护财产保险标的安全的义务、保险事故发生的通知义务、提供保险事故证明和资料的义务，以及减损义务等。

（2）受益人

根据《保险法》第十八条第四款，受益人是指人身保险合同中由被保险人或者投保人制定的享有保险金请求权的人。投保人、被保险人可以为受益人。因受益人只是享有保险金请求权而不负保险费给付义务，法律对受益人的资格一般没有限制，只要具有民事权利能力的自然人或法人均可作为受益人。特定情形下，胎儿也可作为受益人。根据前引《保险法》第三十九条，受益人可以由投保人或被保险人指定，不过投保人指定受益人时须经被保险人同意。

至于受益人的存在范围，即受益人是否存在于财产保险中，理论界和实务界均存在激烈争议。如当代著名刑法学者张明楷教授就肯认受益人也存在于财产保险中，在论及《刑法》第一百九十八条保险诈骗罪行为方式之“故意造成财产损失的保险事故，骗取保险金”时，张教授写道：“需要研究的是，刑法第一百九十八条第一款第四项将行为主体限定为投保人、被保险人，而没有将受益人作为行为主体。实际上，受益人也可能故意造成财产损失的保险事故；上述《保险法》第二十八条第二款（现行《保险法》第二十七条第二款）的规定，也肯定了受益人可能故意制造保险事故。当受益人与投保人、被保险人共谋，故意造成财产损失的保险事故骗取保险金时，可以将受益人作为共犯处理，不存在处罚的空隙。那么，受益人（不与投保人、被保险人同一时）单独故意造成财产损失的保险事故，骗取保险金的，应当如何处理呢？本书的答案是，依然成立保险诈骗罪。……宜认定为‘受益人对发生的保险事故编造虚假的原因……骗取保险金’”① 保险实务中也发生财产保险合同中特别约定受益人的情形，如以某项财产的所有权人为被保险人，以该项财产的抵押权人为受益人或

① 张明楷．诈骗罪与金融诈骗罪研究［M］．清华大学出版社，2006：761.

第一受益人（银行为典型代表）订立财产保险合同的案件。[①]

在本书看来，主张财产保险中存有受益人概念的见解颇值商榷，即受益人仅为人身保险所特有之概念。首先，《保险法》第十八条已经明确将受益人定位于人身保险，承认财产保险中存在受益人与保险法的规定相悖；其次，“‘保险受益人’这一概念的产生，是因为在人身保险中经常以被保险人的死亡作为保险事故，然而，一旦该项事故发生则被保险人已然无法自行领取保险金，所以有在被保险人这一主体之外另行指定受益人的必要。与此相反的是，财产保险中并无这一问题，而且在财产保险中采纳‘受益人’的概念，会造成实际受领保险金给付的人与遭受保险事故损害的人不一致，从而违背保险法上的损失填补原则”。[②] 再次，《保险法》第二十七条第二款无法推导受益人存在于财产保险中。且不论现行《保险法》第二十七条第二款已经明确删除受益人故意制造保险事故的规定，[③] 单就原《保险法》第二十八条第二款的规定而言，[④] 该款也只意味受益人可以故意制造保险事故，而不能据此认为受益人是在财产保险中故意制造保险事故，更不应认为受益人存在于财产保险。最后，既然受益人不存在财产保险，就不可能存在发生受益人故意造成财产损失的保险事故而骗取保险金，相应的受益人就不可能存在关于财产保险的保险诈骗罪，因为财产保险合同的保险标的是财产及其相关利益，而受益人所处的人身保险合同的保险标的是人的寿命和身体。认为受益人故意制造出财产损失的保险事故而骗取保险金，宜认定为“受益人对发生的保险事故编造虚假的原因……骗取保险金”，存在逻辑颠倒的疑虑。

3. 保险合同的辅助人

保险合同的辅助人是对保险合同的订立与履行起辅助作用的人，包括保险代理人、保险经纪人和保险公估人。保险合同订立及履行过程中，涉及投保、核保、承保、保险合同的变更、解除、保险请求权的行使等诸多需要保险专门知识和技术予以解决的环节，保险合同的辅助人即辅助保险合同当事人和关系人处理这些问题的人员。

（1）保险代理人

根据《保险法》第一百一十七条，保险代理人是根据保险人的委托，向

---

① 张静．保险案件司法观点集成［M］．法律出版社，2016：307－310.

② 温世扬主编．保险法［M］．法律出版社，2016：48.

③ 《保险法》第二十七条第二款：“投保人、被保险人故意制造保险事故的，保险人有权解除合同，不承担赔偿或者给付保险金的责任；除本法第四十三条规定外，不退还保险费。”

④ 1995 年《保险法》第二十七条第二款，即 2002 年《保险法》第二十八条第二款：“投保人、被保险人或者受益人故意制造保险事故的，保险人有权解除保险合同，不承担赔偿或者给付保险金的责任，除本法第六十四条第一款另有规定外，也不退还保险费。”

保险人收取佣金，并在保险人授权的范围内代为办理保险业务的机构或者个人。保险代理机构包括专门从事保险代理业务的保险专业代理机构和兼营保险代理业务的保险兼业代理机构。在我国，《保险代理人管理规定（试行）》将保险代理人分为专业代理人、兼业代理人和个人代理人。专业代理人是指专门从事保险代理业务的组织；兼业代理人是指受保险人委托，在从事自身业务的同时，指定专人为保险人代办保险业务的单位；个人代理人则是根据保险人委托，向保险人收取代理手续费，并在保险人授权的范围内代为办理保险业务的个人。

保险代理人属于代理人的一种，是专门为发展保险业务服务的，基于其功能的特殊性，对保险代理人的要求比一般代理人严格。首先，主体资格的专业性。保险代理人须具备专业的资质：保险代理机构及其从业人员、个人保险代理人应当具备国务院保险监督管理机构规定的条件，取得其颁发的经营保险代理业务许可证或资格证书；其次，代理行为的概括性。《保险法》第一百二十七条规定："保险代理人根据保险人的授权代为办理保险业务的行为，由保险人承担责任。保险代理人没有代理权、超越代理权或者代理权终止后以保险人名义订立合同，使投保人有理由相信其有代理权的，该代理行为有效。保险人可以依法追究越权的保险代理人的责任。"再次，信息知晓的转嫁性。投保人向保险代理人告知的有关保险标的的一切情况均视为保险人已经知晓，保险人不得以投保人向保险代理人未向自己履行告知义务为由进行抗辩；最后，意思表示的限制性。保险代理人的代理行为是有限的，一般只能代理销售保险产品，代理收取保险费用，协助保险人进行保险理赔等业务性活动，但不能独立作出承诺、签发保险单等足以使保险合同成立或失效的意思表示，也不能向被保险人或受益人独立作出同意或拒绝保险理赔的意思表示。①

（2）保险经纪人

保险经纪人是基于投保人的利益，为投保人与保险人订立保险合同提供中介服务，并依法收取佣金的机构，包括保险经纪公司及其分支机构。保险经纪人是居于投保人与保险人之间，从中撮合订立保险合同的人，其所为行为具有居间的性质。在居间关系中，居间人仅为缔约双方的中间人，不是任何一方的代表人或代理人。在保险经纪中，有时保险经纪人受保险人的委托进行活动，且其佣金由保险人支付，但保险经纪人不同于保险代理人，经纪行为不是保险人的行为，保险人不承担保险经纪人所谓行为之法律后果。与此相应，保险经纪人也不是投保人或其他保险关系人的代理人。保险经纪人以自己的名义为保险经纪行为，并独立承担法律后果。

---

① 樊启荣．保险法［M］．北京大学出版社，2011：42－43.

根据《保险法》的有关规定，保险经纪人具有下述特征：其一，保险经纪人是基于投保人的利益为经纪行为。保险经纪人具有保险专业知识、熟悉保险技术，其利用自身的业务知识技术，为投保人争取有利的缔约条件，促成保险合同的订立。其二，保险经纪人的主体形式只能为“机构”，可以选择采取有限责任公司或股份有限公司形式。其三，保险经纪人主体资格的专业性。保险经纪人应当具备国务院保险监督管理机构规定的条件，取得保险监督管理机构颁发的经营保险经纪业务许可证。其四，保险经纪人的业务范围的限定性。根据《保险经纪机构监管规定》第三十条，经保监会批准，保险经纪人可以经营下列业务：（1）为投保人拟定投保方案，选择保险人，办理投保手续；（2）协助被保险人或受益人进行索赔；（3）再保险经纪业务；（4）为委托人提供防灾、防损或风险评估、风险管理咨询服务；（5）保监会批准的其他业务。

（3）保险公估人

保险公估人是指接受委托，专门从事保险标的或者保险事故评估、勘验、鉴定、估损理算等业务，并按约定收取报酬的机构。依据《保险公估机构监管规定》第七条，保险公估机构可采用有限责任公司、股份有限公司或合伙企业的组织形式。作为独立的法律主体，保险公估人提供保险公估服务应当遵守法律、行政法规和中国保监会有关规定，遵循独立、客观、公平、公正的原则，不能受公估合同的任何一方的意志和利益所左右，任何单位和个人也不得干涉保险公估人的工作。在我国，经保险会批准，保险公估人可以从事下列业务：（一）保险标的承保前和承保后的检验、估价及风险评估；（二）保险标的出险后的查勘、检验、估损理算及出险保险标的残值处理；（三）风险管理咨询；（四）中国保监会批准的其他业务。保险公估服务的结果通常是以保险公估报告书的形式表现，保险公估报告书是保险公估工作的全面总结，是保险公估机构向委托人提供的反映公估工作内容和结果的公证性文件，是保险公估业务的最终产品。在提供保险公估服务中，保险公估人及其工作人员须依法独立公正地开展工作，因故意或者过失给保险人或者被保险人造成损失的，依法承担赔偿责任；故意提供虚假的证明文件，为他人骗取保险金提供条件的，以保险诈骗的共犯论处。

（二）保险合同的客体

客体是与主体相对应的范畴。保险合同的客体是指保险合同当事人的权利和义务共同指向的对象，是保险合同的重要组成要素。理论上，保险合同客体的具体内容究竟是保险标的，还是保险利益，抑或是特定给付行为，存在激烈争论。保险标的说认为保险合同的客体不是保险利益，而是保险标的，即作为保险对象的物及其有关利益或人的生命和身体。[①] 保险利益说认为，保险合同的客体是投保人对保险标的所具有的法律上承认的经济利益。“投保人之所以能够获得保险保障是基于其对保险标的所拥有的合法经济利益，保险人保障的也是有包容的保险标的所具有的经济利益，而不是保险标的本身”。[②] 给付行为说认为保险合同是一种债的客体是给付行为，所以保险合同的客体也应是保险人对保险标的上利益提供保障的行为。[③] 其中，保险利益说就是理论上的通行观点。

本书认为，从《保险法》第十二条、第三十一条和第四十八条来看，投保人必须凭借保险利益投保，投保人对保险标的不具有保险利益的，要么保险合同无效，要么不得向保险人请求赔偿保险金；而保险人也必须凭借投保人享有保险利益才能接受投保申请，并以保险利益作为保险金额的确定依据和赔偿依据。加上保险并不能保障保险标的不受损失，而只能保障投保人或被保险人的保险利益保持不变。所以，保险利益说有其妥当性，即保险合同的客体是保险利益，而保险标的仅为保险利益的载体。正因如此，同一保险标的上可同时附着多个保险利益，投保人可就不同保险利益分别与保险人订立多个保险合同；数个保险标的上，可能仅存在同一保险利益，投保人仅需与保险人订立一个保险合同；对同一保险标的，因享有保险利益者身份之不同，可就其保险利益分别订立独立的保险合同。[④] 保险实务中，“不同投保人对同一保险标的分别投保，被保险人在其保险利益范围内可依据合同主张赔偿”。[⑤] 最高人民法院《关于适用〈中华人民共和国保险法〉若干问题的解释（二）》第一条特别规定，“财产保险中，不同投保人就同一保险标的分别投保，保险事故发生后，被保险人在其保险利益范围内依据保险合同主张保险赔偿的，人民法院应予支持”。

第三节 保险业的法律规制

“先有交易，后来才由交易发展为法制。”[⑥] 先有保险交易关系的客观存在，然后才产生规制保险交易关系的法律规范，保险法律规范不仅由保险交易关系催生，而且随着保险交易的不断发展而进步完善。

---

① 李玉泉．保险法［M］．法律出版社，2003：144.
② 刘金章编著．保险学导论［M］．北京交通大学出版社，2009：125.
③ 黄华明主编．中国保险法理论与实务［M］．经济科学出版社，1996：54.
④ 梁宇贤．保险法实例解说［M］．中国人民大学出版社，2004：24.
⑤ 最高人民法院民事审判第二庭编．保险案件审判指导［M］．法律出版社，2015：47.
⑥ 马克思恩格斯全集（第19卷）［M］．人民出版社，1963：423.

一、法律规制沿革

虽然我国历史上很早就出现了仓储制以及镖局等原始保险形式和保险组织，但近代意义的保险是伴随着西方列强对中国的经济侵略而传入我国的舶来品。清末民初时期，为有效规范保险市场，我国近代保险立法工作即已开启，但直至1929年末我国第一部《保险法》才由南京国民政府正式公布，但却未实际施行。

新中国成立后，在对旧社会保险市场进行管理和整顿的基础上，创立并发展人民保险事业。1949年10月20日，中国人民保险公司挂牌开业，这标志着我国现代保险事业正式创立，开创了中国保险的新纪元。其后，我国保险业经历了初步发展（1949—1958）、停办（1958—1979）和恢复发展（1979年至今）三个阶段。总体上看，虽然我国保险业仍处于发展的初级阶段，不能适应全面深化改革和经济社会发展的需要，与现代保险服务业的要求尚有不小的差距，但是自1979年恢复以来，中国保险业发展迅猛，取得了长足进步。特别是2014年《国务院关于加快发展现代保险服务业的若干意见》（国发〔2014〕29号）发布以来，我国现代保险服务业发展势头强劲，行业发展再创佳绩，保险的社会“稳定器”和经济“助推器”作用得到有效发挥。[①] 我国保险业与保险业发展相适应，新中国保险立法也经历初步形成时期、恢复时期和发展时期三个阶段。当前我国保险业的法制建设取得了重大进展并逐步走向繁荣，已经形成了保险基本法典为核心，保险监管规定为配套的体系完备、内容科学、配套健全和衔接有序的中国特色的保险法律规范系统，较好地适应并保障了我国保险业的快速稳健发展。

二、保险基本法典

新中国成立后三十年时间里（主要是1949年到1958年的十年），我国先后颁布了一些保险法规，如1951年2月中央人民政府政务院通过的《关于实行国

---

① 据统计，2015年，中国保险业保费收入达到2.4万亿元，总资产达到12.4万亿元，市场份额占世界保险市场份额的7.74%。保险密度271.77美元/人，同比增长19.44%，保险深度为3.59%，同比增长0.41个百分点。保险业为全社会提供风险保障1718万亿元，同比增长54.2%；赔款和给付8674.1亿元，同比增长39.6%。保险业增速达20%，是2010年以来增速最快的一年。全年保险行业投资收益率达7.56%，创2008年以来的新高。保险行业的国际地位大幅提升，世界排名从2010年的第6位上升至2015年的第3位，对国际保险市场增长的贡献度达26%，居全球首位。（寇业富主编．保险蓝皮书：中国保险市场发展分析（2016）［M］．中国经济出版社，2016：80－81.）而2016年，我国保险业得到进一步发展，已晋升为保险全球第二大国。2016年，我国保费收入30961.01亿元，同比增长27.5%，超过日本位列世界第2。2016年，全球保险业增长不到4%，我国保险业增速27.5%，对国际保险市场增长的贡献度达27.5%，居全球首位（王辉．我国晋升为保险全球第二大国［J］．中国保险，2017（2））。

家机关、国营企业、合作社财产强制保险及旅客强制保险的决定》，同年3月政务院财经委员会颁布《财产强制保险条例》等六部保险条例，1953年6月和1957年4月政务院先后发布的《关于强制保险投保范围的通知》以及《公民财产自愿保险办法》。应当承认，这些法规在当时对规范保险行为，调整保险关系以及促进保险业的发展起到了积极作用，但受历史条件的制约，这些法规不仅散乱，而且普遍具有强制的性质，从而与现代意义上的商业保险相去甚远。

总的来说，我国保险业法制建设是与改革开放的发展进程相伴相随的。1978年以后，我国开始恢复保险业的发展，保险立法亦随之加强。1981年第五届全国人大四次会议通过《中华人民共和国经济合同法》（1993年进行修正），对财产保险合同作出原则性规定，成为新中国成立后第一个真正意义上与保险有关的法律。1983年国务院颁布《中华人民共和国财产保险合同条例》，对财产保险合同作出详尽规定，这实际是保险合同法的雏形。为加强国家对保险业的管理，1985年国务院颁布《保险企业管理暂行条例》，对保险企业的设立、中国人民保险公司、偿付能力和保险准备金、再保险等内容进行规定，这相当于当时的保险业法。就制度设计而言，《财产保险合同条例》与《保险企业管理暂行条例》从纵横两方面为我国系统性保险法的制定奠定了初步的基础和框架。而此种先制定子法后制定母法的保险法律制度设计得到学者的积极评价，“在保险立法的经验尚不充分的情况下采取我国这样的立法方式不失为一种好的方法，此种做法有利于经验的积累，使立法的准备工作更加充分”。①

随着保险业的加速发展以及立法经验的不断积累，制定一部系统完备的保险法典的条件逐渐具备。1995年6月30日，第八届全国人大常委会第十四次会议通过《中华人民共和国保险法》，这是新中国成立以来的第一部保险基本法典。该法采取保险合同法与保险业法合一的立法体例，集中规定了保险合同、公司、保险经营规则、保险业的监督管理、保险代理人和保险经纪人、法律责任等内容，是一部较为完整、系统的保险法律，其颁行标志着我国保险法律体系形成，为当事人的保险行为提供了较为全面的法律依据和权利保障，成为规范保险市场经验活动，保护保险当事人合法权益，促进保险业健康发展的重要保证。

其后，为适应我国保险业内部结构和外部环境的变化，特别是我国加入世贸组织以后保险业面临进一步对外开放的新形势以及开放后对保险市场科学监管的新要求，2002年九届全国人大常委会第三十次会议通过《关于修改〈中华人民共和国保险法〉的决定》，对保险法进行首次大的修改，主要涉及保险资金运用、保险经营、保险代理人和保险经纪人、保险业监管等方面的38个条文进

① 傅廷中. 保险法论［M］. 清华大学出版社，2011：27.

行调整与修改。此次修改反映了我国加入世贸组织后对作为金融服务业的保险业的高度重视，同时有力地推动了我国保险法制与世界保险法制的交流和融合，加速了我国保险法制现代化和国际化的进程。

针对保险法在实务中出现的适用困难以及所存在的较为严重的索赔难现象，在“进一步明确保险活动当事人的权利、义务，加强对被保险人利益的保护”思想的指引下，2009 年第十一届全国人大常委会第七次会议通过了对《保险法》的第二次修改。本次修改的主要内容为：（1）在保险合同成立与生效方面，限制保险人订约自由，扩大人身保险利益范围，明确财产保险利益的主体和时间；（2）关于保险合同的效力变动，保险法尽力维持保险合同效力，减少保险人摆脱合同责任的手段和机会，维护被保险方的合理期待；（3）在保险赔偿和理赔环节，提高理赔效率，增强理赔公正；（4）新法新增的一些内容也体现了保护被保险人利益的目标。①

2014 年 8 月，第十二届全国人大常委会第十次会议对《保险法》做出第三次修改。内容有二：一是将第八十二条中的“有《中华人民共和国公司法》第一百四十七条规定的情形”修改为“有《中华人民共和国公司法》第一百四十六条规定的情形”，以便与新修正《公司法》衔接；二是将第八十五条修改为：“保险公司应当聘用专业人员，建立精算报告制度和合规报告制度。”新增保险公司应当建立精算报告制度的规定。

2015 年，在《保险法》迎来其 20 周年纪念之际，第十二届全国人大常委会第十四次会议再次对《保险法》进行修订。其中，影响最深、最广的便是改革个人代理人制度，“取消代理人资格考试”，赋予保险机构有用人的自主权。除放开资格核准等行政审批事项外，对机构主体的工商行政管理也有诸多放宽，打破保险公司分业经营的局限性，解决交叉销售的问题。在强调简政放权的同时，增强对保险违法行为的处罚力度，甚至大部分处罚金额都增加了 5 倍以上。

全国人大常委会对《保险法》四次不同幅度的修订，对《保险法》有关条文做出了与时俱进的调整和修改，从而极大地完善了我国保险的法律规范体系，推动了我国保险法制建设的科学化、现代化和国际化，保障了我国保险业持续、快速和健康发展。

三、保险监管规定

保险是以危险管理为内容的经济活动，其通过集中危险和分摊损失向社会大众提供经济保障，是兼具社会性、保障性和负债性的特殊经营行业。保险业经营的好坏，既直接关系到保险人自身的经济利益，也与投保人和被保险人的

---

① 邢海宝.《新保险法》解读［J］. 法学杂志，2009（5）.

经济利益密切相关，还影响到保险功能的正常发挥和社会经济生活的稳定有序，因此必须对保险业施以较普通工商业更严格的管理和监督。

起初，中国人民银行是对我国保险经营进行管理和监督的机构。为加强对保险业的监督管理，促进保险事业健康发展，1996 年中国人民银行公布《保险管理暂行规定》（已失效），对保险机构的设立、变更和终止、保险公司的业务范围、保险自己管理及运用、许可证管理、保险条款和保险费率、保险公司偿付能力管理、保险经营行为管理、监督管理等内容作出系统规定。随着保险实践的发展，保险业要求独立于银行系统的监管机构对保险业实行专门的管理和监督。1998 年 11 月，按照银行业与保险业分业经营、分业监管的原则，成立保监会，由其负责对全国保险业进行行业监管。根据《国务院关于成立中国保险监督管理委员会的通知》，保监会的主要职责和任务是：拟定有关商业保险的政策法规和行业发展规划；依法对保险企业的经营活动进行监督管理和业务指导，维护保险市场秩序，依法查处保险企业违法违规行为，保护被保险人利益；培育和发展保险市场，推进保险业改革，完善保险市场体系，促进保险企业公平竞争；建立保险业风险的评价与预警系统，防范和化解保险业风险，促进保险企业稳健经营与业务的健康发展。

在保险辅助人方面，保监会制发了系列部门规章或规范性文件。如为规范保险专业代理机构、保险经纪机构和保险公估机构的经营行为，保护被保险人的合法权益，维护市场秩序，促进保险业健康发展，2009 年 9 月，保监会发布《保险专业代理机构监管规定》（保监会令〔2009〕5 号）、《保险经纪机构监管规定》（保监会令〔2009〕6 号）以及《保险公估机构监管规定》（保监会令〔2009〕7 号），对保险专业代理机构、保险经纪机构和保险公估机构的市场准入、经营规则、市场退出、监督检查以及法律责任等进行细致规定。该三项规定分别于 2013 年和 2015 年被保监会两次修订，从而极大地提升了我国保险辅助人相关规定的合理性、科学性和操作性。根据该三项规定的有关条文，自三项规定施行之日起，保监会 2004 年 12 月颁布的《保险代理机构管理规定》（保监会令〔2004〕14 号）、2004 年 12 月颁布的《保险经纪机构管理规定》（保监会令〔2004〕第 15 号）、2001 年 11 月颁布的《保险公估机构管理规定》（保监会令〔2001〕3 号）同时废止。为贯彻落实《中国保监会关于深化保险中介市场改革的意见》（保监发〔2015〕91 号），保监会于 2016 年 4 月下发《关于银行类保险兼业代理机构行政许可有关事项的通知》，对银行类保险兼业代理机构行政许可有关事项作出明确规定。2015 年 8 月，保监会发布《关于保险中介从业人员管理有关问题的通知》（保监中介〔2015〕139 号），明确资格证书不再作为执业登记管理的必要条件，规定从业人员只需要所属公司到中国保监会保险中介监管信息系统进行执业登记即可从业。自此以后，庞大的保险营销员不再以代理人资格证书作为上岗的前提，进一步降低保险从业人员的门槛。

在保险公司高级管理人员的监管方面，为了加强和完善对保险公司董事、监事和高级管理人员的管理，保障保险公司稳健经营，促进保险业健康发展，在原《保险公司董事和高级管理人员任职资格管理规定》（保监会令〔2006〕4号）的基础上，保监会于2010年1月发布《保险公司董事、监事和高级管理人员任职资格管理规定》，对保险机构董事、监事和高级管理人员的任职资格条件、任职资格核准、监督管理和法律责任等进行规定。2014年1月，保监会又对该规定关于保监会派出机构就辖区内保险公司分支机构高管任职资格监督管理的除外情形、保险公司在计划单列市设立的行使省级分公司管理职责的分公司的高管的任职条件、境外保险公司分公司高级管理人员任职资格核准进行修改或补充。

为适应我国保险业不断发展的客观要求，保险会相继颁布诸多规章，构成保险公司组织或行为的一般规则。为加强对保险公司的监督管理，保监会于2000年1月发布《保险公司管理规定》（保监发〔2000〕2号）。两年后，为履行我国加入世贸组织的对外承诺，保监会修改了《保险公司管理规定》的有关内容，于2002年3月15日公布施行。随着保险营业经验的积累，为实现有效监管，保监会在2004年5月发布的《保险公司管理规定》（保监会令〔2004〕3号），新规定放宽了保险公司的设立条件，但强化了对保险公司偿付能力的监管。2009年9月，保监会公布了《保险公司管理规定》（保监会令〔2009〕1号），明确规定了保险公司法人机构、分支机构的设立规则、保险机构变更、解散与撤销规则、保险分支机构管理规则、监督管理规则等内容。2015年10月，根据对保险公司管理的新形势和新要求，保监会适时修订并发布了最新版《保险公司管理规定》（保监会令〔2015〕3号）。随着互联网保险业务的兴起，为了促进保险代理、经纪公司互联网保险业务的规范健康有序发展，切实保护投保人、被保险人和受益人的合法权益，保监会于2011年9月制定《保险代理、经纪公司互联网保险业务监管办法（试行）》（保监发〔2011〕53号）。其后互联网保险业务经营范围的不断扩大，为规范互联网保险业务经营行为，保护保险消费者合法权益，促进互联网保险业务健康发展，制定了《互联网保险业务监管暂行办法》，2015年7月，保监会废止上述监管办法，转而制定了《互联网保险业务监管暂行办法》（保监发〔2015〕69号），对互联网保险业务的经营条件与经营区域、信息披露、经营规则、监督管理等进行系统性规定。

在保险业务方面，为加强对财产保险条款和费率的管理，在积累监管经验的基础上，为改善对财产保险公司保险条款和保险费率的监管，鼓励财产保险公司设计新的财产保险合同，保监会在2005年11月审议通过《财产保险公司保险条款和保险费率管理办法》（保监会令〔2005〕4号）。其后，为进一步保护投保人、被保险人和受益人的合法权益，维护保险市场竞争秩序，2010年1月，保监会又审议通过新的《财产保险公司保险条款和保险费率管理办法》（保监会令〔2010〕3号）。而在人身保险方面，为了规范对人身保险公司开发产品的审批和备案管理，2004年6月，保监会发布《人身保险产品审批和备案管理办法》（保监会令〔2004〕6号），对保险公司开发的人身保险产品审批和备案范围、材料、程序、精算责任人和法律责任人以及法律责任等内容作出明确，凡在我国境内经营人寿保险、健康保险、意外伤害保险等业务的人身保险公司开发设计的人身保险产品都应据此申请审批或备案。其后，为了促进人身保险业务健康发展，保护投保人、被保险人、受益人的合法权益，维护社会经济秩序和社会公共利益，保监会于2009年9月发布《人身保险新型产品信息披露管理办法》（保监会令〔2009〕3号），对保险公司人身保险产品信息披露材料管理、投资连结保险信息披露、万能保险信息披露、分红保险信息披露以及法律责任等作出专门规定。根据该办法第三十七条，自2009年10月1日施行之日起，废止《人身保险新型产品信息披露管理暂行办法》（保监会令〔2001〕6号）。2016年9月，保监会下发《关于强化人身保险产品监管工作的通知》（保监寿险〔2016〕199号），以做好新形势下人身保险产品监管工作，充分发挥市场配置资源的作用，提高人身保险产品核心竞争力，防范人身保险产品风险，推进人身保险供给侧结构性改革。

此外，为促进再保险市场的发展，规范再保险公司的设立，保监会于2002年9月发布《再保险公司设立规定》（保监会令〔2002〕4号）。为了加强保险公司偿付能力监管，维护被保险人利益，促进保险业健康、稳定、持续发展，保监会于2008年7月发布《保险公司偿付能力管理规定》（保监会令〔2008〕1号），对保险公司偿付能力评估、偿付能力报告、偿付能力管理、偿付能力监督等方面进行了规定。该规定的颁行具有重要意义，被学者认为“将促进我国保险监管模式由以保险人行为监管为重心向以偿付能力监管为重心的转移”。[①] 为了规范保险保障基金的筹集、管理和使用，保障保单持有人合法权益，促进保险业健康发展，维护金融稳定，2008年9月，保监会会同财政部和中国人民银行共同制定《保险保障基金管理办法》，明确规定保险保障基金公司的业务范围、保险保障基金的筹集与使用及其管理和监督、法律责任等内容。为了规范保险资金运用行为，防范保险资金运用风险，维护保险当事人合法权益，促进保险业持续、健康发展，2010年7月，保监会发布《保险资金运用管理暂行办法》（保监会令〔2010〕9号），对保险资金运用形式、决策运行机制、风险管控与监督管理等作出相应规定。2014年4月，保监会又对该暂行办法进行修订，

---

① 高宇．中国保险法［M］．高等教育出版社，2015：34.

发布新的《保险资金运用管理暂行办法》（保监会令〔2014〕3号）。2011年9月，为做好保险业反洗钱工作，防范洗钱风险，促进行业持续健康发展，保监会制定《保险业反洗钱工作管理办法》（保监发〔2011〕52号）。2014年12月，为指导保险机构评估洗钱和恐怖融资风险，合理确定客户洗钱风险等级，提升反洗钱和反恐怖融资工作有效性，保监会又发布《保险机构洗钱和恐怖融资风险评估及客户分类管理指引》，等等。

四、保险刑法规制

出于众所周知的原因，新中国刑事法制建设经历了长达三十年的曲折艰难历程，直至1979年，新中国第一部刑法典才正式施行。由于1979年前新中国保险业长期处于停滞阶段，加之受“宜粗不宜细”的立法思想的指导，我国1979年刑法典并未出现有关保险犯罪的条文规定，保险刑事规制付之阙如。改革开放以来，随着我国现代保险业正式起步并飞速发展，发生在保险领域的严重破坏保险秩序的行为日渐频生。有效因应保险犯罪的现实需求，催生了我国保险刑事规制，开启了保险犯罪刑事法制建设历程。

1988年1月21日，全国人大常委会通过《关于惩治贪污罪贿赂罪的补充规定》对1979年刑法典关于惩治贪污罪贿赂罪的规定进行补充，其第一条、第三条和第四条分别规定，国家工作人员、集体经济组织工作人员或者其他经手、管理公共财物的人员，构成之贪污罪、挪用公款罪和受贿罪。鉴于当时保险公司大多以全民所有制形式存在，国有保险公司中国家工作人员或者其他经手、管理公共财物的人员，利用职务便利，侵吞、窃取、骗取或者以其他手段非法占有公司财物的，挪用公司的公款归个人使用，索取他人财物或非法收受他人财物为他人在保险业务中谋取利益的，势必构成贪污罪、挪用公款罪和受贿罪。由此可以认为，上述“补充规定”乃新中国保险刑事规制的最初形式。其后，为了维护社会经济秩序，保护公司的合法权益，惩治违反公司法的犯罪行为，全国人大常委会于1995年2月28日通过《关于惩治违反公司法的犯罪的决定》，对1979年刑法典进行补充，并极大地充实了保险刑事规制的内容，将私营保险公司开展业务过程中发生的受贿行为、侵占本公司财物行为以及挪用本单位资金归个人使用行为犯罪化。尽管该“决定”并非直接针对发生在保险领域的犯罪行为，但保险机构绝大多数以公司的形式存在，因而违反公司法的犯罪必然内在地涵盖保险犯罪的内容，如其第九条、第十条和第十一条分别规定公司董事、监事或者职工的受贿行为、侵占本公司财物行为以及挪用本单位资金归个人使用的行为构成犯罪，并规定了相应的刑罚制裁措施。据此，保险公司的董事、监事或者职工利用职务便利（或工作便利），在开展保险业务过程中，实施上述行为的，则可能构成非国家工作人员受贿罪、（职务）侵占罪或挪用资金罪。

1995 年 6 月 30 日，我国保险刑事法制建设迎来了其具有历史意义的一刻，独立的保险刑事规制正式出现。为惩治金融领域的诈骗犯罪行为，全国人大常委会通过《关于惩治破坏金融秩序犯罪的决定》，该决定专门规定了保险诈骗罪。根据其第十六条规定，投保人故意虚构保险标的，骗取保险金；投保人、被保险人或者受益人对发生的保险事故编造虚假的原因或者夸大损失的程度，骗取保险金；投保人、被保险人或者受益人编造未曾发生的保险事故，骗取保险金；投保人、被保险人故意造成财产损失的保险事故，骗取保险金；投保人、受益人故意造成被保险人死亡、伤残或者疾病，骗取保险金，以此进行保险诈骗活动，数额较大的，构成保险诈骗罪。保险诈骗罪的设立，为惩治投保人、被保险人和受益人采用虚构事实或隐瞒真相的方式骗取保险金的行为，提供了明确的法律依据，是我国保险刑事规制的重大发展。该“决定”第十七条还明确，保险公司的工作人员利用职务上的便利，故意编造未曾发生的保险事故进行虚假理赔，骗取保险金的，构成（职务）侵占罪（贪污罪）。

1997 年 3 月 14 日，全面修订后的刑法典正式公布并于同年 10 月 1 日起实施。1997 年刑法典在整合既往单行刑法的基础上，对保险刑事规制进行重大完善，极大地延展了保险犯罪刑事规制的边界，丰富了保险犯罪的罪名体系，使我国保险刑事规制基本成型。在损益《关于惩治破坏金融秩序犯罪的决定》第十六条的基础上，1997 年刑法典明确规定投保方实施的保险诈骗罪，除此之外，还将保险领域发生的其他严重危害保险秩序的行为规定为犯罪。如其第一百七十四条将未经中国人民银行批准，擅自设立商业银行或者其他金融机构的行为，以及伪造、变造、转让商业银行或者其他金融机构经营许可证的行为犯罪化。由于保险机构属于“其他金融机构”的范畴，未经中国人民银行批准，擅自设立保险机构，或者伪造、编造、转让保险机构经营许可证的行为，将构成擅自设立金融机构罪或者伪造、变造、转让金融机构经营许可证罪。又如其第一百八十三条、第一百八十四条和第一百八十五条分别将保险公司的工作人员利用职务上的便利，故意编造未曾发生的保险事故进行虚假理赔，骗取保险金归自己所有的行为，以及保险机构的工作人员在保险业务活动中索取他人财物或者非法收受他人财物，为他人谋取利益的，或者违反国家规定，收受各种名义的回扣、手续费，归个人所有的行为，以及保险机构的工作人员利用职务上的便利，挪用本单位或者客户资金的行为，分别规定为职务侵占罪（贪污罪）、公司、企业人员受贿罪（受贿罪）和挪用资金罪（挪用公款罪）。又如其第二百二十五条规定，违反国家规定，买卖进出口许可证、进出口原产地证明以及其他法律、行政法规规定的经营许可证或者批准文件，扰乱市场秩序，情节严重的行为，构成非法经营罪。据此，违反国家有关保险法律规定，买卖保险法律、行政法规规定的保险经营许可证或者批准文件的行为，即有可能被以非法经营罪定罪处罚。

1997年刑法典施行以后，我国刑法立法转向采用“刑法修正案”的形式对刑法典进行修改、补充和完善。为适应金融行业“分业监管”的新需要，1999年12月，《中华人民共和国刑法修正案》对保险刑事规制进行重要修改和补充。将原刑法第一百七十四条第一款擅自设立金融机构罪的罪状修改为，“未经国家有关主管部门批准，擅自设立商业银行、证券交易所、期货交易所、证券公司、期货经纪公司、保险公司或者其他金融机构的”，并于第二款增设“伪造、变造、转让金融机构经营许可证、批准文件罪”。将原《刑法》第一百八十五条挪用资金罪的犯罪主体扩大为“商业银行、证券交易所、期货交易所、证券公司、期货经纪公司、保险公司或者其他金融机构的工作人员”。如果说这些修改只是将原有“其他金融机构”的内容予以形式地明确具体的话，那么其对原《刑法》第二百二十五条的补充则实质地扩充保险刑事规制的范围，即“非法经营罪”的行为方式中新增“未经国家有关主管部门批准，非法经营证券、期货或者保险业务的”。

考虑到原《刑法》第一百八十五条对商业银行和其他金融机构的工作人员利用职务上的便利，挪用本单位或者客户资金的犯罪及刑事责任做了规定，但实践中，有些金融机构挪用客户资金的行为并不是其工作人员个人的行为，而是由单位决定实施的。对这种由单位决定实施的擅自运用客户资金或者其他委托、信托财产的行为，情节严重的，也应当追究刑事责任。① 为此，2006年6月29日全国人大常委会通过《刑法修正案（六）》增加《刑法》第一百八十五条之一，新设背信运用受托财产罪与违法运用资金罪两罪。根据该条规定，保险公司违背受托义务，擅自运用客户资金或者其他委托、信托的财产，情节严重的，以及保险公司、保险资产管理公司，违反国家规定运用资金的，应分别以背信运用受托财产罪与违法运用资金罪定罪科刑。近年来，金融市场“老鼠仓”行为的泛滥严重破坏了金融管理秩序，损害了投资者的利益，也损害了从业人员所在单位的利益，如不严惩，势必会严重影响我国资产管理和基金、证券、期货市场的健康发展。② 为严厉惩治“老鼠仓”犯罪，2009年2月28日，全国人大常委会通过《刑法修正案（七）》，在《刑法》第一百八十条增加一款，新设利用未公开信息交易罪。据此，保险公司的从业人员以及保监会的工作人员，利用职务便利获取的内幕信息以外的其他未公开的信息，违反规定从事与该信息相关的证券、期货交易，或者明示、暗示他人从事相关交易活动，情节严重

---

① 高铭暄．中华人民共和国刑法的孕育诞生和发展完善［M］．北京大学出版社，2012：398.

② 李永升主编．刑法新增和修正罪名适用［M］．中国人民公安大学出版社，2013：118.

的，应以利用未公开信息交易罪定罪论罚。

应当承认，上述已经列明的我国刑法条文是直接对保险业务运营各个环节进行刑法调整的规定，是保险实务中惩治保险犯罪的最主要、也是使用最频繁的法律依据，构成了我国保险刑事规制的最核心、最基础的部分，但却并非我国保险刑事规制的全部。由于我国保险业务的开展不仅要遵守保险法律法规的特殊规定，还要遵守《公司法》《反不正当竞争法》等法律法规的共性规定，违反这些共性规定，情节严重的，依然构成犯罪。这反映到保险刑事规制上就表现为：除直接针对保险行业的特殊刑法条款，我国刑法还存有大量一般性条文，保障普通市场秩序、保护普通市场主体合法权益、维护国家机关工作人员职务行为廉洁性、公正性的规定。如果保险关系的主体在保险交易或保险监管过程中，实施违反刑法一般性条文的规定并构成犯罪的，理应依照相关刑法条文追究刑事责任。相应地，行为人所实施的相关犯罪行为，也属于保险犯罪的范畴。

第一章

保险犯罪基础理论

从保险发生史来看，保险犯罪与保险业相伴相随，是保险业发展过程中挥之不去的阴霾，也是保险业不断繁荣必须抑制并剜除的毒瘤。保险犯罪是对保险“人人为我、我为人人”互助共济精神的根本背离，致使保险分散危险和消化损失的运行机制遭到严重破坏，保险所固有的社会和经济功能受到极大制约。当前，保险犯罪受到越来越多的关注，已然成为当代世界各国面临的最严重问题。保险犯罪作为一种新型、特殊且严重的经济犯罪现象，亟须对其概念和特征等内涵外延作出科学剖析。

第一节　保险犯罪的概念

一、保险犯罪——非法定罪名

“保险犯罪”迄今仍不是一个严格意义上的法律概念。在最高人民法院和最高人民检察院确定的罪名体系之中，没有“保险犯罪”的身影，罪名中明确含有“保险”二字的，只有《刑法》第一百九十八条规定的“保险诈骗罪”。所以，“保险犯罪”并非法定罪名，而是学者们为便于研究发生在保险领域的经济犯罪问题所采用的一个学理概念。同时，“保险犯罪”也并非具体罪名，而是一种类罪名，是根据犯罪发生领域特殊性而提出的罪名分类或罪名集合。就用以指代保险领域经济犯罪的措辞而言，“保险犯罪”与“涉保犯罪”属于同义词的范畴。

尽管“保险犯罪”更多的是学理概念，但在我国保监会发布的规范性文件中仍不时使用“保险犯罪”的术语。通过在北大法宝网站（http://www.pkulaw.cn）“法律法规”项以“保险犯罪”为检索词，共检索到三份在全文中使用“保险犯罪”或者“网络保险犯罪”的保监会规范性文件。最早的是保监会2013年5月发布的《关于进一步做好车险反欺诈工作的通知》（保监稽查〔2013〕405号），该通知载有，“车险领域的违法犯罪活动也日益频繁，且呈现团伙化、专业化和职业化等特征，已成为保险犯罪的高发区。”同年9月保监会发布《保监局案件风险监管考核办法（试行）》（保监稽查〔2013〕643号）在其后注中也规定“区域风险状况考核，不包含仅由业外单位或个人实施的涉嫌保险犯罪案件。”2014年1月保监会发布的《加强网络保险监管工作方案》（保监稽查〔2014〕1号）也使用“加大网络保险犯罪打击力度”“提醒保险消费者认清新型保险犯罪的手段和方式”以及“适时开展打击网络保险犯罪专项行动”等表述。由此可见，“保险犯罪”已经得到我国保险监督管理机构明确且正式的承认并使用，非纯粹的学理概念，而是一个具有规范属性和品格的术语。

二、保险犯罪的既有定义

尽管系统性研究保险犯罪的文献屈指可数，但因研究视野和侧重之不同，学界仍然在“保险犯罪”概念界定上大致形成四种见解。

第一种见解认为，保险犯罪仅指保险诈骗罪，即在保险合同订立和履行过程中，利用不法手段骗取保险金的行为。如有论者将“保险犯罪”定义为：“罪犯利用保险契约，造成保险公司的负担，使自己或是第三者获得不法利益的行为”，并进一步指出，“保险犯罪”一般又称为“保险诈欺”，两者之间似乎很难区分清楚，但保险诈欺涵盖的范围远比保险犯罪广。保险犯罪的本质不只是“以诈欺手段使保险契约成立”，而是“利用不法手段诈取保险金”。① 也有学者提出，保险犯罪指以不法方式诈骗保险金的犯罪行为。它足以危害保险制度的安全，因此也是一种经济犯罪。其方式通常有人寿保险犯罪，事故保险犯罪，为亲人或自己订立人寿保险合同，而后谋杀亲人或觅人替死，以领取保险金。②

第二种见解从犯罪学事实性学科的性质出发，将保险犯罪的基本概念表述为，“所谓的保险犯罪是指在保险合同的订立和履行与保险业经营过程中，自然人或单位为了谋取非法经济利益，违反国家保险管理法规和刑事法律，严重危害和破坏保险管理秩序和保险市场秩序，依法应当受到刑罚处罚与社会干预的行为”。③

第三种见解认为，保险犯罪应从狭义和广义两个角度全面理解。从狭义理解可以认为涉保犯罪就是专指保险诈骗罪，但从广义理解凡是与保险业的行业特征相关联的犯罪均可统称为涉保犯罪。保险业发展至今从投保到理赔的流程相当繁复，在保险业的各个运行环节之中均有可能发生与之相对应的犯罪，这些犯罪虽有不同的罪名，但其客观行为或结果与保险业之间存在着特有的联系。所以把此类犯罪统称为涉保犯罪可以更为准确地把握案件特征，可以更好地维护保险业的正常发展秩序。④ 还有学者赞同狭义和广义的二元定义法，但认为广义保险犯罪概念应以刑法规定的犯罪为准。“从广义上认定涉保险犯罪，其范围似不应限于立法上认可的犯罪，但目前除了立法上的涉保险犯罪外，其他相关犯罪或多或少地被忽视，也许随着保险业的不断深入发展和针对保险违法活动的刑事法网进一步严密，涉保险犯罪的罪名将会不断增多……不过，就目前所理解的广义上的涉保险犯罪而言，还是应当以立法所认可的犯罪为准，因为在

① 袁美范译．保险犯罪事件（上）［M］．西南财经大学出版社，1997：5－6.
② 肖兴政，郝志伦主编．犯罪心理学［M］．四川大学出版社，2004：240.
③ 杨正鸣主编．经济犯罪侦查新论［M］．中国方正出版社，2004：397.
④ 陈辐宽主编．金融证券犯罪疑难问题解析［M］．中国检察出版社，2009：288.

笔者看来，尽管可以归纳列举出很多与保险领域有所关联的犯罪，但其中关联性的直接程度和紧密程度还是需要注意的。”[①]

第四种见解则将保险犯罪拆解为三种层次不同的概念，认为保险犯罪的概念在实践中运用得比较混乱，其范围也因概念的不同而不同。一般保险犯罪是指保险诈骗犯罪，即《刑法》第一百九十八条所规定的犯罪。这是最小的或最狭义的概念了。第二种保险犯罪的概念是指在《刑法》条文中涉及“保险”的犯罪。我国《刑法》条文中涉及保险的犯罪有五条，第一百九十八条的保险诈骗罪、第一百七十四条的擅自设立保险公司罪、第一百八十三条的保险公司工作人员（虚假理赔）侵占或贪污罪、第一百八十五条的保险公司工作人员挪用资金或挪用公款罪、第二百二十五条的非法经营保险业务罪。这一概念或范围是根据《刑法》的规定而设，目的在于研究立法上的保险犯罪。由于持论者试图对《刑法》所涉保险犯罪进行较为完整和系统的研究，所以，持论者所采用的保险犯罪是上述《刑法》条文所规定的犯罪。第三种保险犯罪的概念是指保险业犯罪，凡保险业经常发生的与保险有关的犯罪都包含其中。范围有《刑法》所规定的五种保险犯罪，以及《刑法》第二百七十一条的职务侵占罪、第三百八十二条和第三百八十三条的贪污罪、第三百八十五条的受贿罪、第一百六十三条的公司、企业人员受贿罪、第二百六十六条的诈骗罪等。[②]

综合来看，上述四种保险犯罪的既有定义，皆是对保险犯罪本质特征的不同程度的反映，通过该四种既有定义，也能大致明晰保险犯罪所指涉的范围，因而不乏其可取之处，但相比而言，本书更倾向于第二种见解的理解。

首先，将保险犯罪纯粹局限于保险诈骗犯罪或者承认狭义保险犯罪的概念，存在视野过于狭隘且与我国刑法规定明显不符的缺陷。诚然，域外多数立法例将保险犯罪等同于保险诈骗罪，并且保险诈骗罪也的确是发生在保险合同订立和履行过程中一种具有相当典型性和代表性的保险犯罪。但是，从保险运行的环节来看，从保险公司的成立到投保人发出投保申请，再到保险公司与投保人达成合意订立保险合同，再到保险合同实际履行，以及保险辅助人员的辅助行为与保险监督管理机构对保险行为的监管的保险全过程，不论是保险公司、保险从业人员，还是监督管理机构及其工作人员均可能出现违反保险法律法规，严重扰乱保险秩序并依法应受刑罚惩罚的行为。保险诈骗罪仅仅规制投保方利用不法手段骗取保险金的行为，而不当地忽视了其他保险相关单位和人员在保险运行的其他环节可能发生的犯罪行为。

更何况，就我国刑法典的具体规定来看，姑且不论普通诈骗罪、挪用资金

① 杨俊．涉保险犯罪刑法理论与实务［M］．上海人民出版社，2015：12－13.

② 林荫茂，陆爱勤．保险违约与保险犯罪［M］．中国检察出版社，2002：122－123.

（公款）罪、贪污罪和职务侵占罪等普通（包括保险业）公司企业人员可能构成的犯罪，就是刑法分则条文中明确出现“保险”二字的罪名（即本书所称明定保险犯罪的罪名）也远不止保险诈骗罪一罪，如《刑法》第一百七十四条规定的“擅自设立金融机构罪”“伪造、变造、转让金融机构经营许可证、批准文件罪”、第一百八十条第四款规定的“利用未公开信息交易罪”、第一百八十五条之一规定的“背信运用受托财产罪”“违法运用资金罪”等。既然刑法分则条文已经明确出现“保险”二字，不将这些罪名纳入保险犯罪的范畴，必然不妥当也不合适。因此，即便为突出保险诈骗罪在保险犯罪中的核心和独特地位，也没有必要单列狭义保险犯罪。事实上，采用狭义与广义二分说的学者也认为应当纯粹采纳广义保险犯罪概念。“因为研究涉保险犯罪，应当着眼于整个保险业的运行与发展，即凡是可能危及保险业乃至整体金融秩序的健康稳定发展以及危害保险活动各方当事人合法权益的行为，只要达到了严重的社会危害性程度，需要由刑法介入来予以规制，那么这些行为统统可以纳入涉保险犯罪行为的范畴。”①

其次，承认保险诈骗罪外存在其他保险犯罪的广义保险犯罪有其合理性，但单列明定保险犯罪却实无必要。值得肯定的是，鉴于刑法分则中保险诈骗罪之外尚存有不少发生在保险运行过程中与保险直接关联的罪名，第三种见解和第四种见解才会承认保险诈骗罪这种狭义保险犯罪之外，还有广义保险犯罪存在的空间和可能。第三种见解和第四种见解的不同在于是否需要单列明定保险犯罪，即是否要将广义保险犯罪限定在刑法分则条文明确使用“保险”二字的罪名范围内，除明定保险犯罪外，其余与保险相关但并未使用“保险”二字刑法分则条文所规定的犯罪是否应当纳入保险犯罪的范畴。对此，第四种见解则采取单列制，第三种见解内部虽存有争议，但总体上认为没有必要单列明定保险犯罪，从而将发生于保险领域或与保险有关的普通诈骗罪、挪用资金（公款）罪、职务侵占罪或贪污罪、提供虚假证明文件罪或出具证明文件重大失实罪等罪名归结为保险犯罪。

本书认为，从形式上看，将明定保险犯罪予以单列的做法，的确有助于更清晰地认识保险犯罪的特征，也有助于明确保险犯罪与其余经济财产犯罪等普通犯罪的异同。然而，就实质而论，单列明定保险犯罪实无必要。尽管明定保险犯罪罪状中明确使用了“保险”二字，而前列之其他犯罪的罪状没有使用“保险”二字，这确实表面明定保险犯罪与纯粹保险犯罪（即保险诈骗罪）更具有亲和性，并且明确使用“保险”二字也意味着明定保险犯罪侵犯的犯罪客体与保险秩序的紧密性，但刑法条文或罪状的解释绝不应机械地进行字面含义的

---

① 杨俊．涉保险犯罪刑法理论与实务［M］．上海人民出版社，2015：14.

理解，条文没有明确使用“保险”二字，绝不代表其所规定的犯罪不可能发生在保险领域，不可能对保险秩序造成严重破坏。前已述及，我国保险人和保险辅助人只能是以机构（即单位）的形式存在，这些机构的从业人员完全可能利用职业便利非法挪用和侵吞机构资金，从而给保险人和保险辅助人的正常运营以及正常的保险秩序严重的不利影响。例如，保险公司的工作人员非法挪用和侵吞公司资金，势必直接侵蚀保险公司的保险基金，削弱保险公司的偿付能力，并间接地损害投保人、被保险人和受益人的合法权益，给正常的保险秩序带来严重破坏。应当说，即便刑法分则条文明确使用了“保险”二字，“保险”也只是与“商业银行”“证券”“期货”等并列，相关犯罪也并非专门针对保险秩序，而是针对保险秩序的上位概念，即金融秩序甚至是市场经济秩序。在此种意义上，作为广义保险犯罪的明定保险犯罪，也并非纯粹的保险犯罪，其没有必要和发生在保险领域的其他犯罪予以区分的必要。

最后，尽管本书倾向于采用第二种见解统一界定保险犯罪，也不意味第二种见解没有值得商榷之处。第二种见解的视角和立足点在于“犯罪学事实性学科的性质”，即从犯罪学的角度展开“保险犯罪”的定义，在保险犯罪的法律后果方面强调“刑罚处罚”和“社会干预”并重。“从预防犯罪的角度看，社会各方面参加对保险犯罪的积极干预、防范，有利于防止、减少保险犯罪的发生、减轻保险犯罪造成的危害后果。只有国家与社会共同行动，才能形成对保险犯罪的有效控制，才能维护良好的保险市场秩序，保护保险活动的健康进行，保护社会的公共财产和公民个人的合法财产。”[①] 但是此种定义保险犯罪的视角和强调保险犯罪后果之“社会干预”并非没有疑虑。

通常而言，由于犯罪学总体上属于事实性学科，其对犯罪的研究是以统合法律和社会学为基础，用以观察犯罪现象、解析犯罪原因并提出预防犯罪对策，故犯罪学意义上的犯罪，“是指以刑法法定为基础的，对社会具有危害的，需要社会采取适当措施进行预防的行为和现象”。[②] 不过，刑法学上规范的犯罪概念与犯罪学上事实的犯罪概念并非割裂的，规范的犯罪概念为事实的犯罪概念提供了犯罪的现实定位，圈定了犯罪的外部边界。“基于国家的权威，国家通过新闻媒介等各种手段，将它所认知的并在刑法中固定下来的犯罪边界，传播于社会大众，使之成为社会实然犯罪的象征。同时，由于刑法上的犯罪边界的相对明确性，因此刑法上的犯罪也划定了犯罪原因解析之对象的基本范畴。”[③] 再者，之所以突出保险犯罪法律后果之“社会干预”，无非是提示在处理或制裁保险犯

① 杨正鸣主编．经济犯罪侦查新论［M］．中国方正出版社，2004：398.

② 赵翔，刘贵萍主编．犯罪学原理［M］．中国言实出版社，2009：24.

③ 张小虎．当代中国社会结构与犯罪［M］．群众出版社，2009：127.

罪人时，除运用刑法规定的各种刑罚方法或非刑罚方法（如《刑法》第三十七条之一规定的“刑事职业禁止”）外，还应注意《保险法》以及保监会发布的部门规章对相关行为的制裁，但对犯罪行为的法律制裁，“刑罚处罚”是最核心和最有代表性的措施，“社会干预”完全可以作为刑罚的附带效果或者配套措施的形式出现，似无必要在保险犯罪定义中予以强调。否则，将极有可能矮化“刑罚”在犯罪定义中的应有地位。所以，对于“保险犯罪”，更应当从刑法规范意义上进行定义。

三、保险犯罪的规范定义

从前述保险犯罪既有定义观之，要为保险犯罪下一个确切的为大家能共同接受的定义，是件十分困难的事情，但是在刑法领域，定义保险犯罪的概念和确定保险犯罪的大致范围，对于搭建保险犯罪规范研究的理论框架以指导保险犯罪刑事立法与司法乃至于科学地观察保险犯罪现象还是十分必要和重要的。“概念乃是解决法律问题所必需的和必不可少的工具。没有限定严格的专门概念，我们便不能清楚地和理性地思考法律问题”，[①] 出于框定研究对象和范围考虑，作为讨论的基点，有将保险犯罪的概念予以明确且规范界定之必要。

从规范意义上界定“保险犯罪”，必然离不开通常之犯罪概念以及保险犯罪自身的特殊性，即应结合保险犯罪的本质属性，在法定犯罪概念的基础上，定义“保险犯罪”。在我国，《刑法》第十三条规定，“一切危害国家主权、领土完整和安全，分裂国家、颠覆人民民主专政的政权和推翻社会主义制度，破坏社会秩序和经济秩序，侵犯国有财产或者劳动群众集体所有的财产，侵犯公民私人所有的财产，侵犯公民的人身权利、民主权利和其他权利，以及其他危害社会的行为，依照法律应当受刑罚处罚的，都是犯罪，但是情节显著轻微危害不大的，不认为是犯罪”。据此，刑法规范意义上的犯罪，是一种危害社会已经达到触犯刑法的程度，并且应当受到刑罚处罚的行为，即犯罪同时具有一定的社会危害性、刑事违法性和应受刑罚惩罚性三个基本特征。演绎此种法定犯罪概念，保险犯罪是指在保险领域中违反国家保险刑事法律，严重危害和破坏保险市场秩序和保险监管秩序，依法应当受到刑罚处罚的行为。

关于对保险犯罪的上述定义，有如下几层含义：

第一，保险犯罪是发生在保险领域的行为。保险领域，是指保险行为运行的全过程和各方面。从纵向来看，保险领域涉及从保险机构的设立到犯罪人处置犯罪收益的保险运行的全过程，既包括保险行为运行核心阶段的保险合同订

---

① ［美］E. 博登海默. 法理学：法律哲学与法学方法［M］. 邓正来译. 中国政法大学出版社，2004：504.

立和履行过程，还包括保险行为前置阶段的保险人和保险辅助人的设立和运行过程，也包括保险行为后置阶段的保险犯罪人掩饰隐瞒保险犯罪所得及其收益的过程，还包括保险机构及其从业人员在实施保险行为过程中。就横向而言，保险领域不仅包括投保人、被保险人或受益人订立和履行保险合同，也包括保险机构运行与保险资金运用，如保险人和保险辅助人的设立、运营和破产以及保险从业人员的职业（职务）行为，还包括保险监管机构及其工作人员对保险运行的监管等各个方面。

第二，保险犯罪是严重破坏保险市场与监管秩序的行为。发生在保险领域的保险犯罪所侵害的犯罪客体必然是保险秩序，具体包括保险市场秩序和保险监管秩序。所谓保险秩序，就是在保险活动中所遵循的实现保险体系稳定安全和协调发展，促进经济稳定和社会安定的规章、交易规则和机制。具体来说，稳定、良性且有序的保险秩序包括保险业的合法有序运行、保险机构实现安全性、流动性和盈利性经营目标的协调统一，危险和收益的合理配比和稳定健康经营，进而促进保险体系的安全和稳定。保险秩序是保险经济社会功能发挥之前提，是保险业稳健持续发展的保障。在我国，维护保险秩序法定主体是中国保监会，而保险犯罪则是对保险秩序的根本扰乱。不同的保险犯罪在不同程度上破坏了国家对保险机构和保险市场的监管制度，危害了保险市场的安全，侵害了保险相关人的合法利益，影响了社会稳定并迟滞了经济发展。考察保险秩序时，需要注意不同的保险犯罪所侵扰的保险秩序的表现形式的差异，亦即保险秩序既可以纯粹且直接的方式表现，如保险诈骗罪；也可以表现为金融秩序，如擅自设立金融机构罪、违规运用资金；也可以表现为公司运行秩序和财产权利，如挪用资金罪、职务侵占罪；又可能包容于最普通的财产权利和人身权利，如诈骗罪、侵犯公民个人信息罪；还可能包括保险监管机关及其工作人员正常履行职权，如滥用职权罪、玩忽职守罪，等等。

第三，保险犯罪是违反保险刑事法律的行为。保险犯罪不仅从根本上严重扰乱保险秩序，而且必须违反刑法的具体规定，具备刑事违法性。“只有当行为不仅具有社会危害性，而且违反了刑法，具有刑事违法性，才可能被认定为犯罪。”[①] 是否具备刑事违法性，是否符合刑法分则条文的规定，是保险违法行为区别于保险犯罪行为的重要标准，也是规范的保险犯罪定义的根本标志。在我国，除《公司法》《合同法》等普通法律对保险机构和保险合同的违法行为进行一般性规定外，《保险法》还专门根据保险业的特殊性规定了若干保险违法行为，但某种保险违法行为是否构成保险犯罪必须且只能以刑法分则相关条文的具体规定作为准绳。从贯彻罪刑法定原则的立场出发，缺乏刑法的明文规定，

---

① 高铭暄，马克昌主编. 刑法学［M］. 北京大学出版社、高等教育出版社，2016：47.

即便特定保险违法行为具有相当严重的社会危害性，也不应归入保险犯罪的范畴。但是强调保险犯罪必须具有刑法明文规定，不意味着只有使用“保险”二字的刑法分则条文所规定的犯罪才是保险犯罪，也不意味着不能归入明定保险犯罪的特定保险违法行为就不能归为保险犯罪，如保险公司骗取保险费，数额较大的，虽然不构成《刑法》第一百九十八条规定的保险诈骗罪，但却完全符合《刑法》第二百六十六条的规定，应认定为诈骗罪。此种构成诈骗罪的行为对保险秩序存在着客观且严重的扰乱，无疑应当归为保险犯罪。

第四，保险犯罪是应当受到刑罚处罚的行为。应受刑罚惩罚性，是从法律后果的角度表征行为侵犯法益严重程度的标尺，是犯罪概念的另一个基本特征。单纯违反保险法律法规的保险违法行为只需要承担相应的民事责任或受到行政处罚，只有具有应受刑罚惩罚性的保险违法行为才属于保险犯罪。现行刑法采用“定性+定量”的立法模式，除少数条文对犯罪仅作类型化的定性描述外，总是在对行为性质和行为类型进行定性描述之余，明确规定构成犯罪所需要的各类数额、情节及后果等定量要素。行为只有同时符合定性描述和定量要素始构成刑法规范意义上的犯罪。我国刑法所规定的保险犯罪，除擅自设立金融机构罪和伪造、变造、转让金融机构经营许可证、批准文件罪因行为自身已经蕴含了严重的社会危害性而只对行为进行类型化的定性描述外，其余绝大多数保险犯罪都明确规定了“情节严重”“数额较大”等要素。因此，唯有某种保险违法行为已经达到相应的情节或情节标准，才构成保险犯罪。不过，保险犯罪具有应受刑罚处罚的性质，并非指任何保险犯罪最终都必须判处刑罚。根据《刑法》第三十七条，保险犯罪情节轻微不需要判处刑罚的，可以免予刑事处罚，而免予刑事处罚说明行为还是犯罪，只是不用判处刑罚罢了，它与无罪不应当受到惩罚是性质不同的两码事。

第二节　保险犯罪的特征

“特征是一个事物能独立存在并区别于其他事物的标志，它从不同侧面、在不同程度上体现着事物的本质。”[①] 剖释特征是为更具体地揭示事物的本质，更全面地反映事物的内涵外延。保险犯罪的特征，乃保险犯罪作为特定的犯罪类型区别于其他犯罪类型的属性或特性，是从不同侧面对保险犯罪本质的体现。概括而言，保险犯罪的特征主要有以下几点。

① 朱立元主编．美学大辞典［M］．上海辞书出版社，2010：360.

一、保险犯罪鲜明的行业性

保险犯罪是发生在保险领域的犯罪行为，是保险业发展过程中滥用保险运行机制且严重扰乱保险秩序的行为，必然同保险业的生成和变迁相附相伴，凸显出鲜明的保险行业特点。就行业特点来看，保险业具有保障性、金融性、服务性、公共性和自然垄断性等特性。具体来说，保险业是投保人以保险人为金融中介人，以保单为金融资产，运用金融市场机制，相互通融补偿资金，从而以订立和履行保险合同的形式为人们提供危险保障服务，对遭遇约定损失的被保险人或受益人进行赔付，同时实现对遭遇保险事故的个体进行经济补偿和减轻经济社会波动或震荡，维护正常的社会秩序和金融安全。保险分散危险和消化损失的运行原理内在地决定保险经营必须与普通的、分散的竞争性行业有所区别，而表现出自然垄断性，只能由保监会批准成立的保险人和保险辅助人在批准的范围内从事保险经营。[①] 保险犯罪与正当保险业背道而驰，严重危及保险业的行业规范和信誉。

具体来说，针对保险业之保障性和服务性的偏离，我国刑法规定了保险诈骗罪、背信运用受托财产罪、违法运用资金罪等，对投保方利用非法手段骗取保险金以及保险公司违背受托义务，擅自运用客户资金（情节严重）以及违反国家规定运用资金的行为进行严厉制裁。因为保险作为科学的保障和服务制度，其运行有赖于保险基金的充盈和保险人偿付能力的充分，保险金被非法骗取、擅自或违规运用将不当减少保险基金的存量，削弱保险人的偿付能力，从而制约保险机制的顺畅运行。例如，“有保险专家估计，目前我国因保险诈骗产生的保险金占保险公司全部保险金支出的15% ~20%。保险诈骗已成为阻碍保险行业健康发展的一大毒瘤”。[②] 再者，“正是由于保险业是金融业的重要组成部分，所以各种涉保险犯罪的出现在危及保险业的正常运行和发展的同时也意味着对整个金融体系的安全造成威胁，由此可以表明涉保险犯罪亦是对保险业的公共性产生负面影响的致害之源”[③] 最后，保险业自然垄断性决定保险业属于特许经营的行业，即保险业的经营主体和经营范围必须由中国保监会批准。同时在保险业内还禁止兼营和兼业，这就对保险业的业务经营活动提出了严格的要求，而且也是促使保险业有序竞争的必要保证。[④] 为此，我国刑法特别规定擅自设立金融机构罪、伪造、变造、转让金融机构经营许可证、批准文件罪以及非法经

① 冯占军．中国保险业与经济协调发展研究［M］．武汉大学出版社，2007：20.

② 席韶阳．保险诈骗手段花样翻新 金额约占全部保险金20%［N］．大河报，2012-06-22(06).

③ 杨俊．涉保险犯罪刑法理论与实务［M］．上海人民出版社，2015：22.

④ 方乐华．保险与保险法［M］．北京大学出版社，2009：375.

营罪，惩治擅自设立保险公司、伪造、变造、转让保险机构经营许可证、批准文件以及未经保监会批准非法经营保险业务，以维护保险业的自然垄断性。

二、保险犯罪特别的危害性

保险犯罪是严重侵害国家保险监管制度，破坏保险市场并扰乱保险秩序的危害社会行为，但保险犯罪的危害性绝不仅限于保险秩序本身，而具有特殊性。

首先，保险犯罪的危害性程度高。保险犯罪往往会造成社会巨大的经济损失，但全国范围内保险公司因保险犯罪造成的物质损失究竟有多少，实在难以统计。不过，媒体报道的典型案件和统计数据充分揭示了保险犯罪社会危害性的特别严重性。如2013年曝光的上海泛鑫保险代理有限公司集资诈骗案，涉案金额高达13亿元，客户损失8亿元。从2010年开始，泛鑫保代招聘400余名保险代理人组建11个团队，在江浙沪向4433名公众非法销售产品，受害者超过3000人，代理多达6家保险公司产品、涉及数家国有大型银行渠道销售。① 如被称为“湖北寿险史上最大骗保案”中，湖北王兰在湖北所有的寿险公司都进行投保的情况下，利用“假摔”，一次性意欲诈骗保险金330万元。② 如“佛山惊天骗保案”中，禅城区社保局内合同工罗文浩，通过伪造虚假的报销材料，让50人“患病”后申请医保报销，狂骗佛山医保近千万元。③ 还如2016年陕西保险业反保险欺诈大数据显示，陕西全省涉嫌保险欺诈案件共1864起，涉案总额8961.8余万元，涉及保险公司共27家。④

其次，保险犯罪的危害性范围广。早在20世纪80年代初期，现代欧洲犯罪学者弗里德里希·凯尔兹教授就曾指出：“恶用保险制度的犯罪，最终将危害善良的保险大众，损及保险制度的社会功能。”⑤ 事实上，前已述及，保险业是与银行业、证券业并驾齐驱的三大金融支柱产业，其与社会安定及经济安全密切相关，所以，保险犯罪在扰乱保险秩序的同时，势必对社会安定和经济安全带来不可忽视的损害。亦即保险犯罪通过对保险秩序的扰乱，侵犯保险人的财产所有权，进而造成保险基金的流失，降低保险公司的赔付能力，制约保险社会保障功能的实现，进而危及金融秩序和安全。同时不论是保险人还是保险辅助人都是作为机构的形式运作，因此，发生在保险机构内部的保险犯罪，如保险机构工作人员利用职业便利挪用、侵吞单位资金，违规将在提供保险服务中获

---

① 胡金华．泛鑫保代13亿诈骗案沉思录［J］．华夏时报，2014-07-21（22）．

② 《“假摔”诈骗保险金330万元》，载新华网：http://news.sina.com.cn/o/2006-10-23/095010302460s.shtml，最后访问：2017年3月25日。

③ 门君诚．医保被骗近千万 禅城社保局4人被判无罪［N］．南方都市报，2015-12-17（14）．

④ 李蕊．2016年我省保险欺诈涉案总额8961万余元［N］．陕西日报，2017-02-07（06）．

⑤ 黄开旭主编．财产保险公司保险调查理论与实务［M］．中国金融出版社，2007：3.

得的公民个人信息，出售或提供给他人的，不仅扰乱正常的保险秩序，而且破坏公司机构的正常运行秩序，损害保险消费者的合法权益。

再次，保险犯罪的并发性危害严重。由于保险是一个高度专业且复杂的行业，利用保险机制实施犯罪或者实施破坏保险制度的犯罪，必须使用一些“技术性”或者“附带性”的手法，由此导致保险犯罪的并发性危害严重。例如，在进行财产保险诈骗的犯罪中，有的行为人不择手段、不计后果，通过实施防火、决水以及其他毁坏作为保险标的的财物，用以骗取保险金；在人寿保险诈骗的犯罪中，有的行为人甚至到了利令智昏、丧心病狂的地步，甚至不惜以被保险人的生命、健康为代价，骗取保险金；擅自设立保险公司或非法从事商业保险业务的保险犯罪行为人，为达到非法目的，往往又会实施伪造、变造公文、证件、印章的犯罪行为。

最后，保险犯罪的危害性易被忽视。在保险机制中，投保人缴纳保费虽然数额相对较小但却是确定的，而保险人所给付的保险金数额巨大但却并不确定。由于总体上保险事故必然会发生，但发生的范围相对较小，并不一定发生到某个特定的投保人或被保险人身上，由此导致没有发生保险事故的投保人或被保险人最终丧失保险费而未得任何给付。保险的此种射幸性，极易使行为人实施保险犯罪获得不明就理之人的谅解，从而使保险犯罪的严重社会危害性被不当地忽视。对此，关浣非先生编译的《保险欺诈》曾有一段生动且形象的文字，兹摘录如下：

就蔚为奇观的保险欺诈案件，尤其在专登花边新闻的小报中，可能引起一些事物的骚动而论，事实上远比全部受涉及的赔款支出更为重要的次要案件的主体，实际上根本未引起注意。总的来看，公众似乎特别关注第二类型——欺骗自己保险公司的“公众游戏”——作为一个小毛病，几乎可以原谅的过错；确实，人们对此视而不见，并对将其归类于其他可被社会宽恕的过错范畴毫无内疚，诸如逃税。至少保险欺诈被当作取回多年付给保险人保险费的手段来理解，换句话说，是一种“扯平账条”的方式，不诚实的保户既不承认保险公司考虑所经营风险的权利，又不承认其弥补成本的权利，只是以有利于帮助朋友和亲属欺骗他们的保险公司着想。①

三、保险犯罪强烈的贪利性

作为一种特定的经济犯罪，保险犯罪具有经济犯罪的共性特征——强烈贪利性。保险行为是围绕保险利益展开的经济活动，而保险利益属于经济利益的范畴，对于投保方来说，保险利益的存在是转移危险、实现保险目的的前提，

① 关浣非编译．保险欺诈［M］．中国检察出版社，1992：6.

但却不能排除某些投保人会在攫取不法经济利益的驱动下，滥用保险利益实施扰乱保险秩序的犯罪行为。“对保险利益的追逐或滥用乃是涉保险犯罪行为人的犯罪动因，而保险利益的经济利益属性就决定了涉保险犯罪应当归属于经济犯罪的范畴，理由在于在市场经济条件下，必然表现出市场经济活动参与者以自身特殊利益作为参与市场经济活动的出发点和归宿点，必然导致每一个市场经济活动参与者对自身利益的极度关心，这种自私和利己的心理动机经常会反映在损人利己的行为中。”① 马克思曾在《资本论》中写道，“一旦有适当的利润，资本家就胆大起来。如果有10%的利润，它就保证到处被使用；有20%的利润，它就活跃起来；有50%的利润，它就会铤而走险；为了100%的利润，它就敢践踏一切人间法律；有300%的利润，它就敢犯任何罪行，甚至冒绞首的危险”。② 这虽然是对资本家不惜一切代价追逐利润的深刻写照，但仍可借用来反映保险犯罪过程中犯罪人获取不法经济利益动机的强烈性。如前既述，保险是通过支付小额保险费的方式将可能遭受重大损失的危险转移给专门提供危险保障服务的保险人，在约定的保险事故发生时，由保险人在约定的范围内对被保险人或受益人支付数倍、数十倍，甚至数百倍的保险金。保险具有的此种“以小博大”的射幸性完全可能为不法分子所利用，成为其实施保险犯罪的原动力。

值得注意的是，尽管保险犯罪具有强烈的贪利性特征，但犯罪人贪利性的表现在不同的保险犯罪中有不同的表现。有的保险犯罪的成立明确要求犯罪人具有追逐不法经济利益的目的，典型如保险诈骗罪、非法经营罪、职务侵占罪；有的保险犯罪的成立虽然不直接要求犯罪人具有追逐不法经济利益的目的，但其实其犯罪构成内在地或实质地蕴含行为人的此种目的，如擅自设立金融机构罪、背信运用受托财产罪、违法运用资金罪。因为如果缺乏攫取不法经济利益的目的，行为人自然没有必要在未经保险会批准的前提下擅自设立保险公司，也没有必要违背受托义务擅自运用保险资金。

四、保险犯罪高度的隐蔽性

保险犯罪高度隐蔽性是指保险犯罪人通常以合法形式掩盖其犯罪行为，致使现实生活中为数众多的保险犯罪难以被有效感知或查获，相应地，保险犯罪的犯罪黑数相对较大。既然保险是一项技术极强、程序周密的经济活动，滥用保险机制实施犯罪也往往要求犯罪人熟知保险程序并具有相应的“技术”，即犯罪人所实施的犯罪行为至少要满足保险活动所需的形式标准，要具有蒙骗熟练掌握保险事宜的保险公司与保险监管机构及其从业人员的可能性，否则，难以

① 杨俊．涉保险犯罪刑法理论与实务［M］．上海人民出版社，2015：25.

② 马克思恩格斯选集（第2卷）［M］．人民出版社，1995：266.

想象保险犯罪能够最终得逞。正因如此，保险犯罪人为实现自己的犯罪目的，往往自己或与他人勾结，伪造、变造有关证明、资料、票据或其他文件资料，隐瞒真实情况或虚构事实，骗取保险机构资金或其他保险利害关系当事人的资金，有的保险犯罪行为人利用多种手段掩盖自己的犯罪行为，逃避保险监管，作案预谋性强且过程隐蔽，导致保险犯罪具有较强的专业化和隐蔽化。

与此同时，保险犯罪的高度隐蔽性还源自保险运行过程中客观存在的道德风险。一般来说，“道德风险”是指投保人、被保险人或受益人为了谋取保险人的赔偿，故意促使危险的发生或者放任损失的扩大，即因为被保险人或投保人的不道德行为而发生的危险。① 投保方的道德风险通常表现为：故意隐瞒事实、不履行告知义务；故意制造保险事故；变造虚伪事故原因或夸大损失程度；危险增加而拒不履行通知义务；故意造成被保险人死亡、伤残或疾病，等等。事实上，道德风险不仅存在于投保方，“由于保险交易过程中的信息不对称问题越来越突出，公司内部也同样产生了道德风险，并且在整个保险业迅速蔓延，即从业人员‘道德风险’”。② 及“一些保险从业人员利用自身职位的便利，误导或欺骗客户、隐瞒重要的保险信息等，从而获得丰厚的不当利益的现象”。③ 不论是投保方的道德风险，还是保险方的道德风险，都具有隐蔽性、普遍性和传导性的共性特点，而由道德风险现实化所致的保险犯罪势必同样具有隐蔽性。

保险犯罪的隐蔽性，意味着许多客观存在的保险犯罪还没有被揭露或受司法机关查处，相当数量的保险犯罪分子仍然逍遥法外，造成保险犯罪的犯罪黑数较多。然而，犯罪黑数的大量存在，必定使实施保险犯罪的人为自己的犯罪行为屡屡得逞却不被查处而“庆幸”，以致客观上降低保险犯罪的机会成本，诱发更多的保险犯罪。因为“犯罪黑数越大，犯罪分子的侥幸心理就越强，胆量就越大。他们有的会变本加厉，肆无忌惮地实施更多的犯罪，给社会带来更为严重的危害后果”。④

第三节　保险犯罪的分类

诚如美国学者 M. W. 瓦托夫斯基所言，“分类的意义在于，它比之单纯的识别具有更多的内容；因为在分类中，被识别的事物间的关系以分类关系的形式得以表示。这就使得有可能发展起一种具有形式体系的一切性质的分类形式体

① 孙积禄．保险法［M］．高等教育出版社，2008：4.
② 张宇，刘军善．保险从业人员“道德风险”问题研究［J］．产业与科技论坛，2006（12）.
③ 张甄珍．试论保险从业人员职业道德规范和风险管控［J］．企业研究，2014（8）.
④ 孙国祥，魏昌东．经济刑法研究［M］．法律出版社，2005：67.

系，即以此种方式阐明观察到的关系并进行鉴认，从而允许按规则进行推理”。[①]如果说保险犯罪的概念和特征是从正面对保险犯罪的内涵和外延进行诠释的话，不如说保险犯罪的分类是对刑法规定发生于保险领域的犯罪行为的体系化建构。这种建构不仅可以深化对保险犯罪内涵外延的认知，而且有助于厘清不同类型保险犯罪之间的界限，以更好地认定相关犯罪并提出富有针对性的防范措施。

在前述保险犯罪概念的第四种见解中，持论者曾将保险犯罪区分为三类，“从现有的刑法条文带有保险二字的犯罪看，一共是五条，涉及10个罪名。就此10个罪名看，可以将保险犯罪归为三类：第一类是保险合同犯罪，即第一百九十八条和第一百八十三条，该类犯罪均以保险合同为犯罪手段或对象，以破坏保险合同秩序，破坏保险制度和保险秩序，并直接以非法占有保险金为犯罪目的。第二类是保险业犯罪，即第一百七十四条和第二百二十五条，该类犯罪以擅自设立保险机构和非法经营保险业务的犯罪行为破坏保险制度和保险秩序。第三类是保险业会发生的犯罪，即第一百八十五条，保险公司工作人员侵占罪或贪污罪，该类犯罪只是在保险业发生可能性较大，立法作出强调或注意性规定，如果没有这注意性法条的规定，同样可以依照侵占罪或贪污罪论处。可见，真正意义的保险犯罪属于前两类”。[②] 应当承认，此种分类并不妥当。分类是按照特定标准对被分类事项进行的分门别类，所得出的具体分类必须完全包括被分类事项，而不应有所遗漏。前已述及，保险犯罪的成立范围绝不应形式地理解，将其局限于刑法分则条文明确使用“保险”二字的明定保险犯罪，而应结合保险犯罪的实质特征对刑法分则条文进行合乎逻辑和目的的解释，肯定除刑法明定的保险犯罪外还存在其他类型的保险犯罪。鉴于犯罪是特定主体采用特定行为方式实施的侵犯刑法所保护客体的危害行为，站在规范的保险犯罪概念的立场，本书认为，我国刑法规定的保险犯罪可以根据犯罪主体、行为方式和犯罪客体进行进一步分类。

一、根据犯罪主体的分类

尽管犯罪在客观上表现为危害社会的行为，但危害行为是由一定的主体来实施并完成的，追究刑事责任也离不开确定刑事责任的承担者。没有犯罪主体，就没有危害社会的行为，也就没有刑事责任可言。理论上，根据构成相应犯罪是否需要行为人具有特定身份，犯罪主体可以分为一般主体和特殊主体两类。特殊主体是在一般主体的基础上额外要求犯罪人具备特殊的身份条件；只能由

---

① ［美］M. W. 瓦托夫斯基．科学思想的概念基础——科学的哲学导论［M］．范岱年等译．求实出版社，1982：217.

② 林荫茂，陆爱勤．保险违约与保险犯罪［M］．中国检察出版社，2002：189.

特殊主体构成的犯罪，又被称作“身份犯”。

所谓一般主体型保险犯罪，是指凡达到刑事责任年龄、具有刑事责任的自然人或者单位所实施的严重扰乱保险秩序的犯罪，具体包括《刑法》第一百七十四条规定的擅自设立金融机构罪与伪造、变造、转让金融机构经营许可证、批准文件罪，以及第二百二十五条规定的非法经营罪三个罪名。特殊主体型保险犯罪，即相应保险犯罪的主体要件除满足一般主体的要求外，还需要具备刑法规定的特殊身份条件，这是保险犯罪中的身份犯。在保险交易的构造中，保险机构（保险人、保险辅助人）构成保险交易的一方主体，投保方（投保人、被保险人、受益人）构成保险交易的另一方主体，而保险交易之两方主体均可实施相应的保险犯罪。正因如此，保监会2013年9月发布的《保监局案件风险监管考核办法（试行）》（保监稽查〔2013〕643号）第二条将所考核的案件分为业内案件和业外案件。其中业内案件是指保险公司、保险中介公司及保险从业人员，因执业行为，独立或共同实施，或与外部人员合伙实施的，触犯刑法，涉嫌侵占、挪用、诈骗、商业贿赂、非法集资、洗钱、传销等，被公安司法机关立案查处的案件。业外案件是指仅由保险业以外的单位或个人实施的，涉嫌保险欺诈、非法设立保险机构、非法经营保险业务，以及利用保险业洗钱、非法集资等，被公安司法机关依法处理的案件。

显然，上述考核办法是从保监会监管对象的角度，根据案件是由保险机构一方实施还是投保方实施，对保险犯罪所做的分类，但却并不周严。考虑到保险机制涉及的主体，除保险交易双方主体外，还包括监督管理保险交易、维护保险市场的保险监管机构。因此，根据特殊身份条件依附主体的不同，特殊主体保险犯罪可以进一步区分为三类：一是投保方实施的保险犯罪，即《刑法》第一百九十八条规定的保险诈骗罪、第一百九十一条规定的洗钱罪；二是保险机构及其工作人员实施的保险犯罪，此类犯罪相对较多，保险实务中大致有《刑法》第一百八十条第四款规定的利用未公开信息交易罪、第一百八十三条规定的职务侵占罪与贪污罪、第一百八十四条规定的非国家工作人员受贿罪与受贿罪、第一百八十五条规定的挪用资金罪与挪用公款罪、第一百八十五条之一规定的背信运用受托财产罪（单位犯罪）与违法运用资金罪（单位犯罪）、第一百九十一条规定的洗钱罪、第一百九十二条规定的集资诈骗罪、第二百二十一条规定的损害商业信誉、商品声誉罪、第二百二十四条规定的合同诈骗罪、第二百二十四条之一规定的组织、领导传销活动罪、第二百二十九条规定的提供虚假证明文件罪与出具证明文件重大失实罪、第二百五十三条之一规定的侵犯公民个人信息罪；三是保险监管机构及其工作人员在监督管理保险市场过程中实施的保险犯罪，包括《刑法》第三百八十二条规定的贪污罪、第三百八十五条规定的受贿罪、第三百九十七条规定的滥用职权罪和玩忽职守罪以及第四百零二条规定的徇私舞弊不移交刑事案件罪。由于这是从犯罪主体方面对特殊主体保险犯罪所做的分类，每类所包含的具体罪名不可避免出现重复现象，如发生在保险领域的洗钱罪，既可以由投保方实施保险诈骗罪后，也可以由保险机构一方实施贪污贿赂罪或破坏金融管理秩序犯罪后，为掩饰、隐瞒犯罪所得及其产生的收益而实施；又如发生在保险领域的贪污罪或受贿罪，既可以由具有国家工作人员身份的保险机构工作人员实施，也可以由保险监管机构工作人员实施。

根据犯罪主体对保险犯罪进行分类，不同主体型保险犯罪的犯罪构成有所不同，相应地，相应保险犯罪的司法认定规则有所差异。一般主体型保险犯罪的成立只需要一般性判断行为人是否达到刑事责任年龄，是否能够辨识和控制自己的行为，是否具有刑事责任能力即可，而特殊主体型保险犯罪的构成则需要对行为人的主体资格进行一般性判断外，还要特别考察行为人是否具有各特殊主体型保险犯罪刑法条文对主体身份的特别且具体的规定。唯有行为人具备相应刑法条文所规定的特殊主体资格，其才满足特殊主体型保险犯罪的犯罪主体要件。否则，要么行为人根本不构成任何犯罪，要么行为人只能构成普通犯罪，亦即行为人是否具有特殊主体资格，成为特殊主体型保险犯罪罪与非罪、此罪与彼罪的重要判断资料。例如，对于保险公司从业人员利用签订保险合同骗取投保人保险费的，这种情形虽然属于发生在保险领域的应受刑罚惩罚的诈骗行为，但因不符合《刑法》第一百九十八条关于保险诈骗罪犯罪主体的特殊规定，无法肯定该保险公司从业人员构成保险诈骗罪。不过，保险公司从业人员骗取保险费的行为不构成保险诈骗罪，并不意味着其不构成不要求投保人、被保险人或受益人特殊主体身份的合同诈骗罪或诈骗罪（甚至是集资诈骗罪）。

二、根据犯罪客体的分类

通常来说，犯罪客体是我国刑法所保护的，并且为犯罪行为所侵害的社会主义社会关系。犯罪客体作为犯罪构成必须具备的要件之一，说明犯罪行为危害了什么社会利益，是犯罪行为具有严重的社会危害性这一本质的集中体现。[①] 犯罪客体不仅反映犯罪行为社会危害性的严重程度，而且是根本性决定犯罪行为性质与种类的要件，“行为侵犯的社会关系的性质不同，犯罪的性质也就随之不同”。[②] 正是在此意义上，犯罪客体对于犯罪分类有着极其重要的价值。根据犯罪行为所侵犯之社会关系的范围和层次的不同，犯罪客体可以分为一般客体、同类客体和直接客体三种。其中，同类客体，又称为犯罪的分类客体，是某一类犯罪行为所共同侵犯的客体，是我国刑法所保护社会主义社会关系的某一部

① 刘宪权主编．刑法学（上）［M］．上海人民出版社，2016：89.

② 梁庭标主编．刑法学［M］．厦门大学出版社，2015：31.

分或某一方面，也是刑法对犯罪分类的基础。“保险犯罪”的提出正是以犯罪行为侵犯我国社会主义保险秩序为本质属性提出的概念范畴，但是在“保险犯罪”内部，还可以根据所侵犯保险秩序的具体方面进一步作出犯罪分类。

按照保险犯罪所侵犯我国社会主义保险秩序的不同侧重，不同的保险犯罪罪名可分别归属于不同的类罪之中。具体来说，（1）破坏金融管理秩序类保险犯罪，包括《刑法》第一百七十四条规定的擅自设立金融机构罪与伪造、变造、转让金融机构经营许可证、批准文件罪、第一百八十条第四款规定的利用未公开信息交易罪、第一百八十五条之一规定的背信运用受托财产罪与违法运用资金罪、第一百九十一条规定的洗钱罪；（2）金融诈骗类保险犯罪，即《刑法》第一百九十一条规定的集资诈骗罪、第一百九十八条规定的保险诈骗罪；（3）扰乱市场秩序类保险犯罪，包括《刑法》第二百二十一条规定的损害商业信誉、商品声誉罪、第二百二十四条规定的合同诈骗罪、《刑法》第二百二十四条之一规定的组织、领导传销活动罪、第二百二十五条规定的非法经营罪、第二百二十九条规定的提供虚假证明文件罪与出具证明文件重大失实罪；（4）侵犯财产类保险犯罪，包括《刑法》第一百八十三条、第一百八十四条以及第一百八十五条规定的非国有保险公司的从业人员实施之职务侵占罪、非国家工作人员受贿罪与挪用资金罪，第二百六十六条规定的诈骗罪；（5）贪污贿赂类保险犯罪，包括《刑法》第一百八十三条、第一百八十四条以及第一百八十五条规定的国有保险公司的从业人员实施之贪污罪、受贿罪与挪用公款罪，以及保险监管机构工作人员实施的受贿罪（第三百八十五条）；（6）渎职类保险犯罪，主要是保险监管机构工作人员在保险监管过程中实施的《刑法》第三百九十七条规定的滥用职权罪和玩忽职守罪以及第四百零二条规定的徇私舞弊不移交刑事案件罪；（7）其他类保险犯罪，主要包括保险从业人员在从事保险活动中侵犯投保人商业秘密、个人信息犯罪，所构成的《刑法》第二百一十九条与第二百五十三条之一规定的侵犯商业秘密罪和侵犯公民个人信息罪。

应当承认，按照保险犯罪所侵犯保险秩序的同类客体对保险犯罪所作前述分类，虽然所得保险犯罪的具体种类稍显繁复，但此种分类法能够很好地展现出不同类别保险犯罪的内在本质以及行为特征，体现了不同类别保险犯罪对保险秩序具体内容的侵害或威胁，对于准确认定保险犯罪中罪与非罪、此罪与彼罪具有重大意义，仍属相对科学的保险犯罪分类方法。

三、根据行为方式的分类

在行为主义刑法视阈中，任何犯罪都表现为特定的行为，行为人承担刑事责任的根据在于其曾在自由意志支配下实施了刑法分则规定的行为。“刑法，所以规定人类行为之准则者也，刑法使各人就各自所为之行为，负刑事上之责任者。”[①] 犯罪是造成法益侵害或危险的行为，但所侵害法益性质不同，犯罪性质也随之不同。即便侵害同一法益，因行为造成法益侵害或危险的方式和样态的差异，犯罪的具体种类也有所区别。保险犯罪是发生在保险领域中违反国家保险刑事法律，严重危害和破坏保险市场秩序和保险监管秩序，依法应当受到刑罚处罚的行为。尽管所有保险犯罪都对保险市场秩序和保险监管秩序造成严重破坏，但因行为人破坏保险秩序行为方式的不同，保险犯罪可以区分为擅自作为式保险犯罪、滥用职务式保险犯罪和欺瞒诈骗式保险犯罪三种。

擅自作为式保险犯罪，是指违反保险法律法规的禁止性规定，实施保险法律法规明确禁止并触犯刑法分则规定的行为。保险是以危险为经营对象，以转移危险并消化损失为运行机制，以维护经济社会稳定为最终指向的特殊行业。为保障正常的保险秩序、确保保险机制的顺畅运行和保险功能的最大发挥，我国保险法律法规对保险市场的准入（包括保险机构的设立、保险机构经营范围等）、保险基金的运用、保险行业的竞争、投保方信息的保护等规定了为数众多的禁止性条款，禁止相关保险主体实施相关行为。这些禁止性条款具有强制力，行为人必须予以遵守，避免实施禁止性条款所禁止的行为。如果行为人违反相应禁止性条款，不应作为而擅自作为，则应当依法承担行政责任；如果行为人违反相应禁止性条款并触犯刑法相关规定的，即构成擅自作为式保险犯罪。从我国现行刑法的有关规定来看，擅自作为式保险犯罪主要有《刑法》第一百六十四条规定的对非国家工作人员行贿罪、第一百七十四条规定的擅自设立金融机构罪与伪造、变造、转让金融机构经营许可证、批准文件罪、第一百八十条第四款规定的利用未公开信息交易罪、第一百八十五条之一规定的背信运用受托财产罪与违法运用资金罪、第二百一十九条规定的侵犯商业秘密罪、第二百二十一条规定的损害商业信誉、商品声誉罪、第二百二十五条规定的非法经营罪、第二百二十九条规定的提供虚假证明文件罪与出具证明文件重大失实罪、第二百五十三条之一规定的侵犯公民个人信息罪，等等。

滥用职务式保险犯罪，是指具有保险领域相应职务的行为人，滥用从事保险运营或监管的特定管理权限，而实施违背职责或滥用职权谋取私利，严重破坏正常保险秩序的行为。理论上，滥用职务犯罪与职务犯罪具有包含与被包含的关系，滥用职务犯罪是有职务身份者滥用其职务身份所对应的特定管理权限，实施违背职务要求特定义务的行为。滥用职务犯罪中，行为人所拥有的职务身份不限于国家工作人员，即该“职务”是公务的上位概念和职业

① 王觐．中华刑法论［M］．姚建龙勘校．中国方正出版社，2005：356.

的下位概念，包含一切具有组织、指挥、监督和管理属性的职业。职务犯罪是滥用职务犯罪的下属范畴，通常指具备一定职务身份的人故意或过失地实施了与其职务之间具有必然联系的、侵犯了国家管理公务的职能和声誉，致使国家和人民利益遭受重大损失的各种犯罪的总称。[①] 职务犯罪中“职务”往往局限于从事特定公务的身份或资格，是包括国家工作人员或其他从事公务人员在内的公职人员所具有的主体身份。根据行为人是保险从业人员还是保险监管人员，滥用职务式保险犯罪又可进一步区分为保险机构的保险从业人员实施的普通滥用职务犯罪，以及保险监管机构工作人员实施的保险职务犯罪。前者主要有《刑法》第一百八十条第四款规定的利用未公开信息交易罪、第一百八十三条规定的职务侵占罪与贪污罪、第一百八十四条规定的非国家工作人员受贿罪与受贿罪、第一百八十五条规定的挪用资金罪与挪用公款罪。该六项保险犯罪发生的共同特点表现为，保险从业人员凭借自身的工作而熟悉保险业务的操作流程，并且往往能直接接触保险所涉之现金、票据、客户保险费及账户等，这就客观上为他们利用保险机构内控制度不健全、管理机制不完善等漏洞，滥用职务或者亵渎职务实施保险犯罪提供犯罪机会、创造犯罪条件。保险监管人员实施的滥用职务式保险犯罪与前列之保险监管人员实施的特殊主体型保险犯罪相同，恕不赘述。

欺瞒诈骗式保险犯罪，系指在保险运营过程，采用虚构事实或者隐瞒真相的方法，骗取数额加大的公私财物的行为。由于保险运营过程中，特别是保险合同的签订和履行过程中，投保方和保险机构一方固有的信息不对称性，为保证保险合同签订和履行的公平性和维护保险相关主体的合法权益，保险双方均应坚持最大诚信原则，彼此恪守信用，互不欺骗和隐瞒。然而，保险合同具有射幸性，投保方通过交纳小额保险费就有可能获得数倍、数十倍甚至数百倍于保险费的保险金，而保险方则可能在不支付任何保险费金的前提下获得投保人所交纳的保险费，因为保险事故的发生具有偶然性和随机性。因此，保险实务中，滥用保险之信息不对称性及保险合同之射幸性，违背保险之最大诚信原则，采用虚构事实或隐瞒真相的方式，骗取保险金或者保险费的案件，始终如挥之不去的阴霾般相伴于保险行业的发展变迁，并成为阻滞保险行业健康发展的最大因素，也成为刑法重点预防和惩罚的对象。在我国，欺瞒诈骗式保险犯罪最为典型的是《刑法》第一百九十八条规定的保险诈骗罪，但该罪只是针对投保方（投保人、被保险人和受益人）骗取保险金、破坏保险秩序的犯罪行为，而无法规制保险方骗取投保人保险费的犯罪行为。不过，除保险诈骗罪外，我国《刑法》还规定普通诈骗罪（第二百六十六条）、合同诈骗罪（第二百二十四

① 任惠华主编. 职务犯罪侦查指引［M］. 中国检察出版社，2015：3.

条)、集资诈骗罪（第一百九十二条）和组织、领导传销活动罪（第二百二十四条之一）等诈骗型犯罪。应当承认，该四个罪名无法对保险方骗取保险费的行为进行完整的刑法评价，即无法评价保险方骗取保险费给正常保险秩序造成的破坏，但其通过否定性评价保险方骗取保险费的行为本身，依然能够实现对行为人的刑法惩治，尽管这种刑法惩治并不充分。

第四节 保险犯罪的形势

随着保险市场的快速发展，保险犯罪的问题日益凸显，严重侵害了被保险人合法权益，破坏了保险市场秩序，已经成为影响保险业平稳健康发展的突出问题。剖析保险犯罪的客观形势，对于深化保险犯罪危害及其特点的认识，并提出针对性和有效性的保险犯罪对策，具有重要价值。尽管理论上对保险犯罪内涵外延缺乏统一的认识，并且全国范围内保险犯罪统计资料的匮乏和不规范，精准揭示保险犯罪的形势存在相当难度，但是根据媒体报道的零星数据，以及中国保监会所开展的打击保险违法犯罪行为专项活动的情况，仍可了解或估计我国保险犯罪的形势。

一、我国保险犯罪总体形势严峻

近年来，我国保险业获得了前所未有的快速发展，保险在经济社会中的广度和深度均得到极大地拓展，已然成为人们日常生活和经济生活不可或缺的组成部分。然而，由于保险业固有的信息不对称性与射幸性等特征，保险业积极发展的同时，保险犯罪也不断滋生且有进一步蔓延恶化的趋势，并表现出值得重视的新情况和新特点。除去因保险犯罪隐蔽性带来的大量犯罪黑数不论，现有正式公布的相关数据也已充分反映除我国保险犯罪总体形势严峻，不仅涉案人数众多，涉案金额巨大，并发犯罪突出，而且涉及保险业务的全过程和各方面，对保险行业自身以及保险主体的合法权益造成了严重危害。

2012 年 3 月 1 日至 8 月 31 日，保险业打响首次全面参与全国性的惩治经济犯罪活动的“破案会战”。在仅仅半年的会战期间内，全国保险犯罪案件共立案近 2500 起，抓获各类犯罪嫌疑人共计 4000 多人，涉案金额超过 14 亿元，为行业挽回经济损失近 8 亿元。① 事实上，早在 2009 年 6 月，为维护保险市场正常秩序，保护投保人、被保险人和保险人的合法权益，严厉打击非法设立保险机构、销售假保单、编制假赔案等违法违规行为，中国保监会制订了《保险业打击“三假”工作方案》，展开了声势浩大的打击“假机构、假保单、假赔案”

---

① 保险业积极参与“破案会战”成效明显［N］. 中国保险报，2012－10－25（01）.

专项行动。具体包括三方面工作：一是依法取缔非法设立的保险公司和保险中介机构，严厉查处非法经营商业保险业务、非法开展保险中介业务的行为；二是重点打击非法设立保险公司制售假保单，假冒合法保险公司的保单，保险中介机构或非法保险中介机构印制、销售假冒保单，保险机构工作人员通过私刻印章、私印单证等手段伪造、销售假保险单证，保险公司人员销售已作废保单，以及非法入境销售“地下保单”等行为；三是重点打击不法团伙编造虚假赔案、制造假赔案，保险机构工作人员内外勾结制造假赔案，保险兼业代理机构制造假赔案、虚增或违规扩大赔付金额等违法行为。此次打击“三假”专项工作取得丰硕成果，共发现和查处各类假冒保险机构案件32起，各类假冒保单20万余份，各类虚假赔案16000余件；向公安机关移交并已立案侦查的案件149起。这些数据揭示了我国保险行业“三假”现象的严重性，同时也从侧面反映出，保险实务中发生的擅自设立金融机构犯罪、非法经营罪、合同诈骗罪、职务侵占罪，伪造公司、企业、事业单位、人民团体印章罪，保险诈骗犯罪等保险犯罪也具有普遍性。

保险欺诈的严重形势在相当意义上反映保险犯罪的总体形势严峻。诚然，保险欺诈与保险犯罪存在本质的区别，保险欺诈通常是保险双方主体违背诚信义务的行为，其本身并非一定属于犯罪行为，它突出的只是犯罪客观行为特征的一个方面，并且除欺诈型保险犯罪外，还存在其他滥用保险实施的犯罪类型，但因基本覆盖了绝大多数保险违法行为，保险欺诈大体上内在地包含了保险犯罪，可视作保险犯罪的初级形态。2012年8月，为保护保险消费者合法权益，切实防范化解保险欺诈风险，中国保监会特别下发《关于加强反保险欺诈工作的指导意见》（保监发〔2012〕69号），对反保险欺诈工作进行全面部署。该指导意见将“保险欺诈”界定为，利用或假借保险合同谋取不法利益的行为，主要包括涉嫌保险金诈骗类、非法经营类和保险合同诈骗类等。而在被问及“当前的保险欺诈案件形势如何”时，保监会有关部门负责人表示，2011年共发生保险欺诈案件193起，与2010年相比，同比下降3.5%，涉案金额10468万元，同比下降69.24%。其中，假保单案件82起，涉案金额5358万元；假赔案111起，涉案金额5110万元；未发现假机构案件。虽然2011年保险欺诈案件数量和涉案金额有所下降，但2012年上半年，全国范围内就发生保险欺诈案件127起，涉案金额3645万元。其中，假保单案件14起，涉案金额308万元；假赔案案件112起，涉案金额2837万元；假机构案件1起，涉案金额500万元。从案件情况来看，当前保险欺诈具有以下特点：一是机会型欺诈在车险、健康险、政策性农险领域较为普遍；二是职业型欺诈在经济发达的地区较为活跃；三是保险欺诈活动与保险公司管控薄弱相互交织；四是欺诈案件处置难度增大，追逃追赃减损存在一定困难；五是跨境欺诈案件在东南沿海开始出现。①

再者，作为最具典型性和代表性的保险犯罪，保险诈骗罪的形势无疑对评估我国保险犯罪的总体形势有重要的指示作用。我国刑事司法实践中，保险犯罪的分布极不均衡，绝大多数表现为保险诈骗罪。谨以“中国裁判文书网”刊载的裁判文书数量为例，2016 年全年，全国各级人民法院共作出 467 份保险诈骗罪裁判文书，但对于同样属于明定保险犯罪范畴的其他保险犯罪，仅擅自设立金融机构罪有一份刑事判决书且该唯一之刑事判决书也非行为人擅自设立保险公司，② 背信运用受托财产罪与违法运用资金罪两个罪名甚至没有一份裁判文书。保险诈骗罪是诈骗罪的特殊形态，诈骗罪中保险诈骗罪所占比例高低能够展现保险诈骗罪的严重程度。根据《中国保险报》的报道，20 世纪 80 年代末，诈骗犯罪中保险诈骗仅占 2% 左右，而在 2004 年底则劲升到 12%。有观点指出，这里的 12% 显然是个非常保守的数字，因为它并不包括骗赔成功、尚未发现的那一部分，也不包括保险公司存疑，但因缺少过硬证据，其拒赔主张未被司法机关采纳的那一部分。这两部分之和究竟有多少，谁也说不清楚，但数量肯定超过已经公开的那一部分。③ 与此同时，中国裁判文书网刊载的案由为“保险诈骗罪”的裁判文书数量也说明保险实务中保险诈骗罪的严重性。2015 年全年，全国各级人民法院就保险诈骗罪共作出 363 份刑事裁判文书，其中一审裁判文书 257 份、二审裁判文书 42 份、刑罚变更文书 64 份。而 2016 年全年，全国各级人民法院就保险诈骗罪共作出 467 份刑事裁判文书，同比增加 104 份，增幅达到 28.65%。其中，保险诈骗罪一审裁判文书 372 份，同比增幅高达 44.74%，保险诈骗罪二审裁判文书 53 份，同比增加 26.19%，其他类保险诈骗罪裁判文书 42 份，则下降 34.37%。尽管裁判文书数量与实际发生的犯罪并非一一对应的关系，但裁判文书数量总体上也能有说服力地反映实际犯罪的发生状况。保险诈骗罪一审裁判文书数量的大幅增加，无疑意味着近两年我国保险实务中保险诈骗罪的犯罪数量也大幅增加，相应地，保险犯罪的数量也随之增加。

---

① 梁慧轩．着力打造“四位一体”的反保险欺诈机制——保监会有关部门负责人就《关于加强反保险欺诈工作的指导意见》答记者问 [J]．上海保险，2012 (9)．

② 江苏省徐州市贾汪区人民法院（2016）苏 0305 刑初 236 号刑事判决书。根据该份刑事判决书，被告人高某未经国家有关主管部门批准，私自伪造金融许可证、工商营业执照、税务登记证、组织机构代码证、金融机构印章等证件，擅自设立名为“贾汪区塔山村镇银行”的商业银行，被人民法院判决构成擅自设立金融机构罪，判处有期徒刑二年零六个月，并判处罚金人民币三万元。被告人违法所得依法予以追缴，退赔被害人。

③ 黄牛等．逆流——有识之士认为．狙击车险诈骗不力将危及整个财险经验 [J]．中国保险，2006 (2)．

二、我国保险犯罪类型分布广泛

即便我国保险犯罪最主要集中于投保方实施的保险诈骗罪，但仍表现出犯罪类型分布广泛的鲜明特征。除投保方实施的保险犯罪外，我国特殊主体型保险犯罪还包括保险机构及其工作人员实施的保险犯罪以及保险监管机构工作人员实施的保险犯罪两类。鉴于保险监管机构工作人员实施的保险犯罪主要是发生在保险领域的贪污贿赂及渎职类犯罪，以下主要从保险机构及其工作人员实施的保险犯罪的角度，诠释我国保险犯罪类型分布广泛的特征。

（一）保险公司违规运用资金

保险公司资金的充盈既是保险转移危险和分摊损失机制顺畅运行的根本保证，也是保险推动经济社会发展功能最佳发挥的重要凭借。保险资金的功能并不局限用于保险赔付，还包括融资或投资，使保险资金增值。合理且科学的保险资金运用必须保证保险基金的安全性、收益性和流动性，稳健的资金运用，应当首先保证保险资金的安全性和流动性，在此基础上努力追求资金运用的收益性。为此，《保险法》等法律法规对保险资金运用的范围和比例等作出明确规定，同时为加强保险资金运用监管和风险防范工作，保监会连续出台保险资金运用内控指引、信息披露、资产负债匹配管理、进一步规范股票投资等一系列的制度。然而，保险公司违规运用保险资金仍不时发生，如2016年12月，保监会派出检查组对恒大人寿开展现场检查，发现该公司存在未按监管规定开展股票委托投资业务、投资内控管理薄弱等问题，并依法给予该公司限制股票投资一年、两名责任人分别行业禁入五年和三年的行政处罚决定。[①] 应当说，正是考虑到保险公司违规运用保险资金可能带来的严重危害后果，2006年6月全国人大常委会通过的《刑法修正案（六）》才新设违法运用资金罪，用以惩治保险公司、保险资产管理公司违反国家规定运用资金的行为。但是从司法实践来看，该罪名的实施效果并不理想，大多数违法运用保险资金的行为仅被给予行政处罚，而适用刑罚的却极为罕见。入刑10年来，除了新华人寿保险股份有限公司泰州公司原副总经理王付荣被追究挪用资金罪外，再没有保险公司被以此罪名立案，违法运用资金罪在保险业成为看得到却很少被实施过的刑事罪名。[②]

（二）保险行业商业贿赂犯罪

保险商业贿赂行为，主要是指保险业务经营者的商业行贿行为，即保险公司及其工作人员在经营活动中采用财物或其他手段向交易相对人或有关人员，

① 《中国保监会对恒大人寿资金运用违规行为进行处罚》：载中国证监会网站：http://www.circ.gov.cn/web/site0/tab5207/info4060471.htm，最后访问：2017年3月28日。

② 李海洋．追究保险业“违法运用资金罪”应成为常态［N］．中国商报，2016-05-24（09）．

提供获得保险交易机会或有利交易条件，以引诱其作出有利于行贿者的行为，其目的是促成交易活动或取得经营上的便利，以挤掉同业竞争者或实现更高的市场占有率。[①] 受我国保险产能过剩、新自由主义意识对我国保险业侵蚀和破坏以及长期寄生于保险市场的权力寻租等要素的综合影响，我国保险实务中商业贿赂现象较为突出。[②] 考虑到利用保险业务从事商业贿赂行为，不仅直接损害保险消费者的合法权益，而且严重影响保险业健康稳定发展，严重破坏社会主义市场经济秩序，违背公平竞争原则，早在2006年，保监会就在保险领域开展治理商业贿赂专项工作。为严厉打击利用保险业务从事商业贿赂行为，切实维护公平有序的市场环境，2010年10月，中国保监会下发《关于严厉打击利用保险业务从事商业贿赂行为的通知》（保监发〔2010〕106号），对加大保险业市场监管力度、严格规范交易行为、严厉惩处保险领域商业贿赂违法犯罪活动、积极推进长效机制建设提出了具体要求。

（三）保险行业非法集资犯罪

保险行业非法集资主要表现为保险机构工作人员或代理人利用职务便利或公司管理漏洞，假借销售保险名义、制售虚假保险单证或理财协议，向社会公众给予或承诺给予高额回报并非法吸收资金。非法集资本质上是一种违法犯罪金融活动，严重损害人民群众合法权益，侵蚀行业发展成果，影响经济金融秩序，破坏社会稳定大局。当前，受内外部多种因素影响，保险行业非法集资风险不断积聚，案件集中爆发的可能性增大，防控难度和风险处置压力较大。据保险业内人士介绍，现阶段保险领域的非法集资犯罪主要表现为三种形式：一是主导型案件，即保险从业人员利用职务便利或公司管理漏洞，假借保险产品、保险合同或以保险公司名义实施集资诈骗；二是参与型案件，即保险从业人员参与社会集资、民间借贷及代销非保险金融产品；三是被利用型案件，指不法机构假借保险公司信用，误导欺骗投资者，进行非法集资。[③] 为有效防范保险行业的非法集资风险，保监会发布的《关于进一步做好保险业防范和处置非法集资工作的通知》（保监稽查〔2015〕263号）统一部署，从2015年6月开始，各地保监局会同各地保险机构集中展开了一场声势浩大的宣传月活动，以保险业的合力，广泛宣传非法集资的危害，让公众远离非法集资，保证自身资金安全，齐力斩断这一危害行业与社会的金融风险。2015年6月，保监会上海监管局发布“张某某集资诈骗案”与“白金业务员祝某诈骗案”两起以保险为名义

---

① 晏耀如．论保险行业商业贿赂的治理及对策［M］．载中国法院网：http：//www.chinacourt.org/article/detail/2013/07/id/1020212.shtml，最后访问：2017年3月28日。

② 曾文星，曾力杰．浅论保险商业贿赂的产生及治理对策［J］．保险职业学院学报，2012（5）．

③ 肖扬．保险业重拳连击非法集资［N］．金融时报，2016－06－08（09）．

的非法集资案件典型案例，为保险行业非法集资案件的定罪量刑和风范防范提供参考和指引。[①]

（四）利用保险从事洗钱犯罪

保险洗钱是指以商业保险这一金融服务为载体，利用保险市场及保险中介市场的途径渠道，将非法所得及其产生的收益通过投保、理赔、变更、退保等方式来掩饰、隐瞒其来源或性质，以逃避法律法规制裁的行为。[②] 有论者在调研后归纳得出，借保险产品洗钱的“四条通道、七大手法”。“四条通道”意指容易被不法分子借以洗钱的保险通道。最常见的是利用长期寿险“长险短做”，即洗钱者一般用大额现金趸缴保费，或在短期内完成期缴，或初始选择期缴，不久即要求趸缴后续保费。投保者会在短期内使保单的现金价值达到很高的水平，然后要求退保或质押贷款并听任保单被注销。通道二是利用外汇保单、离岸保单洗钱，即有些外汇保单允许投保人用人民币缴费，退保、理赔时可以选择支付币种，利用这种外汇保单，洗钱者在境内缴纳保费，在境外退保变现即可实现跨境洗钱。此外，洗钱者还通过本外币的互换，达到资金外逃或热钱流入的目的。通道三是利用理赔欺诈洗钱。即洗钱者有计划地用黑钱置换保险标的，然后制造保险事故，获得赔款达到洗钱目的。通道四是借互联网保险洗钱，即投保人通过网络在线投保，在线支付保费，虽然网上保险需在网下补办相关手续，但根据电子签名法的规定，保单已经生效，投保人可以退保变现。[③] 这是目前利用保险洗钱最新、最便捷的手段。“七大手法”是在“四大通道”的基础上增加团体寿险洗钱、地下保单洗钱、行贿保单洗钱三种洗钱方式，其中借团体寿险洗钱最为常见。[④] 考虑到保险洗钱手段的日趋多样化给防范保险洗钱带来了一定难度，在央行颁布实施《金融机构洗钱和恐怖融资风险评估及客户分类管理指引》的基础之上，保监会根据保险业实际经营情况于 2011 年 9 月发布《保险业反洗钱工作管理办法》（保监发〔2011〕52 号），并于 2014 年 12 月发布《保险机构洗钱和恐怖融资风险评估及客户分类管理指引》（保监发〔2014〕

---

① 《以保险为名义的非法集资案件典型案例》，载保监会上海监管局网站：http：//www. circ. gov. cn / web/site7/tab4279/info3965301. htm，最后访问：2017 年 3 月 28 日。

② 中国人民银行反洗钱局编．中国反洗钱专题研究 2012 ［M］．中国金融出版社，2014：256.

③ 黄蕾．保健部门调研摸底反洗钱 ［N］．上海证券报，2014 - 10 - 23 （05）.

④ 苏向杲．保险洗钱七大手法：互联网保险洗钱最便捷 ［N］．证券日报，2014 - 06 - 05 （01）．其中，团体寿险洗钱是企业惯用的洗钱手法，分为两类。一类是企业以单位的名义购买团险，只有少数高管知情，保单生效后，投保企业就“长险短做”，要求退保。保险公司将退还的保费汇入企业领导的个人账户或职工账户。第二类是企业以“团购”的方式为职工购买个人保险，即“个险团做”。多以“职工出小头，企业出大头”的方式间接地获得职工的同意。由企业收集职工的个人资料及由其填好的投保单，然后“代扣”应由职工交纳的保费，最后以“团购”的方式为职工购买个人保险，这种方式既获得了职工的同意，也绕开了保监会的监管。

110号），对保险业反洗钱工作以及洗钱风险评估进行系统规定。

（五）保险中介业务违法行为

保险中介业务违法行为，系指保险代理人、保险经纪人以及保险公估人在提供保险中介服务过程中实施违反法律法规的行为，主要包括：不得给予保险中介机构及其工作人员委托合同约定以外的利益；不得唆使、诱导保险中介欺骗投保人、被保险人或者受益人；不得利用保险中介套取费用；不得串通保险中介，挪用、截留和侵占保险费等。早在2009年，保监会统一组织的保险公司中介业务专项检查发现，被检查公司在中介业务中违法违规的问题较为突出，包括业务弄虚作假，直接业务虚挂中介业务；财务数据失真，利用中介业务套取费用，经营成本因中介业务违规操作而居高不下等。[①] 在保险公司中介业务违法行为中，保险公司通过中介业务违法行为，套取资金，成为公司亏损的重要因素之一。而各地连续发生数起保险中介机构挪用侵占保费案件，也引起消费者严重不满，造成不良社会影响，不利于保险各项功能的发挥。有鉴于此，保监会于2009年9月制定《保险公司中介业务违法行为处罚办法》（保监令〔2009〕4号），以惩治保险公司中介违法行为，维护保险行业的形象，促进保险行业的可持续发展。然而，2011年开展保险公司中介业务检查，中介业务违法违规问题仍然十分普遍，在各地区、各类机构均不同程度存在。103个保险机构共非法套取资金8065.8万元，涉及保费8.55亿元，保险公司与保险中介机构之间关系不合法、不真实、不透明问题仍然相当严重，集中表现为通过假业务、假人员、假费用等方式非法套取资金。此外，虚挂专业保险中介机构业务、虚挂兼业代理机构业务、虚增营销员数量或虚挂营销员业务、自身投保业务虚挂中介业务、虚列中介业务费用等现象也相对突出。[②] 而这些保险公司中介违法行为中不乏已经触犯刑法，构成相应注入非法经营罪、职务侵占罪等保险犯罪。

三、我国保险犯罪朝向纵深发展

随着互联网技术及其应用的迅速发展和普及，保险业逐步向互联网寻求新的发展空间，互联网保险已经由早期单纯的销售渠道拓展逐渐转向经营理念和经营方式的彻底变革。互联网保险极大地降低了保险公司营销成本、提高保险服务的效率与质量，并进一步开发我国保险市场，顺应世界保险业发展潮流。然而，互联网保险的发展繁荣也使得保险犯罪蔓延至互联网领域，从而呈现出朝向纵深发展的趋势。

关于互联网保险领域存在的问题，保监会《互联网保险风险专项整治工作

① 胡利民．整治保险公司中介业务违法违规行为［N］．金融时报，2009-08-14（03）．

② 康民．保监会严查保险公司中介业务违法违规行为［N］．中国保险报，2011-11-22（01）．

实施方案》（保监发〔2016〕31号）曾归纳为下列几种：（1）保险公司通过互联网销售保险产品，进行不实描述、片面或夸大宣传过往业绩、违规承诺收益或者承担损失等误导性描述；（2）保险公司与不具备经营资质的第三方网络平台合作开展互联网保险业务，或者与存在提供增信服务、设立资金池、非法集资等行为的互联网信贷平台合作，引发风险向保险领域传递，或者保险公司在经营互联网信贷平台融资性保证保险业务过程中，风控手段不完善、内控管理不到位；（3）非法经营互联网保险业务，即非持牌机构违规开展互联网保险业务，互联网企业未取得业务资质依托互联网开展保险业务，以及不法机构和不法人员通过互联网利用保险公司名义或假借保险公司信用进行非法集资。这些保险违法行为中包含了合同诈骗罪、非法吸收公众存款罪、集资诈骗罪、非法经营罪等保险犯罪的情形。保险犯罪朝向纵深发展主要表现有三个：

一是传统保险犯罪在互联网保险这一新兴保险领域的延伸发展，如利用保险为幌子实施非法吸收公众存款罪或集资诈骗罪、未经中国保监会批准非法经营保险业务的非法经营罪，以及利用互联网保险中的新型险种实施保险诈骗罪，等等。典型案例如国内首例“互联网保险”欺诈案。伴随着互联网购物的兴起，互联网购物过程中退货换货的风险也随之增大，为避免遭受不必要的退换货运费损失，退货运费险遂被开发成应用于电子商务交易的嵌入式新兴险种。但作为“职业骗保师”的被告人通过虚假购物投保并申请运费险理赔，共计骗取保险赔款20余万元，最终被人民法院以保险诈骗罪判处有期徒刑六年六个月，并处罚金。①

二是互联网保险领域出现某些传统保险领域并不常见的新型保险犯罪，这主要表现为保险公司及其工作人员对投保方信息的不当泄露。“互联网的开放性特征，使得某些机构利用不正当手段对保险网络数据资料进行篡改或破坏变得更加容易。在我国信息安全技术不成熟、各保险企业对信息安全投入差异较大的情况下，互联网保险客户信息安全存在严重的威胁，因为技术的不成熟导致互联网保险客户的隐私信息被泄露、窃取甚至贩卖的案例不在少数。”② 据此，如果保险公司工作人员违反约定或者违反权利人有关保守商业秘密的要求，披露、使用或者允许他人使用其在从事保险业务中所掌握的投保人、被保险人的商业秘密，给商业秘密权利人造成重大损失的，将构成侵犯商业秘密罪。如果保险公司工作人员违反国家有关规定，将在提供保险服务中获得的投保人或被保险人的身份信息、账户信息、资金信息等个人信息，出售或者提供给他人的，

① 肖扬．首例互联网保险欺诈案宣判 险企重拳打击职业骗保师［N］．金融时报，2015－02－04（11）．

② 唐金成，韦红鲜．中国互联网保险发展研究［J］．南方金融，2014（5）．

将构成侵犯公民个人信息罪。

三是互联网信息技术的发展拓展了保险犯罪的生成领域。保险是以经营风险为内容的行业，而互联网信息技术的发展，特别是大数据的大面积运用，势必会带来新的风险，这些新生风险的现实化将带来严重损失，相应地也成为新型承保对象，需要开发新型保险产品予以有效管控。“任何公司使用和分析大数据都会产生法律风险……数据泄密产生的成本以及和大数据有关的其他索赔，给不同领域的很多公司带来的风险可能比我们过去看到的更严峻。随着新增数据量的增加，数据泄露造成的潜在危害，以及数据分析服务供应商利用可获得的数据进行的分析出现错误或不够充分的可能性也会增加。专家人士目前预计，每天产生的数据量每40个月就会翻一番。尤其是在数据泄露方面，潜在的损失非常真切。”① 保险犯罪附着于保险行业的特性，决定新型保险领域的产生和保险产品的开发，必然客观上带来保险犯罪生成领域和成立范围的相应扩展。

总而言之，保险行业自身的开放性特征，必然使得发生在保险领域的保险犯罪朝向纵深发展，表现出鲜明的动态性，这就为有效预防保险犯罪、维护保险秩序和保障保险关系主体合法权益，提出了新要求和新挑战。

① ［美］詹姆斯·R. 卡利瓦斯，迈克尔·R. 奥弗利. 大数据商业应用风险规避与法律指南［M］. 陈婷译，人民邮电出版社，2016：186－187.

第二章

保险刑法规范的解释原理

毋庸置疑，在诸种应对保险犯罪的机制中，刑法（刑罚）始终居于关键性和基础性的地位，是最直接、最普遍的惩治保险犯罪的措施，但刑法（刑罚）剥夺或限制犯罪人享有的自由、财产等基本权利的作用机制，使其成为最严厉、最有力的制裁措施。为正确适用保险刑法（刑罚）规范，有效发挥刑法（刑罚）惩罚和预防保险犯罪的功能，切实维护保险秩序、保障保险关系人的合法权益，必须充分认识保险犯罪的法定犯属性，以此为前提并在罪刑法定原则的指引下，准确把握保险刑法（刑罚）规范的特殊性，确立科学且合理的保险刑法（刑罚）规范的解释立场、解释路径。

第一节　保险刑法规范的解释前提：作为法定犯的保险犯罪

既然保险具有经济性，是分散风险与消化损失，确保经济生活安定的自助互助的经济制度，发生在保险领域的保险犯罪，由于严重破坏经济（保险）秩序、损害经济（保险）活动关系人合法权益，无疑应归入经济犯罪的范畴。通常认为，经济犯罪表现出浓厚的法定犯色彩，是在违反一定的经济行政管理法律法规、具有行政违法性的基础上，进一步违反刑法的相关规定。“对经济犯罪而言，行政违法性是刑事违法性的前提，刑事违法性是行政违法性发展的后果。行为人只有触犯了某类经济行政管理法律法规，具有严重的社会危害性，才构成犯罪。这种双重性的违法结构，标志着经济犯罪是一种法定犯罪而非自然犯罪。”① 作为经济犯罪的下位概念，保险犯罪也势必带有经济犯罪的法定犯色彩，并且属于一种典型的法定犯。

一、法定犯的提出及其变迁

作为与自然犯相对的犯罪分类，法定犯是指“违反非刑事法律法规，危害社会派生生活秩序，依法应受刑罚处罚的行为”。② 法定犯的提出最早可以追溯到古罗马法。古罗马法将古希腊伦理学中的恶性理论适用于刑事领域，确立了自体恶（mala in se）与禁止恶（mala prohibita）两种犯罪类型。前者指实质上违反社会伦理道德的违法行为，这种行为因侵害了公共秩序、善良风俗而为一般社会正义所不容；后者则是本质上并不违反伦理道德，而是因为维护行政管理秩序的需要而为法律所禁止的行为。③ 因此，有些不法行为，虽然没有法律规

---

① 宋浩波，靳高风主编．犯罪学［M］．复旦大学出版社，2009：459.

② 李莹．法定犯研究［M］．法律出版社，2015：33.

③ 韩忠谟．行政犯之法律性质及其理论基础［J］．台湾大学法学论丛，1980（1）.

定，但是根据伦理道德的观点，依然是应予非难的行为。相反，有些不法行为在伦理道德上是无关紧要的，它之所以成为禁止的不法行为，纯粹是因为法律的规定。①

在刑法演变历程中，正式提出自然犯与法定犯界分的是“犯罪学三圣”之一的意大利著名刑事人类学派代表人物加罗法洛（Garofalo）。加罗法洛对自然犯与法定犯进行刑事学上的展开，认为侵害怜悯与正直的本来感情的，是自然犯；以此与根据立法才认为犯罪的法定犯相区别。“在一个行为被公众认为是犯罪前所必须的不道德因素是道德的伤害，而这种伤害又绝对表现为对怜悯和正直这两种基本利他情感的伤害。而且，对这些情感的伤害不是在较高级和较优良的层次上，而是在全社会都具有的平常程度上，而这种程度对于个人适应社会来说是必不可少的。我们可以确切地把伤害以上两种情感之一的行为称为‘自然犯罪’。”在加罗法洛看来，只有侵害人类怜悯和正直情感的自然犯罪才是真正的犯罪，而那些自然犯罪之外但按照刑法规定依然是犯罪的行为，就被定义为“法定犯罪”，实施“法定犯罪”行为的人，就是法定犯。“‘法定犯罪’之所以犯罪，主要在于违反了法律，行为人不表现为任何道德低下。”②

加罗法洛从社会学与犯罪学的研究需要出发，对自然犯和法定犯这对范畴进行系统阐释，其提出的法定犯概念影响极其深远，为刑法学研究开拓新领域，自然犯和法定犯的分类也被广泛承认。根据加罗法洛的界定，自然犯与法定犯的区别在于是否具有反伦理道德性。法定犯没有违反自然法的规定，不具有违反伦理道德的属性，其成为犯罪完全是因为违反特定国家或地区的特定法律规定所致。此种相对传统的界定方式，得到我国学者的响应和支持。如有观点认为，法定犯指原本不具反社会伦理性质，却因法律之规定而成为犯罪者，亦即以违反法律的禁止或命令，开始成为非难对象的行为为内容的犯罪，通常是由于行政取缔之目的，而被视为犯罪，故亦称为行政犯。③

然而，纯粹从违法性质的角度出发，将法定犯理解为本质上没有违反伦理道德，只是因为形势的需要，或者行政措施的目的，对违反行政义务者加以处罚，并不完全妥当。“违法性质作为法定犯与自然犯的区别在一定范围内是有说服力的，对于纯正法定犯来说，这种界限是分明的。对于不纯正法定犯，在违法性的原因仅仅是法律前提的情况之下，其成就法定犯，当法定的观念成为社会观念的时候，在新的立法条件之下其变成为自然犯设立的前提。但是无论纯

① 陈兴良．刑法的启蒙［M］．法律出版社，2007：284.

② ［意］加罗法洛．犯罪学［M］．耿伟，王新译．中国大百科全书出版社，1996：44、126.

③ 陈子平．刑法总论［M］．中国人民大学出版社，2009：73.

正与否，其处罚依据仅仅在于前提的行政不法，而排除了道德因素。”[①] 事实上，伦理道德范畴本身具有流动性和差异性，不同时期、不同阶级、不同地域的伦理道德标准都有所不同。“在现代刑法中自然犯与行政犯的区分，如果刻意追求纯粹的伦理依据是难以如愿，并且终将导致迷失其途。”[②] 更何况，根据学者考证，法定犯理论与实践发展揭示出：近百年来，各国刑法理论的学说对法定犯的认识与解释对自然犯和法定犯的界定有着很大的区别，刑法理论大大突破了原始的犯罪学理论的认识，赋予了法定犯更为宽广的存在空间，法定犯的范围已经发生了明显的变化。对法定犯作出较为宽泛的理解与刑法的通常认识更为符合，与人们对社会生活的判断标准更为一致，更能凸显法定犯独特的理论品格。现实中，伦理道德的标准随着社会的发展而不断变化，随之导致了“法定犯的自然犯化”的现象，不违反伦理道德的标准似乎难以适用于所有法定犯，不能理所当然地得出法定犯不明显违反伦理道德的结论。[③]

二、现代法定犯的基本内涵

现代法定犯与自然犯的区分标准已经由是否具有反伦理道德性转向是否具有行政违法性，即是否违反了国家的行政法律法规。正如陈兴良教授所言，“法定犯或称行政犯，违反行政法规之各种取缔罚则而构成的犯罪，其行为实质，非当然有侵害社会秩序的性质，大都是为了适应形势的需要，或为贯彻执行行政措施，而对违反行政法规者必须加以行政处罚。这类犯罪是仅为行政上的目的而特别规定的，故而又称为行政犯”。[④]

作为刑法明文规定的犯罪行为，法定犯与单纯违反行政法律法规的行政违法行为的界限在于，违反行政法律法规的行为是否达到了刑法规定的严重程度。只有违反行政法律法规，并且符合刑法分则条文规定的犯罪构成的，才属于法定犯。具体来说，法定犯与行政违法行为均具有行政违法性，行政法律法规未予规制的行为不可能成立法定犯，同时根据罪刑法定原则，是否具有刑法的明文规定是法定犯成立的最终决定因素，不违反刑法规定、不具有刑事违法性的行为，即便违反行政法律法规而具有行政违法性，仍不可能成立法定犯。法定犯是在违反行政法律法规的基础上，又因为行政违法的“量”已经达到刑法规定的严重社会危害性的程度，触犯了刑法的具体规定。“在大多数情况下，对一个违反秩序行为（即违反行政法律法规行为）的制裁，只能在这种违反法律的

① 孙万怀．法定犯拓展与刑法理论取代［J］．政治与法律，2008（12）．

② 郭晶．刑事领域中法定犯问题研究［M］．黑龙江人民出版社，2009：22－23．

③ 李莹．法定犯研究［M］．法律出版社，2015：29．

④ 陈兴良主编．刑法各论的一般理论［M］．中国人民大学出版社，2007：64．

行为需要一种国家的反应，但是又因为其轻微的社会危害性而不需要一种犯罪性刑罚的情况下，才能进行……人们很容易认识到，道路交通法中的违反秩序行为，有很大的一部分也是保护具有抽象内容的行为、生命和健康的，并且完全不是作为纯粹的‘不服从行政命令’来表现的。另外，在违反‘行政管理命令’中存在着许多环境违法行为，的确也不是因为缺乏犯罪性特征。人们不能说，刑事性犯罪行为本来道德上就必须是卑鄙下流的，而违反秩序行为则在道德上是中性的。”①

正因现代法定犯是对违反行政法律法规行为更强烈的否定性评价，其以行为违反行政法律法规为必要前提，并以违反刑法规定为最终形式，所以，随着行政权力的社会秩序管理职能不断强化，国家行政权力分布范围日渐拓展，要求用刑罚威慑严重行政违法性的现实需求逐渐增强，因违反行政法律法规并触犯刑法规定的法定犯也必然不断增生扩容。对此，储槐植教授曾提出“随着风险社会的到来，法定犯时代也随之到来”的命题。“随着市场经济的发展，风险社会就到来了。随着风险社会的到来，新型安全需要的扩展，这样就不得不影响国家安全管理的方略。拿刑罚来说，刑罚在继承了追求报应的同时，更加关注风险控制，追求报应是刑罚的传统功能，为了适应新型安全需要，社会进入了风险社会，风险太多，渐渐产生了一种新型的风险控制。刑罚是国家管理的一种手段，它也不能无视国家风险控制的需要，所以刑罚的功能在继承了传统的报应的同时，更加关注风险控制，那就是威慑，威慑就是风险控制，与此相适应就出现了法律上的犯罪形态的结构性的变化，也就是说，犯罪形态在数量变化上由传统的自然犯占绝对优势演变为法定犯占绝对比重这样的局面。”②

三、保险犯罪的法定犯属性

从本质来看，法定犯的刑事可罚性并非源自行为强烈的反伦理道德性，而是源自行为侵犯社会派生生活秩序的根本属性。法定犯并不直接侵犯刑法所保护的生命、自由和财产等个人法益，也不直接侵犯国家安全的国家法益和社会安宁的社会法益，而侵犯国家对相应领域的管理制度，扰乱相应领域的正常秩序，这些管理制度与秩序虽不是个人法益、国家法益和社会法益本身，但却是公民进行正常社会交往所必须的外部环境和条件。保险犯罪是行为人在保险领域实施的违反国家保险法律法规，严重危害和破坏保险市场秩序和保险监管秩序，依照刑法应受刑罚处罚的行为。保险犯罪虽然不排除可能会给保险活动关

① ［德］克劳斯·罗克辛．德国刑法学总论（第1卷）［M］．王世洲译．法律出版社，2005：27－28．

② 李运平．储槐植：要正视法定犯时代的到来［N］．检察日报，2007－06－01（03）．

系人的财产、健康和生命等法益造成直接损害，但刑法对其的关注焦点始终在于其严重破坏国家正常保险秩序与制度、严重妨碍保险行业正常稳健发展的侧面，因而属于典型的法定犯。

（一）保险犯罪的双重违法性

保险犯罪的成立是保险领域行政违法性与刑事违法性的统一。保险犯罪具有双重违法性是保险犯罪在刑法体系和行政法体系中所独具的地位决定的。保险犯罪行为首先违反了《保险法》等保险行政法律规范的行为，同时，当这种违反保险行政法的行为达到了严重的社会危害性和人身危险性的程度，触犯刑法分则相关规定，进而产生了刑事违法性。例如，根据《保险法》第六十七条，设立保险公司应当经国务院保险监督管理机构批准，相应地，未经中国保监会批准擅自设立保险公司的，势必违反《保险法》，具有行政违法性。同时考虑到擅自设立保险公司不仅会扰乱保险市场秩序，严重破坏保险业的行业形象，也会严重侵害作为保险消费者的众多善意投保人和被保险人的利益，甚至会使原本稳健的保险业引发系统性金融风险的可能性空前增大，从而带来保险活动异化的严重后果，《刑法》第一百七十四条特别规定，未经中国保监会批准，擅自设立保险公司的，构成擅自设立金融机构罪。因此，未经中国保监会批准，擅自设立保险公司的行为，同时具有行政违法性和刑事违法性，其中，行政违法性是违法性的前提，刑事违法性是违法性的实质。

保险犯罪的双重违法性决定保险犯罪的法律后果是行政法律责任和刑事法律责任的统一，即应承担行政责任与刑事责任，两种责任同时存在，既不能互相取代，也不应互相取代。然而，保险犯罪应否受双重处罚与实际上是否受到双重处罚是层次不同的两个问题。在保险犯罪法律责任实现上，必须将行政法律责任与刑事法律责任的实现方法有机整合起来，刑事责任实现方法和行政责任实现方法在体系结构、适用目的、适用依据、适用对象、严厉程度等方面存在差异，因此在通常情况下，其实现方法应当遵循合并原则；在处理结果上，虽然大部分保险犯罪只承担刑事责任一种法律责任，但只是由于责任竞合的结果并不说明犯罪人不应受到双重处罚。如对上述未经中国保监会批准擅自设立保险公司的，依照《保险法》第一百五十八条，“由保险监督管理机构予以取缔，没收违法所得，并处违法所得一倍以上五倍以下的罚款；没有违法所得或者违法所得不足二十万元的，处三十万元以上一百万元以下的罚款。”与此同时，还必须根据《刑法》第一百七十四条，以擅自设立金融机构罪对行为人判处三年以下有期徒刑或者拘役，并处或者单处二万元以上二十万元以下罚金；情节严重的，处三年以上十年以下有期徒刑，并处五万元以上五十万元以下罚金，即保险监督管理机构实施的取缔非法保险公司、没收违法所得和罚款，与人民法院判处的有期徒刑或拘役以及罚金刑，原则上应当合并适用，但根据《行政处罚法》第二十八条第二款，违法行为构成犯罪，人民法院判处罚金时，行政机关已经给予当事人罚款的，应当折抵相应罚金。所以，保险监督管理机构处罚擅自设立保险公司时已经给予的罚款，最终应当折抵相应罚金。

（二）保险犯罪的较弱反伦理性

保险犯罪法定犯属性的第二种表现形式是保险犯罪固有的较弱反伦理性。就法定犯的现代界定而言，法定犯未必不明显违反伦理道德，只是同自然犯相比，法定犯的反伦理性相对较弱。“在法定犯中，在相应的法律规范没有被创制之前，社会上不存在这种要求人们遵守的相应行为的伦理规范，一旦有了这些法规后，遵守这些法规很自然也就成了一个社会至少是某些群体最基本的伦理要求，在这种意义上来说，法定犯与社会伦理也是有密切联系的。”① 保险犯罪的犯罪人懈怠了应当遵守保险行政法律规范的守法义务，并根本性地侵犯由保险行政法律规范确立起来的国家保险制度和保险秩序。保险制度是为了确保经济生活的安定，对特定危险事故的发生所导致的损失，运用社会和集体的力量共同建立基金以补偿或给付的经济制度，具有共济互助和经济补偿性质。为了防止保险制度出现异化，国家通过行政立法的形式制定了保险活动应当遵守的各种规范，要求保险活动参与者必须在保险法律规范的指引下具体开展保险活动，因此，形成有效规范的保险活动管理秩序正是保险制度功能得以发挥的必要保障，也是最重要的落脚点，而保险犯罪却严重违反保险行政法律规范，直接干扰和破坏了国家正常的保险活动管理秩序，表现出相对明显的反伦理性。

然而，上述对于遵守法律而产生的社会伦理，毕竟与天然为社会伦理道德所不容许的行为有所区别，在反伦理性程度上远不及自然犯。例如，作为保险犯罪的最典型罪名，保险诈骗罪虽然直接表现为骗取保险公司的财产，从而侵犯了应当尊重他人财产权的人类最基本的正直情感，违背了最大诚信原则，并且行为人实施保险诈骗罪还可能同时实施故意毁坏财物、故意伤害甚至是故意杀人等严重反伦理的违法犯罪行为，但是我国现行刑法既然将保险诈骗罪纳入到金融诈骗犯罪而不是纯粹的侵犯财产犯罪中，同时金融诈骗犯罪的所属类罪又是刑法分则第三章破坏社会主义市场经济秩序犯罪，由此表明我国刑事立法保护的重点是保险活动的管理秩序，而非保险人的财产权，所以，较之直接骗取他人财物的诈骗罪，保险诈骗罪的反伦理性相对较弱。

（三）保险犯罪的较高易变性

保险犯罪总是与时代发展、科技进步、国家政策的变动密切相关，带有鲜

---

① 许翔．行政刑法的伦理性探析［J］．武汉公安干部学院学报，2016（4）．

明的时代印记，保险犯罪的社会危害性具有较高易变性。保险犯罪是以违反保险行政法律规范的基础，而这些法律法规却总是随着社会的变迁和形势的发展而进行修改，姑且不论中国保监会为规范保险市场所发布的系列保险行政规章等规范性文件，作为保险基本法典的《保险法》，在1995年通过以后的20年时间里，就根据保险业发展的实际需要，先后经历了四次修正。保险犯罪与其依附的前置规定密切相关，保险行政法律规范一旦调整变动，保险犯罪也必然要调整变化。

鉴于我国现代保险业起步较晚，我国刑法典并非一开始就规定了保险犯罪，保险犯罪最早出现在全国人大常委会制定的单行刑法之中，最终1997年刑法全面修订才在刑法典中规定各种保险犯罪。其后，为了适应金融行业“分业监管”的新需要，修改擅自设立金融机构罪的罪状，明确规定未经中国保监会批准，擅自设立保险公司的，构成擅自设立金融机构罪。同时，为了有效惩治单位决定实施的擅自运用客户资金或者其他委托、信托财产的行为，《刑法修正案(六)》增加刑法第一百八十五条之一，新设背信运用受托财产罪与违法运用资金罪两罪；为了惩治严重危害金融业发展的“老鼠仓”行为，《刑法修正案(七)》在《刑法》第一百八十条增加一款，新设利用未公开信息交易罪。通过这些修改，原本仅为单纯的保险违法行为，如违反保险法规的运用保险资金，以及违反规定利用内幕信息以外的其他未公开的信息从事证券期货交易，又因为出于保险行业稳健发展的现实需要，被“升格”为保险犯罪行为，成为刑法惩治的对象。除此之外，原本与保险领域关联不强的犯罪，可能因为保险行业的发展，而成为新型保险犯罪。如随着互联网技术在保险领域的运用，技术不成熟导致互联网保险客户个人信息被泄露、窃取甚至贩卖现象发生概率提高，侵犯公民个人信息犯罪也可能因出现在保险领域而成为新型保险犯罪。可以预见，随着保险行业的进一步发展，保险涉及领域的不断扩大，保险犯罪的成立范围也必将随之拓展，社会公众对保险犯罪社会危害性的认识也将更清晰准确，保险犯罪的开放性、动态性、易变性特征将彰显无遗。

事实上，之所以肯定保险犯罪法定犯属性，是考虑到保险犯罪法定犯属性对于保险刑法规范的解释具有特殊价值，是保险刑法规范解释的前提。就保险犯罪的客观构成要件而言，肯定保险犯罪法定犯属性，要求保险犯罪的成立必须以违反一定的保险行政法律规范为前提，认定保险犯罪需要司法工作人员在肯定相关行为存在保险违法的基础上，进一步判断保险违法行为是否符合刑法分则的有关规定。既然保险犯罪客观要件要求具有双重违法性特征，保险犯罪成立的主观要件势必同时要求行为人对行为违反保险行政法律规范具有认识，即行为人必须具有违法性认识，而这对于解决法律认识错误等问题具有一定意义，因为自然犯的违法性容易被一般人认识，而法定犯的违法性可能难以被一般人认识。此外，肯定保险犯罪法定犯属性，要求成立保险犯罪必须具备行政违法性与刑事违法性的双重违法性特征，对于把握保险刑法规范的构造具有重要价值。

四、保险刑法规范构造形式

尽管现行中国刑法分则确有极少数条文对犯罪仅作类型化的定性描述，[①] 但总体上仍采用立法定性且定量模式，明确规定构成犯罪所需要的各类数额、情节及后果等定量要素，行为只有同时符合定性描述和定量要素始构成刑法上的犯罪。这种立法模式既限定了不法行为的种类，也限定了刑法干预不法行为的边界，体现了刑法的谦抑性要求。对此，储槐植教授曾给予高度评价，“第一，可以减少犯罪数，降低犯罪率……那种犯罪与一般反社会行为不加严格区分的法律制度，实际上是‘自杀政策’；第二，可以使相当比例的公民免留犯罪污名劣迹……从而在尽可能广泛的基础上加强公民与国家的合力。第三，可以使刑事司法力量集中打击事关国家稳固、社会发展、公民生命与财产安全的犯罪活动，避免把有限的刑事司法力量消耗在对付偷鸡摸狗的琐事上，从而可能使刑事司法发挥最佳效能”。[②] 从我国刑法分则的规定来看，保险刑法规范也遵循此种定性加定量的立法模式，大多在刑法中表现为“行政违反＋加重要素”的基本构造，因而保险犯罪也应属于学者所称的“行政违反加重犯”。[③]

为确认保险犯罪的双重违法性特征，实现保险违法行为与保险犯罪行为的有效对接，《保险法》第一百七十九条特别“打包”规定保险违法行为的刑事责任条款，“违反本法规定，构成犯罪的，依法追究刑事责任”。据此，保险违法行为，若同时具备刑法分则规定的“加重要素”，即升格为保险犯罪行为，而这一刑事责任条款再次说明，保险犯罪“行政违反”的属性。在刑法中的构造，保险刑法规范的“行政违反”主要表现为“违反规定”型与“借助规定”型两种形式。“违反规定”型保险犯罪中，刑法对保险犯罪的空白罪状以“违反……”为标志，即“违反规定”或“违反国家规定”，前者包括《刑法》第一百八十条第四款规定的利用未公开信息交易罪，与第一百八十五条之一第二款规定的违法运用资金罪；后者则为第二百二十五条规定的非法经营罪以及第二百五十三条之一规定的侵犯公民个人信息罪。“借助规定”型保险犯罪是指刑法没有明确规定需要违反规定，也没有明确规定特定术语依据保险法律规范认定，但认定构成保险犯罪又必须借助保险行政法律规范才能准确认定，绝大多

---

① 如《刑法修正案（八）》增设的醉驾型危险驾驶罪以及入户型盗窃罪和扒窃型盗窃罪。

② 储槐植．论我国刑法犯罪概念的定量因素［J］．中国法学，1998（2）．

③ 张明楷．行政违反加重犯初探［J］．中国法学，2007（6）．

数保险犯罪都属于此种类型。如《刑法》第一百七十四条规定的擅自设立金融机构罪与伪造、变造、转让金融机构经营许可证、批准文件罪、第一百八十三条规定的职务侵占罪与贪污罪、第一百八十四条规定的非国家工作人员受贿罪与受贿罪、第一百八十五条规定的挪用资金罪与挪用公款罪、第一百八十五条之一第一款规定的背信运用受托财产罪、第一百九十八条规定的保险诈骗罪、第二百一十九条规定的侵犯商业秘密罪、第二百二十一条规定的损害商业信誉、商品声誉罪、第二百二十六条强迫交易罪，等等。实际上，不管是以“违反规定”，还是以“借助规定”的形式揭示保险犯罪“行政违反”的内涵，均反映了保险刑法规范对相对应的保险行政法律规范的依附或从属，解释保险刑法规范必须率先肯定行为违反保险行政法律规范、具备行政违法性，以此为前提，并结合具体保险犯罪所侵犯的法益，展开对保险刑法规范的合乎目的性诠释。

在刑法分则保险犯罪具体条文中，除个别罪名直接采用与保险行政法律规范规定之行为方式几乎完全相同的表述外，绝大多数保险犯罪均强调在行政违反的基础上应同时具备“加重要素”。具体来说，《刑法》第一百七十四条只是对擅自设立金融机构罪与伪造、变造、转让金融机构经营许可证、批准文件罪的行为类型进行定性描述，即未经国家有关主管部门（中国保监会）批准，擅自设立保险公司，以及伪造、变造、转让保险公司的经营许可证或批准文件，而未专门规定任何结果加重或情节加重要素，这就与《保险法》第一百五十八条规定之擅自设立保险公司以及第一百六十八条规定的转让保险业务许可证的保险违法行为完全一致。据此，无论是否存在加重情节或加重结果，只要违反《保险法》的规定，擅自设立保险公司，或者转让保险业务许可证的，在构成保险违法行为的同时，还应被认定为构成擅自设立金融机构罪或伪造、变造、转让金融机构经营许可证、批准文件罪的保险犯罪行为。之所以该二罪的成立不要求额外的“加重要素”，主要是考虑到，擅自设立保险机构或者伪造、变造、转让保险机构经营许可证、批准文件的行为自身已经蕴含严重的法益侵害性，即根本性地违反国家对设立保险公司和经营保险业务的特别许可制度，极大地增加保险市场运行的风险，以致严重扰乱正常的保险秩序。除此之外，其他保险刑法规范均强调“严重结果”“严重情节”或者“选择性严重情节”等内容不同的“加重要素”。

其一，“行政违反＋严重结果”类保险刑法规范。此类构造即保险违法行为产生严重后果的，上升为保险犯罪行为，这主要是指《刑法》第一百九十八条规定的保险诈骗罪以及第二百一十九条规定的侵犯商业秘密罪。仅以保险诈骗罪为例略作说明。《保险法》第一百七十四条规定，投保人、被保险人或者受益人实施（投保人）故意虚构保险标的，编造未曾发生的保险事故，或者编造虚假的事故原因或者夸大损失程度，故意造成保险事故等保险诈骗活动，骗取保险金，尚不构成犯罪的，属于保险违法行为，应依法给予行政处罚。所谓“尚不构成犯罪”，从《刑法》第一百九十八条来看，就是指投保人、被保险人或受益人实施的保险诈骗活动，骗取保险金尚未达到“数额较大”的程度。根据最高人民检察院、公安部《关于公安机关管辖的刑事案件立案追诉标准的规定（二）》（公通字〔2010〕23 号；以下简称《立案追诉标准（二）》）第五十六条，“数额较大”的标准是，个人进行保险诈骗，数额在一万元以上；单位进行保险诈骗，数额在五万元以上的。因此，只要投保人、被保险人或受益人实施保险诈骗活动的保险违法行为，个人骗取保险金一万元以上、单位骗取保险金五万元以上的，行为的法益侵害程度即达到刑法规制的最低门槛，依法构成保险诈骗罪。

其二，“行政违反＋严重情节”类保险刑法规范。此类构造即保险违法行为加上法定的某种情节，并达到了严重的程度，如《刑法》第一百八十条第四款利用未公开信息交易罪；第一百八十五条之一背信运用受托财产罪与违法运用资金罪；第二百五十五条非法经营罪；第二百六十六条强迫交易罪；第二百二十九条提供虚假证明文件罪与出具证明文件重大失实罪；第二百五十三条之一侵犯公民个人信息罪。这些保险犯罪的成立，均要求相应的保险违法行为具备“情节严重”的“加重要素”，而“情节严重”的具体内容，又因各保险犯罪所直接侵犯法益的不同而有所区别。例如，根据《立案追诉标准（二）》，利用未公开信息交易罪的“情节严重”是指“（一）证券交易成交额累计在五十万元以上的；（二）期货交易占用保证金数额累计在三十万元以上的；（三）获利或者避免损失数额累计在十五万元以上的；（四）多次利用内幕信息以外的其他未公开信息进行交易活动的；（五）其他情节严重的情形”。背信运用受托财产罪与违法运用资金罪中“情节严重”则为，擅自运用客户资金或违反国家规定运用资金数额三十万元以上的，或者虽未达到该数额标准，但多次擅自运用客户资金或者多次违反国家规定运用资金，或者其他情节严重的情形。而非法经营罪的“情节严重”标准则是非法经营保险业务，数额在三十万元以上的。

其三，“行政违反＋选择性严重情节”类保险刑法规范。此类构造在保险违法的基础上，增加了情节加重或结果加重的选择要件，只要保险违法行为具备任一加重要素，即可构成相应保险犯罪，如《刑法》第二百二十一条损害商业信誉、商品声誉罪。《保险法》第一百六十一条与第一百六十五条规定，保险公司、保险代理机构或保险经纪人以捏造、散布虚假事实等方式损害竞争对手的商业信誉，属于保险违法行为，若该行为构成保险犯罪，必须同时“给他人造成重大损失或者有其他严重情节的”，即“（一）给他人造成直接经济损失数额在五十万元以上的；（二）虽未达到上述数额标准，但具有下列情形之一的：1. 利用互联网或者其他媒体公开损害他人商业信誉、商品声誉的；2. 造成公司、企业等单位停业、停产六个月以上，或者破产的。（三）其他给他人造成重大损失或者有其他严重情节的情形”。

第二节 保险刑法规范的解释立场：缓和违法一元论的坚持

保险犯罪法定犯的本质属性决定保险犯罪同时具有行政违法性和刑事违法性的双重违法性特征，行政违法性是刑事违法性的前提，刑事违法性是行政违法性发展的后果。在罪刑法定原则的视阈中，刑事违法性居于核心和基础性地位，任何行为构成保险犯罪必须最终违反保险刑法规范，具备刑事违法性。解释保险刑法规范，必须以行为违反保险行政法律规范为前提，并以具体保险犯罪所侵犯法益内容为根本指引，但是在保险犯罪违法性判断中，行政违法性与刑事违法性之间除前提与后果的关系之外，是否还应承认具有其他关系？也就是说，违反保险刑法规范的行为被保险行政法律规范所允许，该行为是否必然不具有刑事违法性？违反保险刑法规范的行为被保险行政法律规范所禁止，该行为是否当然具有刑事违法性？这两个问题的回答涉及保险犯罪违法性判断的统一性与相对性，对保险刑法规范解释立场的选择有着至为关键的影响，同时也有助于推动保险犯罪司法认定中的疑难复杂问题合乎规范的解决。

一、违法性判断的理论主张

所谓违法性，系指行为对于法律规范具有对立否定的本质，是就整体法规范的价值观来评价构成要件该当行为，经过这个价值判断，而可认定该行为在本质上明显与法律规范对立冲突者，则该行为即具违法性，而有构成犯罪的可能。相反，构成要件该当行为，经过这个价值判断，而可认定其本质系与法律规范的价值相符合，而无对立冲突者，则该行为即不具有违法性，而不能致构成犯罪。[①] 尽管犯罪均是严重侵犯法益的行为，但由于违法的构造不同，构成犯罪所需之违法性的“法”在自然犯和法定犯中有不同的把握：对于自然犯而言，人们将伦理道德的“恶”作为违法本质，刑事违法性的判断通常无须借助其他法律，直接从刑法的规定中就得以肯定；对于法定犯来说，则指从法律的立场看，行为具有不为民法、行政法等刑法前置法与刑法所允许的性质，即法定犯同时涉及行政不法和刑事不法，其违法性判断路径是统一还是相对地进行，理论上存在着不同的学说与争议。

① 林山田．刑法通论（上册）［M］．北京大学出版社，2012：188.

（一）严格违法一元论

严格违法一元论（亦称违法统一性说）认为，违法是对整体法规范、法秩序的违反，有关违法性的判断应当从整体法秩序的角度统一进行。“任何违法行为都将破坏整体法秩序，在一个法领域中被认定为违法的行为，绝对不可能在其他法领域被认定为合法行为；反之，在一个法领域中被认定为合法的行为，绝对不可能在其他法领域内被认定为非法行为。”[①] 按照这种理论，不同法领域之间的规范不应发生矛盾，同一行为在不同法领域中的评价结论应该有一致性，不可能在一个法领域合法而在另一个法领域则违法。由此，行政不法和刑事不法的区分不具有独立意义，刑事不法依附于行政不法而存在。在德国，违法一元论居于主流地位，如罗克辛教授主张，“当在任何一个法律领域中得到许可的一种举止行为，仍然要受到刑事惩罚时，那将会是一种令人难以忍受的价值矛盾”，一个行为的合法性或者违法性，对于全体法制度来说，必须统一加以确定。[②] 韦塞尔斯教授立足法制秩序统一和无矛盾原则提出，“按照民法或公法的规则被例为许可而由此是合法的侵犯，在同样的视角下在刑法的范围内也不允许被评价为违法和不法”。[③] 将严格违法一元论贯彻到保险犯罪违法性判断，可以得出的结论是：（1）违反保险刑法规范的行为如果被保险行政法律规范所允许，行为不具有刑事违法性；（2）违反保险刑法规范的行为如果同时被保险行政法律规范所禁止，行为即具有刑事违法性。

（二）缓和违法一元论

缓和违法一元论认为，违法性应当分两个层面进行解释：根本上讲，违法性是对法秩序的违反，法秩序不仅包括公法、私法等成文法，还包括习惯法等非成文法，违法性必须在法秩序全体范围内综合地被判断；在此基础上，违法性在不同法领域的表现形式存在不同的种类和轻重阶段，要求的“量”和“质”也存在不同。[④] 缓和违法一元论的提出主要是考虑到，完全贯彻严格违法一元论的立场，主张民法或行政法所禁止的行为该当犯罪构成要件时即具有刑事违法性，从而忽视不同法律领域的特定机能与不同法律责任性质之差异，并且可能导致民事上或行政上有轻微的违法行为被不当认定为具有刑事违法性，进而作为犯罪来处理。因此，为避免严格违法一元论的僵化和缺憾，在肯认一般违法性概念的基础上，有必要根据刑法的性质和机能，对严格违法一元论给予必要的柔化和缓和，防止被民法或行政法禁止的行为该当构成要件的场合，被径直

---

① 孙国祥．行政犯违法性判断的从属性和独立性研究［J］．法学家，2017（1）．

② ［德］克劳斯·罗克辛．德国刑法学总论（第1卷）［M］．王世洲译．法律出版社，2005：397.

③ ［德］约翰内斯·韦塞尔斯．德国刑法总论［M］．李昌珂译．法律出版社，2008：156－157.

④ 陈少青．法秩序的统一性与违法判断的相对性［J］．法学家，2016（3）．

认定为具有刑事违法性。

缓和违法一元论是日本刑法学界通说，如宫本英脩教授认为，作为一般规范违反的违法性在法秩序全体中是单一的，刑法和民法的违法概念是同一的。在一般规范的违法性基础上再加上可罚的违法性就是犯罪行为。宫本教授的这一主张被佐伯千仞教授继承和发展。即违法性判断应就全体法秩序进行统一评价，但违法在不同的法领域有不同的表现形式或者处于不同的阶段，不同法领域有不同的目的，所要求的违法性的质和量也有所不同。① 按照缓和一元论的主张，违反保险刑法规范的行为被保险行政法律规范所允许的，刑法也应认可行为的正当性，否定其刑事违法性；违反保险行政法律规范且同时为保险刑法规范所禁止的行为，在刑法上不一定具有违法性或可罚性，是否具有违法性需要积极判断行为是否具有可罚的违法性。只有特定行为在违反保险行政法律规范且具有刑法上可罚的违法性时，才应肯定该行为具有刑事违法性。

（三）违法相对论

违法相对论（或称违法多元论）主张，不同的法领域甚至同一法领域对于违法性的评价都是不同的。诸如劳动法与刑法、民法与刑法因其不同的目的、政策对于违法性的评价当然不同，即使是刑法内部对于不同的犯罪也承认违法的相对性。② 因此在不同的法领域中，应当结合各自法领域的目的和机能，对违法性进行具体的、相对的判断。如日本学者前田雅英教授认为，（各种法律）是基于（各自所追求的）法效果而目的性地规定了违法，因而就刑法而言，应以刑法所固有的违法作为问题。③ 在我国，因在违法性判断中充分考量刑法的性质和目的、特别注重刑法的独立品格，违法相对论得到越来越多学者的支持。如肖中华教授提出：“刑法作为唯一规制犯罪与刑罚的部门法，具有独立的规制对象和范围，刑法对犯罪行为的设置必然出于相对于其他法律而言的特定的宗旨，具有独立的评价观念和机制。在经济犯罪的规范解释中，必须注重对经济犯罪的规范进行刑法价值上的独立判断，否则不仅肯背离刑法的特定目的，而且易导致刑法独立性的丧失。”赵宁博士论及空白罪状解释时也表示：“由于经济法、行政法主要追求合目的性，而刑法作为司法法主要追求的是法的安定性，所以即使这些一般违法行为所使用的文字与空白罪状自身的描述性条款相同，由于所处的语境不同，所要实现的具体目的不同，也会具有不同的含义，要根据刑法关于犯罪行为的定义，从实质角度对该空白罪状中描述性条款进行解释。”④

---

① 童伟华. 日本刑法中的违法性判断的一元论与相对论述评［J］. 河北法学，2009（11）.

② ［日］山口厚. 刑法总论（第2版）［M］. 付立庆译. 中国人民大学出版社，2011：176.

③ ［日］松原芳博. 刑法总论重要问题［M］. 王昭武译. 中国政法大学出版社，2014：92.

④ 赵宁. 罪状解释论［M］. 上海人民出版社，2014：245.

违法相对论的特点表现为，由于刑法上的违法性是值得刑罚处罚意义上的违法性，即可罚的违法性本身，因此，像缓和违法一元论那样，承认一般违法性的概念并与可罚的违法性形成区分是毫无意义的，应当将可罚的违法性概念消解在构成要件的实质解释或者实质违法性判断之中。刑法上违法性应以是否值得刑罚处罚这一根本标准进行相对地判断，而不必与民法或行政法上的违法性判断保持一致：违反民法或行政法的行为该当构成要件的场合下，在刑法上也可能不被评价为具有违法性；该当构成要件的行为即便被民法或行政法所容许，也并不排除具有刑事违法性。从违法相对论立场出发，保险刑法规范的解释与保险行政法律规范不具有必然联系，应当根据保险刑法规范的目的独立地进行。违反保险刑法规范的行为是否被保险行政法律规范所禁止，不影响相应行为刑事违法性的判断。即便保险行政法律规范容许相应的行为，只要行为违反保险刑法规范且被评价为具有应受刑罚处罚性，就应当肯定行为的刑事违法性；与此同时，即便保险行政法律规范禁止某种行为且该行为具有严重社会危害性，但只要无法认定行为实际侵犯了相应保险刑法规范所保护的具体法益，也不能认为行为具有刑事违法性。

二、缓和违法一元论的坚持

就违法性判断的三种立场来看，严格违法一元论的立论基础过于理想、绝对且形式化，几乎完全否定各法领域在性质、目的和机能等方面固有的差异，逐渐为学界所抛弃。如罗克辛教授本人也承认，“一个在民法上或者公法上被禁止的行为，在同时满足一个行为构成时也应当受到刑事惩罚的做法，既不能显示这种考虑的必要性，也并不总是能够显示出刑事政策来的。……一个源于其他法律领域的禁令，最先是以引发专门法律领域的法律后果为目的的，并且，刑法并不是绝对必须同意那种比起更严厉的制裁”。① 当前违法性判断立场的对立主要存在于缓和违法一元论和违法相对论之间。

缓和违法一元论与违法性对论均肯定行政违法性与刑事违法性的差异，具有行政违法性的行为并非一定具有刑事违法性，因而两种立场均不否认违法判断的“相对性”，二者的区别在于对“相对性”内涵理解的不同甚至向左，这又集中体现在对可罚的违法性理论的态度上，并最终决定二者违法性判断采取不同的判断结构。

可罚的违法性理论是由日本的刑事判例形成的一种限定处罚范围的司法理念。该理论认为，违法性观念存在于整个法领域，应从国家整体法秩序的视角统一判断，但由于各法领域的立法目的、法律效果各不相同，因而各自所要求

① ［德］克劳斯·罗克辛. 德国刑法学总论（第1卷）［M］. 王世洲译. 法律出版社，2005：397.

的违法性程度亦有不同。根据刑法的谦抑性与比例原则，作为犯罪成立要件之一的违法性只能是值得科处刑罚的违法性。因此，刑事违法性仅仅是指，在具有“一般违法性”（因违反了民法或者行政法等其他非刑法法规，被认定具有整体法秩序意义上的违法性）的情形之中，在“量”的方面侵犯法益达到一定程度，在“质”的方面违背社会相当性适于刑事制裁的情形。这种意义上的刑事违法性，称之为“可罚的违法性”，没有可罚的违法性就没有刑事违法性。[①]

缓和违法一元论从正面直接接受可罚的违法性理论，认为即便肯定违法性在整个法秩序中应当统一，但是基于刑法的目的和机能，不应否定刑法中的违法性应当具备值得科处刑罚的“质”和“量”，进而主张违法性的判断应采取“一般违法性+可罚的违法性”这种二重判断结构，其中一般违法性只是刑事处罚的必要条件，整体法秩序意义上的违法行为存在可罚的行为与不可罚的行为的峻别。与之相对，违法相对性则不使用形式上的“可罚的违法性”，而试图维持和发展可罚的违法性的实质性内容，强调“应以各法领域之间相互独立，并基于目的论判断违法性的有无这一违法相对论来寻求结局跟问题的矢量。该立场中，违反一般规范这样的违法性概念不具有任何意义。认为民法上的违法性与刑法上的违法性的统一是没有必要的，可以容许刑法固有的违法性。这样一来，可罚的违法性问题就可在违法性层面的实质违法性判断中予以消解，在犯罪论体系上就不再拥有特别的意义。”[②] 因此，判断是否成立犯罪，只要直接讨论刑法上的违法性即可，在此之前无须进行“一般性违法”是否存在的检验，无须特意认可“一般违法性”概念并采取二重判断结构。

比较而言，相比违法相对论，缓和违法一元论更具立论基础的妥当性，在保险刑法规范解释中坚持缓和违法一元论的立场更具合理性。

首先，缓和违法一元论以“法秩序的统一性”思想作为其立论基础。法秩序的统一性，是指由宪法、刑法、行政法、民法等多个法领域所构成的法秩序之间不存在矛盾，更为准确地说，这些个别的法领域之间不应作出相互矛盾、冲突的解释。[③] 法秩序的统一性已成为法解释学的当然前提，“法律的解释，可使法律具体化、明确化及体系化，良以法律殆为抽象的原则，其概念不确定者，宜予具体化，以维护法律的安定；如其规定不明确，易引起疑义或争议时，亦必须加以阐明，使之明确化。法律之间有互相矛盾或抵触之处，尤须借助解释方法，阐释其正确的含义使之臻于统一”。[④]

---

① 王昭武．犯罪的本质特征与但书的机能及其适用［J］．法学家，2014（4）．

② ［日］日高义博．违法性的基础理论［M］．张光云译．法律出版社，2015：6．

③ ［日］松宫孝明．刑法总论讲义（第4版补正版）［M］．钱叶六译．王昭武审校．中国人民大学，2013：81．

④ 杨仁寿．法学方法论［M］．中国政法大学出版社，2013：133－134．

缓和违法一元论以法秩序统一性思想作为立论基础的妥当性在于：一方面，在实定法体系中，法律有着以宪法为顶点的阶层构造，任何法律的制定均以宪法为依据。宪法是国家的根本大法，在一国法律体系中居于最高的法律地位，拥有最高的法律权威，具有最高的法律效力，是制定其他一切法律的当然根据。包括刑法在内的各个部门法都奉宪法为“母法”，均属于在不同的领域对宪法所蕴含的精神的贯彻以及对宪法确立的基本制度和原则的引申和具化。纵向上，各个部门法之间呈现出从宪法到刑法的层层递进的法律体系；横向上，各个部门法构成相互衔接，没有缝隙的法律关系网，一个国家的法秩序正是由这些部门法纵横交错共同构筑的。因此，“一个法秩序，本来应当是一个统一的体系。一个国家的法秩序，在其内部，根据民法、刑法不同，按照各自不同的原理而形成独立的法领域。这些不同法领域应当相互之间没有矛盾，并最终作为法秩序的整体，具有‘统一性’”。① 从法的目的性构造来看，法无非是实现特定社会目的的一种特殊手段，目的论视角的“统一性”意味着法秩序的整合性和无矛盾性。“不同法领域的目的，终究是为整体法秩序的目的服务的……不同法领域之间并非相互之间没有关联性，尤其是着眼于法的目的论特性——手段性，通过实现不同法领域固有的目的，为了实现其他目的而与其他法领域发生关联。”② 如果坚持违法相对性立场，在法秩序统一性之外强调各个具体法领域的目的独立性与自主性，主张各个法领域应各自独立地判断违法性，民法或者行政法允许的行为就有可能在刑法上被评价为违法，但必须承认，这是对“法的合目的性理念”的机械、片面，甚至是错误的解读，背离了正义理念的基本要求，极有可能导致刑法在整体法秩序中陷入孤立，进而妨害刑法与其他法领域的协调联动。

其次，缓和违法一元论承认“一般违法”概念符合法律行为规范属性。基于法秩序统一性的原理，缓和违法一元论承认违反法秩序意义上的“一般违法”概念，从而符合法律行为规范的主要属性。“整体法秩序宛如一条帆船，民法这一部分破了也好，刑法这一部分破了也好，都会使整个帆船破裂。”③ 而一般违法就是对整体法秩序的破坏，是对法律秩序所实现目的的违反和所保护利益的侵害，它产生于法秩序的统一性，适用于规范的行为类型，统合了具体违法概念，是具体违法成立所需的必要条件。④ 法律是以国民为对象，禁止或命令一定行为的行为规范，是指引国民行动的基本规则，具有一般违法性的行为，就是

① ［日］曾根威彦．刑法学基础［M］．黎宏译．法律出版社，2005：214.
② 郑泽善．刑法总论争议问题研究［M］．北京大学出版社，2013：135.
③ 张明楷．外国刑法纲要［M］．清华大学出版社，2007：149.
④ 陈少青．法秩序的统一性与违法判断的相对性［J］．法学家，2016（3）.

被法律（法秩序）所禁止的行为，国民就应当避免实施。缓和违法一元论肯定“一般违法”概念，显然是从行为规范意义上理解法，而违法相对论则以裁判规范是法的主要属性为前提预设，但是正如童伟华教授所言，“如果法主要是作为裁判规范而不是作为行为规范，实质上是允许甚至鼓励司法的专断。违法相对论之所以有所不妥，最根本的原因即在于此。法既是行为规范，又是裁判规范，但首先是作为行为规范而发挥作用”。①

为了树立明确的行为基准，法律规范理应统一规定国民应该实施的行为和不应该实施的行为，如果不同法领域对同一行为评价结论存在难以容忍的矛盾，不仅会对整体法律秩序造成结构性破坏，还会削弱甚至丧失法律具有对行为规范机能，致使国民陷入无所适从、不知所措的尴尬之境。“为了向国民明示行为基准，法规范必须统一地向国民宣告什么样的行为是被允许的，什么样的行为是被禁止的。如果某种行为一方面被禁止，另一方面又被允许，那么遭受该行为侵害的人是否能够进行反击，周围的人（如警察或路人）能否制止该行为都不明确，法律就失去了作为调整复数参与人利害关系基准的意义。”② 而在解释论上，缓和违法一元论承认“一般违法”概念具有积极的实际意义。正当防卫的前提是“正在进行的不法侵害”，其中“不法”则是从整体法秩序的角度具备“一般违法”即为已足，没有理由要求侵害达到可罚的违法性的程度。如盗窃价值极其低微的财物的行为，虽然不具有可罚的违法性、不应被评价为具有刑事违法性，但仍属违反民法的一般违法行为，仍应承认针对该行为的正当防卫权，而不能坐视侵害者恣意侵犯财产权。

再次，缓和违法一元论接受“可罚的违法性”契合刑法的谦抑性特征。前已述及，缓和违法一元论的初衷系对过于形式化、绝对化认定刑事违法性的严格违法一元论的柔化和缓和，是在行为一般违法的基础上，根据刑法的性质与机能，进一步要求行为必须达到值得刑罚处罚的“质”和“量”的程度，即具备“可罚的违法性”。因此，“可罚的违法性”的存在，无疑实质地限缩了刑事违法性的成立范围，从而契合刑法的保障法地位和谦抑性特征。

在法律体系中，刑法是“所有其他一切法律背后的制裁措施”，③ 是对第一次规范（如民法规范、行政法规范等）所保护的法益进行强有力的第二次保护，是对不服从第一次规范的行为规定科处刑罚的第二次规范。第一次规范是为了保护社会生活上的一定利益而规定的一定禁止与命令的法律规范，立法机关认为以第一次规范的力量难以完成保护社会生活利益的任务时，以补充第一次规

① 童伟华．日本刑法中的违法性判断的一元论与相对论述评［J］．河北法学，2009（11）．
② ［日］井田良．刑法总论的理论构造［M］．日本成文堂，2005：143．
③ ［法］卢梭．社会契约论［M］．钟书峰译．法律出版社，2012：50．

范的目的所设立的规范便是第二次规范。第二次规范便具有补充第一次规范的性质。[①] 刑法的保障法地位，决定“即使行为侵害或威胁了他人的生活利益，也不是必须直接动用刑法，可能的话，采取其他社会统治的手段才是理想的，可以说，只有其他社会统治手段补充行使，或者其他社会统治手段（如私刑）过于强烈，有代之以刑罚的必要时，才可以动用刑法”。[②] 因此，“破坏或者侵犯程度一般，仅以民事、行政制裁等非刑事制裁方式已足以实现对调整性法律关系之恢复保障的，自无交由刑事制裁的必要，仅以一般违法追究行为而的相应法律责任即为已足；但是，破坏或者侵犯程度严重，靠非刑事保护的力量已难以担当救济保障的，则应以犯罪论处，在追究民事责任或者行政责任的同时，济之于刑事责任的追究与刑事制裁的发动，以补充非刑事法律保护第一道防线力量之不足”。[③] 不可否认，违法相对论对违法性的判断也未忽视“可罚的违法性”，但却不正面承认“可罚的违法性”概念，选择将其消解于构成要件的实质解释或违法性的实质判断，而缓和违法一元论则直接承认“可罚的违法性”概念，并借此揭示刑法与民法及行政法等部门法的内部关联性，反映刑法的保障法地位和谦抑性特征。

最后，缓和违法一元论二重违法判断结构与保险犯罪法定犯属性对应。如前所述，保险犯罪属于法定犯的范畴，是在违反保险行政法律规范的基础上，因达到保险刑法规范所要求不法的“质”与“量”的程度而被评价为具有刑事违法性，从而表现出明显的行政违法和刑事违法的双重违法性特征。保险犯罪的违法性构造中，行政违法性与刑事违法性之间并非并列关系，而是递进性的位阶关系，判断保险犯罪的违法性，必须以行为违反保险行政法律规范为前提，并以此为前提判断行为是否违反保险刑法规范。只有肯定行为违反保险行政法律规范，始有进一步判断行为是否违反保险刑法规范的必要，如果特定行为已被保险行政法律规范所允许，自然应当中断违法性判断，没有必要考察行为是否违反保险刑法规范。这就与缓和违法一元论所提倡的违法性判断须坚持的“一般违法性＋可罚的违法性”的二重判断结构相对应，其中，“一般违法性”对应行为违反保险行政法律规范，“可罚的违法性”对应行为达到保险刑法规范所要求的不法程度，唯有先后具备“一般违法性”和“可罚的违法性”，才应肯定特定行为具有刑事违法性，从而被认定为保险犯罪。

三、缓和违法一元论的贯彻

贯彻缓和违法一元论，保险刑法规范的解释立场是：行为违反保险刑法规

① 张明楷．刑法学（第五版）（上册）［M］．法律出版社，2016：15.

② ［日］平野龙一．刑法总论Ⅱ［M］．日本有斐阁，1972：47.

③ 田宏杰．行政犯的法律属性及其责任——兼及定罪机制的重构［J］．法学家，2013（3）.

范且被保险行政法律规范禁止，同时具备刑法上可罚的违法性的，应当肯定具有刑事可罚性；行为违反保险刑法规范但为保险行政法律规范所允许的，应当径直否定具有刑事可罚性。以下谨以轰动一时的“帅英骗保案”为例,[①] 将缓和违法一元论贯彻于保险刑法规范的解释。

（一）基本案情

投保人帅英，系四川省达州市渠县有庆镇财政所会计，于1998年和2000年为其母向中国人寿渠县分公司投保康宁终身寿险。康宁险的合同约定：“凡70周岁以下，身体健康者均可作为被保险人。”而1998年帅英之母实际上已有77岁，其母在乡政府的集体户口由于其他私人原因在投保前改小了23岁。帅英在第一次投保时曾经问过保险业务员，业务员说按户口所在年龄填写即可；第二次投保时，业务员则让她照第一份保单的内容填。就这样，已经远远超过承保年龄的帅英之母，按照改小的年龄顺利地成为被保险人。2003年，帅英母亲身故，渠县分公司进行理赔调查，帅英再次修改母亲入党申请书上的年龄，从而顺利地领到保险公司给付的27万元死亡保险金。同年7月，中国人寿四川省分公司收到了十多个具名举报，称帅英之母年龄有假。达州市分公司接到省分公司转来的举报信后立即报案，公安机关很快查清了案件的真相，并以帅英违反《刑法》第一百九十八条第一款所列的虚构保险标的，犯有保险诈骗罪为由逮捕。

（二）分歧意见

在本案的审理过程中，控辩双方、控审双方甚至法院内部以及理论界对案件的适用法律问题形成了两种不同观点的激烈交锋。

第一种观点认为，本案应适用保险法，帅英的行为是民事合法行为，她应该得到27万元保险金。理由是，其一，康宁险的保险标的指的是人的寿命和身体，也就是人的生存状况和健康状况。此案中，标的是帅英之母的生或者死，并非她的年龄，因此帅英没有虚构保险标的，不适用刑法。其二，《保险法》第三十二条（2002年《保险法》第五十四条）规定：“投保人申报的被保险人年龄不真实，并且其真实年龄不符合合同约定的年龄限制的，保险人可以解除合同，并按照合同约定退还保险单的现金价值。保险人行使合同解除权，适用本法第十六条第三款、第六款的规定。”可见，《保险法》对帅英这种情况已经有明确规定，保险公司如在2年内不解除合同，合同将受法律保护。

第二种观点认为，本案应适用《刑法》，帅英的行为构成保险诈骗罪，27万元的诈骗金额足以使帅英被判处10年以上有期徒刑的刑罚。理由是：其一，

---

① 何海宁．“骗保”疑案难倒法官［J］．政府法制，2005（14）．

年龄与人的寿命或者身体不能单独分开，也就是说，年龄是康宁险的标的。帅英篡改年龄的行为是虚构保险标的。其二，帅英的行为具有严重的社会危害性，这种危害性已经不能用《保险法》这样的民法来遏制，必须使用《刑法》来调整。虽然帅英后一次篡改年龄是在 2 年的除斥期之外，但这两次篡改年龄具有连续性，犯罪行为在她拿到钱时才形成，帅英的行为属故意诈骗，是《保险法》第三十二条的例外。

（三）评析意见

这是一起并不复杂的案件，但其审理过程却颇费周折：从渠县检察院作出不起诉决定，渠县公安局要求复议，到达州市检察院制定大竹县检察院以保险诈骗罪提起公诉；大竹县法院并未支持检察院的观点，宣告帅英无罪，再到大竹县检察院提起抗诉，市检察院再度支持公诉，达州市中院对此案法律适用问题存在意见分歧，争执不下，此案随后报给四川省高院，省高院同样出现分歧意见，此案又被上呈最高人民法院。该案争议的焦点在于：如果保险合同在行为人请求赔偿时是有效合同，能否基于行为人此前的欺诈行为，认为其取得保险赔偿金的行为构成保险诈骗罪？而这一焦点的实质又是，保险犯罪违法性判断中，行为被保险行政法律规范所容许，是否可以阻却其刑事违法性？

显然，前述第一种观点系基于缓和违法一元论，主张在帅英可以依据《保险法》第三十二条获得保险金的情形下，帅英的篡改年龄投保并取得保险金的行为，并不为《保险法》所禁止，当然不具有刑事违法性，不应认定其构成保险诈骗罪。与之相对，第二种观点则从违法相对论出发，认为帅英的行为是否为《保险法》所容许，与是否具有刑事违法性，属于需要独立判断的两个问题。“当投保人通过虚构标的手段签订保险合同，由于保险人自合同签订两年后未解除合同而使得投保人获取保金的情况下，完全可以因为其符合《保险法》的规定，认定保险合同有效，而使保险人赔偿，同时也因为投保人的骗保行为符合‘虚构标的’型保险诈骗罪的构成要件，而认定其构成保险诈骗罪。”[①] 如前所述，刑法上违法性的判断应坚持缓和违法一元论，保险刑法规范解释也应以缓和违法一元论为基本立场，因此，本书赞同第一种观点，既然帅英的行为被《保险法》所容许，应径直否定刑事违法性。

1. 帅英的行为符合《保险法》第三十二条，可依法获得保险金

我国现行《保险法》第三十二条第一款规定：“投保人申报的被保险人年龄不真实，并且其真实年龄不符合合同约定的年龄限制的，保险人可以解除合同，并按照合同约定退还保险单的现金价值。保险人行使合同解除权，适用本法第

① 金华捷，傅锐. 虚构标的型保险诈骗行为的刑民交叉问题分析——兼谈刑法的“二次违法性”[J]. 江西警察学院学报，2014（2）.

十六条第三款、第六款的规定。”而该法第十六条第三款和第六款的内容为：“前款规定的合同解除权，自保险人知道有解除事由之日起，超过三十日不行使而消灭。自合同成立之日起超过二年的，保险人不得解除合同；发生保险事故的，保险人应当承担赔偿或者给付保险金的责任。”“保险人在合同订立时已经知道投保人未如实告知的情况的，保险人不得解除合同；发生保险事故的，保险人应当承担赔偿或者给付保险金的责任。”据此，在人身保险领域，投保人申报的被保险人年龄不实且真实年龄不符合合同约定的年龄限制的，保险人可以解除合同，但保险人刑事合同解除权的期限为：自保险人知道有解除事由之日起三十日，而自合同成立之日起超过二年的，或者订立合同时已经知道投保人未如实告知情况的，保险人不得解除保险合同。发生保险事故的，保险人应当承担给付保险金的责任。这是我国《保险法》确立的不可抗辩条款，是保护被保险人的利益、限制保险人权利的一项措施。“人身保险合同的期限一般较长，投保许多年之后，被保险人情况会发生变化，如果保险人以上述理由（投保人违反最大诚信原则，没有履行如实告知义务）主张合同无效，就会损害被保险人的权益，因而列入不可争辩条款，使保险合同在两年后成为无可争辩的文件，避免了保险人方面发生道德风险，即虽然早已查明被保险人的年龄申报不真实却仍收取保险费，只是到应承担给付责任时才声明保险合同无效。”[①] 帅英故意篡改其母年龄，并为其母两次购买按照其母真实年龄无法购买的人身保险产品，因此，保险公司可以依照《保险法》第三十二条，在自合同成立之日起两年内行使解除权解除保险合同，但中国人寿渠县分公司并未在解除权期限内解除保险合同，帅英与中国人寿渠县分公司之间签订的康宁终身保险合同保依然有效。

事实上，在签订保险合同过程中，投保人帅英曾就其母亲的年龄情况向保险业务员做过说明，但保险业务员依旧让其按户口本上的年龄填写，由此帅英实际履行来告知义务、并未违反最大诚信原则。更何况 2001 年帅英母亲过八十岁大寿时，相关经办保险业务员到场祝贺并参加寿宴，而保险业务员作为保险现公司的代理人，可以推定保险公司已知被保险人帅英之母的年龄问题。“保险法中强制要求保险人在规定的时间内对于保险合同的真实性进行审查，并明确为不履行义务而承担将给其带来不利后果的风险。这是契约精神所决定的最大诚信地保障投保人权利的合理规制。”[②] 既然保险公司知悉帅英之母不符合康宁终身保险的投保要求，却未在两年法定期限内解除保险合同，应视为放弃法律赋予的解除权及抗辩权。根据保险领域弃权和禁止反言规则，一旦保险人放弃

① 修波主编．人身保险［M］．中国金融出版社，2014：48．

② 李兰英．契约精神与民刑冲突的法律适用——兼评《保险法》第 54 条与《刑法》第 198 条规定之冲突［J］．政法论坛，2006（6）．

自己的权利，将来就不得向对方继续主张已被其放弃之权利。也就是说，在本案中，帅英虽然有故意申报被保险人年龄不实的行为，但保险公司并未在合同成立之日起两年内解除保险合同，应视为保险公司放弃合同解除权，保险合同自然生效。所以，帅英的行为符合《保险法》第三十二条第一款的规定，可以适用该款进行抗辩，帅英取得 27 万元保险金并未违反《保险法》，不具有保险违法性。

2. 帅英的行为不符合《刑法》第一百九十八条虚构标的型保险诈骗罪的构成要件

在“帅英骗保案”的讨论中，不少学者认同帅英的行为符合虚构标的型保险诈骗罪的构成要件。如张明楷教授立足违法性对论，主张“由于刑法与民商法等法律的性质与目的不同，对于刑法上的概念不能完全按照民商法上的定义进行解释，而应根据刑法的性质与目的进行解释”。并据此提出：“根据保险法的规定，人寿保险合同的标的为被保险人的寿命，保险事故为被保险人的生存或者死亡。但是，如果认为谎报被保险人的年龄，不等于谎报被保险人的寿命，进而认为甲没有虚构保险标的，就意味着人寿保险中不存在虚构保险标的形式的保险诈骗。这显然不符合刑法规定保险诈骗罪以保护保险人财产的目的。所以，在刑法上，应当认为作为保险标的的被保险人的寿命，包含了被保险人的年龄。”① 于改之教授同样认为，帅英的行为完全符合保险诈骗罪的构成要件。其一，人身保险合同中，被保险人的年龄是保险标的的必要条件，足以影响被保险人决定是否同意承保或者提高保险费率。帅英篡改其母的年龄，将不符合保险合同要求的标的篡改为符合保险合同要求的标的，属于虚构事实，其行为完全符合保险诈骗罪中虚构保险标的的立法要求。其二，帅英在投保时篡改其母年龄，在其母身故后保险公司理赔调查阶段对此再次予以修改，充分表明其故意的犯罪心理，并且具有非法获取保险公司之保险金的目的。其三，帅英非法获取保险理赔金 27 万元，远远超过了司法解释规定的个人进行保险诈骗的起点标准。②

就结论而言，本书认为，帅英的行为不符合《刑法》第一百九十八条第一款“虚构保险标的，骗取保险金的”，帅英虽然客观上实施了虚构保险标的的行为，但其取得保险金有合法根据，并未骗取保险金，相应地，帅英主观上也缺乏“非法占有的目的”。

根据《保险法》第十二条的界定，人身保险是以人的寿命和身体为保险标

---

① 张明楷．实体上的刑民关系［N］．人民法院报，2006－05－17（01）．

② 于改之，吴玉萍．刑、民冲突时的法律适用：以帅英骗保案为中心［J］．法律适用，2005（10）．

的的保险，其中“寿命”除人的生与死之外，还应包括人的年龄，人的年龄是其寿命的最直观表现。因为在人寿保险中，被保险人的年龄是与其寿命直接关联的，保险对象的确定以及保险费率的厘定也与被保险人年龄密切相关。篡改年龄属于以虚假年龄代替真实年龄，被解释为“虚构保险标的”，不存在对“虚构”或“保险标的”进行不当扩大解释的问题。然而，前已述及，虽然帅英篡改年龄进行投保，但保险人未在法定两年期限内解除保险合同，保险合同仍然有效。在保险合同约定的保险事故发生后，帅英依据保险合同取得保险金，并不属于“骗取保险金”，而是合法取得保险金，同时帅英虚构保险标的，并未使保险公司陷入认识错误并基于认识错误向帅英支付保险金，其向帅英支付合同约定的保险金是基于合法有效的保险合同，保险公司不存在被骗取保险金的问题。更何况，根据最高人民法《全国法院审理金融犯罪案件工作座谈会纪要》（法〔2001〕8 号），“金融诈骗犯罪都是以非法占有为目的的犯罪”，显然作为金融诈骗犯罪的一种，保险诈骗罪的成立也应要求行为人具有非法占有目的的主观构成要件要素。不过，既然帅英取得保险金具有保险合同的合法依据，并未违反《保险法》的有关规定，就不应认定其具有“非法占有的目的”。

3. 帅英取得保险金因为《保险法》所容许，不具有刑事违法性

退一步讲，即便肯定帅英通过篡改年龄获得保险金的行为，该当《刑法》第一百九十八条第一款规定的虚构标的型保险诈骗罪的构成要件，但在行为违法性阶段的判断中，也应以帅英取得保险金为《保险法》所容许为由，阻却其行为的刑事违法性。从缓和违法一元论立场出发，作为法定犯的保险诈骗罪的违法性包括违反《保险法》的行政违法性以及违反《刑法》的刑事违法性，其行政违法性是刑事违法性的前提，刑事违法性是行政违法性与可罚的违法性的有机结合，缺乏行政违法性将直接否定行为的刑事违法性。

在本案中，投保人帅英故意篡改其母年龄投保，且真实年龄不符合保险合同约定的年龄限制，依照《保险法》第三十二条，保险人可以在发现篡改年龄（解除事由）30 日以内解除保险合同，但自保险合同成立之日起超过两年的，保险人丧失就解除权，不得解除保险合同；发生保险事故的，保险人应当承担给付保险金的责任。诚如邓子滨博士评论道，“该条既给了保险人两年的审查期限，授予一定条件下解除合同的权利，也是向所有投保人作出的法律承诺：无论两年前孰是孰非，现在的合同是有效的。而本案中，只要保险人或其代理人略尽微薄的审查义务，就不会有今天的一地鸡毛。两年一过，法律不仅将风险无条件转给了保险人，而且不应再给强势一方无期限地“翻手为云覆手为雨”的机会。如果允许保险人假手于检控机关，以连续犯等理由来否定合同的有效性，那么，由于违反了游戏规则，破坏了民事法律关系的稳定，不仅保险人不

能食言而肥，更可怕的是背弃了法律的承诺，使人们丧失对法律的信仰和忠诚”。[①] 既然行为人请求保险赔偿时，所依据的保险合同是有效的，其请求赔偿的行为即属于权利行为，具有合法性质，而一项权利行为当然不应视为犯罪。此外，对于刑事违法性的判断，应以行为时该行为的性质为基础，行为人此前的虚假陈述行为对行为时行为性质并不产生影响，因为该虚假陈述行为已经因除斥期间已满而不再影响合同的效力。[②] 概而言之，帅英最终取得保险金存在《保险法》上的合法根据，意味着行为并未对《保险法》所确立的保险制度或保险秩序造成难以容忍的侵犯或扰乱，相应地，帅英的行为也就不应被评价为对保险诈骗罪所保护的法益造成实质侵害，不应认定为具有刑事违法性。

综上所述，从贯彻违法缓和一元论立场出发，由于《保险法》已经将帅英取得保险金的行为规定为合法行为，《保险法》就已经代表整体法秩序对该行为给出了评价结论，《刑法》不得再对整体法秩序容许的行为进行第二次评价。如果《刑法》执意对帅英的行为进行再次评价，特别是将其评价为刑事违法行为并给予刑事制裁，那将不可避免地造成《保险法》与《刑法》对同一行为产生孑然相对的评价结论，不仅使保险当事人陷入迷茫困顿，还会使办理案件的各级司法机关陷入激烈争执。

第三节　保险刑法规范的解释路径：双向对应性解释的运用

保险刑法规范的解释路径，是指在肯定保险犯罪之法定犯属性的前提下，立足违法性判断之缓和违法一元论的基本立场，诠释保险刑法规范所规定的保险犯罪犯罪构成的具体方式。解释路径是在解释前提的基础上对解释立场的具体展开，对于践行解释前提和解释立场所蕴含的价值理念，准确适用保险刑法规范，科学认定保险犯罪，具有重要意义。考虑到前述解释前提和解释立场，本书认为，既然保险刑法规范大多采用空白刑法规范立法模式，其解释理应运用双向对应性解释的规范路径。

一、双向对应性解释路径之本体

双向对应性解释路径，是肖中华教授针对空白刑法规范的特性、为明确化空白刑法法规规定的构成要件，所提出的刑法规范解释模型，意指在立法和司法层面上双向对应，实现立法的类型化向司法的个罪定型化转变。在肖教授看

① 邓子滨．斑马线上的中国［M］．法律出版社，2015：61．

② 时延安．论刑事违法性判断与民事不法判断的关系［J］．法学杂志，2010（1）．

来，作为概括式立法规范模式，空白刑法规范存在较大的规范弹性，其构成要件的完备需要援引具体的非刑事部门法律法规进行规范要素判断，才能实现具体个案中的构成要件明确性。显然，空白刑法的规范弹性与构成要件明确性的协调，本质上就是将立法时的空白预留给其他非刑事部门法规加以具体确定、再由司法官进行补足的法律实现，是概括性的刑法类型化向具体性的个案定型化的法律现实化过程。因此，空白刑法规范解释应当采取立法与司法双向对应性的规范解释路径。

详而言之，在立法层面上，刑法和非刑事法律法规相对应；在司法层面上，概括性的类型化与具体个案的定型化相对应。这样一种解释路径具体由法官透过法律规范的解释方法和运用准则，依照规范保护目的，去实现空白刑法规范的规范弹性与构成要件的明确性冲突的平衡。在立法层面，由刑法制定基本罪刑规范，由非刑事法律法规具体规定规范要素的内容；在司法层面，由法官援引非刑事法律法规进行刑法规范内容的独立判断，在空白刑法规范弹性的合理范围内，根据个案的情况，从具体的社会关系将构成要件具体化，从概括的类型化走向具体个案的定型化。具体来说，刑法分则关于空白刑法规范的规定，这种规范对于具体的法律判决而言，只是构成要件明确性的可能性，具体的、实在的构成要件，只有在弹性规范与具体的生活事实，当为与存在相互对应，交互作用时，才能真正实现。与此同时，类型化的规范模式本身是开放的，可以适应现实生活的多样性变化，因此规范类型是空白刑法规范背后的存在基础。在实现空白刑法构成要件明确性的过程中，就必须不断探求具有弹性的空白罪状（法律构成要件）基础的不法类型，以掌握规范事实，进行正确的刑法评价。单纯地依据空白刑法规范处理现实案件或者仅基于现实案件去寻找相对应的空白刑法规范，根本无法完成空白刑法规范的规范保护任务。①

从规范构造来看，基于经济犯罪的刑法规范基本属于空白刑法规范，有学者在经济刑法解释中提倡双向对应性解释路径。“基于经济刑法立法规范结构和规范属性，运用规则主要是要自立法类型化向司法定型化转变。具体而言，立法类型化主要是行为类型和法益的结合，经济刑法的司法适用应自行为类型入手，结合法益保护目的进行规范的解释。”② 应当说，从立法层面来看，经济刑法属于对市场经济活动进行的第二次规制，是作为经济行政法律规范的保障法、补充法、后盾法而存在的，其通过将经济行政法律规范无法有效规制的经济违法行为类型性地升格为犯罪行为，纳入刑法的规制范围，以刑罚这种最严厉的法律制裁措施予以惩治和预防。并且为适应经济发展和财经秩序变化需要，经

① 肖中华．空白刑法规范的特性及其解释［J］．法学家，2010（3）．

② 王海桥．经济刑法解释原理的建构及其适用［M］．中国政法大学出版社，2015：209－210．

济犯罪刑法规范必须保持相当的弹性空间，不可避免地采取相对灵活、具有包容性的空白刑法规范。而从司法层面来看，经济刑法规范的解释不可能脱离经济行政法律规范，必须在肯定行为违反经济行政法律规范的前提下，结合相应经济刑法规范的保护法益，进一步判断行为是否具有刑事违法性。“经济犯罪规制的行为，都必须首先考察其是否构成违法行为，如果该行为不构成违法或阻却违法，就不可能涉及刑事犯罪的领域，更不可能构成犯罪，其他法律规定为合法的行为在刑法中规定为犯罪行为是不可思议的。”①

二、双向对应性解释路径之提倡

鉴于双向对应性解释路径妥当地化解了空白刑法规范的规范弹性和构成要件明确性之间的紧张关系，从而在坚持罪刑法定原则的前提下，最大限度实现空白刑法规范保护法益的目的和任务，属于相对科学且合理的刑法规范解释路径。而不论是保险刑法的规范弹性与构成要件明确性的协调，抑或是保险犯罪违法性判断对行为违反保险行政法律规范的强调，本质上都要求保险刑法规范的解释采用双向对应性解释路径。

（一）作为保险刑法规范解释前提的保险犯罪法定犯属性的必然要求

保险犯罪法定犯之双重违法性特征投射到保险刑法规范的构造上，表现为保险刑法规范大多采用空白罪状的概括式立法模式，存在较大的规范弹性，其所规定的空白罪状的充足需要援引具体的保险行政法律规范进行规范要素判断，才能实现保险犯罪具体个案中构成要件的明确性。具体来说，空白罪状是指条文本身没有明确某一犯罪的构成特征，而是指出需要参照其他法律或者法规中的有关规定来具体说明某一犯罪的构成特征。②“空白罪状规定的犯罪，都以违反有关的经济、行政管理法规为前提，因而有关的经济、行政管理法规直接制约着犯罪的构成，并且，随着社会发展和经济体制改革的不断深化，上述的各种法规也会修改，这也直接决定了有关犯罪构成的变化。因而，空白罪状既具有基本罪状的一般功能，同时又由于其罪状的空白结构而具有稳定性、包容性和超前性等特点。”③ 保险犯罪是保险领域违反保险行政法律规范，严重破坏保险制度和保险秩序的犯罪，其同时具有行政违法和刑事违法的双重违法性，并且随着保险行业的发展变迁，其所内含的社会危害性也表现出较高的易变性，为了实现保持刑法典自身稳定性和应对各种新型保险违法行为有效性的动态平

---

① 吴允锋．经济犯罪规范解释的基本原理［M］．上海人民出版社，2013：119.

② 刘宪权．刑法学（下）［M］．上海人民出版社，2016：366.

③ 孙海龙．论空白罪状在中国刑法中的命运［J］．福建法学，2002（1）.

衡，保险犯罪大多倾向于采用空白罪状的形式。[①]

我国现行刑法典通常以“违反规定”“违反国家规定”的表述描述保险犯罪的犯罪构成，从而使相关犯罪构成表现出较高的规范弹性。例如，《刑法》第一百八十条第四款“利用未公开信息交易罪”的罪状表述为，“证券交易所、期货交易所、证券公司、期货经纪公司、基金管理公司、商业银行、保险公司等金融机构的从业人员以及有关监管部门或者行业协会的工作人员，利用因职务便利获取的内幕信息以外的其他未公开的信息，违反规定，从事与该信息相关的证券、期货交易活动，或者明示、暗示他人从事相关交易活动，情节严重”；《刑法》第一百八十五条之一第二款“违法运用资金罪”的罪状表述为，“社会保障基金管理机构、住房公积金管理机构等公众资金管理机构，以及保险公司、保险资产管理公司、证券投资基金管理公司，违反国家规定运用资金的”；《刑法》第二百二十五条“非法经营罪”涉及保险犯罪的罪状表述为，“违反国家规定，未经国家有关主管部门批准非法经营证券、期货、保险业务的，或者非法从事资金支付结算业务，扰乱市场秩序，情节严重的”。显然，这些“违反规定”“违反国家规定”等空白罪状立法模式的运用，充分印证了保险犯罪的法定犯属性。诚如陈兴良教授所言，“刑法的法定犯之法条规定中有许多引证罪状、参照罪状和空白罪状，离开其他法律法规，这些罪状就成了无源之水、无本之木”。[②] 在保险刑法规范的解释中，填补规范弹性较强的空白罪状必须得到保险行政法律规范的支持，也即必须援引相应的保险行政法律规范来解释保险刑法规范中的规范构成要件要素，从而实现保险犯罪构成要件的明确化。

（二）作为保险刑法规范解释立场之缓和违法一元论的必然要求

按照前述缓和违法一元论的基本主张，行为违反保险刑法规范但被保险行政法律规范所容许的，径直否定行为的刑事违法性；行为违反保险刑法规范且被保险行政法律规范所禁止的，尚不足以肯定具有刑事可罚性，除非根据保险刑法规范的保护法益，行为同时具备值得刑罚处罚的可罚违法性。既然保险犯罪违法性的判断需要以行为具备行政违法性为基础，保险刑法规范的解释理应以保险行政法律规范的相关规定为前置规范，并在违反前置规范的前提下，结合保险刑法规范的保护法益，进一步判断行为是否具有可罚的违法性。

具体来说，在经济犯罪案件的处理过程中，对于经济刑法规范的解释适用，必须判断行为在客观上是否对合法权益有实质侵害或者危险，而不能仅仅看法

---

① 当然，我国保险刑法规范除采用空白罪状的形式外，也有诸如保险诈骗罪、保险领域的职务侵占罪、挪用资金罪等保险犯罪采用了叙明罪状的罪状规定方式，自不待言。

② 陈兴良．罪刑法定主义的逻辑展开［J］．法制与社会发展，2013（3）．

条所规定的行为举止是否存在。[①] 不过，经济行为社会危害性具有相对性，必须借助特定经济行政法律规范予以具体确定。“处在市场中的经济行为大多是一种逐利行为，都是为了实现经济利益的最大化，其本身的‘好’与‘坏’往往很难界定，只有经过深思熟虑后制定的一些禁止性法律规定，才能赋予行为的社会危害性。”[②] 日本学者神山敏雄也指出：“日本的经济法规中的犯罪，多位违反规则的形式性违反行为，不论怎样，必须明确的是，以经济犯罪处罚经济脱轨行为，其危害程度的标准需要社会达成共识。”[③] 就保险领域发生的行为而言，由于保险本质为分散危险、消化损失的经济行为，是将通过危险转移的方式将危险现实化的损失借助保险机制分摊到各个投保人，使危险的实际受害人得到赔偿或补充，行为是否具有社会危害性以及社会危害性的程度需要根据保险的基本原理予以具体确定，而不具有外在直观性。保险活动的高度专业性内在地决定，保险领域中行为的社会危害性必须由保险法律规范率先予以确认，也即对于保险犯罪实质违法性的判断，司法人员必须援引保险行政法律规范作为判断依据。

为将保险领域正常合规的行为与越轨违规的行为区别开来，我国《保险法》在明确规定不同保险主体开展保险活动具体规则的基础上，还以第七章专章列举了保险人、投保人、被保险人、受益人、保险监管机关及其工作人员等可能实施的各种保险违法行为以及需要承担的法律责任，这些规定的存在事实上确认了相应行为扰乱正常保险秩序的社会危害性本质，相应地为刑事立法类型化保险犯罪行为提供了基本素材，从而实质性地确定保险犯罪成立的最大边界。因此，超出这一边界的特定行为，如“帅英骗保案”涉及的行为，即便形式上达到刑法规定的可罚违法性所要求的“量”，也不应认定行为具有扰乱保险秩序的社会危害性，更不应肯定具备刑事违法性并论以保险犯罪。

然而，在我国刑法分则定性加定量的具体语境中，特定行为单纯具有违反保险行政法律规范的一般意义上的“行政违反”，尚不足以成其为保险犯罪，还必须要满足相应“加重要素”的要求。显然，这些“加重要素”的存在，既与违法性判断中的“可罚的违法性”彼此对应，也意味着行为的社会危害性显著提升，单纯的非刑事法律制裁已经无法有效应对，而应将其纳入刑法规制范围，用刑罚这种最严厉的法律制裁予以惩治。保险刑法规范的解释适用过程中，不仅需要强调对保险行政法律规范的从属性，还要根据保险刑法规范的规范目的，

① 周光权．经济犯罪审查起诉的方法论［J］．刑事司法指南，2014（2）．

② 宋一虎．经济违法行为犯罪化立法初探［J］．华东刑事司法评论，2006（2）．

③ ［日］神山敏雄．经济犯罪及其法律对策［M］．载［日］西原春夫主编．日本刑事法的重要问题（二）［M］．金光旭等译，法律出版社，2000：4．

具体地判断特定行为是否实质性侵犯保险刑法规范所保护的法益，以及侵犯法益是否达到保险刑法规范所要求的“量”，从而不仅肯定行为具备刑法上可罚的违法性，突出保险犯罪违法性判断独立性，而且在保险刑法规范弹性的合理空间中，根据个案的具体情况，将相应保险犯罪构成要件个别化，实现从概括的类型化走向个案的定型化。

三、双向对应性解释路径之运用

应当承认，保险刑法规范对空白罪状的适用，在使保险犯罪构成要件具备弹性空间的同时，不可避免地增加保险刑法规范自身的模糊性，总体上提升了保险刑法规范解释的难度。事实上，保险犯罪作为对保险违法行为的第二次规制，其罪状表述势必采用不少规范构成要件要素，而空白罪状的运用则使得本应由刑法分则条文直接规定的构成要件要素不得不移至保险行政法律规范之中，从而在相当程度上削弱保险刑法规范的完整性和明确性，给解释保险刑法规范提出更高要求。不过，双向对应性解释路径的提出及运用，恰恰针对性地解决了保险刑法规范弹性空间较大、明确性不足的问题。

（一）保险犯罪构成要件中某些构成要件要素概念的理解需要以保险行政法律规范的规定为标准

由保险犯罪双重违法性特点所决定，对于刑法没有明确规定的概念或术语，若认定为犯罪，原则上应当依据保险行政法律规范界定，不得随意扩大解释。保险犯罪中的相关概念之所以应以保险行政法律规范的概念为基础，依据在于刑法的精神系限缩而不是扩张，如果刑法本身带有与行政法规同样的主动攻击性，甚至将行政法规都无法采取更重方式打击的保险违法行为进一步纳入到刑法的规制范围，显然违反刑法谦抑性，与刑法在法律体系中的后盾法地位和防御性品格相悖。

例如，对《刑法》一百九十八条第一款第（四）项“投保人、被保险人故意造成财产损失的保险事故，骗取保险金的”中“投保人”和“被保险人”的解释，就应该严格按照《保险法》第十条和第十二条的规定，而不应将仅存于人身保险中的“受益人”纳入其中，不宜认为受益人故意造成财产损失的保险事故，骗取保险金的，可以依据《刑法》第一百九十八条第一款第（四）项以保险诈骗罪论罪处罚。详而言之，根据《保险法》的界定，“投保人是指与保险人订立保险合同，并按照合同约定负有支付保险费义务的人”；“被保险人是指其财产或者人身受保险合同保障，享有保险金请求权的人。投保人可以为被保险人”；“受益人是指人身保险合同中由被保险人或者投保人指定的享有保险金请求权的人。投保人、被保险人可以为受益人”。也就是说，尽管“受益人”与

"投保人"及"被保险人"可能交互重叠，但"受益人"的存在领域具有特定性，仅存在于人身保险合同中，财产保险合同没有"受益人"的存在空间。财产保险领域，因保险事故发生造成损失而享有保险金请求权的人，是"被保险人"，而非"受益人"。

（二）保险犯罪构成要件中实行行为的解释需要以保险行政法律规范的规定为补充

我国保险刑法规范中的空白罪状不存在只指明参照法律、法规，而不对具体犯罪构成特征进行任何描述的情形，并且大多数空白罪状自身已对具体保险犯罪构成特征进行详细描述（这种描述未达到叙明罪状的完备程度）。在我国现行刑法典中，采用空白罪状的保险犯罪主要是行为方式的规定不完整、不健全，而由保险行政法律规范予以补充，即空白罪状所规定具体保险犯罪的实行行为往往要参照保险行政法律规范中一般违法行为进行确定，且从文字描述上看，许多空白罪状指明参照法规中的保险违法行为就是空白罪状规定的实行行为。

例如，《刑法》第一百七十四条"擅自设立金融机构罪"的罪状规定"未经国家有关主管部门批准，擅自设立……保险公司"，而《保险法》第一百五十八条则规定"违反本法规定，擅自设立保险公司……"。从《保险法》的具体规定来看，设立保险公司需要由中国保监会批准并且设立保险公司应当满足法定条件、遵循法定程序，因此，在解释擅自设立金融机构罪的实行行为时，必须要参照《保险法》的有关规定。又如，《刑法》第一百八十五条之一第二款"违法运用资金罪"的罪状对该罪实行行为的规定仅为"违反国家规定运用资金"，对这一实行行为的解释必须依据《保险法》第一百零六条以及中国保监会发布的保险公司资金运用的具体管理办法。应当承认，即便是采用叙明罪状的保险犯罪，其实行行为的解释也不可能离开保险行政法律规范的具体规定，如《刑法》第一百九十八条保险诈骗罪中虚构保险标的、对发生的保险事故编造虚假的原因或者夸大损失的程度、编造未曾发生的保险事故等骗取保险金的具体行为方式，也应当依照《保险法》有关规定进行规范诠释。

（三）补充保险犯罪空白罪状的保险行政法律规范的变动时解释保险刑法规范应参照对行为人有利的保险行政法律规范

在采用空白罪状的保险犯罪中，保险犯罪的犯罪构成由刑法分则条文和补充刑法分则条文的保险行政法律规范共同组成，相应的保险行政法律规范虽未规定于刑法分则条文中，但实际上已经成为犯罪构成的必要组成部分。由于较之相对稳定的刑法分则条文，补充性保险行政法律规范经常根据实践需要进行修改，而其修改又直接引起刑法条文的相应变动，即使刑法条文本身并未因补充规范的修改而修改，该条文的实质内容也发生了变化，这就产生了补充空白罪状的保险行政法律规范变动后保险刑法规范解释应参照行为时的补充规范，还是裁判时的补充规范的问题。

本书认为，从罪刑法定原则内在的人权保障思想出发，当补充规范的变动足以导致空白罪状的实质内涵发生变动时，补充规范的变动应视为刑法规范变动的范畴，其溯及力应当依照《刑法》第十二条“从旧兼从轻原则”，适用对行为人最有利的保险行政法律规范。“由于空白刑法（空白罪状）补充的行政刑法对该种犯罪构成要件具有直接的影响，该行政刑法对具体犯罪刑法的溯及力就有决定意义，应当适用从旧兼从轻的刑法溯及力原则，即原则上应当适用行为时的行政刑法，只有当新的行政刑法导致某种犯罪不成立或罪轻时，才能适用新的行政刑法。”① 据此，如果补充保险犯罪空白罪状的保险行政法律规范的变动，致使原本不构成犯罪的保险违法行为被犯罪化的，应当参照变动前（行为时）的保险行政法律规范解释保险刑法规范；如果变动后的补充规范致使原本属于保险犯罪的行为被除罪化或者处刑较轻的，则应参照变动后（裁判时）的保险行政法律规范解释保险刑法规范。

（四）解释保险刑法规范应当注意区分外延不同的“违反国家规定”与“违反规定”

我国现行保险刑法规范大多采用“违反国家规定”或“违反规定”的空白罪状方式规定保险犯罪的罪状。根据统计，保险犯罪罪状采用“违反国家（有关）规定”的包括《刑法》第一百八十四条“非国家工作人员受贿罪”、第一百八十五条之一第二款“违法运用资金罪”、第二百二十五条“非法经营罪”以及第二百五十三条之一“侵犯公民个人信息罪”。除此之外，《刑法》第一百八十二条第四款“利用未公开信息交易罪”的罪状则采用“违反规定”的表述。对于这些保险犯罪，仅依据刑法的规定尚不能完全确定特定危害行为的违法性，也不能把握该犯罪的全部构成特征，“违反国家规定”与“违反规定”是这些保险犯罪成立的前提条件。按照双向对应性解释路径，相关保险刑法规范的解释，首先需要借助国家的相关规定判断行为人具体危害行为的违法性，并以此为基础进一步确定危害程度是否达到值得刑法惩罚的标准。如果国家的相关规定并无禁止性或命令性规定，即使行为的社会危害性程度已经达到相应量的标准，也不能以犯罪论处。然而，尽管保险刑法规范中“违反国家规定”与“违反规定”功能相同，但却具有宽窄不同的外延，即“违反国家规定”明显不及“违反规定”。

在我国，“违反国家规定”的外延由刑法典明确限定。《刑法》第九十六条

① 谭兆强．法定犯理论与实践［M］．上海人民出版社，2013：109.

规定："本法所称的违反国家规定，是指违反全国人民代表大会及其常委会制定的法律和决定，国务院制定的行政法规、规定的行政措施、发布的决定和命令。"从这一规定可以看出，刑法中的"国家规定"，应当是指全国人大及其常委会和国务院制定的具有普遍约束力的行为规范，需要具有下列条件：(1)"国家规定"的制定主体是全国人大及其常委会、国务院；(2)"国家规定"是经过法定的程序制定并按照法定程序公开发布的；(3)"国家规定"能够代表国家的整体意志，以国家强制力反映出普遍的约束力；(4)"国家规定"在表现形式上，必须是全国人大及其常委会制定的法律和决定、国务院制定的行政法规、国务院规定的行政措施、发布的决定和命令。地方政府国家权力机关制定的地方性法规、国务院各部委和地方政府制定的行政规章，不能将其列入"国家规定"的范围内。[①] 据此，保险刑法规范中"违反国家（有关）规定"外延只是特定行为违反全国人大及其常委会制定的保险方面的法律和决定、国务院制定的保险行政法规、规定或发布的具有普遍约束力的关于保险的行政措施、决定和命令。仅以保险领域的非法经营罪为例略作说明。其罪状中"违反国家规定"仅包括违反全国人大常委会制定的《保险法》、以及国务院制定的《农业保险条例》《外资保险公司管理条例》等保险行政法规中关于经营保险业务必须得到中国保监会批准，并且只能在中国保监会批准范围内经营保险业务的有关规定。尽管该"违反国家规定"的规范目的在于维护我国经营保险业务应得到中国保监会批准的保险业特许经营制度，但"违反国家规定"中"国家规定"却并不包括中国保监会发布的关于保险业特许经营制度的行政规章或其他规范性文件，这是需要特别注意的。

较之"违反国家规定"，保险犯罪（主要是保险领域的"利用未公开信息交易罪"）罪状中"违反规定"的外延相对较宽泛，包括但不限于"违反国家规定"。针对"违反规定"的理解，有学者认为，"就文义上分析，'规定'既可以是国家规定，也可以不是国家规定，完全可以包括部门规章和行业规定等规范性文件。刑法中专设'违反国家规定'是对特定类型的犯罪的特殊规制方式，并不是所有的法定犯都应当以违反国家规定的苛刻条件作为违法前提，否则刑法对于社会关系的调整将被缩小在极其卑微的范畴内，这显然不适应当代刑法调整面极广的现实。因此，对于违反规定类的条文，不宜作出过于局限的理解，应当将规定的扩展到各类国家机关层面的有效规定，既包括违反有关法律、行政法规，也包括部门规章。但是，为避免出现以违反部门规章定罪的情况，必须确保所违反的部门规章与法律和行政法规不相抵触，从长远看，应当将部门

① 刘德法，尤国富．论空白罪状中的"违反国家规定"[J]．法学杂志，2011 (1)．

规章及时上升到国家行政法规的高度”。[①] 从最大限度维护罪刑法定原则以及法制统一性原则的立场出发，本书赞同该论者的观点。保险犯罪罪状中“违反规定”既包括违反“国家规定”，也包括违反国务院有关部委发布的部门规章以及在全国范围内有法律效力的行业规范等规范性文件。就作为保险犯罪的利用未公开信息交易罪来说，“违反规定”中的“规定”除《证券法》等“国家规定”外，还包括中国保监会制定的《保险从业人员行为准则》（保监发〔2009〕24号）、《保险监管人员行为准则》（保监发〔2009〕24号）等部门规范性文件，以及中国保险行业协会发布的《保险从业人员行为准则实施细则》（中保协发〔2009〕244号）等行业规范性文件。

① 李莹．法定犯研究［M］．法律出版社，2015：138.

第三章

投保方保险犯罪的表现及认定

前已述及，保险犯罪是指在保险领域中严重危害保险机制、破坏保险秩序的各类犯罪行为。尽管保险犯罪所包含具体罪名范围存在争议，但可以根据犯罪主体的不同，将刑法规定之保险犯罪大致分为投保方实施的保险犯罪、保险方实施的保险犯罪、保险中介实施的保险犯罪以及保险监管人员实施的保险犯罪四类。投保方保险犯罪是指投保人、被保险人或受益人实施的严重危害保险秩序，依法应受刑罚惩罚的行为，主要包括《刑法》第一百九十八条规定的保险诈骗罪与第一百九十一条规定的洗钱罪两个罪名。在保险的基本构造中，投保方是与保险方直接相对的法律关系主体，投保方保险犯罪也是保险犯罪中最为核心的组成部分，需要给予高度重视。

第一节　投保方保险犯罪的主要表现形式

法律制度意义上的保险通常专指保险合同，即投保人与保险人约定保险权利义务关系的协议。保险合同所约定的保险权利义务关系的主要内容是，投保人通过履行向保险人支付保险费的义务，将被保险人所存在的特定危险以及可能造成的损失转移给保险人，由保险人补偿被保险人因危险现实化造成的损失；保险人则收取投保人支付的保险费，并在保险事故发生后，承担向被保险人或者受益人给付约定保险金的责任，用以补偿被保险人因危险现实化造成的损失（人寿保险等定额性人身保险除外）。在我国刑法的特定语境中，投保方保险犯罪具体指投保人、被保险人或受益人违反保险法规，以非法占有为目的，采用刑法明确规定之行为方式，骗取数额较大的保险金（保险诈骗罪），或者通过签订保险合同的方式套取现金、转移资金，掩饰、隐瞒特定违法犯罪所得及其收益的来源和性质（洗钱罪）。

根据我国《保险法》的有关规定，保险合同的主体包括保险方和投保方两个方面。保险方仅指保险人，投保方又称被保险方，包括投保人、被保险人和人身保险合同受益人。保险人是指与投保人订立保险合同，并按照合同约定承担赔偿或者给付保险金责任的保险公司。投保人是指与保险人订立保险合同，并按照合同约定负有支付保险费义务的人。投保人属于保险合同的一方缔约主体，其本人一般应具有缔约能力，即相应的民事权利能力和民事行为能力，但是这并非绝对，不具备缔约能力的投保人，如果有具备缔约能力的相关代理人或监护人代为与保险人订立保险合同的，保险合同依然具有法律效力。为防止保险沦为赌博、避免道德风险，保险利害关系人必须对保险标的具有法律所承认的一定利益关系，如果相关保险利害关系人缺乏对保险标的所享有的保险利益，保险合同无效。由于保险是投保人通过订立保险合同、支付保险费的方式，将保险标的所承载的保险利益可能遭遇的危险转移给保险人，投保人对于保险合同的订立具有绝对关键的意义。

由于投保人既可以为自己的利益而与保险人订立保险合同，也为他人的利益而与保险人订立保险合同，所以投保人可以是被保险人。被保险人是指其财产、生命、身体或健康为保险标的，享有保险金请求权的人。考虑到无论是财产保险中还是人身保险中，被保险人都是保险事故发生时遭受损失的人，为保护被保险人在保险关系中的正当权益和防止可能产生的道德风险，《保险法》赋予被保险人在一定情形下享有同意权。如《保险法》第三十四条规定，在人身保险中，以死亡为给付保险金条件的合同，未经被保险人同意并认可保险金额的，合同无效，父母为其未成年子女投保的人身保险除外。按照以死亡为给付保险金条件的合同所签发的保险单，未经被保险人书面同意，不得转让或者质押；《保险法》第三十九条第二款规定，人身保险合同受益人的指定，须经被保险人同意或由其亲自指定；《保险法》第五十一条第四款规定，在财产保险中，保险人为维护保险标的的安全而采取安全措施的，必须经被保险人同意。事实上，由于被保险人并非保险合同的当事人，但却对保险人危险估计、管控和事故发生后的损害控制都影响重大，是十分重要的保险利害关系人，而且往往也是法律义务和合同义务履行难以回避的关键主体，因此不少法定或约定义务将被保险人与投保人并列作为义务主体，其中法定义务如危险增加的通知义务、维护财产保险标的的安全义务、保险事故发生的通知义务、提供保险事故证明和资料的义务，以及减损义务，等等。

受益人是由被保险人或者受益人在保险合同中指定的，在保险事故发生时享有保险金受领权的人。受益人只存在于人身保险合同中，其保险金受领权来源于保险合同的指定。根据《保险法》第三十九条、第四十条及第四十一条，投保人指定受益人时须经被保险人同意。投保人为与其有劳动关系的劳动者投保人身保险，不得指定被保险人及其近亲属以外的人为受益人。被保险人为无民事行为能力人或者限制民事行为能力人的，可以由其监护人指定受益人。被保险人或者投保人可以指定一人或者数人为受益人。受益人为数人的，被保险人或者投保人可以确定受益顺序和受益份额；未确定受益份额的，受益人按照相等份额享有受益权。被保险人或者投保人可以变更受益人并书面通知保险人。保险人收到变更受益人的书面通知后，应当在保险单或者其他保险凭证上批注或者附贴批单。投保人变更受益人时须经被保险人同意。在人身保险合同中，投保人或被保险人除可以指定其本人以外的第三人作为受益人外，投保人可以指定自己或者被保险人作为受益人，被保险人也可以指定自己或投保人作为受益人，因此，受益人可以是投保人或被保险人。诚然，在保险合同中，受益人主要是享有受领保险金的受益权，但与前述被保险人相似，受益人同样对保险人危险估计、管控和事故发生后的损害控制均有重大影响，是法律义务或合同义务履行难以回避的关键主体，同属十分重要的保险合同关系人。从保险内在之最大诚信原则出发，不少法定或约定义务均将受益人与投保人和被保险人并列作为义务主体，其中法定义务如保险事故发生后的通知义务、提供保险事故证明和资料的义务。

保险合同的射幸性特征决定，一方面，保险合同的法律效果订约时不能确定。虽然投保人确定要支付保险费，但是保险人是否给付保险金，在合同订立当时无法明确，而取决于合同订立后不确定的偶发事故。另一方面，当事人双方的支出与收入具有显著的不平衡性。如果在保险保障期间发生保险事故，被保险人或受益人能从保险人处获得的保险赔付数额远超出其所支付的保险费金额，而保险人则是赔付的保险金大大高于其从投保人处收取的保险费。如果在保险保障期间未发生保险事故，被保险人在支付保险费的同时无法获得任何经济补偿，而保险人则只收取保费，却无赔付之责。保险合同的射幸性特征因其“以小博大”的特性，极易滋生道德风险，并恶化为保险诈骗犯罪。例如，为骗取保险金，投保人可能违反保险法规定，故意虚构保险标的与保险人订立保险合同，投保人、被保险人或者受益人可能违反保险法规定，在未曾发生保险事故的情形下，编造发生了保险事故，或者在发生保险事故的情形下，编造虚假的事故原因或者夸大损失程度，或者故意造成保险事故，将偶然、随机发生的保险事故人为地改为必然、确定发生的事件，从而根本地否定保险的射幸性，使投保成为稳赚不赔的“投资”方式。

由投保方实施的保险诈骗罪被公认为最悠久、最普遍、最典型、最具代表性的保险犯罪。“人类社会自有保险以来，就有所谓的保险诈骗行为，世界上没有哪一个国家的保险市场不被欺诈性的索赔所困扰，各种类型的保险欺诈日益泛滥和猖獗的现状，迫使保险业不得不将‘通过欺诈手段获得保险利益’当作不可避免的风险因素而接受，在欺诈者眼里，保险服务业是一个容易攫取金钱的领域，因而保险欺诈就像长期依附于保险保障机体上的‘病菌’一样，严重侵害保险事业的健康发展。”① 然而，除保险诈骗犯罪外，投保方特别是投保人，还可能滥用保险金融服务机制，利用保险固有的信息不对称特点，通过与保险人订立保险合同，从事洗钱活动。如个人或单位将特定违法犯罪所得及其收益，用于购买各种名目的保单，经过保险公司修改保险条款，再将保费以退费、退保，或者投保、理赔等合法形式回到犯罪分子手中，以掩盖犯罪收入的来源和性质，逃避法律法规制裁。通常的做法是通过“团险个做”，“长险短做”，先买巨额寿险再退保，购买投资连结保险、分红保险和万能保险，“地下保单”等方式模糊公众视线，达

① 赵秉志主编．金融诈骗罪新论［M］．人民法院出版社，2001：578.

到洗钱的目的。[①] 由于保险的高度专业性，使得通过保险洗钱表现出高度的隐蔽性和极大的欺骗性，以致有学者形容到“保险业洗钱犹如一盆温水”。[②]

总体来看，投保方实施的上述两种保险犯罪，虽然犯罪目的有别，保险诈骗罪的犯罪目的在于骗取保险金，洗钱罪的犯罪目的在于掩饰、隐瞒特定违法犯罪所得及其收益的来源或性质，但犯罪行为均采用了与保险人签订保险合同的方式，都严重破坏了正常的保险秩序。不过，考虑到在现实司法实践中，无论是社会危害性的严重程度，还是实际发案的具体数量，保险诈骗罪都冠绝保险犯罪之首，以下本书拟对保险诈骗罪进行重点研究。

第二节　保险诈骗罪犯罪构成的一般解读

一、保险诈骗罪的刑事立法

根据《刑法》第一百九十八条，保险诈骗罪是指投保人、被保险人或受益人违反保险法规，以非法占有为目的，故意虚构保险标的、对发生的保险事故编造虚假的原因或者夸大损失程度、编造未曾发生的保险事故、故意造成财产损失的保险事故，或者造成被保险人死亡、伤残或者疾病，骗取数额较大的保险金的行为。

保险诈骗犯罪与保险业相伴而生，并随着保险业的发展壮大日渐蔓延猖獗。我国现代保险业正式起步于改革开放之后，在保险业起步初期，保险业务经营范围十分有限且为人们所不熟悉，保险领域内诈骗行为的数量有限，保险诈骗的社会危害性尚未达到需要刑法予以特别对待的程度，我国 1979 年刑法典也就没有对保险诈骗罪作出专门规定。对实践中发生在保险领域内的诈骗案件，一般都是按照诈骗罪予以处理。然而，随着保险业的不断发展，保险诈骗犯罪行为日益显现出与一般诈骗犯罪的不同之处，特别是在犯罪主体、对象、行为方式、侵害的法益等方面有自己的特殊性，以诈骗罪论处存在诸多难以避免的不足之处。[③]

① 刘娜，杨胜刚．保险领域的洗钱犯罪：手段与案例 [J]．中国金融，2005（11）．

② 刘国亮．试论保险洗钱表现的方式、原因和防范 [J]．河北金融，2009（10）．

③ 根据学者的概括，以普通诈骗罪处理保险诈骗犯罪案件的不足之处有三：（1）较之属于侵犯了财产犯罪的普通诈骗罪，保险诈骗行为除侵犯财产利益外，还严重破坏保险秩序。如果对保险诈骗犯罪行为依诈骗罪论处，难以准确地界定和反映该犯罪的罪质，也不利于人们更加全面深刻地认识该犯罪的社会危险性。（2）较之普通诈骗罪，保险诈骗犯罪危害的利益、危害的范围，其所产生的消极影响，确是普通的诈骗犯罪所无可比拟的。如果对保险诈骗犯罪以普通诈骗罪论处，就会使保险诈骗犯罪区别于其他诈骗犯罪之特殊构成要件得不到明确规定，从而不利于进一步增强司法机关防范、打击保险诈骗犯罪的意识，充分发挥刑法在遏止保险犯罪斗争中的功效，也不利于彰显刑法构成要件的警示功能，不利于刑罚一般预防目的的实现。（3）对保险诈骗犯罪以普通诈骗罪论处，不利于提高人们对保险诈骗罪的鉴识和自我保护能力。参见张兆利．保险诈骗罪研究 [M]．中国检察出版社，2007：44 - 45.

针对保险诈骗案件的特殊性以及该类案件发案数量大幅上升的现状，1995年6月30日，第八届全国人大常委会第十四次会议通过《中华人民共和国保险法》，将保险诈骗罪以独立的罪名确定下来。为配合《保险法》的实施，同时颁布《关于惩治破坏金融秩序犯罪的决定》，其第十六条专门规定了保险诈骗罪的罪状和法定刑。随后，1996年12月6日最高人民法院发布《关于审理诈骗案件具体应用法律的若干问题的解释》，其第八条又对保险诈骗罪的罪状和法定刑作出了详细的规定。经过一段时间的适用后，1997年刑法全面修订时，在吸纳、修改和补充原有保险诈骗罪规定的基础上，将保险诈骗罪作为独立罪名纳入刑法典，并将之归于金融诈骗犯罪这一类罪，从而使本罪的规定更成熟、完善和规范。

现行《刑法》第一百九十八条对保险诈骗罪的规定是："有下列情形之一，进行保险诈骗活动，数额较大的，处五年以下有期徒刑或者拘役，并处一万元以上十万元以下罚金；数额巨大或者有其他严重情节的，处五年以上十年以下有期徒刑，并处二万元以上二十万元以下罚金；数额特别巨大或者有其他特别严重情节的，处十年以上有期徒刑，并处二万元以上二十万元以下罚金或者没收财产：（一）投保人故意虚构保险标的，骗取保险金的；（二）投保人、被保险人或者受益人对发生的保险事故编造虚假的原因或者夸大损失的程度，骗取保险金的；（三）投保人、被保险人或者受益人编造未曾发生的保险事故，骗取保险金的；（四）投保人、被保险人故意造成财产损失的保险事故，骗取保险金的；（五）投保人、受益人故意造成被保险人死亡、伤残或者疾病，骗取保险金的。有前款第四项、第五项所列行为，同时构成其他犯罪的，依照数罪并罚的规定处罚。单位犯第一款罪的，对单位判处罚金，并对其直接负责的主管人员和其他直接责任人员，处五年以下有期徒刑或者拘役；数额巨大或者有其他严重情节的，处五年以上十年以下有期徒刑；数额特别巨大或者有其他特别严重情节的，处十年以上有期徒刑。保险事故的鉴定人、证明人、财产评估人故意提供虚假的证明文件，为他人诈骗提供条件的，以保险诈骗的共犯论处。"

我国保险诈骗罪刑事立法表现出以下特点：

（1）从立法模式上来看，我国采用的是附属刑法（《保险法》）和刑法典相结合的立法模式，违反《保险法》尚未构成犯罪的保险诈骗行为要受到行政处罚，情节严重的则以犯罪论处。这种《保险法》与刑法典有机结合、相互协调、相互照应、互相衔接的立法模式，充分印证了保险诈骗罪的法定犯属性以及二次违法性的特征，对于防范和打击保险诈骗犯罪有着积极的意义。

（2）从罪名模式来看，在普通诈骗罪之外，另设保险诈骗罪并将其归入破坏社会主义市场经济秩序犯罪中的金融诈骗犯罪，不仅有助于促进保险诈骗罪罪刑明确化，而且突出了保险诈骗犯罪破坏社会主义金融（保险）秩序的内在属性。“这种保险诈骗罪的刑事立法方式虽然好像有过于烦琐之嫌，但从强调经济诈骗犯罪的特殊性以及体现区别对待的刑事政策的角度来说，这种做法是具有自身的价值并符合我国的国情的。”①

（3）从具体规定来看，我国保险诈骗罪刑事立法采用徐明罪状，详细、明确列举了保险法律关系中的投保人、被保险人、受益人所实施的对应的保险诈骗行为。同时对自然人犯罪和单位犯罪的刑事责任分别作出规定，并根据其犯罪数额的大小或者其他严重情节的轻重，划分为三个不同的法定刑档次，从而对于准确认定保险诈骗罪、确定刑事责任、量定刑罚提供了明确的规范依据。

整体而言，我国的保险诈骗罪刑事立法是根据保险业发展形势的实际需要而予以规定下来的，为惩治日益猖獗的保险诈骗活动、促进保险业健康持续发展提供了有效的法律武器，必将极大地提升保险业的诚信度，增强保险业的有序性，推动保险“分散危险、消化损失”运行机制功效的最大发挥。然而不可否认，现行保险诈骗罪刑事立法仍有不可忽视的缺憾。如以叙明罪状的方式对保险诈骗罪作出详尽且具体的规定，固然能够有助于司法实践准确认定和惩治保险诈骗犯罪，但却难以适应保险诈骗罪的法定犯属性，无法及时因应保险业发展的新形势、新需要。此外，现行保险诈骗罪刑事立法单纯限定为投保人、被保险人及受益人等投保方所实施的骗取保险金的行为，而无法覆盖保险方实施的骗取保险费的行为，但保险人骗取保险费同样严重扰乱保险秩序、违背保险业健康发展所要求的最大诚信原则。最后，现行保险诈骗罪刑罚设置存在自由刑失衡、财产刑规定不合理以及资格刑缺位等不足，不能满足当前有效规制保险诈骗犯罪的客观需要。② 现行保险诈骗罪刑事立法的前述缺憾，需要在后续刑法修正中予以弥合，以使我国保险诈骗罪刑事立法更为系统完备、更为科学合理。

二、保险诈骗罪的构成特征

根据《刑法》第一百九十八条以及《保险法》之相关规定，保险诈骗罪的构成特征主要表现为以下几个方面。

（一）保险诈骗罪的犯罪客体特征

犯罪客体，是我国刑法所保护的，而被犯罪行为所侵犯的社会主义社会关系。③ 犯罪客体是行为构成犯罪所必须具备的要件。实践中所发生的犯罪，不论

① 陆中俊等．保险诈骗犯罪立法比较研究——兼评我国保险诈骗罪的立法规定［M］．高铭暄，赵秉志主编．21世纪刑法学新问题研讨［M］．中国人民公安大学出版社，2001：646.

② 杨俊．关于完善保险诈骗罪刑罚设置的几个问题［J］．云南大学学报（法学版），2015（4）.

③ 高铭暄主编．刑法学原理（第一卷）［M］．中国人民大学出版社，2005：472.

行为表现方式为何，都必定侵犯了一定的客体。如果行为根本没有或者根本不可能侵犯任何客体，就不能构成犯罪。所以，准确界定保险诈骗犯罪的犯罪客体要件对于规范诠释保险诈骗罪的刑法条文、准确认定保险诈骗罪，具有基础性价值。然而，理论界对保险诈骗罪的犯罪客体却存在单一客体和复杂客体之争，主张复杂客体的学者内部对复杂客体的具体内容也存在分歧。

单一客体说认为，保险诈骗罪的犯罪客体是单一客体或简单客体，即保险诈骗罪仅仅侵犯了保险制度下的保险秩序或者保险补偿制度，而未侵犯保险人的财产权。如有学者立足保险金不属于保险人财产的立场主张，“保险诈骗罪的客体是单一客体，即保险制度下的保险秩序，具体就是保险合同关系或保险合同利益。保险人财产所有权并不是保险诈骗罪的客体。保险人财产与保险人保险金体现不同的关系，一个是所有权关系，一个是合同关系”。[①] 还有学者从保险机制作用原理出发提出，“保险补偿制度既是一种经济制度，又是一种法律关系。保险欺诈行为对这种经济制度和法律关系的损害，从根本上说，是破坏了保险补偿制度赖以存在的前提”。[②]

从论争形势来看，单一客体说只是少数派学说，理论界主流观点均认为保险诈骗罪的犯罪客体被界定为单一客体是非常片面的，特别是对前述观点中保险金的定性提出反驳，认为保险诈骗行为人采取种种欺诈手段，最终无非是想骗取本不应得的保险金，而保险金来源于投保人向保险人交纳的保险费，保险费原本属于投保人所有，但保险费由众多的投保人交付给保险人成为保险基金后，这些款项即属于保险人所有，由保险人完全支配，投保人在与保险人签订保险合同后，只有发生保险责任范围内的保险事故，被保险人或受益人才能得到保险人从保险基金中合理赔偿或者给付的保险金，因此行为人以欺骗方法非法获取保险金，无疑直接侵犯了保险人的财产权。[③] 遵循这种理解，保险诈骗罪的犯罪客体应当为复杂客体，即包括国家正常的保险制度或保险秩序以及保险人的财产权，其中国家正常的保险制度或保险秩序是主要客体，保险人的财产权仅为次要客体，这是目前关于保险诈骗罪犯罪客体理解的通说观点。

当然，在通说观点之外，还有持复杂客体说的学者认为，保险诈骗罪侵犯的主要客体是保险运作制度，与其他金融诈骗罪的保护客体——金融机构的财产权不同，保险得以用一种精巧的机制，使保险机构的欺诈风险化解于投保人身上，而刑法要保护的，恰是这种精巧机制不为欺诈行为所破坏，这种机制就称为保险运作制度。而保险诈骗罪的次要客体是诚信制度，这是由于诚实信用

① 林荫茂．保险诈骗犯罪客体的探讨［J］．上海市政法管理干部学院学报，2001（6）．

② 贾宇，梁增昌．论保险欺诈罪［J］．中国法学，1991（1）．

③ 赵秉志主编．金融诈骗罪新论［M］．人民法院出版社，2001：612－613.

原则在保险法中已被内在地规定，所以法律对保险活动诚信要求的程度远远大于其他民事活动，保险制度的立命之本就在于绝对的诚信，因此，保护了诚信制度，也就保护了保险业和保险人的利益。① 还有学者主张，“结合我国刑法的规定来看，保险诈骗罪的客体具有多重性和可变性，不仅侵犯了国家对保险事业的监督和管理制度以及保险人的财产所有权，还可能侵犯不特定多数人的或他人的财产权利、健康权利或生命权利”。②

比较上述不同学说，本书赞同通说观点。肯定保险诈骗罪的犯罪客体为复杂客体的基本立场是妥当的，单一客体说无法全面、周延地反映保险诈骗罪的罪质，也无法划定保险诈骗罪与其他保险犯罪的合理界限。一方面，现行刑法典将保险诈骗罪归入刑法分则第三章“破坏社会主义市场经济秩序罪”中的“金融诈骗罪”，就已经从正面明确承认保险诈骗罪破坏社会主义市场经济秩序中保险秩序的根本属性。保险秩序的内容是保险机制正常运行和保险功能正常发挥。保险区别于其他危险管理方式的特点在于转移危险、分摊损失，起到“我为人人、人人为我”的互助共济制度。刑法设置保险诈骗罪所要保护的，就是这种危险转移机制的正常运行。保险诈骗行为滥用保险人与保险标的分离的特性，破坏保险的诚信机制，损害保险经济补偿功能的正常发挥，进而破坏整个保险制度和保险市场的稳定。另一方面，尽管保险诈骗罪已经从诈骗罪中独立出来，但是本质上仍然无法抹去诈骗罪的共性特征，即通过虚构事实、隐瞒真相的手段，骗取公私财物，所以，保险诈骗罪不可避免地带有侵犯保险人财产权的财产犯罪的属性。将保险人的财产权纳入犯罪客体，凸显了保险诈骗罪之“诈骗”本质，对于准确认定保险诈骗罪的既遂标准极富价值。概而言之，保险诈骗罪所侵犯的客体包括正常的保险秩序和保险人的财产权，其中正常的保险秩序是主要客体，保险人的财产权是次要客体。

至于保险诈骗罪是扰乱保险秩序，还是破坏保险运作制度？本书赞同前种理解。保险诈骗罪只是保险犯罪之一，而非保险犯罪的全部，保险犯罪破坏保险运作制度不意味保险诈骗罪同样破坏保险制度。毕竟保险犯罪的客体之争涉及的是直接客体的内容，即保险诈骗罪所直接侵犯的某一具体的社会主义社会关系。据此，界定保险诈骗罪的直接客体应当尽可能明确、具体、细化，避免将行为不可能侵犯的社会关系纳入犯罪客体的范畴。具体来说，“保险运作制度是一个与保险运作机制紧密关联的概念，前者是为了保障后者的健康有效运作而设定的强制性的规范体系。而‘保险机制作为一个动态结构体，包括风险选择机制、损失补偿机制和资金运用机制’……在上述三大机制中，资金运用机

① 李邦友，高艳东．金融诈骗罪研究［M］．人民法院出版社，2003：439.

② 孙志华．保险诈骗罪初探［J］．山西省政法管理干部学院学报，2012（3）.

制有其独立性和特殊性，行为人难以通过保险合同并在理赔环节破坏该机制的运作，因此难以被保险诈骗犯罪行为所直接侵害，所以将整个保险运作制度作为保险诈骗的客体有所不妥”。① 可见，涵盖面相对宽泛的保险运作制度只是保险犯罪的同类客体，若将其作为保险诈骗罪的直接客体，将不符合对社会关系的最直接侵害性这一犯罪客体的界定标准。与之类似，以诚实信用制度作为保险诈骗罪的犯罪客体同样存在将同类客体“降格”为直接客体之嫌。不可否认，诚信制度，并且是最大诚信制度是保险的最基本制度之一，保险诈骗犯罪人违反保险法规，虚构事实、隐瞒真相，骗取保险金，势必根本背离保险要求的最大诚信制度，但保险诈骗罪只是投保方实施的一种保险犯罪，除此之外的保险方实施的保险犯罪，如《刑法》第一百八十三条规定的职务侵占罪、贪污罪，第一百八十四条规定的非国家工作人员受贿罪、受贿罪，第一百八十五条规定的挪用资金罪、挪用公款罪，第一百八十五条之一规定的背信运用受托财产罪、违法运用资金罪，也势必同时违反最大诚信制度。鉴于此，将诚信制度作为保险诈骗罪的直接客体，无法合理界分投保方实施的保险诈骗罪与保险方实施的保险犯罪，实有不妥。

至于是否应当将不特定多数人的或他人的财产权利、健康权利或生命权利作为保险诈骗罪的客体？本书持否定意见。持论者的主要依据是《刑法》第一百九十八条第一款第（四）项和第（五）项，即主要针对保险诈骗罪行为方式中的“投保人、被保险人故意造成财产损失的保险事故，骗取保险金的”以及“投保人、受益人故意造成被保险人死亡、伤残或者疾病，骗取保险金的”。应当承认，这两种行为方式均是故意制造保险事故，的确危及不特定多数人的或他人的财产权利、健康权利或生命权利。然而，根据《刑法》第一百九十八条第二款，有前述两种行为方式，同时构成其他犯罪的，依照数罪并罚的规定处罚。这一条款的存在实则将故意制造保险事故并侵犯不特定多数人的或他人的财产权利、健康权利或生命权利分割成相互联系的两部分予以分别评价。若行为人实施上述两种行为同时构成故意毁坏财物罪、故意伤害罪、故意杀人罪，或者危害公共安全犯罪的，保险诈骗罪评价的对象主要是行为人故意制造保险事故，即将本应是基于偶然原因随机发生的危险事故人为故意地改变为确定必然发生的事件，而故意制造的保险事故对不特定多数人的或他人的财产权利、健康权利或生命权利的侵犯则作为故意毁坏财物罪等犯罪的评价对象。对此，有学者正确地指出：“不特定多数人或他人的财产权利、健康权利或生命权利实际上并非是由保险诈骗行为所侵害，而是与之有牵连关系的其他犯罪行为的侵害对象，所以这些权利不妨视为是其他相关犯罪的客体而不应该作为保险诈骗

① 张兆利．保险诈骗罪研究［M］．中国检察出版社，2007：65.

罪的犯罪客体”。[①] 退一步讲，即便肯定在故意制造保险事故的场合持论者的主张有其合理性，但故意制造保险事故只是保险诈骗罪的行为方式之一，而不能指涉全部保险诈骗行为。例如，投保人因故意虚构保险标的，骗取保险金的而构成保险诈骗罪的情形中，投保人的保险诈骗犯罪行为就根本不会侵犯不特定多数人的或他人的财产权利、健康权利或生命权利。既然不特定多数人的或他人的财产权利、健康权利或生命权利并非必定被保险诈骗罪所侵犯，那么将其作为保险诈骗罪的犯罪客体就值得商榷。

（二）保险诈骗罪的客观特征

保险诈骗罪的客观特征表现为行为人违反保险法规，采用虚构事实或隐瞒真相的方法，使保险人陷入错误认识并基于错误认识“自愿地”向行为人交付数额较大的保险金的行为。保险诈骗罪作为法定犯，行为人构成保险诈骗罪的首要前提就是行为违反保险法律规范，特别是《保险法》对于保险合同、保险经营规则、法律责任等规定。《刑法》第一百九十八条将本罪的犯罪客观方面的具体行为表现形式限定为五种。

1. 故意虚构保险标的，骗取保险金的

投保人故意虚构保险标的，是指投保人违背有关保险法律法规的规定，在订立保险合同时故意虚构本不存在或者与实际不相符的保险标的的行为。保险标的是指作为保险对象的财产及其有关利益或者人的寿命和身体。保险标的作为保险利益的载体，是保险法律关系中当事人权利和义务直接指向的对象，是保险合同的重要核心，保险当事人无不是围绕保险标的展开保险合同的，是判断是否具有可保利益的依据，也是厘定保险费率和计算赔付数额的标准。鉴于保险标的的特殊性，保险人对保险标的的了解往往是通过投保人的说明或者相关机构的证明，加之保险标的大多处于投保人的控制之下，投保人拥有关于保险标的的信息优势，这种保险活动中信息的不对称会加大投保人的道德风险，并增加其实施保险欺诈的可能。[②] 如果在订立保险合同时，投保人故意捏造或隐瞒关于保险标的真实性、合格性及实际价值等真实情况，骗取保险金的，就使内在道德风险外化为客观的保险诈骗犯罪活动。

投保人虚构保险标的中“虚构”应做扩大解释，而不应机械地理解为字面上的“无中生有”。虚构根本不存在的保险标的与保险人订立保险合同，固然属于“虚构”；对于保险标的的价值、属性等作虚假描述或隐瞒保险标的的缺陷，足以使保险人陷入误解的，也是虚构保险标的。采用隐瞒保险标的的方法虚构

---

① 杨俊．关于保险诈骗犯罪客体的探讨［J］．铁道警官高等专科学校学报，2013（3）．

② 江生忠．保险学理论研究［M］．中国金融出版社，2007：124.

保险标的的行为是以不作为的方式实施保险诈骗的情形。[①]“虚构保险标的，骗取保险金”的行为一般包括以下几种情形：

第一，空头投保，骗取保险金。即无中生有地捏造根本不存在的保险标的与保险人订立保险合同，这是典型的“虚构保险标的”。例如，李某以一辆实际并不存在的汽车向保险公司进行投保，几天后李某报案称其在外地发生了事故并撞死一人，提交虚假交警事故认定书、死亡证明、病例等单证资料，并要求保险公司进行索赔，以骗取保险金。[②] 这是在订立保险合同阶段表现的最为典型的行为方式。

第二，瑕疵投保，骗取保险金。即以不合格的保险标的冒充合格的保险标的进行投保，通常表现为投保人在订立保险合同时向保险人故意隐瞒保险标的的瑕疵情况的行为。例如，“吕某某等保险诈骗案”中，2002 年 10 月，被告人吕某某、戴某某、林某某三人得知被告人黄某某的女儿黄小某（1987 年 1 月 21 日出生）被诊断患有脑部神经纤维瘤，在被告人吕某某的提议下，三人经策划由被告人吕某某煽动说服被告人黄某某，再由被告人吕某某、戴某某、林某某三人共同出资，隐瞒黄小某的病情，多次向保险公司购买儿童保险、医疗保险、人寿保险等保险产品，骗取保险金。[③] 投保人隐瞒被保险人病危的事实，向保险公司投保且骗得保险金的行为，依法构成保险诈骗罪。

第三，恶意超额投保，骗取保险金。即行为人在投保时故意夸大保险标的的实际价值，意图在保险事故发生后能够骗取比保险价值大得多的保险金。例如，“聂某保险诈骗案”中，1997 年 10 月至 1998 年 9 月，被告人聂某在河北省高碑店市白沟镇箱包批发市场购买各种箱包后，委托周某为其记账、托运货物并代上保险，投保的过程中，被告人聂某采取低价值高投保的手段，在发生保险事故后，通过提供虚假的、由本人填写的购货发票等手续，共计六次骗取中国人民保险公司北京丰台支公司保险金 8.5 万余元人民币，被人民法院依法正确认定构成保险诈骗罪。[④]

第四，恶意重复保险，骗取保险金。即财产保险中，行为人对同一保险标的、同一保险利益、同一保险事故分别向多家保险公司投保，同时投保人还对保险人刻意隐瞒重复投保的情况，以便保险事故发生后获取超过保险标的价值的多重保险赔款。例如，1998 年 5 月，王某将其私有富康牌汽车向某市多家保险公司投保了足额车辆损失险和第三者责任险，车辆损失保险金额为 13 万

---

① 周光权．刑法各论（第三版）［M］．中国人民大学出版社，2016：289.

② 刘伟．车主如何堵截车险欺诈［J］．北京商报，2013－05－15（04）.

③ 福建省泉州市中级人民法院（2006）泉刑终字第 796 号刑事裁定书。

④ “聂某保险诈骗案”，载北大法宝网：http：//www.pkulaw.cn/case/pfnl_ 1970324837213000.html?keywords = 聂某保险诈骗案 &match = Exact，最后访问时间：2017 年 5 月 10 日。

元，保险期为1年。同年8月，王某伙同几名保险公司内部工作人员，策划制造该车停车时被其他汽车撞毁、肇事车辆逃逸的伪造现场，分别从各保险公司骗取高额保险赔偿金30多万元，事后王某与其他几人私分该款。王某的行为属于恶意重复保险，其骗取保险公司超过保险标的价值部分的保险金，依法应构成保险诈骗罪。

2. 对发生的保险事故编造虚假的原因或者夸大损失的程度，骗取保险金的

在保险活动中，保险人并非对任何事故都承保的，也不是对任何原因造成的事故损害承担给付保险金的责任。根据《保险法》第十六条和第二十四条，保险事故是指保险合同约定的保险责任范围内的事故。保险人在核定被保险人或者受益人的赔偿或者给付保险金请求后，对不属于保险责任的，将拒绝赔偿或者拒绝给付保险金。也即保险合同的保险责任条款对保险责任的范围约定是明确的，只有属于合同约定的事故原因引起的损失，保险公司才会依约支付保险金。同时，《保险法》第二十二条第一款规定："保险事故发生后，按照保险合同请求保险人赔偿或者给付保险金时，投保人、被保险人或者受益人应当向保险人提供其所能提供的与确认保险事故的性质、原因、损失程度等有关的证明和资料。"然而，保险事故发生后，投保人、被保险人或者受益人以伪造、变造的有关证明、资料或者其他证据变造虚假的事故原因或者夸大损失程度的，保险人对其虚假的部分不承担赔偿或者给付保险金的责任。

司法实践中，对发生的保险事故编造需要的原因，骗取保险金具体包括以下三类情形：（1）将自己的过错行为导致的财产损失编造为自然原因所导致；（2）将他人过错行为所导致的自己之损失编造为自己过错行为所导致的他人之损失；（3）其他将非保险损失编造为保险损失的情况。[①] 该三种情形的本质是行为人对实际发生的保险事故的原因做虚假的陈述或者隐瞒真实的情况。例如，2008年2月某日晚9时许，许某某酒后驾车撞到某临时牌号轿车，致前车车主受伤、两车不同程度损坏。经交警认定，许某某负此事故的全部责任。许某某在明知酒后驾驶机动车辆造成的保险事故，保险公司不予赔付的情况下，为骗取保险金，让其表弟李某冒充事故发生时的驾驶员向保险公司报案。保险公司对此次事故定损19余万元。许某某、李某到保险公司索赔保险金，因保险公司及时发现而未得逞。[②] 本案中，许某某和李某的行为即属于对发生的保险事故编造虚假原因，骗取保险金，依法应构成保险诈骗罪（未遂）。

夸大损失的程度，骗取保险金，是指保险事故发生后，故意夸大由保险事故造成的损失，以小说大、以少说多、虚报浮夸，以从保险公司骗取更多的保

---

① 刘远．金融诈骗罪研究［M］．中国检察出版社，2002：452.

② 徐心俊．江苏保险诈骗犯罪十大典型案例发布［N］．京江晚报，2014－07－21（04）.

险金。故意夸大损失程度的手段多种多样，如涂改发票、多报损失等。例如，2012年6月29日，被告人冉某为其所有的牧马人越野车向某保险公司投保了车辆损失险等险种。2013年4月16日，被告人冉某乘坐其女友驾驶的投保车辆行驶至重庆市巴南区巴滨路时发生事故，车辆驶入路旁排水沟导致受损。后被告人冉某将车辆开至4S店维修，冉某在事故未造成车辆前桥受损的情况下向保险公司虚报前桥受损的情况。保险公司经核查后，认为被保险车辆前桥不是本次事故造成，并向冉某发出《理赔告知函》。被告人冉某对理赔决定不服，随后向法院提起民事诉讼，并指使4S店为其开具了虚假的维修前桥部件的发票及结算单合计43696元，连同本次事故造成的正常维修费7768元向保险公司索赔。后因双方庭外达成和解，冉某撤回起诉，保险公司赔付维修费51464元。① 尽管冉某最终撤回起诉，但其为骗取保险理赔金，夸大车祸事故损失，伪造维修票据理赔的行为，属于夸大损失程度，骗取保险金，依法构成保险诈骗罪。

3. 编造未曾发生的保险事故，骗取保险金的

"编造未曾发生的保险事故"，是指投保人、被保险人或者受益人在未发生保险事故的情况下，虚构事实，谎称发生了保险事故。这种行为方式的基本表现形式为无中生有，即原本没有发生保险事故，但行为人却谎称发生保险事故。②《保险法》第二十七条第一款规定："未发生保险事故，被保险人或者受益人谎称发生了保险事故，向保险人提出赔偿或者给付保险金请求的，保险人有权解除合同，并不退还保险费。"该款充分表明：实际发生的保险合同约定的保险事故是产生保险赔付关系的法律事实，是保险人赔偿或者给付保险金的必备前提。

司法实践中，编造未曾发生的保险事故通常有如下三种情形：

一是根本没有发生任何保险事故，而被保险人或受益人却故意制造假象谎称事故发生，以骗取保险金。如"徐开雷保险诈骗案"中，被告人徐开雷购买凤凰牌重型自卸货车，在办理盗抢险保险业务后，其将该货车出售给他人，却向公安机关及保险公司谎报假案，称车辆失窃，从而骗得盗窃险保险金6.3万元。③

二是将遭受损失而未参加保险的对象即非保险标的转化为保险标的，以假乱真、移花接木。如2001年6月，郭某在中国人寿保险公司龙南分公司投保了一份康宁20年定期保险，保险金额为1万元。2006年8月，郭某弟弟因患心肌

---

① 屈冬梅.《夸大事故损失骗保 男子保险诈骗获刑》，载重庆法院网：http：//cqfy. chinacourt. org/article/detail/2016/04/id/1839901. shtml，最后访问时间：2017年5月10日。

② 张明楷. 诈骗罪与金融诈骗罪研究［M］. 清华大学出版社，2006：760.

③ 江苏省无锡市锡山区人民法院（2007）锡法刑初字第238号刑事判决书。

梗塞、糖尿病等重病入院治疗，花费了巨额医药费。郭某想到自己曾购买过一份健康保险，便对弟弟的医院病历资料进行篡改。弟弟出院后，郭某带着这些伪造的虚假证明材料向该人寿保险公司报案，保险公司赔付郭某保险金 1 万元。①

三是将保险期外的事故编造成保险期内的保险事故。亦即保险事故实际发生于保险期限届满之后，但行为人为骗取保险赔偿，将事故发生的真实日期提前至保险有效期内。保险人为保险标的提供的保险保障，是存在时间限制的。只有在保险期限之内发生的保险事故，保险人才可能承担保险责任。保险期限届满之后，保险人概不负责，因为期满之后，保险标的不再属于承保对象，发生的事故也不再是保险事故。行为人以保险期限届满后发生的事故为依据，向保险人申请保险赔付的，实则是编造保险期限内发生了保险事故的虚假事实，应被认定为编造未曾发生的保险事故。

4. 故意造成财产损失的保险事故，骗取保险金的

故意造成财产损失的保险事故，是指投保人、被保险人在财产保险合同约定的保险期限内，故意人为地制造保险标的出险的保险事故，造成财产损失的行为。通常而言，作为保险人赔付保险金的保险事故具有随机性和偶然性，即有可能发生也有可能不发生，这也是保险制度赖以存在的前提条件。然而实际生活中，有的投保人、被保险人为达到骗取高额保险赔偿金的不法目的，人为地将危险发生的不确定性加以改变，在保险所保障的危险并未现实化为保险事故的情况下，故意制造事故，造成财产损失，并以虚假的事故原因向保险人索赔。为防止投保人、被保险人故意制造保险事故，《保险法》第二十七条第二款特别规定："投保人、被保险人故意制造保险事故的，保险人有权解除合同，不承担赔偿或者给付保险金的责任；除本法第四十三条规定外，不退还保险费。"

故意造成财产损失的保险事故骗取保险金，在火灾保险和车辆保险中颇为多见。前者如浙江省衢州市江某为解决公司资金周转困难，产生纵火烧厂、骗取保险金的念头。为此，江某以扩大公司的固定资产、提高企业知名度为由，虚构两份彩印设备买卖合同，并以公司厂房、设备等财产向中国人寿财产保险股份有限公司金华支公司义乌营销部投保 4900 多万元的财产综合险。其后，江某通过制造火灾，纵火烧毁公司设备以及车间厂房等，并向保险公司提出索赔

① 廖芸，刘冬晨. 哥哥"移花接木"用弟弟病历骗保万元获刑［N］. 新法制报，2008-06-12(04).

申请。[①] 后者如江西省石城县罗某正听说有人制造保险事故骗保赚钱的事，便产生效仿牟利的想法，并与罗某海合谋，故意将罗某海所有的一辆发动机经常出故障的荣威550轿车推入水库，制造保险事故，事后向安邦财产保险有限公司江西分公司报案要求理赔保险金共67000元。[②]

5. 故意造成被保险人死亡、伤残或者疾病，骗取保险金的

故意造成被保险人死亡、伤残或者疾病，是指人身保险合同的投保人、受益人采取杀害、伤害、虐待、遗弃、投毒、传播传染病以及其他方法故意造成被保险人死亡、伤残或者疾病的行为。由于人身保险合同属于非补偿性定额保险合同，只要发生责任范围内的保险事故或者生存保险约定的保险期届满，不论被保险人是否有损失，保险人都应按照保险合同的约定履行给付责任。所以，这类保险除个别的具有"两全"储蓄的险种外，一般都是以被保险人的死亡、伤害或者发生疾病为赔偿条件。在这种情况下，有些投保人、受益人为了取得保险金，就会千方百计地促成赔偿条件的实现。[③] 为避免投保人、受益人的道德风险，《保险法》第四十三条规定："投保人故意造成被保险人死亡、伤残或者疾病的，保险人不承担给付保险金的责任。投保人已交足二年以上保险费的，保险人应当按照合同约定向其他权利人退还保险单的现金价值。受益人故意造成被保险人死亡、伤残、疾病的，或者故意杀害被保险人未遂的，该受益人丧失受益权。"故意造成被保险人死亡、伤残或者疾病骗取保险金的行为，不仅严重扰乱正常的保险秩序、侵犯保险人的财产权，而且严重侵害被保险人的生命、健康等人身权利，同时，行为人往往处心积虑、丧心病狂，作案手段极其隐秘凶残，因此这种行为方式可以说是性质最为恶劣、危害最为严重的保险诈骗犯罪行为。

全国首例替身骗保案就是一起故意杀人以制造保险事故骗取保险金的典型案件。秦皇岛市海港区海阳镇田家沟村的邢某军和唐山人吴某来在一次看录像时，看到某匪徒投了保险后找了一个替身并将其杀死焚尸，以此骗得一大笔保险金，于是顿生歹念。他们先借来3000元，配备了传呼机，以备事后联络。又借来一辆摩托车，没事的时候由邢某军骑车在街上兜风，同时买来一大桶汽油放在邢家老院子。做完这些事，他们花了2600元在人寿保险公司投了终身保险和附加意外伤害及医疗保险，保险金额为55万元。办完保险手续后，他们便开始寻找邢某军的替身，最后在火车站找到一个要饭的16岁盲流少年，将他骗到

① 范跃红等.《浙江衢州一老板因资金困难火烧工厂骗保被诉》，载中国法院网：http://www.chinacourt.org/article/detail/2009/10/id/378796.shtml，最后访问时间：2017年5月10日。

② 曾灵.《故意制造保险事故 石城三男子骗保不成被抓》，载中国江西网：http://jxgz.jxnews.com.cn/system/2015/11/03/014420017.shtml，最后访问时间：2017年5月10日。

③ 孙军工.金融诈骗罪［M］.中国人民公安大学出版社，2003：212.

邢家院子，用绳子勒死，然后把事先准备好的一大桶汽油浇在死者身上，两人放火后逃走。在放火前半小时，邢某军还对其母亲说去老院子给摩托车加点油，一会儿回来。老院子着火后，村民们纷纷赶来救火，邢某军的母亲也信以为真，望着那具似黑炭一般的、已变得奇形怪状的尸体时，顿时像发疯一样扑过去。邢某军、吴某来最终被以故意杀人罪和保险诈骗罪判处死刑。①

晚近媒体报道的李某杀妻骗保案又是一起令人极为震惊的故意杀人制造保险事故骗取保险金的恶性案件。犯罪人李某为骗取保险金，通过微信摇一摇与被害人廖某某认识，仅相处了13天就领证结婚。婚后，李某对妻子廖某某的照顾无微不至。领证后的第3天和第5天，李某接连为妻子购买两份人身意外保险及一份旅游意外险，保险金共计达450万元，并把受益人从法定继承人改为李某本人。为让廖某某死亡的保险事故更加真实，以顺利骗取巨额保险金，李某许诺20万元指使其老乡兼同学周某勾引廖某某，周某通过送廖某某电动车等礼物，与廖某某发生了性关系。周某约廖某某出来，骑电动车载她在电子产业园里兜风，故意将车开入人工湖中，将廖某某的头按在水中，致其溺亡。廖某某死亡时，距其结婚仅仅两个月零5天。②

上述骗取保险金的行为，只要实施其中任意一种，即可构成保险诈骗罪，实践中也可能是几种手段互相配合使用，如订立保险合同时，投保人虚构一个不存在的保险标的，其后再谎称发生保险事故，进而向保险人索赔，骗取保险金；行为人实施第4种和第5种故意制造保险事故，向保险人申请理赔时，往往也需要编造虚假的事故原因掩饰其认为制造保险事故的客观事实。对于行为人同时使用几种手段骗取保险金的，仍然只构成保险诈骗罪一罪，而不实行并罚，但可以在刑罚裁量时考虑相关情节。

保险诈骗罪是典型的数额犯，行为人单纯实施法定保险诈骗行为骗取保险金尚不足以肯定保险诈骗罪的构成，其骗取保险金必须达到“数额较大”的标准。因此，保险诈骗罪的诈骗数额是集中反映保险诈骗行为社会危害性程度的重要标志，是区分保险欺诈行为和保险诈骗行为的重要标准。对于保险诈骗罪“数额较大”的具体标准，最高人民法院《关于审理诈骗案件具体应用法律的若干问题的解释》（法发〔1996〕32号）第八条规定：“根据《决定》第十六条规定，进行保险诈骗活动，数额较大的，构成保险诈骗罪。个人进行保险诈骗数额在1万元以上的，属于‘数额较大’；个人进行保险诈骗数额在5万元以上的，属于‘数额巨大’；个人进行保险诈骗数额在20万元以上的，属于‘数额

① 王一木．走向地狱的荒唐之梦——全国首例谋杀替身骗赔案始末［J］．中国保险，1999（6）．

② 《相处13天结婚 丈夫为妻子买450万元保险后妻子淹死了》，载网易新闻网：http：//news.163.com/17/0518/21/CKOGDPJB00018AOR.html，最后访问时间：2017年5月19日。

特别巨大’。单位进行保险诈骗数额在5万元以上的，属于‘数额较大’；单位进行保险诈骗数额在25万元以上的，属于‘数额巨大’；单位进行保险诈骗数额在100万元以上的，属于‘数额特别巨大’。”《立案追诉标准（二）》第五十六条规定：“进行保险诈骗活动，涉嫌下列情形之一的，应予立案追诉：（一）个人进行保险诈骗，数额在一万元以上的；（二）单位进行保险诈骗，数额在五万元以上的。”因此，个人保险诈骗低于一万元，单位保险诈骗低于五万元的，均属于保险欺诈行为，不作为犯罪处理，也不应予立案追诉。

（三）保险诈骗罪的主体特征

按照《刑法》第一百九十八条的规定，保险诈骗罪的犯罪主体属于特殊主体，包括投保人、被保险人和受益人。不过需要强调的是，鉴于该条对保险诈骗罪五种具体行为方式是根据保险活动不同阶段的特点来确定的，并非在任何情形下该三类人员都可以成为保险诈骗罪的犯罪主体，而应有所区分。具体来说：“故意虚构保险标的，骗取保险金的”，只列举了投保人作为犯罪主体，这是考虑到虚构保险标的发生在订立保险活动阶段，通常仅能由投保人单独实施；“对发生保险事故编造虚假的原因或者夸大损失的程度，骗取保险金的”以及“编造未曾发生的保险事故，骗取保险金的”，因投保人、被保险人和受益人均能实施，所以该三类人员都被列为犯罪主体；“故意造成财产损失的保险事故，骗取保险金的”，显然是针对财产保险合同而言的。由于财产保险并不存在所谓的受益人，或者说财产保险中的被保险人就相当于人身保险中的受益人，因此只有投保人和被保险人才能是这类行为的犯罪主体；“故意造成被保险人死亡、伤残或者疾病，骗取保险金的”，由于被保险人被明确规定为行为对象，因而是受害人，这就决定被保险人不可能与加害他的人共同参与骗保，因此这类行为的犯罪主体只能是投保人和受益人。至于被保险人是否可以成为此种行为方式的犯罪主体，即被保险人以自杀自伤的方式取得保险金，是否构成保险诈骗罪，理论上存在极大争议，留待后叙。

保险实践中，除自然人外的单位可以订立（财产）保险合同，负担保险费支付义务，成为投保人；可以其财产作为保险标的并享有保险金请求权，成为被保险人；还可以因人身保险合同之被保险人的指定，享有保险金请求权，成为受益人。既然如此，单位也可能故意虚构保险标的、对发生的保险事故编造虚假的原因或者夸大损失的程度、编造未曾发生的保险事故、故意制造保险事故的方式，骗取保险金，从而成为保险诈骗罪的犯罪主体。基于此，《刑法》第一百九十八条第三款规定：“单位犯第一款罪的，对单位判处罚金，并对其直接负责的主管人员和其他直接责任人员，处五年以下有期徒刑或者拘役；数额巨大或者有其他严重情节的，处五年以上十年以下有期徒刑；数额特别巨大或者有其他特别严重情节的，处十年以上有期徒刑。”

单位构成保险诈骗罪的犯罪主体需要满足：第一，单位是依法成立的具有自己名称、有一定财产、能以自己名义独立进行民事活动的组织机构。根据最高人民法院《关于审理单位犯罪案件具体应用法律有关问题的解释》（法释〔1999〕14号）第二条，个人为进行违法犯罪活动而设立的公司、企业、事业单位实施犯罪的，或者公司、企业、事业单位设立后，以实施犯罪为主要活动的，不以单位犯罪论处；第二，实施保险诈骗犯罪是由单位的决策机构按照单位的决策程序决定，由直接责任人员具体负责；第三，单位实施保险诈骗犯罪的犯罪目的是为本单位谋取非法利益。为单位谋取非法利益，固然包括为单位本身谋取非法利益，违法所得归单位所有，但不排除以单位名义为本单位全体成员或多数成员谋取非法利益，即不排除以各种利益将保险诈骗犯罪的非法所得分配给单位全体成员或多数成员所有。例如，某公司因长期经营不善，连年亏损，该公司经过管理层集体讨论，决定以人为制造保险事故的方法骗取保险金，改变不利局面。该企业购买保险后，公司领导指使有关人员人为纵火烧毁厂房及设备，并向保险公司索取巨额保险金。当所非法获得的巨额保险金归公司所有时，无疑构成单位犯罪；当该巨额保险金被以各种理由分配给单位全体成员或多数成员享有时，也应论以单位犯罪。但是根据前述司法解释第三条，盗用单位名义实施保险诈骗犯罪，违法所得由实施犯罪的个人私分的，则应按照自然人犯罪处理。

（四）保险诈骗罪的主观特征

保险诈骗罪的主观特征表现为行为人实施保险诈骗行为，必须出于故意，并且只限于直接故意，其故意内容为非法占有保险金。保险诈骗罪是利用保险合同实施的犯罪，而保险合同的高度专业性决定：一方面，犯罪人会利用保险合同的专业性掩饰自己的犯罪故意，一旦诈骗行为暴露，就以自己不懂保险为借口，逃避法律制裁；另一方面，也确实存在一些人因不了解保险法律的有关规定而错误申请理赔。所以，行为人主观上是否具有骗取保险金的犯罪故意或目的是区别保险诈骗犯罪和错误申请理赔的重要界限。

司法实践中，对保险诈骗罪故意的认定，应当从综合犯罪行为的各个方面来看，存在保险诈骗故意的，通常具有犯罪预谋、犯罪预备行为，诈骗的理赔申请材料精心策划、刻意制作，虚构事实、隐瞒真相的行为表现积极。而真正不懂保险、错误申请理赔的，不存在预谋行为、预备行为，不会存在精心刻意地制作虚假理赔申请材料，也不会积极地去实施隐瞒真相的诈骗行为。例如因不知道财产保险不可以重复保险而重复保险的，不能认为是保险诈骗犯罪中的故意虚构保险标的；因事故性质本身难以认定而误报事故原因的，不能认为是保险诈骗犯罪中的故意编造虚假事故原因；因事故损失程度计算失误而夸大损失程度的，不能认为是保险诈骗犯罪中故意夸大事故损失程度。[①]

尽管《刑法》第一百九十八条没有明文规定，构成保险诈骗罪需要行为人主观上具备“非法占有为目的”，但理论上主流学者均认可，“非法占有为目的”是保险诈骗罪的主观要件。[②] 本书赞同理论上的主流见解，“非法占有为目的”是保险诈骗罪必须具备的主观构成要件要素。首先，保险诈骗罪是从普通诈骗罪分离出来的罪名，既然是诈骗，行为人当然应当具有非法占有的目的；其次，集资诈骗罪、贷款诈骗罪之所以明文规定非法占有为目的，是出于区分此罪与彼罪的考虑，即为实现与刑法规定的非法吸收公众存款罪和高利转贷罪相区别；再次，强调保险诈骗罪必须具备非法占有为目的的主观要素，可以实现保险诈骗罪与错误申请理赔等保险合同纠纷的合理区分，也有助于否定行为人以符合保险行政法律规范允许的方式取得保险金时行为的刑事可罚性，从而实现罪与非罪的区分；最后，最高人民法院发布的《全国法院审理金融犯罪案件工作座谈会纪要》（法〔2001〕8号）明确规定：“金融诈骗犯罪都是以非法占有为目的的犯罪。”并进一步指出：“在司法实践中，认定是否具有非法占有为目的，应当坚持主客观相一致的原则，既要避免单纯根据损失结果客观归罪，也不能仅凭被告人自己的供述，而应当根据案件具体情况具体分析。”保险诈骗罪属于金融诈骗犯罪，其成立必须具备“非法占有为目的”。

在保险诈骗罪的司法认定中，“非法占有为目的”意指永久性地剥夺保险人对保险金的所有权，使自己或者第三者成为保险金的不法所有人。具体包括以下几层意思：一是非法占有的对象只能是保险人的保险金，夺回自己所有的资金、金融工具或财物，即使属于非法也不构成保险诈骗罪；二是非法占有为目的不限于以本人非法占有为目的，不管是行为人本人非法占有，还是第三者非法占有，都事实上扰乱了正常的保险秩序并侵犯了保险人的财产权，同样说明行为人对法益的严重侵害；三是对保险金的占有必须是非法的，即占有保险金缺乏相应的法律根据；如果是合法占有，即使使用了某种欺骗手段，也不能构成保险诈骗罪，这一点在前述帅英骗保案中已作充分说明。

三、保险诈骗罪的特殊形态

保险诈骗罪的构成特征是一般性地解读《刑法》第一百九十八条保险诈骗

① 林荫茂．保险诈骗犯罪定性问题研究［J］．政治与法律，2002（2）．

② 张明楷．保险诈骗罪的基本问题探究［J］．法学，2001（1）；于改之．保险诈骗罪的司法认定［J］．法律适用，2003（7）；赵秉志主编．金融诈骗罪新论［M］．人民法院出版社，2001：617；郑飞等．金融诈骗罪研究［M］．立信会计出版社，2014：303；杨俊．社保险犯罪刑法理论与实务［M］．上海人民出版社，2015：82.

罪的基本犯罪构成，而保险诈骗罪的特殊形态则是对基本犯罪构成以外的犯罪未遂、共同犯罪以及罪数认定进行研究。

（一）犯罪未遂的认定

由于对保险诈骗罪究竟是行为犯还是结果犯存在争议，刑法理论上对保险诈骗罪是否存在犯罪未遂形态有肯定论与否定论之争。本书认为，保险诈骗罪属于结果犯，其存在犯罪未遂形态。根据《刑法》第一百九十八条，保险诈骗必须具备“数额较大”的罪量要素才构成犯罪，否则，只是保险违法行为。因此，本罪属于结果犯，而不是行为犯。既然是结果犯，那么，“在以法定的危害结果的发生作为犯罪既遂标志的犯罪中，应当以法定的危害结果实际上是否已经发生，来区别犯罪的既遂和未遂”。① 已经发生法定危害结果的，犯罪即既遂；已经着手实施犯罪，但因意志以外的原因而未得逞的，是犯罪未遂形态。同时，从司法实践来看，有关司法解释也肯定保险诈骗罪存在未遂形态。如最高人民法院、最高人民检察院《关于办理诈骗刑事案件具体应用法律若干问题的解释》（法释〔2011〕7号）第五条第一款规定：“诈骗未遂，以数额巨大的财物为诈骗目标的，或者具有其他严重情节的，应当定罪处罚。”② 保险诈骗罪是从诈骗罪中分离出来的罪名，诈骗罪存在未遂形态决定保险诈骗罪同样存在未遂形态。

事实上，最高人民检察院法律政策研究室曾直接指出保险诈骗犯罪具有未遂形态。针对河南省人民检察院《关于保险诈骗未遂能否按犯罪处理的请示》，最高检法律政策研究室作出《关于保险诈骗未遂能否按犯罪处理问题的答复》（〔1998〕高检研发第20号）明确指出：“行为人已经着手实施保险诈骗行为，但由于意志以外的原因未能获得保险赔偿的，是诈骗未遂，情节严重的，应依法追究刑事责任。”这种立场在相关案件的处理中得到体现。在一起保险诈骗案中，2012年7月，被告人孙某某、崔某某为骗取保险金，经预谋，由被告人崔某某出资在北京市丰台区花乡二手汽车交易市场，以人民币7.5万元的价格购买二手罗孚牌汽车一辆。2012年8月30日，被告人孙某某在被害单位中国人寿财产保险股份有限公司为上述车辆投保，被告人孙某某为投保人及被保险人。2012年12月13日，被告人孙某某、崔某某经商议，由孙某某驾驶上述汽车在北京市通州区疃里388路公交车站附近故意制造交通事故，并向中国人寿财产保险股份有限公司报案、索赔。2013年4月23日，被告人孙某某在北京市海淀区安宁庄东路15号与保险公司签订机动车辆保险一次性赔偿协议书，约定由中

---

① 马克昌主编．犯罪通论［M］．武汉大学出版社 1999：486.

② 最高人民法院《关于审理诈骗案件具体应用法律的若干问题的解释（法发〔1996〕32号；已失效）曾明确指出：“已经着手实行诈骗行为，只是由于行为人意志以外的原因而未获取财物的，是诈骗未遂。诈骗未遂，情节严重的，也应当定罪并依法处罚。”

国人寿财产保险股份有限公司赔偿其人民币 170840 元。2013 年 4 月 24 日，被告人孙某某、崔某某在中国人寿财产保险股份有限公司通州分公司准备领取保险金时，被公安机关抓获归案。针对此案，生效裁判肯定保险诈骗未遂的可罚性，“被告人孙某某、崔某某故意制造保险事故，以数额巨大的财物为诈骗目标，其行为均已构成保险诈骗罪，应予定罪处罚。鉴于被告人孙某某、崔某某已经着手实施犯罪，因意志以外的原因而未能得逞，系犯罪未遂；且到案后能如实供述犯罪事实，依法对其从轻处罚。”①

肯定保险诈骗罪存在未遂形态后，应如何认定保险诈骗未遂的开始——“着手”呢？在刑法理论上，是否着手实行犯罪，是区别未遂犯和预备犯的标志。我国刑法学界的通说立足形式客观说，认为“着手”是指行为人开始实施刑法分则规范中具体犯罪构成要件中的犯罪行为。但是也有学者对此提出不同意见，如站在实质客观说立场上的张明楷教授从法益侵害的角度主张，“犯罪未遂只能是具有侵害法益的紧迫危险的行为：故侵害法益的危险达到紧迫程度（发生危害结果）时，就是着手。换而言之，只有当行为产生了侵害法益的具体危险状态时，才是着手”。② 将这两种不同的“着手”认定标准运用于保险诈骗罪可以得出两种不同的结论。按照形式客观说的主张，只要行为人以骗取保险金为目的，开始实施《刑法》第一百九十八条所规定的虚构保险标的、对已发生的保险事故编造虚假的原因或者夸大损失程度、编造未曾发生的保险事故、造成财产损失的保险事故、造成被保险人死亡、伤残或者疾病等，就属于已经着手实行保险诈骗犯罪；如果由于意志以外的原因最终没有骗取保险金，就属于保险诈骗罪的未遂犯。按照实质客观说的见解，单纯实施《刑法》第一百九十八条所规定的五种行为尚不足以实质地威胁保险诈骗罪所保护的法益，只有行为人到保险公司索取赔偿或者提出支付保险金请求，即进行保险赔偿申请，才可能产生侵害保险诈骗罪保护法益的具体危险状态。因此，“虚构保险标的、编造保险事故的虚假原因、制造保险事故等行为，目的都是为骗保制造前提条件。如果行为人制造保险事故后并未到保险公司索赔，保险秩序与保险人的财产即本罪的法益受到不法侵害的危险性就低。只有当行为人向保险人提出赔偿要求时，才能认为保险诈骗罪的法益受到不法侵害的危险性已经达到了紧迫的程度。因此，本罪的实行行为是行为人到保险公司索取赔偿的行为或者要求支付保险金的行为，而本罪的着手，就是行为人开始到保险公司进行索赔或者要求支付保险金的行为”。③ 遵循此种理解，为骗取保险金，虚构保险标的、对已

---

① 北京市第一中级人民法院（2014）一中刑终字第 367 号刑事裁定书。

② 张明楷．刑法学（第五版）（上册）［M］．法律出版社，2016：342.

③ 刘文强．论保险诈骗罪未遂形态的认定［J］．湖北警官学院学报，2013（3）.

发生的保险事故编造虚假的原因或者夸大损失程度、编造未曾发生的保险事故、造成财产损失的保险事故、造成被保险人死亡、伤残或者疾病等行为，充其量属于为骗取保险金创造条件，应属于保险诈骗罪的预备行为。

本书认为，以实质客观说确定保险诈骗罪的着手标准是妥当的。形式客观说虽然强调实行行为的开始就是着手，但却没有从实质上回答什么是实行行为，从而不当地提前了保险诈骗罪着手的成立时限。只要行为人与保险人签订保险合同时虚构了保险标的，只要为了骗取保险金而故意制造财产损失的保险事故，就属于已经着手实行保险诈骗行为，这显然使保险诈骗罪的着手过于提前，从而扩大了保险诈骗罪的处罚范围。此外，在保险诈骗的五种情形中，除了第一种通常是在签订保险合同时就有骗取保险金的故意之外，后四种可能是在签订保险合同后才产生保险诈骗的故意。采取上述形式的客观说，则有可能将正常签订保险合同的行为认定为保险诈骗行为。① 因此，保险诈骗罪的未遂形态是指行为人以骗取保险金为目的，任意实施《刑法》第一百九十八条所规定的五种行为，并向保险公司申请保险理赔，而在理赔过程中因意志以外的原因，如保险人发现保险标的属于虚构、保险事故原因、性质、损失程度的证明材料是虚假、保险事故是行为人人为制造等，拒绝给付保险金，致使行为骗取保险金未得逞。反之，如果行为人通过前述保险诈骗行为，使保险人陷入认识错误并按照保险合同的约定向行为人给付保险金的，保险诈骗罪即告既遂。

（二）共同犯罪的认定

共同犯罪是指两人以上在共同故意的支配下共同实施犯罪。保险诈骗犯罪通常表现为共同犯罪，这主要是受三方面因素的影响：一是保险诈骗是合同犯罪，而合同关系人就有投保人、被保险人和受益人；二是保险诈骗需要准备许多虚假的理赔证明材料，而这些证明材料的做出往往就会出现共同犯罪人；三是保险诈骗若内外勾结，成功率特别高。② 根据保险诈骗参与人的不同身份，保险诈骗罪的共同犯罪大致可以分为五种情形：第一种是投保人、被保险人、受益人共同实施《刑法》第一百九十八条规定的五种保险诈骗行为骗取保险金的；第二种是保险公司的相关工作人员和投保人、被保险人、受益人等内外勾结共同诈骗保险金的；第三种是《刑法》第一百九十八条第四款所规定的保险事故的鉴定人、证明人、财产评估人故意提供虚假的证明文件为他人骗取保险金提供或创造条件，从而和投保人、受益人、被保险人共同实施诈骗保险金行为的；第四种是没有特定身份的人和投保人、受益人、被保险人等共同骗取保险金；

---

① 张明楷．保险诈骗罪的基本问题探究［J］．法学，2001（1）．

② 林荫茂．保险诈骗犯罪定性问题研究［J］．政治与法律，2002（2）．

第五种是上述各主体混合共同实施犯罪。[①] 考虑到第一种、第四种和第五种保险诈骗共同犯罪，按照刑法共同犯罪的规定和共同犯罪基础理论解决各行为人的刑事责任问题，不存在特别的困难，本书拟不具体展开。

对于保险公司工作人员与投保方人员内外勾结型保险诈骗共同犯罪，司法实践中并不罕见。如河南省尉氏县大营乡村民班某在岗陆村被马某开农用三轮车撞伤，造成班某左肩脱臼、左胸部三根肋骨骨折。班某与马某达成并履行和解协议后，马某的父亲马某某发现肇事车辆有强制险，于是拨打了保险公司电话进行报案，中国某财险保险公司尉氏县分公司工作人员夏某接报。巧合的是，夏某与马某某的外甥女认识，经介绍，夏某与马某某成为朋友，了解情况后，两人开始进行理赔密谋。夏某让马某某打官司理赔，并进行一系列的准备工作，开具假事故认定书，找医生张某开具假病历，委托某法律服务所法律工作者周某、仝某进行诉讼。其后，由周某诉讼到尉氏县人民法院，经庭前调解，最终“成功”骗取中国人寿财险保险公司40000元保险金。后来，他们利用其他已经终结的交通事故，不断上演类似的骗局。[②] 该例是典型的内外勾结诈骗保险金的案件，投保方人员马某某虚构事故原因骗取保险固然构成保险诈骗罪，但对于保险公司工作人员夏某的行为究竟应如何定性呢？

根据《刑法》第一百八十三条的规定，保险公司的工作人员利用职务上的便利，故意编造未曾发生的保险事故进行虚假理赔，骗取保险金归自己所有的，依照本法第二百七十一条的规定定罪处罚。国有保险公司工作人员和国有保险公司委派到非国有保险公司从事公务的人员实施前述行为的，以贪污罪定罪处罚。这一规定是仅就保险公司工作人员的单独行为而言，具体到保险公司工作人员与投保方人员相勾结骗取保险金的共同犯罪行为应如何定性需要进行研究。最高人民法院《关于审理贪污、职务侵占案件如何认定共同犯罪几个问题的解释》（法释〔2000〕15号）指出：“公司、企业或者其他单位中，不具有国家工作人员身份的人与国家工作人员勾结，分别利用各自的职务便利，共同将本单位财物非法占为己有的，按照主犯的犯罪性质定罪。”据此，保险公司工作人员与投保方人员相勾结骗取保险金的共同犯罪行为也应按照主犯的犯罪性质定罪。即如果主犯是保险公司工作人员的，则将共同犯罪认定为职务侵占罪或贪污罪；如果主犯是投保方人员的，则即将共同犯罪认定为保险诈骗罪。尽管主犯决定论得到最高司法机关的肯定，但这种处理方式却存在下述缺陷：首先，如果共同犯罪中，投保方人员与保险公司工作人员作用相当，难以确认或者不存在主

① 王非．保险诈骗共同犯罪的具体形式及责任认定［J］．江南大学学报（人文社会科学版），2011（2）．

② 谷剑冰．内外勾结，利用交通事故骗取保险赔偿金［N］．大河报，2014－12－24（22）．

犯时，就无法适用上述司法解释确定共同犯罪的罪名；其次，行为人在共同犯罪中所起作用大小，是确定共同犯罪人的种类及其刑事责任的依据，而不是定罪的依据，主犯决定论颠倒定罪和量刑的次序；最后，由于主犯的不同而导致共犯定性上的区别，不利于贯彻罪责刑相适应原则。①

本书认为，内外勾结骗取保险金的共同犯罪案件实则应归属为想象竞合，按照“从一重处断”的原则处里。投保方与保险公司工作人员相互勾结骗取保险金，不论双方分工如何，事实上都只有一个完整的诈骗保险金的行为。这一行为在刑法规范上同时触犯保险诈骗罪和职务侵占罪（贪污罪）两个罪名，只是根据不同罪名，对双方的共犯形态评价结论不同。如果适用保险诈骗罪，投保方是实行犯，保险公司工作人员是帮助犯，反之亦然，如果适用职务侵占罪（贪污罪），保险公司工作人员就是实行犯，而投保方则为帮助犯。简而言之，在内外勾结骗取保险金的场合，投保方和保险公司工作人员实施的行为都不是单纯的骗取行为。投保方既是保险诈骗罪的实行犯，又是职务侵占罪（贪污罪）的共犯，保险公司工作人员既是职务侵占罪（贪污罪）的实行犯，又是保险诈骗罪的共犯。双方的行为符合“一行为触犯数罪名”之想象竞合的构造，应当按照“从一重处断”的原则处理。具体来说，投保方为骗取保险金而与保险公司工作人员勾结的场合，在保险诈骗罪的范围内成立共同犯罪，但由于保险公司工作人员实际上构成保险诈骗罪的共犯（帮助犯）与职务侵占罪（贪污罪）的想象竞合，应择一重罪处断。即如果保险公司工作人员触犯职务侵占罪，因保险诈骗罪的法定刑重于职务侵占罪的法定刑，应对保险公司工作人员论以保险诈骗罪；如果保险公司工作人员触犯贪污罪，因贪污罪的法定刑重于保险诈骗罪的法定刑，应对保险公司工作人员论以贪污罪。保险公司工作人员勾结投保方骗取保险金的场合，在职务侵占罪（贪污罪）的范围内成立共同犯罪，但由于投保方另行触犯保险诈骗罪，实际上构成职务侵占罪（贪污罪）的共犯（帮助犯）与保险诈骗罪的想象竞合，应择一重罪处断。即如果保险公司工作人员触犯职务侵占罪，因保险诈骗罪的法定刑重于职务侵占罪，对保险公司工作人员和投保方按保险诈骗罪定罪处刑；如果保险公司工作人员触犯贪污罪，因贪污罪的法定刑重于保险诈骗罪，故应对保险公司工作人员和投保方按贪污罪论处。

概而言之，在内外勾结型保险诈骗共同犯罪重，如果保险公司工作人员触犯贪污罪，即对保险公司工作人员及投保方按照贪污罪定罪；如果保险公司工作人员触犯职务侵占罪，即对保险公司工作人员及投保方按照保险诈骗罪定罪。上例中，财产保险公司工作人员夏某依法构成职务侵占罪，对夏某以及马某某

① 杜国强．保险诈骗罪共犯问题研究［J］．人民检察，2005（1）．

均应按照保险诈骗罪定罪，马某某是保险诈骗罪的实行犯，夏某是保险诈骗罪的从犯（帮助犯）。

对于投保方与保险事故鉴定人、证明人、财产评估人共同骗取保险金的共犯罪问题，《刑法》第一百九十八条第四款规定："保险事故的鉴定人、证明人、财产评估人故意提供虚假的证明文件，为他人诈骗提供条件的，以保险诈骗的共犯论处。"保险实践中，投保方在申请保险理赔时，需要提供保险事故原因及损失程度的证明文件，如保单、出险证明、财产损失鉴定等，这些文件往往是由保险事故的鉴定人、财产评估人等做出的，对于保险人是否理赔及理赔额度有着关键影响。通常而言，担当保险事故的鉴定人、财产评估人的人员既可以是保险公司的工作人员，也可以是承担资产评估、验资、会计、法律服务等职责的中介组织的人员。对于前者故意提供虚假的证明文件，为他人骗取保险金提供条件的，属于前述内外勾结型保险诈骗共同犯罪的情形，通常按照保险诈骗罪（共犯）处理。在此，需要重点探讨的是后一类人员应当如何处理。因为保险事故鉴定人等人员的上述行为除被《刑法》第一百九十八条第四款规定为"保险诈骗罪的共犯"外，还被《刑法》第二百二十九条规定为提供虚假证明文件罪。

针对保险事故鉴定人等人员上述行为的刑法评价，有学者从想象竞合犯的角度予以解决，认为鉴定人等人员的行为同时触犯了提供虚假证明文件罪和保险诈骗罪（帮助犯），属于一行为触犯数罪名，符合想象竞合犯的特征，应按"从一重罪处断"原则对鉴定人等人员的行为以保险诈骗罪的共犯予以论处。[①]仅就评价结论而言，本书亦赞同对保险事故鉴定人等人员的上述行为论以保险诈骗罪的共犯，但并不认为该种情形应认定为想象竞合犯。刑法理论上，想象竞合犯的主要特征是：（1）想象竞合犯是一个行为，外观上触犯数罪名，犯罪本身是形式上的数罪；（2）想象竞合犯是一个行为同时符合数个犯罪构成，触犯数个罪名的竞合；（3）想象竞合犯的数法规之间，仅有行为的同一，在竞合罪名法条的构成要件内容上不存在必然的重合或交叉关系；（4）想象竞合犯主观上可以是数个罪过；（5）想象竞合犯是裁判上的一罪，应就其触犯的数罪名中，从一重处断。[②]显然，保险事故鉴定人等人员故意提供虚假证明文件，为他人诈骗提供条件的行为，难以认定为是基于主观上数个罪过支配下实施的，并且也并未符合数个犯罪构成，触犯数个罪名。正如有学者所指，"故意提供虚假证明文件这一行为的最终目的是为了保险诈骗的顺利实现，即便是他人在鉴定人等提供了如此便利条件后由于其他原因未能实施保险诈骗行为，那也可能属

① 王作富主编．刑法分则实务研究（中）［M］．中国方正出版社，2010：614.

② 林亚刚．论想象竞合犯的若干问题［J］．法律科学，2004（1）.

于保险诈骗罪的未遂问题，而并非另外构成提供虚假证明文件罪这一罪名”。[①] 事实上，从《刑法》第一百九十八条第四款以及第二百二十九条的具体规定来看，前者强调的保险事故鉴定人等人员故意提供虚假证明文件的目的和作用，即“为他人诈骗提供条件”，而非侧重保险事故鉴定人等人员故意提供虚假证明文件这一行为本身，从而与完全着眼于故意提供虚假证明文件行为的提供虚假证明文件罪表现出鲜明的区别。如果将保险事故鉴定人的上述行为同时评价为符合提供虚假证明文件罪，将忽视行为“为他人诈骗提供条件”这一重要要素，属于不完整、不全面的刑法评价。

在本书看来，《刑法》第一百九十八条第四款与第二百二十九条事实上形成包容与被包容的法条竞合关系，前者在后者的基础上，因为还要求具备“为他人诈骗提供条件”这一要素，因而属于特别规定。按照法条竞合犯“特别法优于一般法”的处断原则，应当以《刑法》第一百九十八条第四款对保险事故鉴定人等人员故意提供虚假证明文件，为他人诈骗提供条件进行完全评价。对此，有学者正确地写道：“如果保险事故鉴定人、证明人、财产评估人与保险诈骗行为人事先有诈骗保险金的同谋，这时中介人员提供虚假证明文件的行为是保险诈骗行为的一部分，应该认定为保险诈骗罪的共犯，而与提供虚假证明文件罪构成法条竞合的关系。因为中介人员虽然有提供虚假文件的故意，确实以诈骗保险金为目的，显然《刑法》第一百九十八条第四款的规定更为适合评价中介人员的行为，且以《刑法》第一百九十八条第四款的规定来评价已经足够，符合法条竞合的特征。”[②] 应当说，《刑法》第一百九十八条第四款的立法初衷是，鉴于保险实践中保险事故的鉴定人、证明人财产评估人出具的虚假事故原因、性质和损失程度的证明文件为投保方骗取保险金提供了不可或缺的条件，缺乏这些关键的虚假证明文件，投保方往往难以顺利骗取保险金，因此为防止保险诈骗犯罪的发生，立法者特别加重对保险事故鉴定人故意提供虚假证明文件，为他人诈骗提供条件的处罚力度和强度。如果承认这一点，《刑法》第一百九十八条第四款的性质就属于提示性的注意规定，[③] 即在刑法已有共同犯罪相关规定的前提下，对相关规定内容的重申或具体化，用以提示司法人员注意，保险事故鉴定人等人员的上述行为应当适用《刑法》第一百九十八条第四款予以评价，而不得适用《刑法》第二百二十九条将其认定为提供虚假证明文件罪。

---

① 杨俊．涉保险犯罪刑法理论与实务［M］．上海人民出版社，2015：68.

② 薛瑞麟主编．金融犯罪再研究［M］．中国政法大学出版社，2007：415.

③ 将《刑法》第一百九十八条第四款理解为提示司法者注意的注意规定得到不少学者的认可。张明楷．保险诈骗罪的基本问题探究［J］．法学，2001（1）；魏迎宁．保险诈骗罪研究［J］．保险研究，2010（9）；肖晚祥．保险诈骗罪的若干问题研究［J］．政治与法律，2010（1）；孙万怀．保险诈骗共同犯罪的实践难题及合理解决［J］．法学家，2012（6）.

（三）罪数的认定

保险诈骗罪一般有手段行为和目的行为，手段行为和目的行为之间一般有牵连关系。《刑法》第一百九十八条第一款将保险诈骗罪的手段行为规定为五项，但第二款却仅规定："有前款第四项和第五项所列行为，同时构成其他犯罪的，依照数罪并罚的规定处罚。"按照该款规定，投保人、被保险人为诈骗保险金，故意造成财产损失的保险事故，或者投保人、受益人为诈骗保险金，故意造成被保险人死亡、伤残或者疾病，同时构成其他犯罪的，应当数罪并罚。值得注意的是，行为人仅实施制造保险事故的犯罪行为，但尚未向保险人提出索赔申请的，从禁止重复评价的立场，应当仅认定为制造保险事故所直接构成的犯罪，不应实行数罪并罚。原因有三种情形：其一，故意制造保险事故但尚未向保险公司申请理赔的，缺乏第四项和第五项行为方式所要求的"骗取保险金"的要件，不符合该条第二款"有前款第四项、第五项所列行为"的规定；其二，故意制造保险事故但尚未向保险公司申请理赔，仅属于保险诈骗罪的预备行为，可罚性相对稀薄；其三，故意制造保险事故但尚未向保险公司申请理赔，行为人故意制造保险事故的行为属于一行为触犯两个罪名的想象竞合犯，对此应从一重处断，而不应实行数罪并罚。

保险实践中，除故意制造保险事故可能其他犯罪外，投保人虚构保险标的、投保人、被保险人或者受益人对发生的保险事故编造虚假的原因或者夸大损失的程度以及投保人、被保险人或者受益人编造未曾发生的保险事故，也可能同时构成其他犯罪，如为顺利骗取保险金或者骗取虚假证明文件，投保方可能向保险理赔人员或相关中介人员实施行贿行为，可能构成对非国家工作人员行贿罪（行贿罪）；投保方还为出具虚假的保险事故证明伪造其他单位的印章，构成伪造公司、企业、事业单位、人民团体印章罪，等等，此时行为人的行为应当如何评价则缺乏刑法明文规定。本书认为，对此种情形应认定为牵连犯，按照从一重从重处断的原则处理。

所谓牵连犯，是指两个本来的一罪处于手段与目的或者原因与结果之关系的情形，由于是密切联系在一起的一系列行为，因而可以准照于一个"意思发动"，认定存在责任的减少，进而以一罪处断。① 在上述情形中，投保方为骗取保险金所实施的手段行为构成保险诈骗罪以外的其他犯罪，同时其采用法定虚构事实或隐瞒真相方式骗取保险金，构成保险诈骗罪，"其他犯罪"与保险诈骗罪之间具有手段与目的的牵连关系，符合牵连犯的构造。对于牵连犯的处断应以从一重从重处断为原则，刑法分则明确规定数罪并罚的除外。既然《刑法》

---

① ［日］松原芳博．刑法总论重要问题［M］．王昭武译，中国政法大学出版社，2014：384.

第一百九十八条第二款将数罪并罚的情形明确限定为故意制造保险事故的第四项和第五项行为，而对前三项行为未作规定，按照罪刑法定原则的要求，对行为人实施前三项行为同时构成其他犯罪的，应当认定为牵连犯，从一重罪，从重处断。此外，对上述情形坚持从一重从重处断的依据还在于，行为人实施前三项行为所同时涉及的其他犯罪行为基本可以为保险诈骗罪之虚构事实或隐瞒真相的客观特征所包含，即便这些行为可能独立成罪，但其与保险诈骗罪之间的牵连关系也比故意制造保险事故涉及的犯罪与保险诈骗罪之间的牵连关系更为紧密，对上述情形按照从一重从重处断可以满足罪责刑相适应对基本要求。

第三节　保险诈骗罪司法认定的疑难情形

从《刑法》第一百九十八条来看，我国保险诈骗罪的法律规范还是相对系统和完备的，不仅具体规定保险诈骗罪犯罪主体、行为方式等基本犯罪构成，还涉及保险诈骗罪的共同犯罪及罪数等内容，这对于准确认定绝大多数保险诈骗案件提供了明确的规范依据。然而，司法实践中也出现诸多保险诈骗疑难案件，如某种行为形式上以诈骗的方法取得保险金，是否应当评价为保险诈骗行为，并且即便肯定某种行为构成保险诈骗罪，但究竟应归属于何种具体行为方式。“刑法学是最精确的法学。”[①] 非但某种行为是否构成保险诈骗罪需要精确地确定，即便肯定某种行为构成保险诈骗罪，仍需要精确地确定该种行为是属于五种法定保险诈骗行为中的哪一种行为方式，由此导致保险诈骗罪司法认定出现诸多疑难情形。

一、冒名骗赔行为的定性

所谓冒名骗赔是指自己不参加投保或不全部投保，一旦出了事故便设法冒用已参加投保的单位或个人的户名向保险人骗赔的情况。[②] 现实生活中，冒名骗赔的现象时有发生，例如，原本是正处在驾照实习期的父亲张某，临时移动投保汽车，不慎误踩油门发生交通事故，但因担心此事影响父亲正常的实习以及影响保险理赔，儿子小张自己顶包，谎称自己操作不当误将油门当刹车才造成事故，试图隐瞒肇事的驾驶员，最终被交警识破，车主小张也因涉嫌骗保而被保险公司拒赔。[③]

---

① ［德］克劳斯·罗克辛．德国刑法学总论（第1卷）［M］．王世洲译，法律出版社，2005，译者序。

② 刘宪权．金融犯罪刑法理论与实践［M］．北京大学出版社，2008：528.

③ 钱澄蓉．冒名顶替骗保 小伙后悔不已［N］．嘉兴日报，2017-02-26（13）.

针对冒名骗赔行为的定性，有学者认为，《刑法》虽然没有将这种情况列入保险诈骗行为中，但这种冒名骗赔行为与《刑法》第一百九十八条所列举的几种行为，在性质上是相同的，所以完全可以按保险诈骗罪定性处罚。有人甚至认为，这种行为也是利用金融交易关系，主要侵犯保险市场秩序并同时侵犯公私财产所有权的行为，可以通过司法解释将其纳入保险诈骗罪中。[①] 反对意见则认为，冒名骗赔的行为人事实上并未与保险人存在所谓的保险合同，因而在主体上与刑法规定构成保险诈骗罪的主体要求完全不相符合，所以不宜认定为保险诈骗罪。不过冒名骗赔的行为毕竟在主观上具有骗取保险金的故意，客观上又实施了虚构事实、隐瞒真相的骗保行为，这些均完全符合诈骗罪的构成特征，对其不妨以诈骗罪定性。[②] 另有观点主张，对于冒名骗赔行为的定性应具体问题具体分析，不能一概而论，即如果冒名者与被冒名者具有共同骗赔的故意，则对冒名者完全可以按保险诈骗罪的共犯加以处罚。因为在这种情况下，冒名者的骗赔行为完全依靠被冒名者与保险人之间业已存在的保险合同关系进行，而故意实施帮助、配合等行为的被冒名者又完全符合保险诈骗罪的主体要求，尽管冒名者不符合，但可以作为共犯加以认定。如果冒名者与被冒名者没有共同故意，例如，冒名者以欺骗方法骗得被冒名者有关文件、证明等，单独实施骗赔行为的，由于这种情况下冒名者的行为虽然具有诈骗性质，但并未列入《刑法》有关保险诈骗罪的条文之中，根据罪刑法定原则及《刑法》设定保险诈骗罪的立法原意，对于冒名者不能以保险诈骗罪定性处罚，如符合诈骗罪构成要件的，则可以按诈骗罪定性处罚。[③] 当然，也有论者认为将在具有共同骗保故意的场合，将冒名者的行为界定为保险诈骗罪共犯的定性牵强附会，“实际上即使将冒名者定为保险诈骗罪的共犯也不是不符合《刑法》第一百九十八条关于该罪共犯故意的界定的，所以只能按普通诈骗罪来认定”。[④]

可以肯定的是，冒名骗赔行为不应评价为保险诈骗罪的单独正犯。前已述及，保险诈骗罪是纯正身份犯，只有具备投保人、被保险人或者受益人的合法投保方身份，才能构成本罪。冒名骗赔者不是投保方中的投保人、被保险人或者受益人，难以成为保险诈骗罪的犯罪主体，无法单独构成保险诈骗罪。然而，否定冒名骗赔行为的保险诈骗罪定性，并不否定冒名骗赔行为的诈骗罪定性。诈骗罪的犯罪主体不要求具有特殊身份资格，同时冒名骗赔行为完全符合诈骗罪虚构事实或隐瞒真相的客观特征，其骗赔行也侵犯了保险公司的财产所有权，

---

① 高铭暄主编．新型经济犯罪研究［M］．中国方正出版社，2000：964.

② 赵秉志．刑法分则问题专论［M］．法律出版社，2004：213.

③ 刘宪权．金融犯罪刑法学新论［M］．上海人民出版社，2014：529－530.

④ 孙文红．保险诈骗罪若干问题研究［J］．国家检察官学院学报，2003（3）.

因而将冒名骗赔行为认定为诈骗罪是妥当的。但这只是冒名者单独构成犯罪场合的处理结论，如果冒名者与被冒名的投保方互相通谋，并在共同犯罪故意支配下共同实施骗取保险金，则可以依据《刑法》第二十五条共同犯罪的规定，将其认定为保险诈骗罪的共同犯罪。在冒名骗赔的场合中，因为所有的保险手续或合同等资料均在被冒名者手中，而要取得保险赔偿必须凭合同或身份证等文件或证件，冒名骗赔行为一般均需要被冒名者的帮助和配合方能成功，不太可能由冒名者单独实施。所以，在冒名者与被冒名者互相通谋有共同故意的场合，对二者的行为按共同犯罪处理，即共同构成保险诈骗罪，符合共同犯罪的基础法理及《刑法》第二十五条的具体规定。认为保险诈骗罪的共犯情形仅限于《刑法》第一百九十八条第四款规定的情形，误读了该款属于提示司法人员的注意性规定的内在特质，不当地限缩保险诈骗罪共同犯罪的成立范围。

二、事后投保骗取保险金行为的定性

事后投保，又称倒签保单，即某项财产原本没有投保在该财产发生事故造成损失后，隐瞒事故向保险人投保，将其转化为保险标的，以骗取保险金。例如，2010 年 6 月，李某、陈某在明知江苏龙海船舶公司在建的植物油船主机曲轴进水而锈蚀受损的情况下，为挽回损失，指使相关人员，采取事后向某财产保险公司江都支公司投保，并采用向主机里注水等手段伪造保险事故现场，随后向其所投保的保险公司报警并提出 125.26 万元的索赔申请。2011 年 12 月 7 日，龙海船舶在理赔未果的情况下，主动向保险公司撤回理赔申请。事后投保不仅在财产保险中经常发生，而且也实际出现在人身保险领域。比如，明明已经罹患癌症的人士，却隐瞒自己恶化的身体状况，投保一份健康险，以期在不久的将来申请保险理赔。明明是已经因意外摔伤了，却像普通人一样，投保一份意外险，事后再申请相关理赔。[①]

单从形式来看，事后投保与前述将保险期限届满后发生的事故冒充保险期限内发生的事故骗取保险金的情形具有相似性，如均存在曾经有效的保险合同，造成损失的事故均未发生在保险期限内等，但是事后投保的构造是先出险后投保，而后者是通过篡改事故发生时间将不是保险事故的事件编造为保险事故。针对事后投保行为的定性，理论上均肯定其构成保险诈骗罪，存在争议的是，事后投保行为应当归入《刑法》第一百九十八条第一款规定的五种行为方式中哪一种。对此，有学者认为其应当归属于“投保人、被保险人或者受益人编造未曾发生的保险事故”，[②] 有意见认为，应对事后投保的两种情况区别对待。“对于标的从未被

---

① 陈婷等. 中国十大骗保案揭秘 [J]. 理财周刊，2014 (21).

② 刘宪权. 金融风险防范与犯罪惩治 [M]. 立信会计出版社，1998：239.

保险的事后投保应视为虚构保险标的，因为未经保险的标的自然不能成为日后保险事故理赔的依据，……对于标的虽曾被保险但保险有效期已过且未及时续保的事后投保行为，可视为编造未曾发生的保险事故的行为而予以规制。”① 还有观点提出，事后投保行为无法归入现有五种法定保险诈骗行为方式，应参照贷款诈骗罪、信用证诈骗罪的立法模式，在《刑法》第一百九十八条规定的五种法定行为方式后加一兜底条款：“其他利用保险合同关系诈骗保险金额的行为。”② 大多数学者则将其看作“投保人故意虚构保险标的”的一种表现形式。③

本书赞同多数学者的意见，事后投保行为构成保险诈骗罪，属于故意虚构保险标的型保险诈骗罪。在“编造未曾发生的保险事故”的情形中，事故客观上根本没有发生，其侧重在于编造事故，而编造的事故是以客观存在的符合要求的保险标的为前提的，而事后投保则是事故已经发生，行为人再投保，并将该事故编造成保险期限内的事故以骗取保险金，也即事后投保是保险事故本身存在，只不过其发生的时间早于投保，投保时该标的已经属于不适格的标的，行为人只是隐瞒事故实际发生时间以及标的的真实情况等事实，而未编造未曾发生的保险事故，因此，两种行为方式的基本构造明显不同，将事后投保视作编造未曾发生的保险事故并不妥当。同时，根据标的是否被保险，将事后投保分成两种不同情形进行讨论也无必要，因为不论标的是否曾经被保险，在事故发生时，标的均处于没有保险的状态，将其统一认定为“虚构保险标的”完全可以满足司法实践的要求，区分两种情形有画蛇添足之嫌。事实上，事后投保的实质是将并不存在的保险标的虚构为已经存在的保险标的，这与事前投保时故意虚构保险标的并无二致，两者都是无中生有地虚构事实。因而，在事后投保引申出的无中生有与故意虚构保险标的与引申出的无中生有之间的交叉点上的内容出现了重合与同一，故应将两者做同类的处理与解释。④

三、故意扩大保险事故损失骗取保险金行为的定性

故意扩大保险事故损失骗取保险金行为，又称蔓延保险损失索赔，是指行为人有防止财产损失扩大的义务和能力，却故意不采取任何防止措施听任事故

① 赵秉志，许成磊．金融诈骗罪司法认定中的若干重点疑难问题研讨［J］．刑事司法指南，2000（4）．

② 韩玲．保险诈骗罪中几种特殊行为方式的司法认定［J］．政治与法律，2005（4）．

③ 胡启忠，秦正发．“虚构保险标的”型保险诈骗罪适用边界论［J］．中国社会科学院研究生院学报，2014（3）；林荫茂．保险诈骗犯罪行为研究［J］．华东刑事司法评论，2002（2）；赵秉志主编．金融诈骗罪新论［M］．人民法院出版社，2001：604；张兆利．保险诈骗罪研究［M］．中国检察出版社，2007：85；杨俊．涉保险犯罪刑法理论与实务［M］．上海人民出版社，2015：47.

④ 郭庆茂，顾尧．事后投保骗取保险金构成保险诈骗罪［J］．人民司法，2008（22）．

损失的扩大，或者采取积极措施扩大事故损失，意图多获得保险金。从最大诚信原则出发，我国《保险法》第五十七条第一款规定："保险事故发生时，被保险人应当尽力采取必要的措施，防止或者减少损失。"而故意扩大保险事故的行为，不仅懈怠了保险事故发生后的防损义务，而且还积极扩大事故损失。保险实践中，保险事故给保险标的实际造成的损失范围可能有限，如果投保方积极施救，完全能够避免损失的扩大，然而，投保方出于多得保险赔偿金的考虑，既可能对之采取听之任之的态度，也可能"火上浇油"，顺势增加某些加害行为，从而导致保险标的遭受的损失进一步增加。诚如事后投保一样，理论界均肯定故意扩大保险事故损失骗取保险金行为构成保险诈骗罪，但因《刑法》第一百九十八条第一款没有明确将该行为方式纳入，这种行为应当归属于哪种法定保险诈骗行为方式，则存在极大争议。

对故意扩大保险事故损失骗取保险金行为的定性，第一种观点认为，属于"夸大损失程度"，"这种行为与夸大损失程度骗取保险金的行为如出一辙，因为行为人意图得到更多的保险金而没有采取相关措施导致保险标的损失的扩大，其实质就是先夸大损失然后索赔，其中多余的损失完全可以认为是行为人自己造成的"。[①] 第二种观点认为，属于"编造虚假的事故原因"，"归根到底，这种行为方式的核心是在事故原因方面大做文章，即编造虚假的事故原因，而将'扩大损失'发生的真实原因予以掩盖，因而将其归类于'编造虚假的事故原因'之中才是与其基本特征相符的。"[②] 对此，有学者解释道，"行为人采取了编造虚假原因的手法，即将导致损失扩大部分的原因也说成是导致保险事故发生但还没有扩大时的原因，把本应属于保险除外责任的情况转化为保险责任范围内的情况以骗取保险金，因此，应将'故意扩大保险事故'的不法行为纳入到第二种法定行为方式中的'对发生的保险事故编造虚假的原因"。[③] 第三种观点认为，属于故意造成财产损失的保险事故的行为，并且是以不作为方式实现的。"投保人一方应当维护保险标的的安全，正在发生保险事故时，他们具有采取必要合理措施防止、减少财产损失的义务。因此，行为人面临财产的危险时，故意不采取必要措施防止事故发生，或者在发生事故时故意不采取必要措施防止、减少财产损失，以（多）骗取保险金的，依然属于'故意造成财产损失的保险事故，骗取保险金。'"[④]

比较而言，本书认为第三种观点更具合理性。故意扩大保险事故损失骗取

---

① 罗长斌．保险诈骗罪［M］．武汉大学硕士学位论文，1997.

② 赵秉志．金融诈骗罪新论［M］．人民法院出版社，2001：608.

③ 韩玲．保险诈骗罪中几种特殊行为方式的司法认定［J］．政治与法律，2005（4）.

④ 张明楷．诈骗罪与金融诈骗罪研究［M］．清华大学出版社，2006：760.

保险金行为，应当构成保险诈骗罪，且属于《刑法》第一百九十八条第一款第四项所规定的“故意造成财产损失的保险事故，骗取保险金”。首先，“夸大损失程度”所夸大的那部分损失是行为人通过提供虚假证明材料虚构出来的，而非实际存在的保险标的的损失，但故意扩大保险事故损失，保险标的所遭受的扩大部分的损失是真实且客观存在的，二者在事实基础上存在明显区别；其次，尽管故意扩大保险事故损失骗取保险金行为的构造中，行为人在故意扩大保险事故损失后往往会虚构该扩大部分事故损失的原因，才可能相对顺利地骗取保险金，但是“编造虚假的事故原因”侧重于对整个事故原因通过提供虚假证明文件和资料进行虚构，将本属于除外责任的事故编造成属于保险责任的保险事故，其中所涉及的“事故损失”是基于偶然原因随机产生的损失，而故意扩大保险事故损失是在已有相关偶然性损失的基础上，人为故意增加保险标的的损失，其强调对象是“故意扩大保险事故损失”的后果，而非扩大部分损失的原因，因此，不宜将其归为“编造虚假的事故原因”。最后，根据前述《保险法》第五十七条第一款，保险事故发生后，投保方负有采取必要措施，防止或减少损失的法定防损救济义务。如果投保方懈怠该防损救济义务，放任保险事故损失的扩大，或者补充施以加害行为，扩大保险标的损失，就扩大部分的损失来看，实质属于行为人通过不作为或作为的方式增加保险事故的损失，即这部分损失后果的产生并非出于偶然原因，而是在行为人故意支配下必然产生的损失，因而与“故意造成财产损失的保险事故”无异。

四、被保险人自损骗取保险金行为的定性

被保险人自损骗取保险金，主要是指人身保险中，被保险人通过自杀或者自残的方式造成保险事故，骗取保险金的行为。例如，“舒茗保险诈骗案”中，被告人舒茗为骗取保险金，从2008年3月起至6月间，分别在中国人寿保险股份有限公司灌南支公司、国泰人寿保险有限责任公司、联泰大都会人寿保险有限公司、新华人寿保险股份有限公司等十余家保险公司，以本人作为投保人和被保险人，投保了保险金额达1000余万元人民币的人身意外伤害保险。2008年10月16日上午，被告人舒茗利用在家剁排骨之机，故意将自己左食指剁伤，致左食指近节指端离断，经鉴定属七级伤残，依据人身意外伤害保险合同所附《人身保险残疾程度与保险金给付比例表》规定，该伤残应按投保金额的10%的比例给付保险金。2008年10月30日，被告人舒茗谎称其在家剁排骨时不慎将自己左食指剁断，到中国人寿保险股份有限公司灌南支公司、国泰人寿保险有限责任公司分别要求理赔保险金人民币5万元和20万元。同年12月31日，被告人舒茗又向灌南县人民法院提起诉讼，要求中国人寿保险股份有限公司灌南支公司支付其保险金人民币5

万元，后因案发而未得逞。[①] 如该案所示舒茗通过自伤骗保，人身保险中被保险人自损骗取保险金行为是否构成保险诈骗罪，理论界存在争议。

有学者持肯定态度认为，自杀、自残骗保属于故意造成被保险人死亡、伤残或者疾病骗取保险金的方式，如林荫茂研究员认为："自残骗保是故意造成被保险人伤残骗取保险金的手法。"[②] 也有论者持肯定态度，但认为被保险人故意造成自伤、自残或者故意造成自己疾病而获取保险金的行为可以认定为保险诈骗罪，"可以归入编造虚假的事故原因的行为方式，因为行为人如果要骗取保险金，其必定要以他人或者其他理由的伤害来替代自伤、自残或者故意造成自己疾病，这显然是一种编造虚假的事故原因的行为"。[③] 有论者认为，被保险人自损骗取保险金的行为不构成犯罪，"依照我国现行《刑法》的规定，在投保人或受益人不是保险人的情况下，被保险人自杀未遂或者自残的行为尚不能作为保险诈骗罪处理，原因是被保险人单独不能成为保险诈骗罪的主体"。[④] 参与立法起草的人员也指出："第五项规定的情形比较复杂，虽然也涉及投保人、受益人和保险人，但故意造成被保险人死亡、伤残或者疾病的，通常情况下，多是投保人和受益人所为。当然也不排除实践中会发生被保险人为使受益人取得保险金而自杀、自残的情况，这类情况……可以不作为犯罪处理。"[⑤]

本书赞同被保险人自损骗取保险金的行为不构成犯罪的观点。首先，从《刑法》第一百九十八条第一款第五项的具体规定来看，该项行为的主体是投保人、受益人，行为的对象是被保险人，而将投保人、受益人与被保险人并列，说明该项行为中投保人、受益人和被保险人分数不同的主体，即投保人和被保险人是两个不同主体，受益人与被保险人也非同一人，被保险人故意自损不符合该项行为的主体要求。其次，根据《保险法》第四十四条，"以被保险人死亡为给付保险金条件的合同，自合同成立或者合同效力恢复之日起二年内，被保险人自杀的，保险人不承担给付保险金的责任，但被保险人自杀时为无民事行为能力人的除外。保险人依照前款规定不承担给付保险金责任的，应当按照合同约定退还保险单的现金价值"。可见，被保险人自杀的行为在一定条件（保险合同成立之日满二年）下可以获得保险赔偿金，这也是现代国家保险业务的通例。由此说明，因自杀而获取保险金并不必然为法律所禁止，缺乏作为法定犯的保险诈骗罪所必须的一般违法性。最后，自杀、自残等自损行为属于行为人自主处分自己的权利，并未侵

---

① 江苏省连云港市中级人民法院（2009）连刑二终字第61号刑事裁定书。

② 林荫茂．保险诈骗犯罪行为研究［J］．华东刑事司法评论，2002（2）．

③ 薛瑞麟．金融犯罪再研究［M］．中国政法大学出版社，2007：405－406．

④ 刘宪权．保险诈骗罪疑难问题的司法认定［J］．浙江大学学报（人文社会科学版），2008（4）．

⑤ 郎胜主编．《关于惩治破坏金融秩序犯罪的决定》释义［M］．中国计划出版社，1995：164－165．

犯社会公共利益或他人合法利益，缺乏刑事违法性，故而行为人利用自损行为取得保险金，也不应评价为犯罪行为。对此，有学者正确地指出，对于被保险人自杀的，按其自杀时间决定保险公司是否给付保险金。但是否给付保险金涉及民事权利的影响，并不涉及刑事责任。这当然是因为自杀并不损害他人利益和社会公共利益，自杀行为本身不构成犯罪。即使能够证实，被保险人是为了让受益人或遗属获取保险金而自杀，受益人或被保险人的遗属向保险公司请求给付保险金，也不构成犯罪，至于保险公司是否应当给付保险金，则依《保险法》判断。同理，被保险人故意自伤身体在人身保险合同中也被列为除外责任，但因其本身不具有社会危害性，并不构成犯罪，被保险人故意自伤身体向保险公司请求给付保险金，也不构成保险诈骗罪。[①] 因此，按照本书的理解，前述舒茗保险诈骗案中，被保险人舒茗通过故意自伤身体的方式获取保险金的行为中，因故意自伤身体不具有社会危害性，缺乏构成犯罪需要的刑事违法性，因而不构成犯罪。

尽管被保险人故意自损获取保险金的行为不构成保险诈骗罪，但如果投保人、受益人教唆、帮助或者逼迫被保险人自损，并且在被保险人死亡后向保险公司骗取保险金的行为，则构成保险诈骗罪且属于《刑法》第一百九十八条第一款第五项行为方式。因为我国刑法中，教唆、帮助他人自杀的以故意杀人罪处理，对于逼迫或诱骗他人自杀的更是作为故意杀人罪处理，所以，应当将此种行为归入故意造成被保险人死亡的情形，肯定行为人构成保险诈骗罪。与此同时，被保险人故意自损获取保险金的行为，虽然无法归入投保人、受益人故意造成被保险人死亡、伤残或疾病，骗取保险金的情形，但是如果在申请保险赔付过程中，通过提供虚假证明材料编造虚假的事故原因，骗取依法或依约不应获得的保险金的，应当肯定行为人（包括被保险人）构成编造虚假的事故原因骗取保险金的行为方式，进而构成保险诈骗罪。

五、骗取医疗保险基金行为的定性

骗取医疗保险基金是指行为人故意向医疗保险经办机构提供虚假情况或者在有法定说明义务时，违反说明义务故意隐瞒事实，致使医疗保险经办机构在不真实的事实基础上作出错误的判断，并基于错误的判断对医疗保险基金作出处置的行为。[②] 近年来，随着我国社会医疗保险事业的蓬勃发展，骗取医疗保险基金的违法犯罪行为时有发生，严重危害了医疗保险基金的安全和医疗保险管理秩序。例如，杭州市萧山区某村的两个堂兄弟，堂弟阿根平时给人开混凝土

---

① 魏迎宁．保险诈骗罪研究［J］．保险研究，2010（9）．

② 张新民．社会医疗保险欺诈法律责任制度研究［J］．西南民族大学学报（人文社会科学版），2014（1）．

车。2014 年 2 月 23 日，他在混凝土车上不小心滑下，将左腿摔骨折，后去了萧山区中医骨伤科医院住院治疗。因阿根在 2014 年时未参加农业医保，他想省点医药费支出，就动起了“歪脑筋”。阿根到了医院后，联系了同村、比自己大 1 岁的堂哥阿龙，他们俩不光名字相近，长相也有几分相似。阿根“借”来阿龙的医保卡，在之后的就医中使用。后阿根请村委工作人员出具一份“阿龙腿摔断”的证明，并由他人持该证明等，从萧山区中医骨伤科医院报销得款 21291.48 元。① 从形式上看，骗取医疗保险基金的行为，发生在保险领域，带有保险的属性，也可能使用《刑法》第一百九十八条第一款所规定的行为方式骗取保险金，那么，骗取医疗保险基金的行为是否可以认定为保险诈骗罪呢?

对此，本书的意见是，骗取医疗保险金的行为难以构成保险诈骗罪，而应认定为诈骗罪。根据《保险法》第二条的界定，“本法所称保险，是指投保人根据合同约定，向保险人支付保险费，保险人对于合同约定的可能发生的事故因其发生所造成的财产损失承担赔偿保险金责任，或者当被保险人死亡、伤残、疾病或者达到合同约定的年龄、期限等条件时承担给付保险金责任的商业保险行为”。与商业保险不同，社会保险是为丧失劳动能力、暂时失去劳动岗位或因健康原因造成损失的人口提供收入或补偿的一种社会和经济制度。社会保险计划是由政府举办，强制某一群体将其收入的一部分作为社会保险税（费）形成社会保险基金，在满足一定条件的情况下，被保险人可从基金获得固定的收入或损失补偿。它是一种再分配制度，它的目标是保证物质及劳动力的再生和社会的稳定。保险与社会救济、社会福利和社会优抚等共同构成了一个国家的社会保障制度或体系。② 我国刑法规定的保险诈骗罪所惩处的是利用商业保险合同诈骗保险金的犯罪行为，这种行为严重扰乱我国社会主义市场经济秩序中的保险秩序并侵犯保险公司的财产权。由于基本医疗保险系一种社会保险，而非商业保险，因此，基本医疗保险不能成为保险诈骗罪的对象。③ 然而，骗取医疗保险基金的行为，本质上属于采用虚构事实或隐瞒真相的诈骗方式，骗取作为公共财物的医疗保险基金，符合《刑法》第二百六十六条规定的诈骗罪的犯罪构成。这种立场也得到全国人大常委会的肯定，2014 年 4 月 24 日，全国人大常委会《关于〈中华人民共和国刑法〉第二百六十六条的解释》中指出：“以欺诈、伪造证明材料或者其他手段骗取养老、医疗、工伤、失业、生育等社会保险金或者其他社会保障待遇的，属于刑法第二百六十六条规定的诈骗公私财物的行

① 郑舜．堂弟“借”堂兄医保卡使用　二人双双因诈骗医保获刑［N］．青年时报，2017－03－29（04）．

② 杨忠海编著．保险学原理新编［M］．中国金融出版社，2015：211．

③ 沈言．基本医疗保险基金不能成为保险诈骗罪的对象［J］．人民司法，2014（16）．

为。”因此，骗取医疗保险基金的行为，依法应按照诈骗罪定罪论刑。

第四节 投保方洗钱罪司法认定的具体规则

根据《刑法》第一百九十一条，洗钱罪是指明知是毒品犯罪、黑社会性质的组织犯罪、恐怖活动犯罪、走私犯罪、贪污贿赂犯罪、破坏金融管理秩序犯罪、金融诈骗犯罪的所得及其产生的收益，为掩饰、隐瞒其来源和性质，而提供资金账户，协助将财产转换为现金、金融票据、有价证券，通过转账或者其他结算方式协助资金转移，协助将资金汇往境外，或者以其他方法掩饰、隐瞒犯罪所得及其收益的来源和性质的行为。晚近以来，洗钱犯罪活动呈现出多样化、多层次化、高科技化、隐蔽化等新特征，洗钱犯罪者洗钱的手法不断翻新，利用保险从事洗钱的保险洗钱现象也日渐多发频发，反洗钱犯罪，已成为打击经济领域犯罪的一项重要任务。“利用商业保险的制度缺陷实现洗钱的目的，是笼罩在以诚信为基石的保险行业的阴影。而原本应该成为‘防火墙’的保险公司，因为种种客观原因抑或主观的意愿，于自觉或者不自觉之间，不幸沦为洗钱者的道具，甚至有帮凶的嫌疑。”① 从我国司法实践来看，洗钱罪是保险诈骗罪以外，投保方实施保险犯罪的又一主要表现形式。

一、投保方洗钱罪的表现形式

所谓保险洗钱，是指以商业保险为载体，利用保险市场及保险中介市场的途径渠道，将非法所得及其产生的收益通过投保、理赔、变更、退保等方式来掩饰、隐瞒其来源或性质，以逃避法律法规制裁的行为。② 通常而言，洗钱包括放置、离析、归并三个环节，放置环节就是把清洗对象投入清洗系统，离析环节是通过多层次、多渠道、对回合的资金转移或交易使其路径和所有权尽可能地模糊，归并环节是指被清洗的资金在经过分层阶段之后最终汇集起来并重新进入合法或非法的经济体系。保险机构最容易在洗钱的离析环节被洗钱者利用。最常见的方式是洗钱者以投保书方式，订立趸缴寿险保单以掩盖款项的来源。保险洗钱的基本形态就是在寿险领域，尤其是在团体寿险中，投保人通过长险短做、趸交即领、团险个做等不正常的投保、退保方式达到非法资金转化为合法自己的目的。③ 具体来说，投保方洗钱主要表现为以下几种形式：④

---

① 陈恳．保险“洗钱”三宗罪 FATF 突击检查三大公司［N］．21 世纪经济报道，2005 -02 -24（05）．

② 郝建玉．浅谈如何防范人寿保险洗钱风险［J］．时代金融，2016（5）．

③ 孔令学等编著．中华人民共和国反洗钱法解读与适用［M］．中国市场出版社，2007：420．

④ 熊海帆，罗晓芹．刍议洗钱概念的非罪化界定——基于保险洗钱行为的分析［J］．社会科学研究，2013（2）．

（一）异常投保中的洗钱

以洗钱为目的的异常投保，主要包括超额交费与第三方交费两种方式。前者是指投保人在订约时明显超额支付保险费，随即要求返还超出部分，取得保费发票和现金退款；或者，投保人不用现金，而是通过开户银行转账支付超额保费，待“发现”以后要求保险公司用现金或支票退款。后者是指，交纳保费的是与投保人没有明显关联的另一人或多人（甚至是境外账户），将来再借助退保等形式实现资金归并。有些时候，上述两种方式还可混合使用。①

（二）不良退保中的洗钱

我国《保险法》确立了参保自愿、退保自由，退保是投保人的权利，而滥用退保自由机制的不良保险为利用保险从事洗钱提供了便利。所谓不良退保，是指投保方非合理性（例如，并非面临财政困难）的解约退保行为，已构成最主要的保险洗钱方式之一，洗钱者不惜付出一定的退保手续费。寿险退保洗钱中，由于保单的期限一般很长，投保人却在合同生效不久即要求解约，所以通常称为“长险短做”。其中，利用团体人寿保险来实施的退保洗钱常常称为“团险个做”，即名义上是团体集中投保一份寿险，实质上却是各个被保险人迅速分散退保以达到资金清洗的目的，实质上采用的是常见的“拆零交易”的洗钱手法。运作当中，相关投保单位的员工往往并不知晓有此次保险交易，而全由实际的决策者所操控。业内共知的牵涉到平安保险的“世都百货案”，主谋者就是按照上述的退保手法进行的“洗钱”或“洗单”，退保资金进入了指定的私人账户。② 对于一些尚未领到团险牌照的合资寿险公司，则采用“个险团做”的手法参与洗钱，其做法是同时承保多份名义上的个人寿险，然后即刻允许投保方集

---

① 熊海帆，罗晓芹．刍议洗钱概念的非罪化界定——基于保险洗钱行为的分析［J］．社会科学研究，2013（2）．

② “世都百货案”大致案情：北京世都百货的法定代理人、执行董事、公司总经理胡某在被解除职务前，为包括自己在内的世都31名员工购买了“平安团体新世纪增值养老保险”，共签保单34份，保费达250万元。不久后就退保，扣除20万元手续费后，将退保费分别存入31名被保险人的个人储蓄存折。后任领导及律师发现之后，认为胡某与保险公司恶意串通，意在利用保险合同的形式非法洗钱。因为该保险合同违反了许多禁止性规定：第一，投保团体人身保险的单位，该单位成员必须75%以上投保，而胡某投保的员工人数只占世都近600名员工的6%。第二，企业为职工办理补充养老保险，应根据企业效益及其承受能力。当时世都亏损严重，按常规是根本不可能投保的，即使非要投保，也得由股东大会集体决策。胡某擅自投保，未经股东大会批准，其行为违反了《公司法》对有限责任公司机构设置及其职权范围的有关规定。显然，保险公司也没有按照规定对其投保进行核保。第三，团体寿险的满期生存给付和退保金，保险公司应一律通过银行转账支付给原投保单位，不得向投保单位支付现金，更不得向个人支付现金或银行储蓄存单。第四，保险合同的内容变更、解除的权利人应为投保人，而该保险公司却接受被保险人的申请，保费直接存入被保险人个人储蓄账户，其实质是利用保险合同将世都公司财产向个人转移，同时逃避国家税收监管。刘娜，杨胜刚．保险领域的洗钱犯罪：手段与案例［J］．中国金融，2005（11）．

中退保，从而完成清洗过程，属于变通或升级的退保洗钱。

（三）变更保险合同中的洗钱

一方面，保险合同的主体可以变更，这构成保单的转让行为，但其中暗含着洗钱的风险。例如，许多承保了年金保险的公司都曾遇到过投保人（或被保险人）要求将年金受领人变更为无关第三方的情况，而这些无关第三方恰恰就可能是“受益权人”，即躲藏在幕后的洗钱操控者。另一方面，保险合同内容中的保险金、保险费等条款可以变更，也能达到资金清洗的目的。例如，犯罪分子可以打着合法变更保费交纳方式的幌子频繁地、不定额地交替使用现金和票据交纳保费，持续地、小额地将非法所得投入保险行业；另外，保险金额及领取方式的变更，也大大便利了资金归并的实现。当前，国内日益繁荣的投资分红类、投资连结类和“万能寿险”类等新型保险产品，都属暗藏上述洗钱通道的高危险种，因为这些险种中保费交纳方式、保险金额高低及其领取方式都灵活可变。

（四）请求保险金中的洗钱

首先，许多团体年金保险允许采取“趸交即领”（一次性交费，合同一生效即开始领取保额）的形式，是业内公认的常见洗钱手段，资金归并最为便捷。实践中，洗钱者以临退休人员名义，虚构年龄或被保险人事实，趸缴巨额资金购买年金保险。由于年金保险到期后通常有多种领取转换方式，洗钱者既可根据需要合法领取年金型收入，又可一次性全额提取。[①] 其次，人寿保险中常用的“期交期领”（即分期交费、分期领取保额）或“期交趸领”（即分期交费，延期一次性领取保额）等履约方式，也可能成为洗钱工具，只是与“趸交即领”相比较，花费的时间更长一些。再次，现代人寿保险契约提供有保额和红利给付选择权条款，熟悉此项条款的洗钱者可以根据实际情况灵活选择保额及红利领取方式来清洗资金，并且，投保方往往会要求保险人将保额或红利支付给无关第三方，或者要求领取现金。最后，保险金请求中不排除有欺诈索赔的情形，这可与洗钱过程合为一体。央视《今日说法》曾报道，一个专门盗抢机动车的团伙，采取将赃车伪造新身份后投保，然后故意制造保险事故再向保险公司索赔的手段以漂白“黑钱”。

（五）保单质押贷款中的洗钱

保单质押贷款是保单所有者以保单作为质押物，按照保单现金价值一定比例获得短期资金的一种融资方式。我国保单质押贷款有两种模式：第一种模式是，投保人向保险公司质押保单，从保险公司获取贷款，如果借款到期不能履

① 赵国辉．论保险洗钱的治理问题［N］．中国保险报，2006－06－09（06）．

行债务，当贷款本息达到退保金额时，保险合同效力终止；第二种模式是，投保人向银行质押保单，从银行获取贷款，如果贷款人到期不能履行债务，由保险公司按照保单约定向银行偿还贷款本息。[①] 利用保单质押贷款洗钱的操作过程主要是，投保人申请保单质押贷款后故意逾期不还，听任保单失效直至终止，所获贷款金额作为"清洗"的成果。有时候，该洗钱手法的变异版本为：投保人自己申请贷款，但要求保险公司打款至第三方账户；或者等贷款期满之后由第三方代为还款。这个代为还款的第三方，可能就是前述的"受益权人"。而第三方代还款的操作方式相当于调整了资金清洗的先后环节，即获取贷款时是先"归并"，归还贷款时是后"放置"，洗钱参与者私下再完成彼此间的交割清算，保险公司则被动地成为洗钱的中介。

（六）购买"地下保单"中的洗钱

"地下保单"特指港澳地区的保险机构通过隐秘的方式向内地居民非法销售的境外保单，属于世贸组织所定义的"跨境交付"，其本质是一种服务走私。《保险法》第七条明文规定："在中华人民共和国境内的法人和其他组织需要办理境内保险的，应当向中华人民共和国境内的保险公司投保。"而借助"地下保单"交易是我国当前比较另类的洗钱方式，它与通过"地下钱庄"洗钱的手段相似，都是境内洗钱者经过地下金融渠道把资金转移出境，即在境内先放置、然后越境分层、最后境外归并。有时候，甚至资金流动直接借助的就是"地下钱庄"。联合国毒品和犯罪问题办公室（UNDOC）曾总结道，经济体系中"非法服务性"商品占有形商品的比例越高，实施洗钱行为越容易，应当说"地下保单"即属于此种情况。

综合来看，尽管投保方滥用保险机制实施洗钱犯罪活动的形式多样，但归根到底都是为了掩饰、隐瞒违法犯罪所得及其收益的来源和性质，将各种"黑钱"的性质漂白、形式转换和途径变更。不过从我国《刑法》第一百九十一条的具体规定来看，洗钱罪所惩治的获得违法犯罪所得及其收益的上游犯罪范围有限，仅限于七类犯罪，且洗钱的具体方式又有明确的列举，司法实践中，认定投保方滥用保险实施的洗钱犯罪必须以刑法的有关规定为最终准绳。

二、投保方洗钱罪的司法认定

洗钱罪侵犯的客体是复杂客体，包括国家金融管理秩序和司法机关的正常活动，其中，国家金融管理秩序是洗钱罪侵犯的主要客体，司法机关的正常活动是次要客体。原因在于：刑法将洗钱罪规定在分则第三章第四节"破坏金融

① 刘克崮．论草根金融［M］．中国金融出版社，2015：419.

管理秩序罪”，直接表明，洗钱罪侵犯的客体首先是国家的金融管理秩序，投保方洗钱罪则主要是侵犯了金融管理秩序中的保险管理秩序。与此同时，洗钱罪的对象是上游犯罪的所得及其产生的收益，而根据《刑法》第六十四条，犯罪所得及其产生的收益需要由司法机关依法追缴（包括追缴后返还给被害人）、没收的。洗钱行为无疑妨害了司法机关依法进行追缴、没收，所以司法机关的正常活动也是洗钱罪侵犯的客体。明确了洗钱罪所侵犯的客体对于准确认定投保方洗钱罪的客观方面、主体要件和主观方面，具有基础性意义。

（一）投保方洗钱罪的客观方面

投保方洗钱罪客观上表现为，投保人、被保险人或受益人滥用保险机制，采用提供资金账户等五种法定洗钱方式，掩饰、隐瞒法定上游犯罪的犯罪所得及其产生的收益的行为。

投保方洗钱罪的对象，即投保方用于“购买”保险的资金，是法定上游犯罪的所得及其产生的收益。其中，犯罪所得包括犯罪行为的直接所得与间接所得，还包括犯罪行为所取得的报酬。例如，帮助他人实施保险诈骗犯罪而获得的报酬，也属于犯罪所得。“产生的收益”既包括上游犯罪所得产生的收益，如上游犯罪的行为人对犯罪所得进行处理后得到的股票收益、基金收益、经营性收益、出租所得、利息等法定孳息或天然孳息，也包括没有犯罪所得的上游犯罪行为直接产生的收益。

尽管犯罪所得及其产生的收益应当作扩大解释，但犯罪所得及其产生的收益中“犯罪”的范围却有明确限定，也即投保方用于“购买”保险的资金只能是法定上游犯罪的所得及其产生的收益，法定上游犯罪以外的犯罪的所得及其产生的收益不属于投保方洗钱罪的对象。根据《刑法》第一百九十一条的规定，上游犯罪包括“毒品犯罪、黑社会性质的组织犯罪、恐怖活动犯罪、走私犯罪、贪污贿赂犯罪、破坏金融管理秩序犯罪、金融诈骗犯罪”七大类犯罪。

具体来说，毒品犯罪，是指刑法分则第六章第七节“走私、贩卖、运输、制造毒品罪”所规定的全部罪名。黑社会性质的组织犯罪与恐怖活动犯罪，是指以黑社会性质组织、恐怖活动组织及其成员为主体实施的各种犯罪。不能简单认为财产犯罪必然不是洗钱罪的上游犯罪，因为黑社会性质组织、恐怖活动组织及其成员所实施的财产犯罪行为也有可能是黑社会性质的组织犯罪以及恐怖活动犯罪的内在组成部分，其所得及其产生的收益仍然可以成为洗钱罪的对象。走私犯罪是指刑法分则第三章第二节“走私罪”规定的全部走私犯罪。贪污贿赂犯罪除刑法分则第八章“贪污贿赂罪”规定的所有犯罪外，还包括《刑法》第一百六十三条规定的非国家工作人员受贿罪、第一百六十四条规定的对非国家工作人员行贿罪以及对外国公职人员、国际组织官员行贿罪，但《刑法》

第二百七十一条规定的职务侵占罪、第二百七十二条规定的挪用资金罪则不应归入“贪污贿赂犯罪”的范畴，毕竟职务侵占罪与贪污罪、挪用资金罪与挪用公款罪分数性质不同的犯罪，将职务侵占罪等同于贪污罪、挪用资金罪等同于挪用公款罪，直接违反罪刑法定原则。例如，2013 年年末张某某在担任某财产保险公司出单员期间，想通过网电销业务批退环节的漏洞获取非法所得。在与同伙“小雨”（非公司员工）商议后，张某某首先利用便利条件获取到两个不同经营机构经常与总公司网电销沟通平台沟通的“P”通账号和密码，同时抽取两笔不同公司 2014 年 1 月的退保业务，一笔为退保的宝马轿车商业险保费 94.43 元，另一笔为退保的丰田凯美瑞轿车商业险保费 4754.22 元，通过伪造身份证件和履行相关手续将保费退返其同学“刘明”的银行卡中，谎称此款项属于公司正常业务，请求“刘明”在接到款型后转汇到“小雨”的银行卡中，张某某和“小雨”取出钱款后立即挥霍一空。[①] 虽然本案是一起保险公司内部员工利用职务之便，违规批退保费占为已有并利用他人账户进行洗钱的违法犯罪行为，但由于涉案“非正常退保”业务属于利用职务之便骗取保险退费的违法行为，依照《刑法》第一百八十三条构成职务侵占罪，难以成为洗钱罪的上游犯罪。破坏金融管理秩序犯罪与金融诈骗犯罪，是指刑法分则第三章第四节“破坏金融管理秩序罪”规定的全部罪名以及第五节“金融诈骗犯罪”规定的八个罪名。

根据《关于审理洗钱等刑事案件具体应用法律若干问题的解释》（法释〔2009〕15 号）第四条的规定，投保方洗钱罪的成立，应当以上游犯罪事实成立为认定前提。上游犯罪尚未依法裁判，但查证属实的，不影响洗钱罪的审判。上游犯罪事实可以确认，因行为人死亡等原因依法不予追究刑事责任的，不影响洗钱罪的认定。上游犯罪事实可以确认，依法以其他罪名定罪处罚的，不影响洗钱罪的认定。例如，行为人实施《刑法》第一百九十八条规定的保险诈骗行为，但实际骗取保险金数额尚未达到司法解释规定的“数额较大”的标准，但达到《刑法》第二百六十六条诈骗罪“数额较大”的标准，依法最终被认定为构成诈骗罪，该犯罪所得及其产生的收益，也能成为投保方洗钱罪的对象。

关于洗钱罪的具体行为方式，《刑法》第一百九十一条以不完全列举的方式规定了五种：（1）提供资金账户，即为上游犯罪的犯罪人提供银行账户的编号，为其转移非法资金提供方便。不仅包括提供银行的存款账户、储蓄账户，而且包括提供股票交易账户、期货交易账户、保险账户等。投保人提供资金账户，包括将自己现有的保险账户提供给上游犯罪人使用，将他人已有的保险账户提供上游犯罪人使用，为上游犯罪人开设用于洗钱的资金账户。（2）协助将财产

① 本书编写组编写．财产保险公司反洗钱理论与实务［M］．首都经济贸易大学出版社，2016：72.

转换为现金、金融票据、有价证券，即协助上游犯罪的犯罪人将犯罪所得的财产通过交易转换为现金或者汇票、本票、支票等金融票据或者股票、债券、邮票等有价证券，以掩饰、隐瞒犯罪所得财产的真实所有权关系。（3）通过转账或者其他结算方式协助资金转移。这种行为的目的是帮助上游犯罪的犯罪人掩盖犯罪所得资金的来源、去向，投保人洗钱犯罪大多采用此种行为方式。（4）协助将资金汇往境外，是指以各种方式将犯罪所得资金转移到境外的国家或地区，兑换成外币、购买财产或以国外亲友名义存入银行，如前述利用购买“地下保单”将上游犯罪的所得及其产生的收益转移境外。（5）以其他方法掩饰、隐瞒犯罪所得及其收益的来源和性质，是指通过将犯罪所得投资于各种行业进行合法经营，将非法获得的收入注入合法收入中，或者用犯罪所得购买不动产等各种手段，掩饰、隐瞒犯罪所得及其收益的来源和性质的行为。《关于审理洗钱等刑事案件具体应用法律若干问题的解释》第二条规定，这类行为主要是指通过典当、租赁、买卖、投资等方式，协助转移、转换犯罪所得及其收益的；通过与商场、饭店、娱乐场所等现金密集型场所的经营收入相混合的方式，协助转移、转换犯罪所得及其收益的；通过虚构交易、虚设债权债务、虚假担保、虚报收入等方式，协助将犯罪所得及其收益转换为“合法”财物的；通过买卖彩票、奖券等方式，协助转换犯罪所得及其收益的；通过赌博方式，协助将犯罪所得及其收益转换为赌博收益的；协助将犯罪所得及其收益携带、运输或者邮寄出入境的；通过前述规定以外的方式协助转移、转换犯罪所得及其收益的。概括而言，投保方洗钱行为方式的实质内涵是通过各种手段掩饰、隐瞒上游犯罪的所得及其产生的收益的来源和性质，使其在形式上合法化。

（二）投保方洗钱罪的主体要件

根据《刑法》第一百九十一条第二款，单位犯洗钱罪的，对单位判处罚金，并对其直接负责的主管人员和其他直接责任人员，处五年以下有期徒刑或者拘役；情节严重的，处五年以上十年以下有期徒刑。所以，投保方洗钱罪的主体既可以是自然人，也可以是单位。存在疑问的是，上游犯罪人自己实施洗钱行为的“自洗钱”，是否成立洗钱罪？亦即投保方先实施法定上游犯罪并获得犯罪所得及其产生的收益，其后为掩饰、隐瞒该犯罪所得及其产生的收益的来源和性质，而实施法定洗钱行为的，是否可以认定为构成洗钱罪。例如，李某以非法占有为目的，通过编造引进资金、项目等虚假理由，诈骗银行数额较大的贷款，依照《刑法》第一百九十三条应以贷款诈骗罪定罪处罚，其后李某为掩饰、隐瞒贷款诈骗所得及其产生的收益的来源和性质，通过购买长期人寿保险，在趸缴大额资金获取保单后，短期内又申请退保，获取法律保护的现金价值，从而利用长期人寿保险这一常规金融行为掩饰非法资金的转移，李某是否同时构成洗钱罪？

对此，本书赞同否定说的立场，即上游犯罪的犯罪人实施的“自洗钱”行为，不另行构成洗钱罪。“否定上游犯罪者可以成为洗钱罪的行为主体，并不是因为洗钱行为是不可罚的事后行为，而是因为否定说符合罪刑法定原则。从立法论上来说，将‘自洗钱’规定为洗钱罪或许更合适，但在解释论上，只能在刑法条文规定的范围内确定行为主体范围。《刑法》第一百九十一条的规定明显采取了否定说。一方面，《刑法》第一百九十一条规定‘明知是毒品犯罪……’之所以强调‘明知’，就是因为洗钱者不是上游犯罪人。另一方面，第一百九十一条一处使用‘提供’三处使用‘协助’概念，这本身就说明本罪行为仅限于‘帮助’他人洗钱，‘自洗钱’被排除在外。”① 因此，投保方构成洗钱罪，必须是为掩饰、隐瞒他人的法定上游犯罪的所得及其产生的收益的性质和来源，而实施法定洗钱行为，如果是投保方先实施法定上游犯罪，其后自己又为掩饰、隐瞒该上游犯罪的所得及其产生的收益的性质和来源，而实施法定洗钱行为的，投保方仅构成上游犯罪所涉及的罪名，而另行构成洗钱罪。前例，贷款诈骗犯罪人李某，通过购买长期人寿保险，意图借助长险短做掩盖贷款诈骗犯罪所得资金的转移，依法仅构成贷款诈骗罪，而不构成洗钱罪。

（三）投保方洗钱罪的主观方面

投保方洗钱罪的责任形式为故意，包括间接故意，即投保方明知自己的行为会发生掩饰、隐瞒他人犯罪所得及其产生的收益的来源和性质的危害结果，并且希望或者放任这种危害结果发生。

认定投保方洗钱犯罪的故意时，必须强调投保方必须明知是他人实施上游犯罪的所得及其产生的收益。《关于审理洗钱等刑事案件具体应用法律若干问题的解释》第一条规定，对于洗钱罪罪状中“明知”的认定，应当结合被告人的认知能力，接触他人犯罪所得及其收益的情况，犯罪所得及其收益的种类、数额，犯罪所得及其收益的转换、转移方式以及被告人的供述等主、客观因素进行认定。具有下列情形之一的，可以认定被告人明知系犯罪所得及其收益，但有证据证明确实不知道的除外：（一）知道他人从事犯罪活动，协助转换或者转移财物的；（二）没有正当理由，通过非法途径协助转换或者转移财物的；（三）没有正当理由，以明显低于市场的价格收购财物的；（四）没有正当理由，协助转换或者转移财物，收取明显高于市场的“手续费”的；（五）没有正当理由，协助他人将巨额现金散存于多个银行账户或者在不同银行账户之间频繁划转的；（六）协助近亲属或者其他关系密切的人转换或者转移与其职业或者财产

① 张明楷．刑法学（第五版）（下册）［M］．法律出版社，2016：793.

状况明显不符的财物的；（七）其他可以认定行为人明知的情形。此外，被告人将《刑法》第一百九十一条规定的某一上游犯罪的犯罪所得及其收益误认为《刑法》第一百九十一条规定的上游犯罪范围内的其他犯罪所得及其收益的，不影响洗钱罪"明知"的认定。

值得注意的是，尽管《刑法》第一百九十一条明确规定"为掩饰、隐瞒其来源和性质"，但这并非构成洗钱罪所需的目的要素，而是其客观构成要件内容。也就是说，掩饰、隐瞒法定上游犯罪的所得及其产生的收益的来源和性质，是洗钱罪内在的基本特征，当然也是洗钱罪犯罪故意的认识内容。投保人实施洗钱犯罪行为时，必须认识到自己的行为是在掩饰、隐瞒他人实施上游犯罪的所得及其产生的收益的来源和性质，不宜肯定投保方在洗钱故意之外，另行要求投保方具备"为掩饰、隐瞒其来源和性质"的特定犯罪目的。

三、保险机构洗钱罪的司法认定

在当前保险犯罪的司法实践中，除投保方利用保险机制实施洗钱犯罪外，保险机构及其工作人员也可能利用保险机制掩饰、隐瞒上游犯罪所得及其产生的收益的来源和性质，或者掩饰、隐瞒保险犯罪所得及其产生的收益的来源和性质。例如，通过设立保险中介公司来清洗资金，是现在比较"时兴"但又普遍存在的现象。大量保险中介公司（尤其是代理公司和经纪公司）的注册并不主要为了正当开展保险中介业务，而是作为其母公司或关联交易方增加业务往来、调动资金款项从而拉长货币流转链条的工具，实质上类似于境外常见的以洗钱为目的的"前台公司"（Front Company）和"空壳公司"（Shell Company）。目前，我国的保险中介公司效益低下却又数量迅猛增加，恰恰在一定程度上反映了这种洗钱方式的盛行。[①] 对于保险机构工作人员掩饰、隐瞒保险犯罪所得及其产生的收益的来源和性质的情形，比如国有保险公司工作人员申某因升职无望，便利用职务便利，通过虚报和截留办公经费、农险工作经费、商业险手续费等手段，将虚报和截留的资金存入其下属的中国农业银行信用卡内。2013 年 4 月至 2014 年 4 月，申某利用职务之便，以给乡镇农险工作经费为由，私自安排该服务部工作人员戴某、苏某以参保农险保费的 2% 为标准，分数次从王某名下的中国农业银行卡上支取现金共计人民币 35 万余元，申某将之全部据为己有。为掩盖其违法犯罪事实，2013 年底至 2014 年 6 月，申某又故意将其违法虚报和截流的办公经费、农险工作经费、商业险手续费等手工记账凭证销毁，情节严重。本案中，申某的行为无疑依法应当构成贪污罪，而申某下属王某为申

① 熊海帆，罗晓芹．刍议洗钱概念的非罪化界定——基于保险洗钱行为的分析［J］．社会科学研究，2013（2）．

某掩饰、隐瞒贪污犯罪所得提供中国农业银行信用卡账户，依法应当构成洗钱罪，属于保险公司内部工作人员实施的为掩饰、隐瞒保险犯罪所得的来源和性质的洗钱犯罪。

事实上，针对保险公司中介业务中可能出现的洗钱违法犯罪行为，《保险公司中介业务违法行为处罚办法》（保监令〔2009〕4号）第十二条规定：“保险公司及其工作人员不得利用保险代理人、保险经纪人或者保险公估机构，通过虚挂应收保险费、虚开税务发票、虚假批改或者注销保单、编造退保等方式套取费用。”第十六条规定：“保险公司及其工作人员不得串通保险代理人、保险经纪人、保险公估机构，虚构保险合同、故意编造未曾发生的保险事故或者故意夸大已经发生的保险事故的损失程度进行虚假理赔，骗取保险金或者牟取其他不正当利益。”第十八条规定：“保险公司及其工作人员在保险业务活动中不得编造虚假中介业务、虚构个人保险代理人资料、虚假列支中介业务费用，或者通过其他方式编制或者提供虚假的中介业务报告、报表、文件、资料。”第二十条和第二十一条还规定了相应的法律制裁，保险公司实施上述违法行为的，由中国保监会责令改正，处5万元以上30万元以下的罚款或者10万元以上50万元以下的罚款；情节严重的，限制保险公司业务范围、责令停止接受新业务或者吊销业务许可证。对其直接负责的主管人员和其他直接责任人员，由中国保监会给予警告，并处1万元以上10万元以下的罚款；情节严重的，撤销任职资格或者从业资格，禁止有关责任人员一定期限直至终身进入保险业。第二十三条则规定，“中国保监会在查处保险公司中介业务违法行为过程中，发现存在涉嫌非法集资、传销、洗钱、违反国家税收管理规定等应当由其他部门查处的违法行为的，应当依法向有关部门移送”。根据这些规定，保险公司中介业务涉嫌洗钱违法犯罪行为的，由中国保监会进行行政处罚；若洗钱行为同时构成犯罪的，应当依法移送有关部门，按照前述投保方洗钱罪司法认定的有关规则进行具体判断，恕不赘言。

第四章

保险机构保险犯罪的表现及认定

在保险的基本构造中，保险机构是与投保方并列的保险活动参与者，包括保险公司以及保险中介机构两类主体。其中，保险公司，即保险人，是指与投保人订立保险合同，并按照合同约定承担赔偿或者给付保险金责任的组织体。保险中介机构，即保险合同的辅助人，是对保险合同的订立和履行起辅助作用的组织体，包括保险代理人、保险经纪人和保险公估人。① 保险机构保险犯罪是指保险公司以及保险中介机构在提供保险服务过程中实施违反保险法规，严重扰乱正常保险秩序，依法应受刑罚惩罚的行为。如果说投保方保险犯罪，特别是保险诈骗罪，是最典型、最具代表性的保险犯罪，保险机构保险犯罪是囊括罪名最多、牵涉面最广的保险犯罪。本章拟主要从作为单位的保险机构的视角，在阐明保险机构保险犯罪主要表现形式的基础上，分门别类地对实践中普遍多发的保险犯罪的司法认定规则展开规范诠释。

第一节　保险机构保险犯罪的主要表现形式

较之于罪名范围明确特定的投保方保险犯罪，保险机构保险犯罪不仅罪名数量繁多，罪名分布广泛，而且罪名范围开放，理论上对哪些罪名可以归入保险机构保险犯罪范畴的认识并不统一。在本书看来，既然保险犯罪属于法定犯罪，而按照缓和违法一元论的基本立场，构成保险犯罪必须具备双重违法性特征，即违反保险行政法律规范的行政违法性和违反保险刑法规范的刑事违法性，并且刑事违法性是在行政违法性的基础上另行具有应受刑罚惩罚的“可罚的违法性”，那么，行政违法性在为保险犯罪供给一般违法性的同时，也根本地划定了保险犯罪的外部界限，确立了保险犯罪成立的最大范围。基于此，通过考察保险违法行为的表现形式，并结合刑法分则的有关规定，可以相对准确地阐明保险机构保险犯罪的主要表现形式。关于保险机构实施保险违法行为的具体表现形式，我国《保险法》以及中国保监会发布的《保险公司中介业务违法行为处罚办法》有明确规定。

一、保险机构保险违法行为的法定表现形式

针对保险公司从事保险业务过程中命令性规范和禁止性规范，《保险法》作出了细致且具体的规定。就前者而言，如《保险法》第六十七条规定：“设立保

① 需要引起注意的是，根据《保险法》第一百一十七条，保险代理人是根据保险人的委托，向保险人收取佣金，并在保险人授权的范围内代为办理保险业务的机构或者个人。即保险代理人既包括机构代理人以及个人代理人两种，本书为表述方便，主要从机构代理人的角度，展开“保险机构保险犯罪的表现及认定”的研究。

险公司应当经国务院保险监督管理机构批准。国务院保险监督管理机构审查保险公司的设立申请时，应当考虑保险业的发展和公平竞争的需要。”第八十条规定：“外国保险机构在中华人民共和国境内设立代表机构，应当经国务院保险监督管理机构批准。代表机构不得从事保险经营活动。”第一百零六条规定：“保险公司的资金运用必须稳健，遵循安全性原则。保险公司的资金运用限于下列形式：（一）银行存款；（二）买卖债券、股票、证券投资基金份额等有价证券；（三）投资不动产；（四）国务院规定的其他资金运用形式。保险公司资金运用的具体管理办法，由国务院保险监督管理机构依照前两款的规定制定。”第一百一十三条规定：“保险公司及其分支机构应当依法使用经营保险业务许可证，不得转让、出租、出借经营保险业务许可证。”第一百一十六条规定：“保险公司及其工作人员在保险业务活动中不得有下列行为：（一）欺骗投保人、被保险人或者受益人；（二）对投保人隐瞒与保险合同有关的重要情况；（三）阻碍投保人履行本法规定的如实告知义务，或者诱导其不履行本法规定的如实告知义务；（四）给予或者承诺给予投保人、被保险人、受益人保险合同约定以外的保险费回扣或者其他利益；（五）拒不依法履行保险合同约定的赔偿或者给付保险金义务；（六）故意编造未曾发生的保险事故、虚构保险合同或者故意夸大已经发生的保险事故的损失程度进行虚假理赔，骗取保险金或者牟取其他不正当利益；（七）挪用、截留、侵占保险费；（八）委托未取得合法资格的机构从事保险销售活动；（九）利用开展保险业务为其他机构或者个人牟取不正当利益；（十）利用保险代理人、保险经纪人或者保险评估机构，从事以虚构保险中介业务或者编造退保等方式套取费用等违法活动；（十一）以捏造、散布虚假事实等方式损害竞争对手的商业信誉，或者以其他不正当竞争行为扰乱保险市场秩序；（十二）泄露在业务活动中知悉的投保人、被保险人的商业秘密；（十三）违反法律、行政法规和国务院保险监督管理机构规定的其他行为。”

关于保险中介机构提供保险中介业务过程中应遵守的命令性规范或禁止性规范，《保险法》第一百一十九条规定：“保险代理机构、保险经纪人应当具备国务院保险监督管理机构规定的条件，取得保险监督管理机构颁发的经营保险代理业务许可证、保险经纪业务许可证。”第一百二十九条第二款规定：“接受委托对保险事故进行评估和鉴定的机构和人员，应当依法、独立、客观、公正地进行评估和鉴定，任何单位和个人不得干涉。”第一百三十一条规定：“保险代理人、保险经纪人及其从业人员在办理保险业务活动中不得有下列行为：（一）欺骗保险人、投保人、被保险人或者受益人；（二）隐瞒与保险合同有关的重要情况；（三）阻碍投保人履行本法规定的如实告知义务，或者诱导其不履行本法规定的如实告知义务；（四）给予或者承诺给予投保人、被保险人或者受益人保险合同约定以外的利益；（五）利用行政权力、职务或者职业便利以及其他不正当手段强迫、引诱或者限制投保人订立保险合同；（六）伪造、擅自变更保险合同，或者为保险合同当事人提供虚假证明材料；（七）挪用、截留、侵占保险费或者保险金；（八）利用业务便利为其他机构或者个人牟取不正当利益；（九）串通投保人、被保险人或者受益人，骗取保险金；（十）泄露在业务活动中知悉的保险人、投保人、被保险人的商业秘密。”

二、保险公司中介业务违法行为的表现形式

为了维护保险市场秩序，预防和惩处保险公司中介业务违法行为，促进保险业健康发展，2009 年 9 月 18 日，中国保监会发布《保险公司中介业务违法行为处罚办法》，专门规定保险公司在从事保险中介业务过程中禁止从事的行为以及违反相关规定所应承担的法律责任。根据《保险公司中介业务违法行为处罚办法》，保险公司从事保险中介业务所涉及的保险违法行为主要表现为：在账外暗中直接或者间接给予保险中介机构及其工作人员委托合同约定以外的利益（第十条）；唆使、诱导保险代理人、保险经纪人、保险公估机构欺骗投保人、被保险人或者受益人（第十一条）；利用保险代理人、保险经纪人或者保险公估机构，通过虚挂应收保险费、虚开税务发票、虚假批改或者注销保单、编造退保等方式套取费用（第十二条）；利用保险中介业务，为其他机构或者个人牟取不正当利益（第十三条）；通过保险代理人、保险经纪人给予或者承诺给予投保人、被保险人、受益人保险合同约定以外的保险费回扣或者其他利益（第十四条）；串通保险代理人、保险经纪人，挪用、截留和侵占保险费（第十五条）；串通保险代理人、保险经纪人、保险公估机构，虚构保险合同、故意编造未曾发生的保险事故或者故意夸大已经发生的保险事故的损失程度进行虚假理赔，骗取保险金或者牟取其他不正当利益（第十六条）；委托未取得合法资格的机构或者个人从事保险销售活动（第十七条）；编造虚假中介业务、虚构个人保险代理人资料、虚假列支中介业务费用，或者通过其他方式编制或者提供虚假的中介业务报告、报表、文件、资料（第十八条）。

保险公司或者保险中介机构为追逐保险利益，违反上述命令性规范或禁止性规范，从事各种弄虚作假、违规操作、背离诚信、亵渎职责等严重扰乱保险市场秩序的行为，即属于保险机构实施的保险违法行为。如果同时符合刑法分则有关条文规定的犯罪构成，保险公司或者保险中介机构实施的该保险违法行为即可被认定为保险犯罪行为。

三、保险机构保险犯罪的表现形式及其分类

诚然，保险机构实施的保险违法行为为保险机构保险犯罪划定了外部边界，但并不是所有的保险违法行为都必然构成相应的保险犯罪。毕竟刑法只是根据

保险违法行为的社会危害性程度，挑选其中社会危害性严重、单纯利用保险行政法律规范难以有效抗制的保险违法行为，作为刑罚惩治的对象。因此，认定保险机构保险犯罪的表现形式，必须要以刑法分则的明文规定作为准绳，对保险机构违反保险行政法规的违法行为予以进一步辨识、筛选。

按照罪刑法定原则的要求，保险违法行为是否构成保险犯罪，必须要以刑法分则明文规定为限。即便保险机构从事的保险活动违反保险行政法律规范，若缺乏相应的刑法分则明文规定，该保险违法行为也不具备构成保险犯罪所需的刑事违法性，不应作为保险犯罪处理。例如，保险公司（保险中介机构）在保险业务活动中欺骗（保险人）投保人、被保险人或者受益人；隐瞒与保险合同有关的重要情况；阻碍投保人履行本法规定的如实告知义务，或者诱导其不履行本法规定的如实告知义务；委托未取得合法资格的机构从事保险销售活动；拒不依法履行保险合同约定的赔偿或者给付保险金义务；利用开展保险业务为其他机构或者个人牟取不正当利益等保险违法行为，就因为缺乏刑法分则的明文规定而不能构成保险犯罪。当然，如果特定保险违法行为通常只能由自然人实施，刑法分则中即便存在相应的保险犯罪，考虑到本章主要是研究保险机构保险犯罪，也不应将其纳入研究范围。如保险机构实施挪用、截留、侵占保险费或保险金的保险违法行为，其所对应的保险犯罪主要是挪用资金罪、挪用公款罪、职务侵占罪或贪污罪，而这些犯罪依法只能由自然人实施，单位并非其适格的犯罪主体，因此本书留待下章予以讨论。

值得注意的是，我国保险犯罪刑法规范采用立法定性且定量模式，明确规定构成犯罪所需要的各类数额、情节及后果等定量要素，保险违法行为构成刑法上的保险犯罪，除符合刑法分则有关定性描述外，还必须满足具体定量要素的要求，即具备“可罚的违法性”。例如，保险机构泄露在业务活动中知悉的保险人、投保人、被保险人的商业秘密的，构成侵犯商业秘密罪（或者侵犯公民个人信息罪），除符合《刑法》第二百一十九条对侵犯商业秘密罪行为方式的规定外，还必须具备“给商业秘密的权利人造成重大损失”这一后果性罪量要素，否则保险机构泄露在业务活动中知悉的商业秘密的，只应构成保险行政违法，由违法者承受相应的行政处罚以及承担相应的民事责任即可。不过，由于未经中国保监会批准，擅自设立保险公司，或者伪造、变造、转让保险公司的经营许可证或者批准文件等保险违法行为，自身严重扰乱正常的保险市场秩序，行为本身即已内含高度的社会危险性，所以，《刑法》第一百七十四条仅仅对该行为所构成的擅自设立金融机构罪以及伪造、变造、转让金融机构经营许可证、批准文件罪予以定性描述，而没有另行规定诸如“情节严重”等定量要素。行为人构成该两罪，只需要客观上实施《刑法》第一百七十四条规定的行为方式即为已足。

从保险行政法律规范和保险刑法规范的具体规定来看，可以肯定保险机构保险犯罪行为的主要表现形式包括：（1）擅自设立保险公司、保险资产管理公司、保险专业代理机构、保险经纪人的（涉嫌擅自设立金融机构罪）；（2）伪造、变造、转让保险机构经营许可证、批准文件的（涉嫌伪造、变造、转让金融机构经营许可证、批准文件罪）；（3）未取得相应保险业务许可证，或者超出批准的业务范围，非法经营商业保险业务，非法从事保险代理业务、保险经纪业务的（涉嫌非法经营罪）；（4）保险公司违反《保险法》第一百零六条，违背受托义务，擅自运用客户资金或者其他委托、信托的财产，或者违反国家规定运用资金的（涉嫌背信运用受托财产罪、违法运用资金罪）；（5）给予或者承诺给予投保人、被保险人、受益人保险合同约定以外的保险费回扣或者其他利益（涉嫌对非国家工作人员行贿罪）；（6）利用保险代理人、保险经纪人或者保险评估机构，从事以虚构保险中介业务或者编造退保等方式套取费用等活动（涉嫌诈骗罪或职务侵占罪）；（7）保险公司以捏造、散布虚假事实等方式损害竞争对手的商业信誉，或者以其他不正当竞争行为扰乱保险市场秩序（涉嫌损害商业信誉、商品声誉罪）；（8）泄露在业务活动中知悉的投保人、被保险人的商业秘密（涉嫌侵犯商业秘密罪或者侵犯公民个人信息罪）；（9）保险中介机构利用行政权力、职务或者职业便利以及其他不正当手段强迫、引诱或者限制投保人订立保险合同（涉嫌强迫交易罪）；（10）保险中介机构为保险合同当事人提供虚假证明材料（涉嫌提供虚假证明文件罪或者出具证明文件重大失实罪）。

通观上述保险机构可能实施的保险犯罪，本书认为，根据各保险犯罪行为的发生阶段以及内在特质的差异，保险机构保险犯罪可以大致区分为以下三类：

第一类是保险资质类保险犯罪，即该类犯罪与保险机构从事保险活动的相关资质密切相关，通常表现为行为人缺乏从事保险业务所需的资质，包括擅自设立金融机构罪、伪造、变造、转让金融机构经营许可证、批准文件罪以及非法经营罪三个罪名。

第二类是保险资金类保险犯罪，即该类犯罪与保险活动中涉及的保险费或保险金密切相关，即行为人违反《保险法》等规定运用保险资金，包括背信运用受托财产罪、违法运用资金罪、利用未公开信息交易罪以及吸收客户资金不入账罪四个罪名。

第三类是保险运营类保险犯罪，即保险机构在从事保险业务中违反《公司法》等一般法律规范，严重扰乱正常的市场秩序，如损害商业信誉、商品声誉罪、强迫交易罪、提供虚假证明文件罪、出具证明文件重大失实罪、侵犯商业秘密罪以及侵犯公民个人信息罪六个罪名。

本书以下部分将根据上述三种分类，对保险机构保险犯罪的司法认定规则进行具体展开，以深化对保险机构保险犯罪的认识，并促进保险机构保险犯罪刑法规范科学且规范地适用，从而维护正常的保险市场秩序。

第二节 保险资质类保险犯罪司法认定规则

保险是以危险为经营对象的特殊行业，保险经营具有风险性、负债性和高度信息不对称性。为保护保险消费者利益，督促保险公司维持充足偿付能力，防止行业系统性风险，促进保险市场秩序及行业健康发展，我国《保险法》要求保险的实施主体必须是具备保险资质的保险机构，并且具备相应保险资质的保险机构只能在保险资质许可的范围内提供保险服务，也即保险机构的保险资质包括市场准入资格和经营业务范围两方面。就保险市场准入资格而言，我国保险市场进入的壁垒非常明显，表现为国家对保险机构的设立实行审批制，严格限制进入保险市场的企业。根据《保险法》的规定，设立保险公司、保险代理机构和保险经纪人，除应符合法律所规定的设立条件外，还应当向保监会提出书面申请，取得相关业务许可证后，方可向工商管理机关申请营业执照。同时，保险公司设立保险资产管理公司、设立境内外子公司或者分支机构，外国保险机构在中华人民共和国境内设立代表机构，也应当经国务院保险监督管理机构批准。就保险经营业务范围来看，保险机构不能逾越经营保险业务许可证许可的范围从事保险业务，同时，因财产保险业务和人身保险业务的经营技术差异，我国《保险法》明确规定，保险人不得兼营人身保险业务和财产保险业务，但是，经营财产保险业务的保险公司经监督机构批准，可以经营短期健康保险业务和意外伤害保险业务。对于违反上述市场准入规定擅自设立保险机构或者超越经营业务许可范围经营保险业务的，将涉嫌构成擅自设立金融机构罪、伪造、变造、转让金融机构经营许可证、批准文件罪或者非法经营罪。

一、擅自设立金融机构罪

根据《刑法》第一百七十四条第一款，擅自设立金融机构罪，是指未经国家有关主管部门批准，擅自设立商业银行、证券交易所、期货交易所、证券公司、期货经纪公司、保险公司或者其他金融机构的行为。

（一）擅自设立金融机构罪的刑事立法

在社会主义市场经济体制中，金融机构是社会经济活动的重要主体，对经济社会的持续快速发展起着重要作用。鉴于金融机构是经营货币、证券、期货、保险等高风险、高负债业务的特殊主体，对其设立我国奉行审批制予以严格管理。为了规范金融机构设立管理秩序、严厉惩治未经批准擅自设立金融机构的行为，1995 年全国人大常委会《关于惩治破坏金融秩序犯罪的决定》第六条第一款就将“未经中国人民银行批准，擅自设立商业银行或者其他金融机构的”

规定为“擅自设立金融机构罪”，这一规定在1997年刑法典全面修订时得到完全承续。其后，为适应分业经营、分业监管的新需要，在1999年被《刑法修正案》第三条修正为“未经国家有关主管部门批准，擅自设立商业银行、证券交易所、期货交易所、证券公司、期货经纪公司、保险公司或者其他金融机构的……”通过此次修正，未经中国保监会批准，擅自设立保险公司的行为被明确规定为擅自设立金融机构罪的行为之一。

（二）擅自设立金融机构罪的构成特征

根据《刑法》第一百七十四条第一款以及《保险法》的相关规定，擅自设立保险公司构成擅自设立金融机构罪的构成特征表现为以下几方面。

首先，本罪的侵犯客体是保险市场准入的管理秩序。保险机构必须合法设立，保险消费者的经济交易风险才能降低并得以控制，应得利益才能预期，保险交易安全才有保障，保险活动的安全感和可靠性才能有所保障。“擅自设立保险公司等金融机构，势必不利于保护依法成立的保险公司，会造成保险公司的不公平竞争，会严重损害成千上万名被保险人或受益人的利益，可能会造成社会的动荡。因此政府对它的管理远比一般公司要严格，对擅自设立保险公司的行为惩处也就更为严厉，以此‘防患于未然’。”① 作为保险犯罪的擅自设立金融机构罪，表现为直接违反保险行政法律规范，破坏保险机构的管理秩序，特别是保险机构在市场准入方面的管理秩序。

其次，本罪的客观方面表现为未经保监会批准，擅自设立保险机构的行为。所谓“擅自设立”，是指未经合法批准而以商业银行或其他金融机构名义开展金融业务活动，亦即缺少国家专门机关的有效授权而成立。② 按照这种界定，“未经保监会批准”与“擅自设立”属于同义反复，均指设立保险公司缺少保监会的有效授权。具体来说，“擅自设立”表现为两种形式：一是行为人设立保险公司根本未按照《保险法》的规定向保监会提出设立申请；二是行为人虽然向保监会提出过申请，但因不符合设立条件等而未获批准。就具体行为方式来看，擅自设立只能是作为，不可能是不作为，擅自设立既可以是行为人擅自设立一个原本不存在的新的保险公司，也包括行为人未经保监会批准，直接冒用真实的保险公司或其分支机构的名称或名义的情形。对“擅自设立”应坚持实质标准，“从事相应的业务不仅影响到擅自设立金融机构行为的认定，而且是认定该行为的关键标准”。③ 因此，只有擅自设立的非法保险公司已经开始从事非法保险业务时，擅自设立保险公司的行为对作为本罪保护法益保险市场准入秩序的

---

① 李加明．保险犯罪的罪名适用［J］．保险研究，1998（7）．

② 张军主编．破坏金融管理秩序罪［M］．中国人民公安大学出版社，2003：135．

③ 刘宪权．金融犯罪刑法学专论［M］．北京大学出版社，2011：203．

侵犯才告完成，行为也才构成擅自设立金融机构罪既遂状态；如果行为人设立保险公司尚处在“筹备”而尚未从事非法保险业务的，应当认定为擅自设立金融机构罪的未遂形态。

再次，本罪的犯罪主体是一般主体，既可以由自然人构成，也可以由单位构成。但单位构成擅自设立金融机构罪时，单位除满足单位犯罪的一般性要求外，没有其他额外的限制。非保险单位未经中国保监会批准，擅自设立保险公司固然构成本罪；合法的保险机构未经中国保监会批准，擅自设立另一非法的保险公司的，合法的保险机构同样应该成为擅自设立金融机构罪的犯罪主体。因为设立任何保险机构，都必须经过保监会批准，其他任何机构，包括合法的保险公司都无此审批权，它自己要设立新的保险公司，也都必须经保监会批准，擅自设立保险公司，同样违反保险公司设立的审批制度，扰乱正常的保险市场准入秩序。事实上，我国《保险法》第七十五条明确规定，保险公司申请设立分支机构，应当向保险监督管理机构提出书面申请。据此，保险公司设立分支机构尚且需要向保监会申请并得到保监会的批准，保险机构另设保险公司无疑也应向保监会申请并得到保监会批准。即便是合法的保险机构，如果在未获保监会批准的情形下，擅自设立新的保险公司，依法也构成擅自设立金融机构罪。

最后，本罪的主观方面表现为故意，还要求行为人具备违法性认识。即明知设立保险公司应当经过中国保监会的批准，擅自设立保险公司违反《保险法》的规定并会扰乱保险秩序的结果，并且希望或者放任这种结果的发生。成立擅自设立金融机构罪主观上不要求具备牟取非法利益的目的要件。尽管司法实践中，行为人往往是出于牟取非法利益而设立非法保险公司，并在非法保险公司设立后从事非法保险活动牟取非法利益，但《刑法》第一百七十四条并未将牟取非法利益作为必备要件，事实上，擅自设立金融机构罪也不需要该目的要件。“擅自设立金融机构绝不是一件简单的事情，往往需要多人的分工与协作，这其中有些人可能是基于经济利益的考虑，但也不排除有的人出于哥们义气为他人擅自设立金融机构提供帮助，或者参与实施擅自设立金融机构的行为，但并不想从中分赃。”考虑到之所以将擅自设立保险公司的行为规定为犯罪，主要是为将保险领域的金融风险的防控前置，及时遏制保险犯罪的发端行为，防止风险扩大，保障保险交易安全和保险市场秩序，如果在法定构成要件以外增加牟取非法利益的目的要件，将极大地限缩擅自设立金融机构罪的规制范围，不利于上述立法目的的实现。

（三）擅自设立金融机构罪的司法疑难

1. 擅自设立金融机构罪与非罪的界限

在认定因擅自设立保险机构而构成擅自设立金融机构时，要注意把擅自设立保险公司构成犯罪与经批准设立保险公司中出现疏漏、失误等情形区分开来。实践中有这样的情况：行为人已获准成立保险公司，只是在具体设立过程中或某些环节上，因工作马虎而偶有疏漏、失误等违法现象。这种情况与擅自设立金融机构罪有着本质区别。擅自设立金融机构，是在未经国家有关主管部门批准下，违反金融机构设立的审批制，属于一种整体式的违法性。而前述情形中保险公司的成立，已然获得保监会批准，整体上具有合法性，并未侵害本罪的保护法益，不应认定为构成擅自设立金融机构罪。

已获准设立的保险机构未履行工商登记并领取营业执照即从事保险业务的，也不构成擅自设立金融机构罪。根据《保险法》的规定，设立保险公司法人机构必须先向保监会提出设立申请，保监会同意设立的给予筹建批准，申请人根据筹建批准开始筹建保险公司。筹建工作满足法定条件后，申请人再向保监会提出开业申请，保监会决定批准的，颁发经营保险业务许可证。获得保险业务许可证后，申请人凭许可证再向工商管理机关申请保险公司营业执照。可见，设立保险公司的完整流程，除保监会批准并获得经营保险业许可证外，还包括向工商管理机关申请工商登记并获得营业执照。不过擅自设立金融机构罪罪状中“未经国家主管部门批准”并不包括向工商管理机关登记并领取营业执照这一程序条件。因此，已获准成立的保险公司，及时在未办理公司登记并领取营业执照的情况下开业，也不构成擅自设立金融机构罪，而是违反工商行政管理法规的一般违法行为。①

此外，实践中还会发生这样的情况，即行为人已依法向中国保监会提出设立保险公司的申请，但在申请获得批准之前，行为人即先行挂牌营业，行为人所实施的行为应如何定性呢？应当承认，设例所示情形中，行为人主观目的一般是合法经营而非利用非法保险公司从事非法保险业务，因此，对于这种情况应按一般违法行为处理；但是，如果行为人的违法行为经有关机关指出后或者其申请未获通过仍继续挂牌经营的，则应按照《刑法》第一百七十四条论以擅自设立金融机构罪。

2. 擅自设立保险分支机构、保险经纪机构或保险代理机构是否构成本罪

从《刑法》第一百七十四条第一款的规定来看，作为保险犯罪的擅自设立金融机构罪是指擅自设立“保险公司”，而保险领域中“保险公司”有其固定内涵，即保险人，是指与投保人订立保险合同，并按照合同约定承担赔偿或者给付保险金责任的组织体。然而，除“保险公司”外，需要保监会批准设立的保险机构还有保险公司的分支机构、保险代理机构、保险经纪人等，并且开展非法保险业务的主体也不仅限于“保险公司”，那么，擅自设立的保险机构的具体

① 吴占英．擅自设立金融机构罪研究［J］．中南民族学院学报（人文社会科学版），2001（2）．

范围是否应当包括上述机构呢？对此，本书认为，擅自设立金融机构罪中“保险公司”应做扩大解释，将上述保险机构纳入其中。

保险实践中，有些保险公司为拓展业务，不向保监会申请、擅自扩建营业网点，增设分支机构，或者虽然向保监会申请，但在保监会批准之前就擅自设立分支机构进行营业活动，这显然属于保险违法行为。不过，对于未经保监会批准而擅自设立保险公司分支机构的行为，是否构成擅自设立金融机构罪，理论上存在不同看法。否定论者认为，此种行为仅为保险违法行为，不宜作为犯罪处理，理由在于此种行为与其他单位和个人擅自设立金融机构的行为毕竟不同，即保险公司因业务需要而设立的分支机构，都遵守保险行政法律规范以及保监会的监管，一般不是进行保险违法犯罪活动，对保险市场秩序的危害不大，性质未到达犯罪的程度。[①] 但如杨俊博士所言，“擅自设立金融机构的犯罪行为主要破坏的是金融管理秩序，尤其是对国家的金融专营审批许可制度造成侵害，而分支机构与金融机构本身虽然存在差异，但擅自设立的分支机构与金融机构本身在实际经营业务中的作用是一致的，这也就意味着金融机构分支机构的设立在对金融专营审批许可制度的实际侵害性上与设立金融机构本身并无二致，其同样是逃避了国家对金融机构的监管。而且，行为人以设立分支机构的名义去实施相关行为，更容易骗取公众信任，对金融秩序的潜在威胁反而更大，因而亦具有严重的社会危害性”。[②] 既然《保险法》第七十四条已经明确规定：“保险公司在中华人民共和国境内设立分支机构，应当经保险监督管理机构批准。”因此，保险公司未经保监会批准而擅自设立分支机构的，势必违反《保险法》的规定，违背保险机构设立的审批制，从而对保险市场准入秩序造成严重扰乱。事实上，早在1994年中国人民银行印发的《金融机构管理规定》第三条中早已明确金融机构即包含保险公司及其分支机构，即“本规定所称金融机构是指下列在境内依法定程续设立、经营金融业务的机构：……（二）保险公司及其分支机构、保险经纪人公司、保险代理人公司……”可见该规定是将保险公司和其分支机构视作一体，因此没有理由将保险公司未经保监会批准而擅自设立分支机构的行为排除于擅自设立金融机构罪。

同时，依据上引《金融机构管理规定》，保险经纪人公司、保险代理人公司与保险公司及其分支机构一样，属于金融机构的范畴。与此同时，《保险法》第一百一十九条规定：“保险代理机构、保险经纪人应当具备国务院保险监督管理机构规定的条件，取得保险监督管理机构颁发的经营保险代理业务许可证、保险经纪业务许可证。”第一百五十九条明确规定违反第一百一十九条的行政法律

---

① 张惠芳．擅自设立金融机构罪有关问题的探讨［J］．北京人民警察学院学报，2000（2）．

② 杨俊．论擅自设立保险机构的犯罪行为［J］．河北法学，2015（1）．

责任，即“违反本法规定，擅自设立保险专业代理机构、保险经纪人，或者未取得经营保险代理业务许可证、保险经纪业务许可证从事保险代理业务、保险经纪业务的，由保险监督管理机构予以取缔，没收违法所得，并处违法所得一倍以上五倍以下的罚款；没有违法所得或者违法所得不足五万元的，处五万元以上三十万元以下的罚款”。同时第一百八十一条规定：“违反本法规定，构成犯罪的，依法追究刑事责任。”更何况，《保险经纪机构管理规定》第二条、第七十条与第九十条以及《保险代理机构管理规定》第二条与第一百二十二条，分别肯定保险经纪机构与保险代理机构及其分支机构，应当经中国保监会批准，取得经营保险经纪业务或保险代理业务的许可证，以及违反相关规定所应承受的行政处罚以及承担的刑事责任，由此充分表明擅自设立保险经纪机构和保险代理机构的行为以擅自设立金融机构罪处罚是具有法律依据的。退一步讲，《刑法》第一百七十四条第一款在明确列举商业银行等六种金融机构外，还存在“其他金融机构”的兜底性规定，即便保险经纪机构与保险代理机构无法归入“保险公司”的范畴，也能归入“其他金融机构”，这一点也在《金融机构管理规定》第三条中得到印证。

3. 合法保险机构在设立许可失效后仍继续经营的是否能够构成本罪

在我国，保险机构虽然经批准设立，但当符合法律规定的特殊情形时，该批准将丧失法律效力。如《保险法》第一百六十条规定：“保险公司违反本法规定，超出批准的业务范围经营的，由保险监督管理机构责令限期改正，没收违法所得，并处违法所得一倍以上五倍以下的罚款；没有违法所得或者违法所得不足十万元的，处十万元以上五十万元以下的罚款。逾期不改正或者造成严重后果的，责令停业整顿或者吊销业务许可证。”在该业务许可证因被吊销而失效后，该保险机构继续从事保险业务的，能否构成擅自设立金融机构罪呢?

肯定论者认为，上述情形仍然构成本罪。“一般情况下，擅自设立融机构的行为包括筹建和设立两个阶段。而在许可失效而继续营业的情形中，尽管不存在筹建的阶段，但其继续营业仍然是对先前存在的金融机构条件的利用，其实质仍然是未经批准设立，擅自以金融机构的组织形式进入金融市场，危害正常的金融管理秩序。因此，在设立许可被吊销后仍然继续营业的行为，和一般的擅自设立金融机构行为具有等质性，虽然没有筹备阶段，但仍可构成擅自设立金融机构罪。”① 张明楷教授则认为，“合法的金融机构在许可证失效后仍经营金融业务的，不成立本罪（即擅自设立金融机构罪），可能成立非法经营罪”。② 立足罪刑法定原则，本书赞同张教授的观点，即在业务许可证因被吊销而失效

① 王潜. 擅自设立金融机构罪若干疑难问题研究［J］. 江西警察学院学报，2015（6）.

② 张明楷. 刑法学（第五版）（下册）［M］. 法律出版社，2016：775.

后，保险机构继续从事保险业务的，不能构成擅自设立金融机构罪，但可构成非法经营罪。毕竟“设立金融机构”是新设一个原本不存在的金融机构，擅自设立金融机构罪的评价重点在于“擅自设立”这一积极行为，而不在于后续经营保险业务是否存在合法的许可（这是非法经营罪的评价对象），因此，“擅自设立”无法用于前述情形的评价。再者，前已述及，根据《保险法》，设立保险公司本就包括“筹备”和“开业”两个步骤，认为没有筹备阶段也属设立保险公司的观点于法无据。最后，肯定论者关于“在设立许可被吊销后仍然继续营业的行为，和一般的擅自设立金融机构行为具有等质性”的提法有类推之嫌，似不足取。

需要提及的是，擅自设立保险公司后非法集资或者非法从事保险业务的，与本罪之间有牵连关系，应从一重处断。擅自设立的保险公司开业即为既遂，至于是否实际开展保险业务，是否获取非法利益，不影响犯罪既遂的成立。

二、伪造、变造、转让金融机构经营许可证、批准文件罪

根据《刑法》第一百七十四条第二款，伪造、变造、转让金融机构经营许可证、批准文件罪，是指自然人或者单位伪造、变造、转让商业银行、证券交易所、期货交易所、证券公司、期货经纪公司、保险公司或者其他金融机构的经营许可证或者批准文件的行为。本罪是选择性罪名，凡实施伪造、变造、转让的行为之一的，即以该行为确定罪名。

（一）伪造、变造、转让金融机构经营许可证、批准文件罪的刑事立法

保险机构的经营许可证或批准文件，是保监会审查批准的经营保险业务及其经营范围的证明文件，这些文件均由中国保监会统一设计、印刷、颁发、扣缴、注销或吊销，其他任何单位和个人均不得对这些证明文件实施上述行为。[①] 对此，我国《保险法》第一百一十三条规定：“保险公司及其分支机构应当依法使用保险机构经营许可证，不得转让、出租、出借保险机构经营许可证。”对于违反该条的保险违法行为，《保险法》第一百六十八条规定：“违反本法规定，转让、出租、出借业务许可证的，由保险监督管理机构处一万元以上十万元以下的罚款；情节严重的，责令停业整顿或者吊销业务许可证。”当然，违反保险法规定，转让、出租、出借业务许可证，构成犯罪的，依法追究刑事责任。而该种保险违法行为所构成的犯罪就是指《刑法》第一百七十四条第二款规定的伪造、变造、转让金融机构经营许可证、批准文件罪。

考虑到从事保险业务应当具备资金、从业人员素质等多方面的法定要求，

① 林荫茂，陆爱勤．保险违约与保险犯罪［M］．中国检察出版社，2002：197.

毕竟保险业务会直接影响到国家的金融秩序、经济秩序和经济安全，国家对保险业务的监管首先表现为从事保险业务的机构颁发法定的许可证、件，保险机构在获取法定的许可证、件后，凭该许可证、件向工商管理部门办理登记，领取营业执照。法定的许可证、件是国家对保险机构进行监督管理的一种手段，是管理制度的主要组成部分。① 因此，任何个人和单位要从事保险业务，必须具有经营许可证；一些不具有经营许可证的个人和单位为了从事非法保险业务，必然要伪造、变造、受让保险机构经营许可证，这种行为严重妨害保险市场秩序，破坏了国家的保险管理秩序。1995 年全国人大常委会《关于惩治破坏金融秩序的犯罪的决定》第六条第二款将此种行为纳入犯罪范围。1997 年刑法典全面修订时吸收了该规定。1999 年《刑法修正案》第三条第二款进行了补充修正。对于金融机构的范围进一步明确，把伪造、变造、转让的对象扩大到批准文件。

（二）伪造、变造、转让金融机构经营许可证、批准文件罪的构成特征

根据《刑法》第一百七十四条第二款以及《保险法》之相关规定，作为保险犯罪之非法经营罪的构成特征体现为以下几方面。

首先，本罪的侵犯客体是保险机构的管理秩序。保险机构经营许可证，是指保监会审核批准的保险机构经营保险业务的法定证明文件。批准文件，是指保监会审核批准的保险机构经营保险业务的除保险机构经营许可证以外的法定证明文件。② 这些法定证明文件包括保险机构法人许可证、保险机构营业许可证以及各自的正本与副本。国家之所以对保险机构经营许可证或者批准文件给予如此严格的管理，就在于这种许可证或批准文件能够有效地证明保险机构经营保险业务的合法性。对于保险机构经营许可证和批准文件的管理，体现了国家对保险机构的监督管理的强制性，这是健全保险制度、维护保险秩序，防范保险系统性风险的客观需要。当前我国保险市场的发展总体上处于拓展阶段，保险组织体系仍有待进一步完善，更应严格对保险机构的审批和管理，而法定的经营许可证或批准文件就是国家对保险机构从严监管的必须手段和必要保证。鉴于此，对于伪造、变造、转让保险机构经营许可证或批准文件行为社会危害性的认定，就不能单纯局限于国家对保险经营许可证或批准文件管理秩序的严重扰乱，而应将其视作国家对保险机构的整体管理秩序的严重扰乱。对此，有学者正确地指出："此种行为（即伪造、变造、转让保险机构经营许可证或批准文件）不仅侵犯了国家对保险机构的设立管理秩序，更由于这种危害行为为从事非法保险业务提供了便利，所以同时破坏了国家对保险机构管理制度的其他

---

① 邓宇琼，许成磊．危害金融安全、利益和管理秩序犯罪司法适用［M］．法律出版社，2005：56.

② 李永升．金融犯罪研究［M］．中国检察出版社，2010：143－144.

方面。”[①] 按照这种理解，将内涵相对广泛的保险机构管理秩序作为本罪的犯罪客体是妥当且准确的。

其次，本罪的客观方面表现为违反保险行政法律规范，伪造、变造、转让保险机构经营许可证或批准文件的行为。“伪造”，是指没有制作、发放权的人，依照保监会统一制发的《保险机构法人许可证》和《保险机构经营许可证》的形状、特征、色彩、样式，非法制造假的《保险机构法人许可证》和《保险机构经营许可证》。伪造行为的结果是假的许可证。既然是假的，就并不要求与真正的保险机构经营许可证完全一致。只要冠之以此种证件的名称，足以达到以假乱真、蒙蔽他人的目的即可。“伪造行为是行为人以欺骗为意图，制作内容虚假的保险机构经营许可证和批准文件，且其所制作出来的虚假证、件足以使一般人误以为真实许可证、批准文件的行为。”[②] “变造”，是指通过涂改、拼改、挖补、剪裁、拼凑、覆盖、揭层等手段，改变保险机构经营许可证或者批准文件内容的行为，如通过上述手段改变原许可证或者批准文件上的经营业务的范围、单位的名称、批准的日期、批准的单位等。变造与伪造不同，其是将真的保险机构经营许可证改变其内容而变真为假的行为，其式样、形状等总还有属于真的，只不过是其内容已发生变化，其或多或少含有原来证件的基本成分。而伪造则是将无变成有，即无论是证件的形式还是内容均是假的，其根本不含有真的成分。“转让”，是指行为人将自己合法取得的保险机构经营许可证或者批准文件通过转给、让与其他机构或者个人使用的行为。在实际发生的案件中，伪造、变造、转让经营保险许可证或者批准文件的行为，从方式上讲可能是多种多样的，但无论行为人采取什么方式、方法，均不影响犯罪的成立。

再次，本罪的犯罪主体是一般主体，既可以由自然人构成，也可以由单位构成。当然由于伪造、变造、转让保险机构经营许可证或者批准文件这三种不同犯罪的行为有其各自的特征，所以从事这种犯罪的主体身份也会有所区别。一般而言，伪造、变造保险机构经营许可证或者批准文件的行为一般是个人所为，当然也不排除个别单位从事这类犯罪活动的可能性。而转让保险机构经营许可证或者批准文件的犯罪，则一般都是由该许可证的所有者即单位所为。但在实践中也会有个人未经单位同意，或者通过窃取手段将许可证私下转让的行为的发生。

最后，本罪在主观方面表现为故意，并要求具备违法性认识。即行为人明知伪造、变造、转让保险机构经营许可证或批准文件违反《保险法》的规定并会扰乱保险管理秩序的结果，并且希望或放任这种后果的发生。从上述三种犯罪行为的具体方法可以看出，行为人都是在明知其行为是法律严格禁止的情况

---

① 王凤垒．金融犯罪研究［M］．中国检察出版社，2008：171－172.

② 谢望原主编．伪造、变造犯罪研究［M］．中国人民公安大学出版社，2010：81.

下，为了达到使自己或他人非法经营保险业务的目的，而故意实施伪造、变造和转让保险机构经营许可证或者批准文件的危害社会的行为。不过，本罪的成立对行为人犯罪动机没有限定，基于出卖的动机而伪造、变造保险机构经营许可证或批准文件的；基于本人或本单位使用而伪造、变造保险机构经营许可证或批准文件的；基于朋友之情将保险机构经营许可证或批准文件转让给他人使用的；基于从使用者手中获取好处而转让保险机构经营许可证或批准文件的，均可构成本罪。①

（三）伪造、变造、转让金融机构经营许可证、批准文件罪的司法疑难

1. 擅自设立金融机构罪与非罪的界限

《刑法》第一百七十四条第二款在罪状表述上没有将伪造、变造或者转让保险机构经营许可证的数量或者其他情节作为定罪的界限。因此，行为人只要在故意支配下实施了伪造、变造或转让经营保险业务许可证或者批准文件的行为，就构成本罪。当然，对于个别“情节显著轻微、危害不大”的，可以依照刑法总则的有关规定不予刑事处罚。例如，因合法取得的保险机构经营许可证或批准文件过了有效期而予以更改日期，没有造成后果的，或者转让经营许可证或者批准文件时间很短，没有造成后果且系偶犯的。至于该款所规定的“情节严重”，性质上属于本罪法定刑升格之条件，具体指行为人实施本款规定的犯罪行为情节比较严重，如通过伪造、变造、转让保险经营许可证或者批准文件后，使自己或者他人开始非法经营大量的保险业务，严重干扰了国家保险秩序，或者给客户、经营单位造成重大经济损失等严重后果的；或者多次从事这类犯罪行为，屡教不改又再次从事这类犯罪活动；或者利用伪造、变造、转让的经营许可证或者批准文件，进行诈骗活动等情况。②

2. 本罪客观行为中“转让”是否包括出租、出借、出卖

“转让”保险机构经营许可证或批准文件是将行为人自己合法取得的保险机构经营许可证或批准文件转给、让与其他人使用，其中“转让”是否包括出租、出借、出卖呢？对此，理论上存在争议。肯定观点认为，转让是指通过出售、出租、赠与等方式有偿或无偿将经营许可证或批准文件转给、让与其他单位或个人使用。“转让既包括通过出售、出租等有偿的方式转让，亦包括出借、赠与等无偿的方式转让。”③ 否定观点则认为，对转让的解释应该严格依照《商业银

---

① 李永升．金融犯罪研究［M］．中国检察出版社，2010：147.

② 全国人大常委会法制工作委员会刑法室编．《中华人民共和国刑法》条文说明、立法理由及相关规定［M］．北京大学出版社，2009：312.

③ 杨俊．涉保险犯罪刑法理论与实务［M］．上海人民出版社，2015：191. 类似观点参见周光权．刑法各论（第三版）［M］．中国人民大学出版社，2016：253；赵秉志，李希慧主编．刑法各论［M］．中国人民大学出版社，2016：131.

行法》和《金融机构管理规定》的有关规定进行，既然上述法律法规明确将转让与出租、出借、出卖相并列，说明立法者认为出租、出借、出卖不是转让的表现形式，对于出租、出借、出卖保险机构经营许可证或批准文件的，不能按照本罪处理。其中，出卖保险机构经营许可证或批准文件的，可按《刑法》第二百八十条规定的买卖国家机关证件罪定罪处罚，对于出租、出借保险机构经营许可证或批准文件的，由于《刑法》没有明文规定，不能按犯罪处理，可依法给予行为人适当的行政处罚。①

本书赞成肯定说，转让应当包括出租、出借、出卖和赠与等有偿或无偿方法转给、让与其他单位或个人使用。首先，从部门法关系来看，刑法是作为第二次调整手段存在的，是其他部门法的制裁法和保障法，但刑法建立在其他部门的基础上并不意味刑法的调整范围只能局限于其他部门法的规定。随着时代的进步，其他部门法可能会出现相对落后的情况，刑法不能基于过时的规定进行自身的规范评价。其次，《商业银行法》等规定自身缺乏合理性，用不合理的规定支持否定说必然也是不合理的。该法第二十六条规定："商业银行应当依照法律、行政法规的规定使用经营许可证。禁止伪造、变造、转让、出租、出借经营许可证。"第八十一条规定："未经国务院银行业监督管理机构批准，擅自设立商业银行，或者非法吸收公众存款、变相吸收公众存款，构成犯罪的，依法追究刑事责任；并由国务院银行业监督管理机构予以取缔。伪造、变造、转让商业银行经营许可证，构成犯罪的，依法追究刑事责任。"根据该两条规定，将"出租""出借"排除在可追究刑事责任范围之外缺乏合理性。因为《商业银行法》第二十六条的规范目的在于防止有人擅自设立金融机构，利用金融机构非法吸收公众存款，从而扰乱正常的金融秩序。出租、出借经营许可证的行为与伪造、变造、转让的行为一样是让不应拥有经营许可证的主体拥有经营许可证，因此同样可以造成这种危害结果，不将其纳入追究刑事责任的范围，有放纵犯罪之嫌。最后，否定论者的主张将导致不合理的处理结果。"无偿让与行为要追究刑事责任；而出租，这种牟利为目的的行为却只能受到行政处罚，使得收益与风险不成比例，违反了罪刑相适应原则，造成了不公正的现象。"②

3. 将自己通过盗窃、抢夺等非法手段获得或拾得的保险机构经营许可证提供给他人使用能否构成本罪

有论者提出，转让经营许可证是一种滥用经营许可证所有权的表现，侵犯的是保险机构经营许可证的使用管理制度。而经营许可证的非法持有者，既然对经营许可证没有所有权，那么，就不存在滥用经营许可证的问题。因此，通

① 马克昌．经济犯罪新论——破坏社会主义经济秩序罪研究［M］．武汉大学出版社，1998：258.

② 李永升．金融犯罪研究［M］．中国检察出版社，2010：146.

过盗窃、抢夺等非法手段获得或拾得保险机构经营许可证后无偿提供给他人使用的，不能构成该罪。对盗窃、抢夺者可按盗窃、抢夺国家机关证件罪处理；对拾得者，则不按犯罪处理。[①] 反对意见则认为，即使“禁止转让经营许可证”是紧接着规定在“商业银行应当依照法律、行政法规的规定使用经营许可证”之后，也不能说明立法者的意图是在于仅防止经营许可证所有人滥用许可证。立法者的立法意图是在于防止许可证滥用处分权，而且还在于防止许可证被非所有人滥用。这也就是在“转让”前又规定了“伪造”“变造”的原因。[②]

比较而言，本书倾向于支持上述第一种意见。由于本罪的侵害客体是保险机构经营许可证或批准文件管理秩序所代表的整体保险管理秩序，保险机构经营许可证或批准文件管理秩序是本罪侵害客体的直接表现，而这种管理秩序显然是针对合法持有者不得滥用合法获得保险机构经营许可证或批准文件从事非法活动，而以盗窃、抢夺等非法手段获得的保险机构经营许可证或批准文件的，行为人对相关证件的占有状态是法律需要取缔的，不应用本罪惩治相关行为。更何况，以盗窃、抢夺等非法手段获得相关证件，刑法评价上已经构成盗窃、抢夺国家机关证件罪，犯罪人后续转让行为属于不可罚的事后行为，应被盗窃、抢夺国家机关证件罪所吸收，而不另行评价。在行为人使得保险机构经营许可证或批准文件的情形中，拾得者对相关证件的占有尽管合法，但却非相关证件的所有人，也不负有防止相关证件被滥用的法律义务。拾得者将所拾得的相关证件又转让给他人，尽管违反相关行政法律法规，但不应认为侵犯了《刑法》第一百七十四条第二款所保护的整体保险管理秩序，所以宜按无罪处理。

三、非法经营罪

根据《刑法》第二百二十五条，非法经营罪，是指自然人或单位违反国家规定，经营实行许可制度的物品或业务，或者买卖许可证或批准文件，扰乱市场秩序，情节严重的行为。作为保险犯罪之非法经营罪，是指自然人或单位违反有关保险的国家规定，未经保监会批准，非法经营保险业务，扰乱保险市场秩序，情节严重的行为。

（一）作为保险犯罪之非法经营罪的刑事立法

非法经营保险业务的行为属于保险欺诈的高级形式，与前述的擅自设立保险机构、伪造、变造、转让保险机构经营许可证或批准文件一样，必然违反《保险法》对经营保险业务的特许审批制度，损害众多善意保险消费者的合法权益，损害保险的公正性和公平互助性，从而严重制约保险社会功效的发挥。从

---

① 马克昌．经济犯罪新论——破坏社会主义经济秩序罪研究［M］．武汉大学出版社，1998：259.

② 李永升．金融犯罪研究［M］．中国检察出版社，2010：146.

促进保险行业健康发展的实际需要出发，我国《保险法》第六条规定："保险业务由依照本法设立的保险公司以及法律、行政法规规定的其他保险组织经营，其他单位和个人不得经营保险业务。"第九十五条规定："保险公司的业务范围：（一）人身保险业务，包括人寿保险、健康保险、意外伤害保险等保险业务；（二）财产保险业务，包括财产损失保险、责任保险、信用保险、保证保险等保险业务；（三）国务院保险监督管理机构批准的与保险有关的其他业务。保险人不得兼营人身保险业务和财产保险业务。但是，经营财产保险业务的保险公司经国务院保险监督管理机构批准，可以经营短期健康保险业务和意外伤害保险业务。保险公司应当在国务院保险监督管理机构依法批准的业务范围内从事保险经营活动。"对于非法经营保险业务的法律责任，该法第一百五十八条至第一百六十条规定，违反《保险法》规定，非法经营商业保险业务的，或者未取得经营保险代理业务许可证、保险经纪业务许可证从事保险代理业务、保险经纪业务的，或者超出批准的业务范围经营的，由保险监督管理机构予以取缔或者责令限期改正，没收违法所得，并处违法所得一倍以上五倍以下的罚款。超出批准的业务范围经营的，由保险监督管理机构责令限期改正，但逾期不改正或者造成严重后果的，责令停业整顿或者吊销业务许可证。考虑到非法经营保险业务严重扰乱保险市场秩序的危害性，1999 年通过的《刑法》修正案，根据实践中出现的非法经营证券、期货或保险业务的情况，对原《刑法》第二百二十五条规定的非法经营行为又增加了一项，即第（三）项前段"未经国家有关主管部门批准非法经营证券、期货、保险业务的。"通过此次刑法修正，违反国家保险法律规定，非法经营保险业务，扰乱保险市场秩序，情节严重的，被正式明确为非法经营罪。

（二）作为保险犯罪之非法经营罪的构成特征

根据《刑法》第二百二十五条以及《保险法》之相关规定，作为保险犯罪之非法经营罪的构成特征体现为以下几方面。

首先，本罪的侵犯客体是以保险市场准入秩序为内容的保险市场经营管理秩序。通常认为，作为上位犯罪的非法经营罪的犯罪客体是市场准入秩序，即为限制市场主体进入某些特殊市场，由全国人大及其常委会以及国务院就进入该特殊市场的资格条件制定专门的法律、行政法规，市场主体只有经过依法审批后才能获得营业许可，据此而形成的取得市场营业许可的秩序。[①] 在中国特色社会主义市场经济体制中，国家为了有效维护公共利益，为所有市场主体创造一个良好的公平竞争的市场秩序，往往通过法律手段对非法经营行为进行界定

① 曲伶俐，张霞主编．刑事法治前沿（第 3 辑）［M］．山东人民出版社，2015：115.

并进行适度的干预，此种干预从《刑法》第二百二十五条罪状表述即能体现，而且从该法条的立法意图来看，其并不是将所有扰乱市场经济秩序的非法经营行为纳入调控范围，而是要保护通过特定许可管理形成的市场经营秩序。[①] 显然，保险市场就是属于前述国家通过特定许可管理所形成的市场机制之一。良好的保险市场秩序是保险业持续稳健发展的必要条件，在保险市场机制中，因交易对象是特定风险，其经营过程也伴随着高度风险要素，因此，良好的保险市场秩序内在地需要国家对保险业的市场准入实施特许审批制度。而未经保监会批准，在不具有从事保险业相应资质的情况下，非法经营保险业务，就是严重违背国家对保险业实施的特许审批制度，从而扰乱保险市场准入秩序，并进而扰乱保险业公平有序的市场经营管理秩序。

其次，本罪客观方面表现为违反国家规定，未经保监会批准，非法经营保险业务，扰乱市场，情节严重的行为。

根据《刑法》第九十六条的界定，违反保险方面的国家规定是指违反全国人民代表大会及其常务委员会制定的保险法律和决定，国务院制定的保险行政法规、规定的保险方面行政措施、发布的有关保险的决定和命令，主要包括《刑法》《保险法》以及国务院（而不是保监会）制发的保险方面的行政法规、决定、命令及行政措施。违反《刑法》及《保险法》的有关规定作为成立非法经营罪中“违反国家规定”自然毋庸置疑，对于国务院制发的保险方面的行政法规等相关规定也可能成为成立非法经营罪所违反的“国家规定”，如国务院发布的《外资保险公司管理条例》（国务院令第666号；2016年修订）第三十一条、第三十二条规定，违反本条例规定，擅自设立外资保险公司或者非法从事保险业务活动的，由中国保监会予以取缔；依照刑法关于擅自设立金融机构罪、非法经营罪或者其他罪的规定，依法追究刑事责任；外资保险公司违反本条例规定，超出核定的业务范围、业务地域范围或者服务对象范围从事保险业务活动的，依照刑法关于非法经营罪或者其他罪的规定，依法追究刑事责任。

由于《保险法》规定，经营保险业务必须获得保监会的批准，因此非法经营保险业务已经包含“未经保监会批准”的要素。从《保险法》的有关规定来看，非法经营保险业务表现形式多样，大致可分为“非法经营商业保险业务”“保险公司超越业务范围从事保险业务”“非法从事保险代理业务、保险经纪业务”三类，具体包括以下几种：（1）非法从事商业保险活动，比如社会保险机构非法经营商业保险、自保公司非法经营商业保险等；（2）在未经批准的情形下保险人兼营非保险业务和非保险人兼营保险业务以及同一保险公司同时从事性质不同的保险业务；（3）违规办理再保险业务；（4）故意超额承保；（5）《保

---

① 刘树德．“口袋罪”的司法命运非法经营的罪与罚［M］．北京大学出版社，2011：10.

险法》第一百一十六条规定的相关禁止性行为等。当然，就非法经营保险业务行为的种类而言，并非一成不变的，其在将来必会随着保险市场特定许可管理范围的变化而发生相应变化。[①] 不过不论保险市场如何变化，非法经营保险业务行为的认定都必须以行为违反全国人大及其常委会与国务院制定的有关保险方面规定为前提，即非法经营保险业务之“非法”是指违反全国人大及其常委会与国务院制定的有关保险方面规定。某种行为要被认定为非法经营保险业务，必须要先有全国人大及其常委会与国务院制定的有关保险方面规定已经做出明确禁止。

根据最高人民检察院、公安部《关于公安机关管辖地刑事案件立案追诉标准的规定（二）》第七十九条，作为保险犯罪的非法经营罪所要求的“情节严重”，是指未经保监会批准，非法经营保险业务，数额在三十万元以上的，或者违法所得数额在五万元以上的。据此，如果行为人非法经营保险业务的非法经营数额不足三十万元或者违法所得数额不足五万元的，只能作为保险行政违法行为处理。

再次，本罪的犯罪主体是一般主体，既可以由自然人构成，也可以由单位构成。对此，有观点提出保险业务的从业人员不能成为本罪的犯罪主体。“就《刑法》第二百二十五条中规定的第三项内容而言，其所认定的非法经营行为，是指没有取得证券、期货、保险业务主体资格的单位或个人非法经营证券、期货、保险业务，而不是指证券、期货、保险业务的从业人员违法经营证券、期货、保险业务。”[②] 本书认为，将保险业务的从业人员排除于本罪的犯罪主体并不妥当。前已述及，非法经营保险业务的范围包括《保险法》第一百六十条所规定的“保险公司违反本法规定，超出批准的业务范围经营的”情形，而违反《保险法》规定，超出批准的业务范围经营的非法经营保险行为的行为主体显然是保险公司的工作人员，即保险业务的从业人员。况且即便是保险业务的从业人员，只要其超出保监会批准的业务范围经营保险业务，也必然会违背从事保险业务的特许审批制度、严重扰乱我国保险市场准入秩序。否定保险从业人员的非法经营罪主体身份，无疑将放纵犯罪，不利于维护公平有序的保险秩序。因此，将本罪的犯罪主体理解为一般主体是正确的，任何单位和个人违反国家规定，未经保监会批准，非法经营保险业务，情节严重的，都构成非法经营罪。

最后，本罪在主观方面表现为直接故意，并要求具备违法性认识。即行为人明知违反国家规定，未经保监会批准，非法经营保险业务，会发生严重扰乱以保险市场准入秩序为内容的保险市场经营管理秩序的结构，并且希望这种结

① 杨俊．涉保犯罪刑法理论与实务［M］．上海人民出版社，2015：237.

② 何帆．刑法修正案中的经济犯罪疑难解析［M］．中国法制出版社，2006：144.

果的发生。本罪的成立应当要求行为人具备非法牟利的主观目的要素。“作为‘破坏社会主义市场经济秩序罪’中规定的非法经营行为，其‘经营’一词理应是经济领域中的盈利活动，即应理解为是一种以盈利为目的的经济活动，包括从事工业、商业、服务业、交通运输业等经营活动。强调此‘经营’行为以盈利为目的是必要的，这是非法经营罪作为一种经济犯罪所应具备的一个基本特征。”① 非法经营保险行为也是一种经营活动，蕴含经营活动的盈利性基本特征，要求本罪主体在主观上具有非法牟利的主观目的，契合经营保险业务的营利性基本特征，也与司法实践中发生的作为保险犯罪的非法经营罪的基本情况相适应。

（三）作为保险犯罪之非法经营罪的司法疑难

作为保险犯罪之非法经营罪在司法认定中可能涉及的疑难问题有二：一是合法保险机构是否存在非法经营保险业务的行为，如果有，是否构成非法经营罪；二是擅自设立的非法保险机构非法经营保险业务的行为，或者利用伪造、变造、受让的保险机构经营许可证或批准文件非法经营保险业务的行为，应如何定性。

就第一个问题而言，本书认为，合法保险机构同样存在非法经营保险业务的行为，其非法经营保险业务且情节严重的，没有理由排除于非法经营罪的规制范围。毋庸置疑，合法的保险业务，是指合法成立的保险机构按照《保险法》等法律法规规定的经营规则向投保方提供的保险服务。与之相对，非法的保险业务就包括三种情形：非法保险机构从事的保险业务；合法保险机构违反相关经营规则提供保险服务；非法保险机构违反相关经营规则提供保险服务。由于非法保险机构自身并未得到保监会批准，因而不论其是否按照相关保险经营规则提供保险服务，都能够构成非法经营罪。然而，合法保险机构违反保险经营规则非法经营保险业务的，是否构成非法经营罪，应当说，作为保险犯罪的非法经营罪的保护客体是保险市场准入为内容的保险经营管理秩序，合法保险机构虽然具有经营保险业务的整体资格，但却可能并不具有经营某项具体的保险业务，因依法成立的保险机构所经营的保险业务的具体范围具有限定性，如保险人不得兼营人身保险业务和财产保险业务，经营财产保险业务的保险公司经营短期健康保险业业务和意外伤害保险业务，必须得到保监会的另行批准。换而言之，不仅作为整体的保险机构进入保险市场具有准入资格的限制，合法成立的保险机构对具体保险业务仍具有准入资格的限制。即便是合法成立的保险机构，如果违反《保险法》规定，未经保监会批准从事相关保险业务，同样侵

① 陈泽宪．非法经营罪若干问题研究［J］．人民检察，2000（2）．

犯了保险市场准入秩序，从而扰乱保险市场经营管理秩序，并且这种对保险市场经营管理秩序的危害程度远甚于非法保险机构实施同样的行为，毕竟合法保险机构实施相关行为具有合法身份的掩护，具有极强的隐蔽性和欺骗性。有鉴于此，合法保险机构非法经营保险业务，情节严重的，应当依法认定为非法经营罪。

就第二个问题而言，本书的意见是：构成擅自设立金融机构罪与非法经营罪的牵连犯，或者伪造、变造、转让金融机构经营许可证、批准文件罪与非法经营罪的牵连犯，宜“从一重罪处断”，按照非法经营罪定罪处罚。以下仅以擅自设立金融机构罪与非法经营罪的牵连情形为例。司法实践中，行为人未经保监会批准而擅自设立保险机构后，往往会继续利用所设立的非法保险机构经营保险业务。尽管这些非法保险机构也可能依照相关保险经营规则开展保险业务，但更多的情况是非法保险机构实施诸多非法保险活动，如利用虚假保险单证、以高息回报为诱饵从事非法集资，利用开展保险业务销售误导骗取、侵占投保人的保险费，以及利用保险业实施洗钱违法犯罪活动等。行为人先前擅自设立保险机构的行为，独立构成擅自设立金融机构罪；后续实施的非法经营保险业务的行为，又另行构成非法经营罪，前后两罪具有牵连关系，属于牵连犯。而对于牵连犯的处断，如果缺乏刑法条文关于数罪并罚的明文规定外，原则上应按“从一重罪处断”。而行为人擅自设立保险机构后，又利用该非法保险机构非法经营保险业务的，刑法分则并未规定要进行数罪并罚，因而只需要“从一重罪处断”，即按照法定刑较重的非法经营罪定罪处罚，行为人擅自设立保险机构的情节，可以作为量刑情节予以考虑。

第三节　保险资金类保险犯罪司法认定规则

根据《保险资金运用管理暂行办法》第三条，保险资金，是指保险集团（控股）公司、保险公司以本外币计价的资本金、公积金、未分配利润、各项准备金及其他资金。保险是转移危险和消化损失的经济保障制度和手段。保险资金在保险运行机制中居于关键性的地位，在“人人为我、我为人人”的互助共济精神指引下，大家共同出资（缴纳保险费），通过保险人建立保险基金，当有被保险人遭受损失时，根据保险合同的约定，用保险人的保险资金对被保险人或受益人进行损失补偿，因此，保险资金的充盈是保险机制正常运行的根本保障，而保险资金的充盈离不开保险资金的安全且高效的运用。毕竟随着保险业的不断发展，保险市场的竞争激烈促使保险公司纷纷降低保险费率，通过报废收入形成的保险公司利润越来越薄甚至为负数，保险资金运用获得的投资收益已成为保险公司利润的最主要来源，保险公司必须在法律框架下尽可能提高保险资金的投资效率，以获取营业利润。同时，鉴于保险经营的高负债性特点，构成保险资金的资本金、公积金、未分配利润、各项准备金等都是保险公司履行支付保险金义务的财产基础，必须保证保险资金所形成的具有安全性和流动性。然而，司法实践中，保险公司（保险资产管理公司）违背保险资金运用的安全性和流动性原则，违背受托义务，擅自运用客户资金或者其他委托、信托财产，或者违反国家规定运用保险资金，或者吸收客户资金不入账，[①] 或者保险从业人员利用职务便利获取的未公开信息，违反规定从事与该信息有关的证券、期货交易，这些违法运用保险资金的行为不仅会增强保险资金运用的风险，降低保险公司偿付能力，并且严重制约保险机制的顺畅运行，妨害保险功效的正常发挥，从而可能构成相应的保险犯罪。

一、背信运用受托财产罪

根据《刑法》第一百八十五条之一第一款，背信运用受托财产罪，是指商业银行、证券交易所、期货交易所、证券公司、期货经纪公司、保险公司或者其他金融机构，违背受托义务，擅自运用客户资金或者其他委托、信托的财产，情节严重的行为。

（一）背信运用受托财产罪的刑事立法

随着经济社会的快速发展，人们可支配收入稳步增加，委托理财也成为我国资本市场上的新兴业务。作为资产经营方式，委托理财是指委托人通过委托或者信托与受托人约定，将资金、证券等金融性资产给受托人，由受托人在一定期限内按照委托人的意愿管理，进行投资等经营，并依约支付给委托人一定比例收益的资产管理活动。由于实际操作中法律法规的不完善和监管机制的不健全，加之委托人在市场信息和投资知识方面的欠缺，金融机构从事委托理财业务利用其优势地位滥用权利的违规违法现象屡见不鲜，如金融机构违背受托义务，对客户的资金进行暗箱违规操作、侵吞、擅自动用客户资产，或者将客户资金用于操纵市场、进行不必要的买卖以赚取交易手续费等违规行为，妄图获取更大的利益。“这些行为的存在，不仅败坏金融机构的声誉和信誉，动摇公众对金融机构受托理财的信任，严重损害委托人的利益，而且使资产管理活动存在较大金融风险，严重扰乱金融秩序，也易造成社会的不稳定，应当予以刑

① 应当承认，作为金融机构，保险公司及其工作人员收取投保方缴纳的保险费不入账，数额巨大或者造成重大损失的，应依照《刑法》第一百八十七条认定为吸收客户资金不入账罪，但考虑到保险实践来看，此种保险犯罪发生频率相当低，且其司法认定往往不存在特别的疑难，因此本章将不对作为保险犯罪的吸收客户资金不入账罪具体展开。

事制裁。”[①] 鉴于此，2006年《刑法修正案（六）》第十二条第一款新增设背信运用受托财产罪。与传统委托理财工具相比，投资理财保险是人寿保险市场新兴的保险产品，其兼具保险的保障功能与投资理财功能，可在保障功能基础上，实现保险资金的增值，所以，尽管其收益可能无法与股票、基金相比，但因风险较低、收益稳定而备受投资者推崇。如果销售投资理财保险的保险公司违背受托义务，擅自运用客户资金或者其他委托、信托的财产，情节严重的，应当依法构成背信运用受托财产罪。

（二）背信运用受托财产罪的构成特征

根据《刑法》第一百八十五条之一第一款以及《保险法》之相关规定，作为保险犯罪之背信运用受托财产罪的构成特征体现为以下几方面。

首先，本罪的侵犯客体是复杂客体，即国家金融管理秩序和委托投资者的财产权益。立法者将背信运用手头财产罪作为破坏金融管理秩序罪的个罪，意在突出本罪扰乱金融管理秩序的侧面，即销售保险投资理财产品的保险公司背信运用投保方的资产会严重影响资金的安全，造成市场行情剧烈波动，干扰国家金融市场的正常运行。同时对投资者而言，背信运用受托财产侵犯了其资金使用权和收益权，妨害投资者资产的正常使用，影响投资者的正常交易结算。本罪的对象是客户资金，即投保方通过购买保险理财产品的形式委托给保险公司且限定了特殊用途的资金，不包括保险公司可以自主决定使用的资金。

其次，本罪客观方面表现为保险机构违背受托义务，擅自运用客户资金，情节严重的行为，具体而言，所谓违背受托义务，不仅限于违背投保方与保险机构之间具体约定的义务，还包括违背法律、行政法规、部门规章规定的法定义务。

“擅自运用客户资金”，是指未经投保方允许私自运用具有特定用途资金的行为。具体表现形式包括：将客户资金管理业务与其他业务混合操作；以转移自营管理账户收益或者亏损为目的，在自营账户与资产管理账户之间或者不同的资产管理账户之间进行交易，损害客户的利益；以获取佣金或其他利益为目的运用客户资金进行超出委托授权以外的交易，将委托理财资产用于资金拆借、贷款、抵押融资、对外担保等用途或者用于可能承担无限责任的投资等。[②] 其中“擅自”与擅自设立金融机构罪中的“擅自”具有不同的内容，后者是指设立金融机构未获相关主管部门的批准，而本罪之“擅自”是指未获投保方即委托人的许可或者违背法定义务。

本罪的成立要求具备“情节严重”要素。根据《立案追诉标准（二）》，

① 黄太云．《刑法修正案（六）》的理解与适用（下）［J］．人民检察，2006（15）．

② 李永升．刑法新增和修正罪名适用［M］．中国人民公安大学出版社，2013：132．

"情节严重"主要包括：擅自运用客户资金或者其他委托、信托的财产数额在三十万元以上的；或者虽未达到前述数额标准，但多次擅自运用客户资金或者其他委托、信托的财产，或者擅自运用多个客户资金或者其他委托、信托的财产的；或者其他情节严重的情形。

其次，本罪是单位犯罪，且是特殊主体单位。作为保险犯罪的背信运用受托财产罪的主体，只能是保险公司，保险从业人员以及其他自然人无法构成本罪，这是由于我国目前有资格开展保险投资理财业务的机构只有保监会批准的保险公司，自然人不是开展此项业务的适格主体。至于保险公司的性质是国有还是非国有，不影响本罪的成立。

最后，本罪的主观方面是故意，过失不构成本罪。也即从事保险理财业务的保险公司明知背信运用受托财产会造成扰乱国家金融管理秩序和侵害委托投资者的财产权益，并希望这种结果发生。尽管行为人实施本罪通常具有获取非法利益的目的，但《刑法》第一百八十五条之一第一款并未明文规定需要具备获取非法利益的目的要素，从罪刑法定原则以及便于司法认定出发，宜认为本罪的构成不需要特定目的。

（三）背信运用受托财产罪的司法疑难

在司法实践中，保险公司及其工作人员背信运用受托财产可能涉及的罪名包括背信运用受托财产罪与挪用资金罪（挪用公款罪）。根据《刑法》第一百八十五条第一、第二款的规定，保险公司工作人员利用职务上的便利，挪用客户资金的，依照挪用资金罪（挪用公款罪）处理。因此，如何准确划定本罪与挪用资金罪（挪用公款罪）的界限是本罪司法认定最大的疑难问题。①

可以肯定，作为保险犯罪的背信运用受托财产罪与挪用资金罪的界限首先体现在犯罪主体和犯罪对象两方面：其一，就犯罪主体而言，背信运用受托财产罪的犯罪主体是特殊单位主体，即保险公司，而挪用资金罪的犯罪主体只能是保险公司的工作人员，保险公司自身无法构成挪用资金罪；其二，就犯罪对象而言，背信运用受托财产罪的犯罪对象是投保方委托给保险公司且具有特定用途的客户资金，而非保险公司的自有资金，而挪用资金罪的犯罪对象则为保险公司的自有资金。犯罪主体和犯罪对象的差异，可以进一步推出，二罪在侵害客体方面的不同：前者侵犯的客体是复杂客体，即国家金融管理秩序和委托投资者的财产权益，而后者侵犯的客体是简单客体，即保险公司正常的财经管

① 由于挪用资金罪和挪用公款罪的最大区别在于犯罪主体和犯罪对象的不同，前者的犯罪主体是非国有公司、企业，人员，后者是国家工作人员；前者的犯罪对象是非国有公司、企业的资金和款项，后者是公共款项和资金。因此，本书主要解决司法实践中背信运用受托财产罪与挪用资金罪的认定疑难，背信运用受托财产罪与挪用公款罪的认定疑难可以对比解决。

理秩序。事实上，尽管背信运用受托财产罪与挪用资金罪客观方面具有一定的相似之处，但二者的区别同样明显：

首先，前者主要体现为“违背受托义务”，即保险公司实施了违背客户委托给它的义务的行为，其以保险公司与投资者存在委托法律关系为前提，且接受委托的保险公司必须违反法定或约定的义务；后者主要是“利用职务上的便利”，即利用本人在职务上形成的主管、经管或经手单位资金的方便条件，以及其他工作人员因执行职务而经手单位资金的便利条件。然而，“违背受托义务”与“利用职务上的便利是不同的”。“由于作为掌管客户资金或者其他委托、信托的财产的单位与自然人有着本质不同，当单位掌管客户资产时并不存在是否利用职务便利的情形，如果规定利用职务上的便利，就显得欠缺科学了。而且，没有任何职务便利的人员也可能违背受托义务，只要有委托合同或信托合同存在即可。而‘利用职务之便’却不以‘委托合同’的存在为前提，只要该职务存在，就可利用该职务上的便利。‘违背受托义务’与‘利用职务之便’无论是内涵还是外延，都有很大的不同，不可以混淆。”①

其次，在行为方式上，前者是“运用”，而后者是“挪用”。挪用资金罪的“挪用”，是指不经合法批准，擅自动用所主管、管理、经手单位资金。通常而言，“运用”的内涵相对宽泛，除“动用”“提取”“动支”外，“挪用”也应包括在其中。因为挪用资金罪只能由自然人构成，而背信运用受托财产罪属于单位犯罪，恰好弥补挪用资金罪无法惩治单位挪用资金归个人适用所留下的漏洞。此外，“运用”还应包括“占有”“侵占”等侵犯财产处分权的行为。理由在于：我国刑法对于个人利用职务便利，侵犯单位财产的使用权、处分权的行为，分别规定了挪用资金罪和职务侵占罪，金融机构擅自侵犯客户财产的使用权、处分权的行为，在《刑法修正案（六）》出台前没有任何规定。如果“运用”不包括“占有”“侵占”等侵犯财产处分权的行为在内，那么只能处罚侵犯客户资产的使用权的犯罪行为，而对于更为严重的侵犯客户资产的处分权的行为，仍然难以依法惩治，这显然是不合情理的。②

最后，与背信运用受托财产罪不同，挪用资金罪的构成要求具备“挪用本单位资金归个人使用或借贷给他人”的要件，即将本单位资金供本人、亲友或者其他自然人适用，或者以个人名义将本单位资金供其他单位适用的；或者个人决定以单位名义将本单位资金供其他单位适用，谋取个人利益的。而背信运用受托财产罪则无此要求。

---

① 涂龙科，胡建涛．论背信运用受托财产罪的认定［J］．华东理工大学学报（社会科学版），2008（3）．

② 彭文华．论擅自运用客户资金罪［J］．中国检察官，2006（9）．

此外，需要引起注意的是，司法实践中，保险公司背信运用受托财产同时构成其他犯罪的现象时有发生，如将受托财产用于操纵证券、期货交易。如果背信运用受托财产情节严重，本身即构成背信运用受托财产罪，而将受托财产用于操纵证券、期货交易也符合操纵证券、期货交易罪的构成要件，此时将发生本罪与操纵证券、期货交易罪竞合的情形。本书认为，该种竞合属于想象竞合，应择一重罪处断。

二、违法运用资金罪

根据《刑法》第一百八十五条之一第二款，违法运用资金罪，是指社会保障基金管理机构、住房公积金管理机构等公众资金管理机构，以及保险公司、保险资产管理公司、证券投资基金管理公司，违反国家规定运用资金的行为。

（一）违法运用资金罪的刑事立法

在保险实践中，保险公司除违背受托义务擅自运用客户资金外，还可能违反国家规定，违法运用保险资金。保险公司所承担的风险具有不确定性，直接导致了保险公司支付保险金义务履行的不确定性，即其负债的不确定性，为维护被保险人利益和保险市场秩序，保险公司必须有足够的偿付能力。“西方发达国家保险业的发展表明，保险资金运用的安全对保险公司的稳健经营至关重要，因资金运用造成损失，是保险公司破产的最主要原因。”① 由于保险资金是保险公司偿付能力的重要载体，担负着随时支付保险金的根本任务，我国《保险法》以及《保险资金运用管理暂行办法》等法律法规对保险资金的运用原则、运用范围、运用模式、运用流程、风险管控以及监督管理等作出明确细致的规定。保险公司违反这些规定运用资金的行为，势必极大地制约保险资金运用的安全性、流动性和稳健性，削弱保险公司的偿付能力，扰乱正常的保险秩序，妨害保险机制的顺畅运行及保险功能的充分发挥。鉴于此，2006 年《刑法修正案（六）》第十二条第二款新增《刑法》第一百八十五条之一第二款，将保险公司、保险资产管理公司，违反国家规定运用资金的行为，作为违法运用资金罪的惩治对象之一。

（二）违法运用资金罪的构成特征

根据《刑法》第一百八十五条之一第二款以及《保险法》之相关规定，作为保险犯罪之非法经营罪的构成特征体现为以下几方面。

首先，本罪的侵犯客体是以保险公司保险资金正常运用秩序为内容的保险市场管理秩序。保险公司保险资金的合规运用既是保险公司利润的重要来源，

---

① 李海洋. 追究保险业“违法运用资金罪”应成为常态［J］. 中国商报，2016－05－24（01）.

也是投保方所获保险金的重要来源；其不仅是保险市场秩序的重要内容，也是保险市场监管的重要对象。保险机制的顺畅运行必然内在地要求保险资金运用的安全性和稳健性，但保险公司违法运用保险资金的行为却严重危害了保险资金的安全性和稳健性，进而严重扰乱正常的保险市场管理秩序。本罪的犯罪对象是保险公司的保险资金，即保险集团（控股）公司、保险公司以本外币计价的资本金、公积金、未分配利润、各项准备金及其他资金。详言之，在保险公司资产负债表上，资本金、公积金与未分配利润均属保险公司所有者权益。资本金是保险公司股东根据公司章程规定实际缴纳至保险公司用作出资或认购股份的资本金。公积金分为盈余公积金和资本公积金两种，前者是保险公司从税后利润中提取形成的、留存于企业内部、具有特定用途的收益积累；后者是公司在生产经营由公司资本增值及其他原因形成的股东权益收入。未分配利润是保险公司以前会计年度经营形成但按公司章程规定或股东会决议不予分配的税后利润。保险责任准备金是保险公司从保费中提取的、为履行其未来理赔或给付责任而提存的负债。其他资金是保险公司处分资产或通过对他人负债而取得的资金，如发行债券、卖出承诺回购的资产等。

其次，本罪的客观方面表现为保险公司、保险资产管理公司，违反国家规定运用资金，具体包括违反国家规定以及资金运用两个要素。

《刑法》第九十六条规定："本法所称违反国家规定，是指违反全国人民代表大会及其常务委员会制定的法律和决定，国务院制定的行政法规、规定的行政措施、发布的决定和命令。"作为保险犯罪的违法运用资金罪所违反的国家规定主要是指《保险法》关于保险公司、保险资产管理公司运用保险资产的规定。对此，《保险法》第一百零六条规定："保险公司的资金运用必须稳健，遵循安全性原则。保险公司的资金运用限于下列形式：（一）银行存款；（二）买卖债券、股票、证券投资基金份额等有价证券；（三）投资不动产；（四）国务院规定的其他资金运用形式。保险公司资金运用的具体管理办法，由国务院保险监督管理机构依照前两款的规定制定。"该条第 2 款，即关于由保监会制定保险公司资金运用的具体管理办法的规定，属于兼具授权性和强制性的委任性规则，从而授予保监会制定保险公司资金运用的具体管理办法的权力。为此，保监会发布的《保险资产管理暂行办法》第六条对《保险法》第一百零六条规定的保险资金运用形式进行重述。也即，全国人大常委会发布的《保险法》以及保监会制发的《保险资产管理暂行办法》关于保险资金运用形式的规定均属于"国家规定"。

违法运用资金，是指保险公司、保险资产管理公司违反上述关于保险资金运用形式的国家规定运用保险资金的行为。具体来说，保险公司、保险资产管理公司在运用保险资金，超出银行存款、买卖债券、股票、证券投资基金份额等有价证券、投资不动产等的范围，就构成违法运用资金罪。关于禁止的保险资金运用形式，《保险资金运用管理暂行办法》第十五条规定，从事保险资金运用不得有下列行为：存款于非银行金融机构；买入被交易所实行“特别处理”“警示存在终止上市风险的特别处理”的股票；投资不具有稳定现金流回报预期或者资产增值价值、高污染等不符合国家产业政策项目的企业股权和不动产；直接从事房地产开发建设；从事创业风险投资；将保险资金运用形成的投资资产用于向他人提供担保或者发放贷款，个人保单质押贷款除外。保监会还可根据市场状况调整禁止的其他投资行为。如果没有超出上述保险资金运用形式范围，只是在各类资产占总资产的比例、交易对手的资质、债券的信用等级等方面不符合保监会的规定，则属于保险违法行为，而不构成违法运用资金罪。

再次，尽管有学者认为，本罪实际上属于自然人犯罪，其主体是保险公司、保险资产管理公司中直接负责的主管人员和其他直接责任人员。[①] 但本书认为，本罪的犯罪主体是特殊主体，只能是保险公司或保险资产管理公司，而不能是自然人，作为保险犯罪的违法运用资金罪是纯正的单位犯罪。论者所言“保险公司、保险资产管理公司中直接负责的主管人员和其他直接责任人员”只是本罪实际承担刑事责任的责任主体，而非犯罪主体。按照罪刑法定原则的要求，保险公司或保险资产管理公司以外的保险代理机构、保险经纪公司、保险公估公司均无法成为本罪的犯罪主体。事实上，这类主体也不具有管理公众资金的职能，也不具备违法运用保险资金的现实条件。至于保险集团、保险控股公司能够成为本罪的主体则取决于该保险集团、保险控股公司是否属于保险公司，即是否由保监会批准设立，是否持有《经营保险业务许可证》。本罪只能是单位犯罪，意味着以单位的名义实施犯罪，而且犯罪所得归单位所有。如果保险公司、保险资产管理公司的有关人员为了个人获取非法利益而违法运用保险资金，即违法所得归个人所有，则不属于单位犯罪，而是个人犯罪，犯罪的罪名不是违法运用资金罪，而是挪用公款罪、挪用资金罪、贪污罪、职务侵占罪等其他罪名。[②]

最后，本罪在主观方面表现为直接故意，并要求具备违法性认识。即行为人明知自己违反国家规定运用保险资金的行为会严重扰乱保险资金正常运用秩序为内容的保险市场管理秩序的结果，并希望该结果的发生。鉴于《刑法》第一百八十五条之一第二款并未规定违法运用资金罪的犯罪目的，所以违法运用资金罪不属于目的犯。易而言之，判断行为人是否构成违法运用资金罪，无需考虑行为人出于何种目的，行为人无需具有获取不正当利益、非法占有等目的，

① 刘宪权，周舟．违法运用资金罪的刑法分析［J］．法学杂志，2010（9）．

② 魏迎宁．保险业违法运用资金罪研究［J］．保险研究，2010（12）．

当然更无需实际获得不正当利益或非法占有。只要故意违反国家规定运用保险资金，就构成违法运用资金罪。

（三）违法运用资金罪的司法疑难

1. 本罪罪与非罪的认定

有学者提出，“本罪不以‘情节严重’或‘后果严重’为成立要件。也就是说，本罪是行为犯，只要行为一实施就构成犯罪。这在我国刑法中是极为少见的。”① 应当说从法条规定来看，《刑法》第一百八十五条之一第二款的确未要求成立违法运用资金罪需要具备“情节严重”的构成要件。然而，本书认为，本罪虽然在法条中没有明确规定要以违法运用资金的数额、次数以及后果等情节作为构成犯罪的要件，但这并不意味本罪的成立不要求具备“情节严重”。

详而言之，“以情节严重”作为本罪构成要件，符合立法愿意。本罪与背信运用受托财产罪之所以被规定在同一刑法条文中，就是考虑到两罪具有同质性，均属金融机构违背受托义务，擅自运用客户资金或者其他委托、信托的财产。只是因社会保障基金、住房公积金等公众资金的特殊性，《刑法修正案（六）》才另设专款规定本罪。既然背信运用受托财产罪的成立都要求具备“情节严重”的要件，按照体系解释的规则，没有理由否定“情节严重”应为本罪的构成要件。事实上，根据全国人大有关负责同志所作的关于《中华人民共和国刑法修正案（六）（草案）》的说明，对保险公司、保险资产管理公司、证券投资基金管理公司、社会保障基金管理机构、住房公积金管理机构等公众资金经营、管理机构，违反国家规定运用资金，只有情节严重的，才应追究刑事责任。② 此外，《立案追诉标准（二）》第四十一条：“社会保障基金管理机构、住房公积金管理机构等公众资金管理机构，以及保险公司、保险资产管理公司、证券投资基金管理公司，违反国家规定运用资金，涉嫌下列情形之一的，应予立案追诉：（一）违反国家规定运用资金数额在三十万元以上的；（二）虽未达到上述数额标准，但多次违反国家规定运用资金的；（三）其他情节严重的情形。”根据该规定，公安机关要对违法运用资金案件进行立案追诉，就必须具备规定的数额、次数等条件，因此以“情节严重”作为构成本罪的要件完全符合该追诉标准规定的精神。

---

① 顾肖荣．论我国刑法中的背信类犯罪及其立法完善［J］．社会科学，2008（10）．

② 全国人大常委会法工委副主任安建2005年12月24日在第十届全国人民代表大会常务委员会第十九次会议上所作《关于〈中华人民共和国刑法修正案（六）（草案）〉的说明》，载中国人大网：http：//www. npc. gov. cn/wxzl/gongbao/2006－07/20/content_ 5350751. htm，最后访问时间：2017年6月7日。

2. 本罪与关联犯罪的认定

司法实践中，保险公司、保险资产管理公司违反国家规定运用保险资金，容易与保险公司背信运用受托财产，以及与保险公司工作人员利用职务上的便利而挪用资金归自己使用相混淆，准确认定违法运用资金罪，必须明确其与背信运用受托财产罪以及挪用资金罪的界限。

违法运用资金罪与背信运用受托财产罪都是《刑法修正案（六）》增设的罪名，并且都规定在《刑法》第一百八十五条之一之中，足见二罪名的“亲缘”关系。两罪的共同之处在于客观上行为人均违背法定义务或者受托义务，不适当地运用保险资金。但是从具体犯罪构成来看，两罪之间的界限还是相当明确的：一是两罪客观行为表现不同。本罪是保险公司、保险资产公司违反国家相关规定运用保险资金的行为，而背信运用受托财产罪则是保险公司违背受托义务，擅自运用具有特定用途的客户资金。同时，背信运用受托财产罪中的“违背受托义务”，不仅包括违背法律、行政法规、部门规章规定的法定义务，还包括投保方与保险公司约定的义务，而后者则完全不存在于本罪之中。二是两罪的犯罪主体不同。作为保险犯罪的违法运用资金罪的犯罪主体是保险公司以及保险资产管理公司；而背信运用受托财产罪的犯罪主体是保险公司，尽管二罪均属纯正单位犯罪，但单位犯罪主体的性质和范围不同。三是两罪的处罚不同。两罪犯罪主体的差别也体现在处罚对象的范围上，即本罪采用单罚制，只处罚违法运用资金的直接负责的主管人员和其他直接责任人员；背信运用受托财产罪则采用双罚制，不仅对背信运用受托财产的直接负责的主管人员和其他直接责任人员予以刑事处罚，而且还对作为犯罪单位的保险公司判处罚金。

违法运用资金罪与挪用类犯罪的共同点在于客观上均有“用”资金的行为。本罪主要表现为保险公司、保险资产管理公司中直接负责的主管人员和其他直接责任人员违反国家规定，擅自运用保险资金的行为；挪用类犯罪则主要表现为保险公司的工作人员，利用职务上的便利，挪用单位资金归个人使用的行为。从具体犯罪构成上来看，两者的区别在于：第一，两罪的犯罪对象不同。本罪的犯罪对象是保险公司、保险资产管理公司的保险资金；而挪用资金罪的犯罪对象是保险公司所有的资金和款项。第二，两罪的成立条件不同。本罪成立条件之一“违反国家规定”与挪用资金罪成立条件之“利用职务上的便利”不同，只要有相关国家规定存在，即便没有任何“职务上的便利”的人员也可能违反国家规定。而挪用资金罪则不以“违反国家规定”为前提，只要行为人具有相关职务并利用职务上的便利即可。第三，两罪侵害的客体也不同。违法运用资金罪侵犯的是保险公司保险资金正常运用秩序为内容的保险市场管理秩序；而挪用资金罪是将单位资金挪归个人使用，侵犯的是单位的资金使用权。

3. 本罪的刑事处罚

根据刑法第一百八十五条第二款，对犯违法运用资金罪的刑事处罚是，“对其直接负责的主管人员和其他直接责任人员，依照前款的规定处罚”。据此，保险公司、保险资产管理公司犯违法运用资金罪的，不对单位判处罚金，只对直接负责的主管人员和其他直接责任人员判处刑罚，即实行对个人的单罚制。应该说，这是单位犯罪判处刑罚的一个例外。至于本罪一反单位犯罪同时处罚单位和直接负责的主管人员和其他直接责任人员的双罚制，而实行单罚制的原因，有学者概括为：一是由于犯罪所得应予追缴，并上缴国库，所以罚金应当由犯罪主体用自己的合法财产缴纳。二是虽然保险公司、保险资产管理公司控制、管理着巨额财产，但其中绝大部分属于公众资金，属于他们自己的财产很少。保险公司、保险资产管理公司，作为商业机构，虽具有属于出资人的净资产，但其净资产远小于其管理的保险资金、证券投资基金。若参照其违法运用资金的数额或违法所得的数额判处罚金，很可能会导致保险公司、保险资产管理公司资本不足，进而影响公司正常经营。三是刑法规定违法运用资金罪的目的是保护公众资金的安全，维护公众利益。如果允许保险公司、保险资产管理公司用他们所管理的保险资金等公众资金缴纳罚金，将损害公众利益。①

三、利用未公开信息交易罪

根据《刑法》第一百八十条第四款，利用未公开信息交易罪，是指证券交易所、期货交易所、证券公司、期货经纪公司、基金管理公司、商业银行、保险公司等金融机构的从业人员以及有关监管部门或者行业协会的工作人员，利用因职务便利获取的内幕信息以外的其他未公开的信息，违反规定，从事与该信息相关的证券、期货交易活动，或者明示、暗示他人从事相关交易活动，情节严重的行为。

（一）利用未公开信息交易罪的刑事立法

在证券期货市场操作的实践中，一些证券投资基金管理公司、证券公司、保险公司等金融机构的从业人员利用因其职务获悉的法定内幕信息以外的其他未公开的经营信息，如本单位受托管理资金的交易信息等，违反规定从事相关交易活动，牟取非法利益或者转嫁风险。这种被称为“老鼠仓”的行为，严重破坏金融管理秩序，损害公众投资者利益，应当作为犯罪追究刑事责任。② 鉴于

---

① 魏迎宁．违反国家规定运用保险资金即使盈利也可能构成犯罪［N］．中国商报，2016-04-12(03)．

② 全国人大常委会法制工作委员会刑法室编．中华人民共和国刑法条文说明、立法理由及相关规定［M］．北京大学出版社，2009：337.

利用未公开信息交易行为增加了证券发行方筹集资本与市场主体参与期货合约的成本，侵害了投资者的经济利益，如同一个潜伏的毒瘤危害着我国金融交易秩序和资本市场的健康发展，2009年通过的《刑法修正案（七）》第二条增加《刑法》第一百八十条第四款，增设“利用未公开信息交易罪”。自此，保险公司从业人员，利用因职务便利获取的内幕信息以外的其他未公开的信息，违反规定，从事与该信息相关的证券、期货交易活动，或者明示、暗示他人从事相关交易活动，情节严重的，将构成利用未公开信息交易罪，受到刑罚的严厉制裁。

（二）利用未公开信息交易罪的构成特征

根据《刑法》第一百八十条第四款以及《保险法》之相关规定，作为保险犯罪之非法经营罪的构成特征体现为以下几方面。

首先，本罪的侵犯客体是复杂客体，既包括证券、期货交易正常秩序，也包括其他投资者公平交易的合法权益。一方面，保险公司从业人员利用未公开信息优势进行信息不对称的交易，不但违反信息披露制度，而且违反国家证券、期货交易管理制度，是严重扰乱证券、期货交易秩序的行为；另一方面，证券市场上的各种信息是投资者进行投资决策的基本依据，保险公司从业人员利用职务便利所掌握的非公开信息先行对市场做出反应，严重损害了其他投资者公平交易的合法权益。

其次，本罪客观方面表现为保险公司从业人员，利用因职务便利获取的内幕信息以外的其他非公开的信息，违反规定，从事与该信息相关的证券、期货交易活动，或者明示、暗示他人从事相关交易活动，情节严重的行为。对本罪客观行为的理解需要注意以下五个方面。

第一，关于“因职务便利获取”的理解。理论界有观点认为，所谓“因职务便利获取”，是指因在职务上（依法或约定）经办、经手或主管特定证券、期货投资经营信息从而获知其内容。[①] 不同意见则主张，“职务便利，指因职务上经办、主管、履行本职工作中产生的与职务有关的便利条件。那些因职务便利知悉信息的金融机构、监管部门、行业协会工作人员对信息有合法的知情权，因此负有比其他人更加严格的保密义务和自我约束限制，具体如参与文件起草、制定、发布、传达、执行而获取信息；因审查、批准相关交易行为而获取信息等”。[②] 本书认为，前种观点将“因职务便利”理解为行为人职权范围内的权力，即直接职务权力，不当地限缩了本罪的成立范围。利用未公开信息交易罪中“利用因职务便利”既包括行为人利用本人经办、经手或主管相关信息的职务便利，即直接利用职务权力，也包括行为人利用与其职务有关的便利条件或

① 缑泽昆．刑法修正案（七）中“老鼠仓”犯罪的疑难问题［J］．政治与法律，2009（12）．

② 孙玮，魏凯．利用未公开信息交易罪的司法认定［J］．人民司法，2013（4）．

影响，即间接利用职务所形成的便利。前者如保险公司高层通过会议或者其他合法途径得知未公开信息，后者如保险公司普通从业人员偶然间看到其本不能接触的、载有未公开信息的文件。如此理解，也与最高人民检察院《关于人民检察院直接受理立案侦查案件立案标准的规定（试行）》中的立场一致，该规定第一条规定，"利用职务上的便利"是指利用职务上主管、管理、经手公共财物的权力及方便条件，即包括直接利用职务权力与间接利用职务所形成的便利。

第二，关于"未公开信息"的理解。"未公开信息"，即内幕信息以外的其他未公开信息，与内幕信息不同，目前并没有相关的法律、法规、规章等规范基础作为认定未公开信息的判断依据。理论上，未公开信息，主要是指不为公众所知悉的、对相关证券期货交易价格有重要影响的、金融机构和监管部门以及行业协会按照规定采取规范管理的投资经营、技术分析、监督管理、行业资讯、调控政策等的信息。[①] 本罪中"未公开信息"不能机械地理解为只要是尚未公开的信息就是未公开信息，其是一个与内幕信息相对应的特定概念，应与内幕信息具有相同的本质特征，即这种信息具有价格敏感性，一旦公开后会对证券、期货价格产生实质性的影响。"证券、期货交易价格受制于多种因素的影响，但各种因素对证券、期货交易价格的影响力是存在区别的，只有那些对证券、期货交易价格会产生重大影响的尚未公开的信息才能认定为利用未公开信息交易罪中的'未公开信息'，这是基于刑法谦抑原则所得出的必然结论，因为只有那些具有严重社会危害性的行为才有必要由刑法予以调整。"[②] 从表现形式来看，"未公开信息"主要包括：一是证券交易所、期货交易所、证券公司、期货经纪公司中股票和期货交易账户内的非公开交易数据信息；二是证券公司、保险公司等金融机构在从事与证券、期货投资业务、资产管理业务、投资咨询业务等过程中所形成的经营信息；三是基金管理公司拟投资或已经投资但尚未公开的证券、期货持仓信息或资本运作信息；四是证券、期货、银行、基金、保险等行业监管部门和行业协会在执法和管理过程中形成的执法监管信息、调控信息以及有关经济数据等。[③] 利用未公开信息罪强调所利用的未公开信息之范围是"内幕信息以外"，意在突出未公开信息与内幕信息的未公开性和价格敏感性的共同本质属性，同时表明本罪作为兜底性、补充性罪名的性质。

第三，"违反规定，从事与该信息相关的证券、期货交易活动"的理解。所谓"违反规定，从事与该信息相关的证券交易活动"，不仅包括证券投资基金法等法律、行政法规所规定的禁止基金等资产管理机构的从业人员从事损害客户

---

① 谢杰．利用未公开信息交易罪行为对象的刑法分析［J］．江苏警官学院学报，2011（6）．

② 古加锦．利用未公开信息交易罪司法适用的疑难问题研究［J］．政治与法律，2015（3）．

③ 王欣元，康相鹏．利用未公开信息交易罪疑难问题探析［J］．法学，2014（6）．

利益的交易等行为，也包括证监会发布的禁止资产管理机构从业人员从事违背受托义务的交易活动等行为。具体行为主要是指，资产管理机构的从业人员在用客户资金买入证券或者其衍生品、期货或者期权合约等金融产品前，自己先行买入，或者在卖出前，自己先行卖出等行为。[①] 例如，“首例保险从业人员利用未公开信息交易股票案”中，平安资产管理有限责任公司原投资经理夏侯文浩 2010 年 2 月至 2011 年 5 月利用职务便利获取的三个保险资产管理账户投资交易的有关未公开信息，使用“赵某某”“夏某某”“蒋某某”证券账户，先于或同期于其管理的保险资产账户买入相同股票 11 只，成交金额累计达 1.46 亿余元，获利 919 万余元。[②] 本案中，涉嫌构成利用未公开信息交易罪。夏侯文浩规避监管的意图较为明显，使用的证券账户先后转挪于广州、上海等地多家证券营业部，账户资金更是通过其亲属、朋友等多人银行账户过桥走账，其利用职位之便，盗取所在保险资产管理公司的未公开信息，为己交易获利。他先于或同期于其管理的保险资产买入同一股票获利的行为，不仅损害了保险资产和被保险人的利益，而且损害了资本市场的“三公原则”，破坏了资本市场秩序，依法构成利用未公开信息交易罪。

第四，“明示、暗示他人从事相关交易”的理解。保险公司从业人员以自己的名义从事利用未公开信息交易的固然构成本罪，明示或暗示他人从事相关交易的也属于本罪的行为方式，也即保险公司从业人员在其获知未公开信息的基础上，通过明示或暗示的方式，建议他人进行相关证券、期货交易的行为，如提出交易时机、交易的种类、交易的价格、交易量的大小等，并且他人根据行为的明示或暗示，实际进行了相关交易行为。在这种行为方式中，直接获取未公开信息的保险公司从业人员自己本人虽然没有直接从事证券、期货交易，但从实质上看，建议者客观上是假借他人之手进行相关交易，其对证券、期货市场秩序的破坏性，并不亚于建议者本人实施相关行为。当然，如果被建议者并未实际从事相关证券、期货交易，建议者泄露未公开信息的行为并未对证券、期货市场秩序造成破坏，且整个行为构造中缺乏“交易”的部分，不符合利用未公开信息交易罪的本质。

第五，“情节严重”的理解。本罪是情节犯，保险公司从业人员利用未公开信息交易，情节严重的，才构成犯罪。根据最高人民检察院、公安部《关于公安机关管辖的刑事案件立案追诉标准的规定（二）》，本罪“情节严重”的情形具体包括：（1）证券交易成交额累计在 50 万元以上的；（2）期货交易占用保证金数额累计在 30 万元以上的；（3）获利或者避免损失数额累计在 15 万元以上

---

① 卢勤忠．利用未公开信息交易罪的认定［J］．政法论丛，2010（1）．

② 首例保险从业人员利用未公开信息交易股票被查［N］．新闻晚报，2013－02－25（31）．

的；（4）多次利用内幕信息以外的未公开信息进行交易活动的；（5）其他情节严重的情形。

再次，本罪的犯罪主体是特殊主体，保险公司的从业人员以及保监会的工作人员都可以构成本罪，因为不论是保险公司的从业人员，还是保监会的工作人员都具备利用职务便利获取相关未公开信息的条件。不过，由于作为本罪犯罪对象的未公开信息必须是行为人“因职务便利获取”，所以，作为犯罪主体的保险公司从业人员，应指取得保险从业资格、从事与实际保险业务有关的专业性人员，如保险公司中的资料保管员等不属于保险从业人员。同理，保监会的工作人员，也应是在保监会中履行保险监督管理行政公务、职责的人员，即采取公务论的实质解释立场，而与是否具有正式行政编制等身份无关。

最后，本罪主观方面表现为故意，过失不构成本罪。即明知自己利用因职务便利获取了内幕信息以外的未公开信息而从事与该信息有关的交易或明示暗示他人从事相关交易会发生扰乱证券、期货正常秩序及侵害投资者公平交易合法权益的后果，且希望或放任此种后果的发生。如果行为人不慎将未公开信息泄露，导致信息获取者进行相关证券、期货交易，不能论以暗示他人进行证券、期货交易来追究泄露信息者的刑事责任。尽管本罪不要求行为人具有牟利或避免损失的主观目的，只要行为人实施了客观行为，无论出于何种目的，均不影响本罪的成立，但是司法实践中，保险从业人员或者保监会的工作人员大多具有牟利的目的，不过行为是否具有牟利的目的以及牟利的目的是否已经实现，不影响本罪的构成。

（三）利用未公开信息交易罪的司法疑难

1. 本罪罪与非罪的认定

正确把握利用未公开信息交易罪的罪与非罪的界限，首先要明确所利用的信息是否属于“未公开信息”。未公开信息在来源、内容、交易时间、交易量等方面均应有严格的限定，具体认定应严格依照前述未公开性和价格敏感性进行判断。认定构成利用未公开信息交易罪，不仅不能把合法、正常的证券、期货交易理解为本罪的实行行为，也不能把利用未公开信息所进行的仅违反证券期货类法律法规的一般违法行为理解为构成本罪的犯罪行为。即便是保险公司从业人员，或者是保监会的工作人员，只要行为人行为时并不知悉未公开信息的内容，即便其从事了与未公开信息相关的证券、期货交易，并且获得相关利益，也不能认定为构成本罪。

此外，认定利用未公开信息交易罪，还必须强调未公开信息与行为人所从事证券、期货交易的内在关联性。行为人构成利用未公开信息交易罪，必须是从事与该信息相关的证券、期货交易活动或明示、暗示他人从事相关交易活动。

反之，如果行为人自己或明示、暗示他人从事的证券、期货交易活动与其所获取的未公开信息没有任何关联，则不能以利用未公开信息交易罪追究其刑事责任。司法实践中，往往由中国证监会以“认定函”的形式出具意见，认定涉案账户和金融机构在证券、期货交易时机及交易品种上存在关联，即涉案账户符合先于或同期于金融机构买入或卖出同一只股票或同一份期货。具体而言，关联性的判断，涉及到交易过程中何时进行的交易和交易对象的内容，在交易时间方面，如若认定为交易行为与未公开信息间存在关联性，那么要求涉案账户必须“先于”或“同期于”金融机构买入或卖出同一只股票或同一份期货。在交易品种方面，要求涉案账户与金融机构买入或卖出的是同一市场的同一只股票或同一份期货。①

2. 本罪与关联犯罪的认定

本罪与内幕交易、泄露内幕信息罪的界限。从刑法分则的具体规定来看，该两罪同处《刑法》第一百八十条制度，足见立法者清晰认识到两罪在犯罪客体、行为方式、主观罪过方面的相似性和关联性。两罪最根本的差异在于犯罪对象的不同，而犯罪对象的不同又内在决定两罪行为方式的差异，并进一步反映两罪罪质的差异。详而言之，内幕交易、泄露内幕信息罪的犯罪对象是“内幕信息”，根据《证券法》第七十五条第一款，“证券交易活动中，涉及公司的经营、财务或者对该公司证券的市场价格有重大影响的尚未公开的信息，为内幕信息。”而利用未公开信息交易罪的犯罪对象被明文规定为“内幕信息以外的其他未公开的信息”，这就直观地展现利用未公开信息交易罪与内幕交易、泄露内幕信息罪的界限。通常来说，“内幕信息”主要是围绕上市公司本身的信息，如公司的重组计划、公司高管人员的变动、公司的重大合同、公司的盈利情况等对该公司证券的市场价格有重大影响、按照有关规定应及时向社会公开但还尚未公开的信息（《证券法》第七十五条第二款）；而利用未公开信息交易罪所利用的信息一般属于单位内部的商业秘密。再者，两罪实际造成损害的对象也有所不同。内幕交易、泄露内幕信息罪损害的主要是不特定多数社会公众投资者和广大股民的合法权益，而利用未公开信息交易罪虽然实质侵害投资者公平交易的合法权益，但实际损害的是资产管理机构的客户的利益。

本罪与背信运用受托财产罪的界限相对明确。背信运用受托财产罪是单位犯罪，犯罪主体是保险公司等金融机构，未规定保险公司从业人员的刑事责任，主要是保险公司擅自运用客户资金的决策本身与受托义务相违背，因而可能使保险公司所占有的客户资金陷入极大的风险之中；而利用未公开信息交易罪是

① 王涛，汤琳琳. 利用未公开信息交易罪的认定标准［J］. 法学，2013（2）.

一种自然人犯罪，犯罪主体是从事资产管理机构的保险公司的从业人员或者从事保险业监督管理的保监会工作人员，保险公司所作出的投资购买证券、期货的决策不仅不违背受托义务，反而是合法合规的行为，不属于擅自运用受托财产，利用未公开信息交易罪主要打击的是保险公司的从业人员或者保监会工作人员利用保险公司的内部信息提前建仓谋取非法利益的行为。

3. 本罪的特殊形态认定

关于本罪的罪数形态的认定。如果保险公司从业人员或保监会工作人员以明示、暗示他人从事相关证券、期货交易活动为目的而泄露未公开信息，他人也实际进行了相关的交易，情节严重的，对泄露未公开信息的人无疑应当按照利用未公开信息交易罪定罪处罚；如果保险公司从业人员或保监会工作人员基于其他目的而故意泄露未公开信息的，则不可能构成利用未公开信息交易罪。如果构成其他犯罪，如故意泄露国家秘密罪，或侵犯商业秘密罪，可以直接按照相关罪名予以认定。当然，如果行为人只是因一时大意，过失泄露未公开信息，且不具有任何犯罪目的，所泄露的未公开信息即便被他人用作从事相关证券、期货交易的，行为人泄露未公开信息的行为也不构成犯罪。

关于本罪共犯形态的认定。从《刑法》第一百八十条第四款的规定来看，利用未公开信息罪主要有两种行为方式：其一，保险公司从业人员或保监会工作人员自己利用未公开信息从事与该信息相关的证券、期货交易活动；其二是保险公司或保监会工作人员明示或暗示他人利用未公开信息从事相关交易活动。在第一种行为方式中，因是利用职务便利获取内幕信息以外未公开信息的人自己从事相关交易活动，往往不存在共犯认定的疑难问题；就第二种行为方式而言，保险公司的从业人员或保监会工作人员明示、暗示他人从事相关交易活动，由于其中的“他人”涉及泄露未公开信息以外的主体，因此这种情形下共犯的认定值得讨论。由于作为保险犯罪的利用未公开信息交易罪是纯正身份犯，只能由保险公司的从业人员以及保监会的工作人员构成，而对于纯正身份犯，只有具备特定身份的主体的行为才能构成犯罪，缺乏特定主体的人不能单独构成该罪，即无法成为该罪的单独正犯，但可能与具备特殊身份的人构成该罪的共犯，即无身份者可以教唆或者帮助身份者实施纯正身份犯，进而构成相应犯罪的教唆犯或帮助犯。因此，在作为被建议者的“他人”实际利用保险公司从业人员或保监会工作人员所告知的未公开信息从事相关交易活动的，“他人”属于保险公司从业人员或保监会工作人员实施利用未公开信息交易罪的帮助犯，即“他人”也构成利用未公开信息交易罪。

第四节　保险运营类保险犯罪司法认定规则

保险运营类保险犯罪是指保险公司或者保险中介机构在运营保险业务过程中实施的侵犯投保方合法利益犯罪或者扰乱市场秩序犯罪。就前者来说，不论是保险公司，还是保险中介机构，在实际开展保险业务中都会通过各种方式获知投保方的个人信息或者商业秘密，基于保险之最大诚信原则，保险机构有义务保证相关信息或秘密的安全以及只能适用于保险业务需要的特定用途。如果违反国家有关规定，将提供保险服务过程中获得的公民个人信息，出售或者提供给他人的，抑或泄露在业务活动中知悉的投保人、被保险人的商业秘密，均属于保险违法行为；当相关行为同时具备“情节严重”或者“给商业秘密的权利人造成重大损失”要件，即可能构成侵犯公民个人信息罪或者侵犯商业秘密罪。就扰乱市场秩序罪来看，保险机构作为重要市场主体参与保险活动，在应当遵守市场公平竞争和正当守法规则的前提下，却出于追求利润最大化或者不正当竞争的非法目的，既可能捏造并散布虚伪事实，损害其他保险机构的商业信誉、商品声誉，（特别是保险中介机构）也可能以暴力、威胁手段，强迫投保方接受保险服务，（特指保险共估人）还可能在保险标的或者保险事故评估、勘验、鉴定、估损理算过程中提供虚假证明文件，从而构成损害商业信誉、商品声誉罪、强迫交易罪或者提供虚假证明文件罪。

一、侵犯商业秘密罪或侵犯公民个人信息罪

（一）投保方信息及信息安全问题

保险市场的最大特点之一就是信息不对称性，投保人总是比保险人更清楚自己面临哪些风险，风险程度如何，会造成什么样的损失。由于投保人始终对保险标的享有较保险人更为充分的信息，为最大限度实现信息掌握的均衡性，保险机构总是借助诸如投保方如实告知义务等机制从投保方处获知相关信息，并且为尽可能避免投保方的道德风险，保险机构总是千方百计地全面搜集有关投保方及保险标的的信息。正如学者所言，“客户资料对于任何行业都很重要，但这种重要性在保险行业尤为突出。保险客户数据有三个特点：全面，保险业务中向客户索要的数据很全面，甚至连生活习惯都要如实上报；真实，瞒报、漏报、错报都会影响日后的赔付；隐私，健康信息、家庭细节是个人最大的隐私。”[①] 通过保险机制的运作，保险机构最终大量掌握投保方的各种信息，而泄

① 王一飞．解码保险信息安全“三重门”［J］．中国信息安全，2014（8）．

露信息的风险也随之而至，并给投保方的信息隐私安全带来极大的威胁，甚至直接造成相应的损失。比如学者通过调研发现，医疗保险领域投保人信息泄露相当普遍，由此不仅给个人和机构造成损失，还导致个人安全威胁。“对于投保人来说，不法分子利用泄露的私人信息进行推销、身份盗用、欺诈等行为，如孕妇在医院检查之后立即受到各类妇婴产品推销联系电话，让人不厌其烦；某人的身份被盗用重新申请了美国银行的信用卡并且将她的联系地址更改……医保信息中一般包括投保人、家属以及担保人信息，信息含量之大足够犯罪分子用来进行违法犯罪活动。”①

近年来，随着互联网、大数据、云计算、移动终端的兴起和广泛运用，互联网保险方兴未艾，互联网保险作为一种以互联网技术发展为基础的新型商业模式，彻底改变了传统保险业提供产品和服务的方式，催生了保险业销售渠道和商业模式的变革。但与此同时，由于互联网的虚拟性和开放性也给保险企业带来诸多安全问题和挑战，比如“大数据日益显著的商业价值导致信息泄露更严重”。“‘互联网+’时代的另外一个显著特点就是大数据得到日益深入的重视和应用，客户信息等数据因其本身蕴涵的巨大商业价值也成为各行各业追逐的对象。客户信息泄露因而也成为‘互联网+’时代保险行业面临的一个最直接风险。如何有效保障客户信息的安全，成为互联网保险行业安全管控的重中之重。”②

为充分保障保险机构在办理保险业务活动中获得投保方商业秘密的安全，我国《保险法》第一百一十六条与第一百三十一条分别规定，保险公司及其工作人员在保险业务活动中不得泄露在业务活动中知悉的投保人、被保险人的商业秘密；保险代理人、保险经纪人及其从业人员在办理保险业务活动中不得泄露在业务活动中知悉的保险人、投保人、被保险人的商业秘密。与此同时，《保险法》第一百六十一条以及第一百六十五条还分别规定违反前述规定所应承担的行政法律责任，即保险公司违反相关规定的，由保险监督管理机构责令改正，处5万元以上30万元以下的罚款；情节严重的，限制其业务范围、责令停止接受新业务或者吊销业务许可证。保险代理机构、保险经纪人违反相关规定的，由保险监督管理机构责令改正，处五万元以上三十万元以下的罚款；情节严重的，吊销业务许可证。对其中披露投保方商业秘密，给商业秘密权利人造成重大损失的，应依照《刑法》第二百一十九条以侵犯商业秘密罪定罪处罚。事实上，除泄露投保方商业秘密可能构成侵犯商业秘密罪外，保险机构违反国家有关规定，向他人出售或者提供保险服务过程中获得的公民个人信息的，还可能

---

① 李亚子等．医疗保险信息泄露案例分析及对我国安全隐私保护的借鉴［J］．医学信息学杂志，2014（2）．

② 李丽红等．“互联网+”时代背景下的保险行业信息安全管理［J］．中国信息安全，2016（7）．

构成《刑法》第二百五十三条之一规定的侵犯公民个人信息罪。

（二）侵犯商业秘密罪的司法认定

根据《刑法》第二百一十九条，侵犯商业秘密罪，是指以盗窃、利诱、胁迫、披露、擅自使用等不正当手段，侵犯商业秘密，给商业秘密的权利人造成重大损失的行为。

作为保险犯罪的侵犯商业秘密罪，主要表现为保险机构及其工作人员违反约定或者违反权利人有关保守商业秘密的要求，披露、使用或者允许他人使用其所掌握的商业秘密，给商业秘密权利人之投保方造成了重大损失。

其中，本罪犯罪对象之“商业秘密”是指不为公众所知悉，能为权利人带来经济利益，具有实用性并经权利人采取保密措施的技术信息和经营信息。作为商业秘密，首先权利人对其采取了保密措施。权利人将某种技术信息和经营信息作为商业秘密，采取特殊的防范措施，防止外人轻而易举地获取。其次具有一定的经济价值。侵犯商业秘密的目的，是获得他人的经济利益。因此，该信息必须能给权利人带来经济利益，且具有实用性。最后，该信息不为公众所知，只限于一部分人知道。如果通过其他渠道就轻易可以获得的信息，不能认为是商业秘密。

保险是转移危险和消化损失的特殊机制，投保方购买保险服务是希望通过缴纳小额保险费以换取在保险标的遭受严重损失时能得到相应的保险金赔付，因此当保险或者保险标的涉及投保方的商业秘密时，投保方往往特别要求保险机构能够保守商业秘密；退一步讲，即便缺乏保守商业秘密的特别约定，基于保险之最大诚信原则，保险机构也应该保守投保方的商业秘密。在保险机构因为提供保险服务而合法知悉投保方商业秘密的场合，如果保险机构违反约定或者违反投保方有关保守商业秘密的要求，披露、使用或者允许他人使用其所掌握的投保方商业秘密，就符合《刑法》第二百一十九条第一款规定的第三种行为方式。

侵犯商业秘密罪是结果犯，成立本罪除实施相应行为外，还需具备“给商业秘密权利人造成重大损失”的结果要素。根据最高人民检察院、公安部《关于公安机关管辖的刑事案件立案追诉标准的规定（二）》第七十三条，“给商业秘密权利人造成重大损失”主要包括：（一）给商业秘密权利人造成损失数额在五十万元以上的；（二）因侵犯商业秘密违法所得数额在五十万元以上的；（三）致使商业秘密权利人破产的；（四）其他给商业秘密权利人造成重大损失的情形。其中，本罪受害人之“权利人”是指商业秘密的所有人和经商业秘密所有人许可的商业秘密使用人。

（三）侵犯公民个人信息罪的司法认定

根据《刑法》第二百五十三条之一，侵犯公民个人信息罪，是指违反国家有关规定，向他人出售或者提供公民个人信息，或者将在履行职责或者提供服务过程中获得的公民个人信息，出售或者提供给他人，以及窃取或者以其他方法非法获取公民个人信息，情节严重的行为。

作为保险犯罪的侵犯公民个人信息罪，主要表现为保险机构及其工作人员违反国家有关规定，将在提供保险服务过程中获得的公民个人信息，出售或者提供给他人，情节严重的行为。

根据最高人民法院、最高人民检察院《关于关于办理侵犯公民个人信息刑事案件适用法律若干问题的解释》（法释〔2017〕10号），本罪犯罪对象之“公民个人信息”，是指以电子或者其他方式记录的能够单独或者与其他信息结合识别特定自然人身份或者反映特定自然人活动情况的各种信息，包括姓名、身份证件号码、通信联系方式、住址、账号密码、财产状况、行踪轨迹等。保险机构及其工作人员实施侵犯公民个人信息罪的行为方式绝大多数是违反保险法律、行政法规或部门规章中保护投保方公民个人信息的规定，将在提供保险服务过程中合法、正常获得的公民个人信息，出售或者提供给他人。司法实践中，不少保险机构及其工作人员为推销保险，往往以非法购买等方式获取公民个人信息，而有的保险公司工作人员为谋取非法利益，又常常将提供保险服务中掌握的公民个人信息出卖给他人。

例如，被告人董某是一家知名保险公司的员工，担任品质管理员，掌握着大量客户信息。而崔某则是保险代理人、团队经理，苦于没有客户资源，推销无从下手。按照公司规定，客户信息是机密，不得外泄。崔某为提高业绩，主动找到董某，提出愿意出价购买董某掌握的客户资源。2012年4月至2013年7月，董某在利益的诱惑下，利用职务便利，将获取的5万余条公司客户信息，包含客户姓名、客户出生日期、联系电话、住址、投保险种、保费、起保日期等，出售给崔某用于业务推销，从中获利人民币7万余元。据崔某交代，他把购得的信息无偿提供给下属进行产品推销，自己每月能拿到10万余元提成。[①]本案中，不仅以非法购买方式获取公民个人信息的崔某依法构成侵犯公民个人信息罪，违反国家有关规定将担任保险品质管理员所掌握的大量客户信息出售给他人的董某，也构成侵犯公民个人信息罪。

又如，2011年6月，被告人海某某、肖某经合谋，由肖某联络被告人刘某，并将海某某给其的U盘交给刘某，由刘某从其本单位中国人寿保险股份有限公司上海市分公司的电脑中非法下载客户信息（经鉴定，存有公民个人信息10153条），再拷入该U盘交给肖某。之后，海某某将从肖某处获取的U盘内的客户信息资料提供给其所在的生命人寿保险股份有限公司上海分公司的业务员，用于

① 孟伟阳．个人信息买卖“黑产业链”曝光［N］．法制日报，2014-11-27（08）．

本公司的经营活动。嗣后，肖某将海某某给其的人民币2万元交予刘某。被告人刘某于2014年1月22日、被告人海某某、肖某于次日接公安人员电话通知后，主动向公安机关投案，并如实供述了上述事实。[①] 本案中，刘某违反国家规定，将本单位在提供服务过程中获得的公民个人信息出售给他人，海某某、肖某共同非法获取上述信息，情节严重，三人的行为均已构成侵犯公民个人信息罪。

侵犯公民个人信息罪属于情节犯，保险机构及其工作人员构成本罪，需要具备“情节严重”。根据前述司法解释第五条，非法获取、出售或者提供公民个人信息，具有下列情形之一的，应当认定为刑法第二百五十三条之一规定的“情节严重”：（一）出售或者提供行踪轨迹信息，被他人用于犯罪的；（二）知道或者应当知道他人利用公民个人信息实施犯罪，向其出售或者提供的；（三）非法获取、出售或者提供行踪轨迹信息、通信内容、征信信息、财产信息五十条以上的；（四）非法获取、出售或者提供住宿信息、通信记录、健康生理信息、交易信息等其他可能影响人身、财产安全的公民个人信息五百条以上的；（五）非法获取、出售或者提供第三项、第四项规定以外的公民个人信息五千条以上的；（六）数量未达到第三项至第五项规定标准，但是按相应比例合计达到有关数量标准的；（七）违法所得五千元以上的；（八）将在履行职责或者提供服务过程中获得的公民个人信息出售或者提供给他人，数量或者数额达到第三项至第七项规定标准一半以上的；（九）曾因侵犯公民个人信息受过刑事处罚或者二年内受过行政处罚，又非法获取、出售或者提供公民个人信息的；（十）其他情节严重的情形。

《刑法》第二百五十三条之一第二款规定，“违反国家有关规定，将在履行职责或者提供服务过程中获得的公民个人信息，出售或者提供给他人的，依照前款的规定从重处罚”。该款是认定保险机构及其工作人员构成侵犯公民个人信息罪的主要法律依据，其中“从重处罚”既体现为前述入罪门槛相对较低，即非法出售或者提供公民个人信息的数量或者数额参照其余两种非法侵犯公民个人信息犯罪行为减半计算，又体现为在本罪法定幅度内，对保险机构及其工作人员等犯罪分子适用相对较重的刑种或者处以相对较长的刑期，用以严厉惩治违反最大诚信原则非法提供或者获取公民个人信息的犯罪行为。

二、损害商业信誉、商品声誉罪

根据《刑法》第二百二十一条和第二百三十一条，损害商业信誉、商品声誉罪，是指自然人或单位，捏造并散布虚伪事实，损害他人的商业信誉、商品

① 张世琦，张锐铭．刑法罪名例解［M］．人民法院出版社，2016：433－434.

声誉，给他人造成重大损失或者有其他严重情节的行为。

本罪侵犯的客体是公平竞争的市场秩序以及他人的商誉权。保险公司是作为市场主体参与市场交易，理应在尊重他人商业信誉、商品声誉的前提下，与他人展开公平、公正的市场竞争。根据《保险法》第一百一十六条，保险公司及其工作人员在保险业务活动中不得以捏造、散布虚假事实等方式损害竞争对手的商业信誉，或者以其他不正当竞争行为扰乱保险市场秩序。保险公司及其工作人员违反相关规定事实损害竞争对手商业信誉的，由保监会责令改正，处5万元以上30万元以下的罚款；情节严重的，限制其业务范围、责令停止接受新业务或者吊销业务许可证。保险公司及其工作人员捏造并散布虚伪事实，损害他人的商业信誉、商品声誉，给他人造成重大损失或者其他严重情节的，应按照《刑法》第二百二十一条以损害商业信誉、商品声誉罪定罪处罚。

本罪客观行为表现为，捏造并散布虚伪事实，损害他人的商业信誉、商品声誉，给他人造成重大损失或者有其他严重情节。所谓“捏造”，意指虚构、编造不符合真相或者不存在的实施，既包括完全虚构事实，也包括在真实情况的基础上通过剪裁、添加等方式部分虚构，歪曲事实真相。“散布”，是指使不特定人或者多数人知悉或者可能知悉行为人所捏造的虚伪事实。既包括口头散布，也包括以书面方式散布，如宣传媒介、信函等。他人的商业信誉，主要是指他人在从事商业活动中的信用程度和名誉等，如他人在信守合约或履行合同中的信誉度，他人的生产能力和资金状况是否良好等；他人的商品声誉，主要是指他人商品在质量等方面的可信赖程度和经过长期良好地生产、经营所形成的知名度等良好声誉。造成损害他人的商业信誉、商品声誉的后果是多方面的，既可以是直接的，也可以是潜在的，如使他人的商业信用降低，无法签订合同或无法开展正常的商业活动等；或者使他人的商品声誉遭到破坏，产品大量积压，无法销售等。

构成损害商业信誉、商品声誉罪，除实施捏造并散布虚伪事实的行为，还要求该行为“给他人造成重大损失或者有其他严重情节”的罪量标准，该罪量标准的确定可以参考本罪的立案追诉标准。根据《立案追诉标准（二）》第七十四条，“捏造并散布虚伪事实，损害他人的商业信誉、商品声誉，涉嫌下列情形之一的，应予立案追诉：（一）给他人造成直接经济损失数额在五十万元以上的。（二）虽未达到上述数额标准，但具有下列情形之一的：1. 利用互联网或者其他媒体公开损害他人商业信誉、商品声誉的；2. 造成公司、企业等单位停业、停产六个月以上，或者破产的。（三）其他给他人造成重大损失或者有其他严重情节的情形。”

在司法实践中，保险公司及其工作人员单纯散布他人捏造的虚伪事实损害他人商业信誉、商品声誉行为应如何定性，存在较大争议。例如，甲保险公司保险销售人员李某明知他人微博上一条诋毁乙保险公司商誉的消息是虚假，但李某与乙保险公司保险销售人员张某素有激烈的竞争，于是在微博上大肆转发并在各大网站散布该虚假消息，致使原本并未扩散的虚假消息大面积扩散，严重损害乙保险公司的商誉，并使乙保险公司遭受了重大损失。李某并未捏造，而是单纯散布虚伪事实的虚假信息的行为，是否构成损害商业信誉、商品声誉罪呢？对此，有论者认为："捏造不是本罪的实行行为，散布才是本罪的实行行为。换而言之，本罪的实行行为是散布捏造的事实。"① 因此，李某的前述行为已然构成损害商业信息、商品声誉罪。反对意见则提出："捏造与散布是并列实行的损害商业信誉、商品声誉的行为，虽有捏造而无散布，或者仅有后者而无前者，均不符合本罪的客观特征……只有散布而无捏造并不符合本罪'捏造并散布'的行为特征，因而不宜认定本罪。"②

针对上述争议，本书立足罪刑法定原则赞同反对意见，即保险公司及其工作人员未捏造而单纯散布虚伪事实，即便所散布虚伪事实客观上损害他人的商业信誉、商品声誉，并事实上给他人造成重大损失或者有其他严重情节，也不宜认为构成本罪。尽管捏造往往是散布的前提条件，捏造本身并不会给本罪的保护法益造成实质侵害，即单纯捏造而不散布相关虚伪事实，并不会给他人商誉权造成损害，也不会扰乱市场秩序，所以从应然的角度看，单纯散布的行为也应当构成本罪。"显然，从对商誉的损害以及市场经营秩序的侵犯上看，单纯散布虚伪事实的行为未必就比'捏造并散布'虚伪事实的社会危害性小，在法益侵害的程度上两者一般并无二致，因此理应受到刑法的规制。可见，未能将单纯散布虚伪事实的行为纳入本罪，实属立法的一大缺憾。"③ 不过，在实然意义上，毕竟刑法已明确将本罪的行为限定为"捏造并散布"，不是"捏造散布"，也不是"捏造、散布"，更不是"捏造或散布"，故刑法对本罪行为方式的要求必然是先捏造后散布，捏造与散布必须同时具备，单纯捏造或单纯散布不能构成本罪，这是罪刑法定原则的当然要求，这是不能被撼动的。

三、强迫交易罪

根据《刑法》第二百二十六条及第二百三十一条，强迫交易罪，是指自然人或单位，以暴力、威胁手段强买强卖商品、强迫他人提供服务或者强迫他人接受服务、强迫他人参与或者退出投标、拍卖、强迫他人转让或者收购公司、企业的股份、债券或者其他资产、强迫他人参与或者退出特定的经营活动，情

① 张明楷．刑法学（第五版）（下册）［M］．法律出版社，2016：828.

② 许娟．损害商业信誉、商品声誉罪之法理分析［J］．社会科学论坛，2006（6）.

③ 李晓君．损害商业信誉、商品声誉罪的若干问题解析［J］．商业时代，2013（24）.

节严重的行为。

本罪侵犯的客体是公平自愿的市场交易秩序。保险具有商品性，是一种商品的交换活动，保险人销售保险产品，投保人购买保险产品。这里所交换的不是普通商品，而是特殊的劳务商品——危险保障服务。保险人所提供的危险保障服务是以无形的虚拟商品的形式表示的，投保人、被保险人与保险公司签订保险合同，通过支付保险费获得保险公司的危险保障服务，而保险人则通过提供危险保障服务而获取保险费，因此保险业应归属于国民经济的第三产业。既然保险本质上属于特定商品或服务，除法律明确规定的如机动车第三者强制责任险外，是否购买保险这种商品或服务，应当完全基于投保方的自愿，而不得违背投保方意志强迫投保方购买保险商品或者接受保险服务。《保险法》第十一条明确规定："订立保险合同，应当协商一致，遵循公平原则确立各方的权利和义务。除法律、行政法规规定必须保险的外，保险合同自愿订立。"针对保险实践中保险代理机构与保险经纪人强迫投保者保险交易相对普遍的问题，《保险法》第一百三十一条还特别规定，保险代理人、保险经纪人及其从业人员在办理保险业务活动中不得利用行政权力、职务或者职业便利以及其他不正当手段强迫、引诱或者限制投保人订立保险合同。保险代理机构、保险经纪人违反相关规定强迫投保方订立保险合同的，由保监会责令改正，处5万元以上30万元以下的罚款；情节严重的，吊销业务许可证。此外，早在2013年8月27日，保监会即已下发《关于禁止强制销售保险的紧急通知》（保监消保〔2013〕634号），强调"各公司在开展保险业务活动中，要严格遵守《保险法》的合同自愿原则，充分尊重消费者的自主选择权、公平交易权等合法权益。除法律、行政法规规定必须购买保险的外，禁止以任何形式利用不正当手段直接或通过保险中介强迫消费者订立保险合同"。保险机构及其工作人员以暴力、胁迫手段强迫他人购买保险商品或接受保险服务，情节严重的，应按照《刑法》第二百二十六条以强迫交易罪定罪处罚。

作为保险犯罪的强迫交易罪的客观方面主要表现为，以暴力、胁迫手段强迫他人购买保险商品或接受保险服务，且情节严重。本罪的强迫是指违反投保方是否购买保险商品或接受保险服务的自由意志，强迫的方式是暴力或胁迫，其中，"暴力程度仅限于造成人身伤害的方法与后果，暴力超出轻伤程度，即造成重伤或者死亡的结果，则应按相关的犯罪论处"。① 胁迫则是对投保方进行精神强制的各种方法。本罪的强迫主要包括以下几种情形：一是在投保方不愿意购买保险商品或接受保险服务时，强迫投保方购买或者接受；二是在投保方不愿意以特定方式购买保险商品或接受保险服务时，强迫投保方以该种方式购买

① 曹子丹，侯国云主编．中华人民共和国刑法精释［M］．中国政法大学出版社，1997：210－211．

或接受；三是在投保方不愿意以特定价格购买保险商品或接受保险服务时，强迫投保方以该种价格购买或接受。

保险实践中，强迫投保人购买保险商品或接受保险服务的案例屡见不鲜。例如，购买机动车时4S店要求消费者3年内必须到该店购买车险，并在提车时强制收取“保险定金”的行业潜规则。2015年8月7日，四川省资阳市消费者张女士来到成都市新元素4S店，看中了一款奥迪Q7，谈妥车型、单价、颜色、付款方式等细节后，交付了5万元定金。其后销售员向张女士表示，还要交3000元的“保险定金”，不然就无法享受此前谈好的优惠价格。并且，只有连续3年都在该4S店购买车辆保险后，才能退回这笔“保险定金”。无独有偶，2015年7月25日，四川省遂宁市郑先生在当地一家汽车4S店预订了一辆汽车，并交了2000元预付款。8月12日，郑先生到该4S店准备交首付款提车时，被告知要额外缴纳5000元“保险定金”，以保证购车后3年内，都到该4S店办理车辆保险。反复沟通无果，郑先生提出退车，但该4S店拒绝退还购车预付款。[①]在此类案件中，尽管4S店销售人员并非在消费者不愿意购买保险的情形下，强迫消费者购买保险，而是通过预售“保险定金”的形式强迫消费者只能在该4S店购买保险，从而限制了消费者购买保险的自主选择权，属于保险违法行为，在达到《刑法》第二百二十六条规定的“情节严重”标准时，应依法认定为强迫交易罪。

构成强迫交易罪，除实施强迫交易的行为，还要求该行为达到“情节严重”的罪量标准，该罪量标准的确定可以参考本罪的立案追诉标准。根据最高人民检察院、公安部《关于公安机关管辖的刑事案件立案追诉标准的规定（一）》第二十八条，“以暴力、威胁手段强买强卖商品、强迫他人提供服务或者强迫他人接受服务，涉嫌下列情形之一的，应予立案追诉：（一）造成被害人轻微伤或者其他严重后果的；（二）造成直接经济损失二千元以上的；（三）强迫交易三次以上或者强迫三人以上交易的；（四）强迫交易数额一万元以上，或者违法所得数额二千元以上的；（五）强迫他人购买伪劣商品数额五千元以上，或者违法所得数额一千元以上的；（六）其他情节严重的情形”。

四、提供虚假证明文件罪、出具证明文件重大失实罪

根据《刑法》第二百二十九条与第二百三十一条，提供虚假证明文件罪，是指承担资产评估、验资、验证、会计、审计、法律服务等职责的中介组织或者中介组织的人员故意提供虚假证明文件，情节严重的行为。

---

① 刘铭.《4S店强收“保险定金”涉嫌强迫交易》，载中国消费网：http://www.ccn.com.cn/305/554619.html，最后访问时间：2017年6月11日。

在保险和它的辅助投保人中，保险公估人是与保险代理人、保险经纪人并列的对保险合同的订立与履行起辅助作用的“三驾马车”之一，共同推动这保险市场的发展。事实上，保险公估的出现与保险市场的发展密不可分，它是保险市场发展的必然产物。随着保险公司理赔事务的日益增加和复杂化，催生其专业性的需求，为专门从事保险公估工作的保险公估人的形成和发展奠定了基础。按照保险机制的运行流程，保险公估人可分为两种类型，即承保时的公估人与理赔时的公估人。前者主要从事保险标的的承保公估，即对保险标的作现实价值评估和承保风险评估；后者是在保险合同约定的保险事故发生后，受托处理保险标的的检验、估损及理算。

为保障承保和理赔过程中保险公估活动的正常进行，《保险公估机构监管规定》第三条、第四条明文规定，保险公估机构应当遵守法律、行政法规和中国保监会有关规定，遵循独立、客观、公平、公正的原则。保险公估机构依法从事保险公估业务受法律保护，任何单位和个人不得干涉。承担资产评估等保险公估业务的保险公估机构及其工作人员。同时该规定第四十一条还明确：“保险公估机构、保险公估分支机构及其从业人员在开展公估业务过程中，不得有下列欺骗投保人、被保险人、受益人或者保险公司的行为：（一）向保险合同当事人出具虚假或者不公正的保险公估报告；（二）隐瞒或者虚构与保险合同有关的重要情况；（三）冒用其他机构名义或者允许其他机构以本机构名义执业；（四）从业人员冒用他人名义或者允许他人以本人名义执业，或者代他人签署保险公估报告；（五）串通投保人、被保险人或者受益人，骗取保险金；（六）通过编造未曾发生的保险事故或者故意夸大已经发生保险事故的损失程度等进行虚假理赔；（七）其他欺骗投保人、被保险人、受益人或者保险公司的行为。同时第六十条规定，保险公估机构编制或者提供虚假的报告、报表、文件或者资料的，由中国保监会责令改正，给予警告，并处1万元罚款。其中故意提供虚假证明文件，情节严重的，依法应构成提供虚假证明文件罪。

在作为保险犯罪的提供虚假证明文件罪的司法认定中，应当注意以下规则：一是本罪为身份犯，犯罪主体必须是承担保险公估业务的保险公估机构及其工作人员。二是本罪的客观行为表现为，提供与事实不相符的虚假报告、报表、文件或者资料等关于保险标的现实价值、风险程度以及保险事故性质、原因、损失程度等虚假证明文件；三是成立本罪要求具有“情节严重”的罪量标准。根据《立案追诉标准（二）》第八十一条，具有下列情形之一的，应予立案追诉：（一）给国家、公众或者其他投资者造成直接经济损失数额在五十万元以上的；（二）违法所得数额在十万元以上的；（三）虚假证明文件虚构数额在一百万元且占实际数额百分之三十以上的；（四）虽未达到上述数额标准，但具有下列情形之一的：1. 在提供虚假证明文件过程中索取或者非法接受他人财物的；

2. 两年内因提供虚假证明文件，受过行政处罚二次以上，又提供虚假证明文件的；（五）其他情节严重的情形。四是本罪的主观方面是故意，即明知是虚假的证明文件而提供的。五是保险公估机构及其工作人员索取他人财务报表或者非法收受他人财物，故意提供虚假证明文件的，处五年以上十年以下有期徒刑，并处罚金。这主要是考虑到保险公估机构的性质决定了它所出具的证明文件应当公正，但实际上其却提供了虚假的证明文件，如果利用手中权力进行物质利益交换以后再出具虚假的证明文件，危害性就更大了。因此为了确保保险公估机构的公正性，对于保险公估机构的人员索取他人财物或者非法收受他人财物而故意提供虚假证明文件的行为必须给予严厉打击。

《刑法》第二百二十九条除规定提供虚假证明文件罪外，还在第三款规定了出具证明文件重大失实罪。所谓出具证明文件重大失实罪，是指承担资产评估、验资、验证、会计、审计、法律服务等职责的中介组织或者中介组织的人员，严重不负责任，出具的证明文件有重大失实，造成严重后果的行为。因此，如果保险公估机构及其工作人员虽然不是故意提供虚假证明文件，但严重不负责任而出具重大失实的证明文件的，依然可能构成犯罪。本罪的司法认定应注意以下规则：一是证明文件的瑕疵本身不等于重大失实，只有保险公估机构及其工作人员出具的证明文件的内容与客观事实存在重大出入时，才能认定为重大失实。二是由于保险估计机构及其工作人员出具证明文件是为保险公司是否承保、如何理赔提供依据的，所以保险公司依据重大失实的证明文件实施相关保险行为进而造成严重后果的，应当认定为出具证明文件的行为造成了严重后果。不过，如果保险公司明知保险公估人及其工作人员出具的证明文件内容重大失实，仍然依据该证明文件同意承保或理赔，由此造成严重后果的，该严重后果不应归属于出具证明文件的行为，不得用作认定保险公估人及其工作人员出具证明文件重大失实罪的事实根据。三是本罪为过失犯罪，即保险公估机构及其工作人员应当预见自己严重不负责任、出具重大失实的证明文件，可能造成严重后果，却因疏忽大意没有预见，或者已经预见而轻信能够避免，从而导致这种结果发生的。四是构成本罪需要具备“造成严重后果”的情节。根据《立案追诉标准（二）》第八十二条，给国家、公众或者其他投资者造成直接经济损失数额在一百万元以上，或者造成其他严重后果的情形，应当追诉。

第五章

保险从业人员相关犯罪的表现及认定

保险是对意外发生的损失进行补偿的一种方式，是一种特殊形态的商品，因此也需要通过营销来开拓市场，保险公司通过聘用保险从业人员，来销售自己的产品。保险从业人员作为与其他民事活动主体直接进行沟通、协商保险合同的人员，是保险活动的最重要参与者和实行者，防范其可能的犯罪是预防保险犯罪所要关注的重点问题。

第一节　保险从业人员犯罪的主要表现形式

保险从业人员，即保险机构中从事保险行业的人员，包括保险机构高级管理人员和保险销售、理赔和客户服务人员。根据《保险法》第一百一十一条，“保险公司从事保险销售的人员应当品行良好，具有保险销售所需的专业能力。保险销售人员的行为规范和管理办法，由国务院保险监督管理机构规定”。根据《保险法》，中国保险监督管理委员会在2009年颁布了《保险从业人员行为准则》（保监发〔2009〕24号；以下简称《准则》），规范保险从业人员的职业行为，其第一条明确规定，保险从业人员“应依法合规，自觉遵守法律法规、规章制度，接受中国保监会及其派出机构的监督与管理，遵守中国保险行业协会的自律规则，执行所在机构的规章制度”。

保险从业人员代表保险公司从事保险承保、理赔、服务业务，在承保、理赔保险的过程中，面对投保人、被保险人和受益人的购买、理赔等诉求，应当遵守相应职业准则。根据《准则》，保险销售人员应根据客户需求、经济承受能力推荐适合的保险产品；应以客户易懂的方式提供保险产品的信息，不得进行任何形式的误导；应确保所有文件的有效性和准确性，不得代签名、代体检、伪造客户回访记录。在保险事故发生之后，保险理赔人员应客观、公正、及时理赔，不得拖赔、惜赔。

上述保险从业人员与保险人、投保人和受益人的关系，是保险行业自律规则调整的首要关系，通过对保险从业人员进行职业规范与监督，确保保险从业人员以诚为本、诚实信用，想客户之所想，急客户之所急，为客户提供适当、有效、优质的保险服务。保险活动属于社会主义市场经济诸多活动中的一种，保险从业人员在销售保险的过程中，自然应当遵守民事活动基本原则的约束，不得欺骗投保人、被保险人和受益人，保证投保人按照自己的意思设立、变更、终止保险合同法律关系，应遵循诚信原则，秉持诚实，恪守承诺。由于保险从业人员相对于投保人、被保险人和受益人，对于保险产品、保险合同等更为熟知，因此保险从业人员向投保人、被保险人和受益人介绍保险产品信息时，必须如实说明、不得误导，一旦保险从业人员故意对投保人进行误导，不仅违背职业道德，还有可能构成犯罪（合同诈骗罪）。

保险从业人员属于保险公司内部人员，其与保险公司之间存在着忠诚义务，作为保险公司的工作人员，保险从业人员理应按照法律法规、公司规章行事，保障公司利益，履行其对公司的义务。《准则》第一章“保险从业人员基本行为准则”就从守法、诚信、爱岗、专业、保密、公平六个方面对保险从业人员提出了要求，这六个方面的要求不仅涉及同其他民事主体交往中的基本行为准则，也涉及保险从业人员对其所在机构的义务，如第五条“应保守秘密，不泄露商业秘密和客户资料”，是对公民个人信息的保护，也是对保险公司商业秘密、客户资源、商业信誉的保护。

然而，随着我国经济的发展和国民风险意识的增强，保险业也进一步得到扩张，保险种类、范围得到扩大，从业人员大幅度增加，保险公司“遍地开花”，但是这一种粗放式的增长模式，过分注重外部扩张，对内关注过少，既缺乏必要的职业门槛，又缺少严格的自律、监督方式，导致部分保险从业人员工作责任心不足、职业素质不高，在承保、理赔的过程中，独自或串通他人以骗取、侵占、挪用、受贿等方式非法占有公私财产，严重危害社会主义市场经济秩序。同时，由于我国现阶段保险机构人员来源复杂，专业人才不足，高素质、高水平、高知识的人才较少，而各项保险业务、保险知识又因发展的需要更加精细化、复杂化，保险从业人员的业务素质水平不足也给试图从事保险犯罪的行为人提供了可乘之机，因相关人员失职而造成公私财产损失的，也应当追究其责任，以督促保险从业人员提高业务素质和工作责任感。

第二节　诈骗类保险犯罪司法认定规则

一、合同诈骗罪

根据《刑法》第二百二十四条，合同诈骗罪，是指以非法占有为目的，在签订、履行合同的过程中，使用虚构事实、隐瞒真相的方式，骗取对方当事人财物，数额较大的行为。

（一）合同诈骗罪的构成特征

合同诈骗罪是诈骗罪的一种特殊形式，其首先应当满足诈骗罪的基本犯罪构成：“行为人实施欺骗行为—对方（受骗者）产生（或继续维持）错误认识—对方基于错误认识处分财产—行为人或第三者取得财产—被害人遭受财产损失”；[①] 其次，由于合同是市场经济交往活动中的重要手段，利用合同骗取对

① 张明楷．刑法学（第五版）（下册）［M］．法律出版社，2016：1000.

方财物的行为还严重影响了人们对合同以及市场秩序的信赖，因此，符合诈骗罪的犯罪构成且利用了合同实施诈骗的行为，成立合同诈骗罪。

《刑法》第二百二十四条合同诈骗罪所规定的手段形式有：（1）虚构合同主体：以虚构的单位或者冒用他人名义签订合同的。“虚构的单位”，是指采用根本不存在的单位的名义订立合同。“冒用他人名义”，是指未经他人允许或委托而采取他人的名义，即冒名订立合同的行为。（2）虚构担保凭证：以伪造、变造、作废的票据或者其他虚假的产权证明作担保的。“票据”，主要指的是汇票、本票、支票等金融票据。“产权证明”包括土地使用证、房屋所有权证以及能证明动产、不动产权属的各种有效证明文件。（3）骗取他人信任：没有实际履行能力，以先履行小额合同或者部分履行合同的方法为诱饵，诱骗对方当事人继续签订和履行合同的，以骗取更多的财物。（4）携款潜逃：收受对方当事人给付的货物、货款、预付款或者担保财产后逃匿的。其中，“逃匿”指行为人采取使对方当事人无法寻找到的任何逃跑、隐藏、躲避的方式。（5）以其他方法骗取对方当事人财物的。[①]“以其他方法骗取对方当事人财物的”，是指以前述四项方法以外的方法骗取对方当事人财物，本款属于兜底条款。实施上述行为之一，诈骗数额达到二万元以上的，根据立案追述标准，应予立案追述。

本罪除故意之外，还要求具有“非法占有”的特别目的，行为人除了在实施犯罪行为时希望或者放任危害结果的发生，还应具有非法占有他人财产的目的，如果行为人不是出于非法占有的目的而实施诈骗，并不能以合同诈骗罪论处。在司法实践中，对于“非法占有目的”的认定以最高人民法院印发的《全国法院审理金融犯罪案件工作座谈会纪要》（法〔2001〕8号）为主，即要根据各级法院审理打击金融犯罪的多年实践经验，总结出了部分认定行为人主观上具有非法占有目的的推定情形，对于行为人通过诈骗的方法非法获取资金，造成数额较大资金不能归还，并具有下列情形之一的，可以认定为具有非法占有的目的：（1）明知没有归还能力而大量骗取资金的；（2）非法获取资金后逃跑的；（3）肆意挥霍骗取资金的；（4）使用骗取的资金进行违法犯罪活动的；（5）抽逃、转移资金、隐匿财产，以逃避返还资金的；（6）隐匿、销毁账目，或者搞假破产、假倒闭，以逃避返还资金的；（7）其他非法占有资金、拒不返还的行为。

（二）保险从业人员实施合同诈骗行为的认定

保险合同是投保人与保险人约定保险权利义务关系的协议。投保人是指与保险人订立保险合同，并按照合同约定负有支付保险费义务的人。保险人是指

---

① 徐志伟主编．破坏社会主义市场经济秩序罪［M］．中国民主法制出版社，2015：493.

与投保人订立保险合同，并按照合同约定承担赔偿或者给付保险金责任的保险公司。保险公司聘用保险从业人员从事承保、理赔等业务，由于保险专业人才素质的参差不齐，保险公司制度制定、监督的不合理不周密，使得部分不遵守职业道德的保险从业人员，利用投保人、被保险人和受益人的信息缺失或疏忽，在签订和履行合同的过程中，欺瞒投保人、被保险人和受益人，造成其财产损失。

合同诈骗罪中所指的“合同”，主要是指受法律保护的各类经济合同，如供销合同、借贷合同等，只要行为人在签订、履行合同的过程中，其行为特征符合本条规定，即构成合同诈骗罪。[①] 保险合同当然属于受法律保护的经济合同，依据《保险法》第二条的规定，“本法所称保险，是指投保人根据合同约定，向保险人支付保险费，保险人对于合同约定的可能发生的事故因其发生所造成的财产损失承担赔偿保险金责任，或者当被保险人死亡、伤残、疾病或者达到合同约定的年龄、期限等条件时承担给付保险金责任的商业保险行为”。可见，保险合同是投保人支付保险费、保险人履行约定义务的必要依据，是投保人与保险人约定保险权利义务关系的见证，如果保险从业人员在签订、履行保险合同的过程中，骗取投保一方当事人财物的，则可以构成《刑法》第二百二十四条合同诈骗罪。具体到保险从业人员实施犯罪的情形，即保险从业人员在签订、履行保险合同的过程之中，对投保人虚构事实、隐瞒真相，使得投保人产生错误认识并基于其错误认识处分财产，保险从业人员或者第三者取得财产，被害人遭受财产损失的行为。

保险诈骗罪属于合同诈骗罪的特别规定，但保险诈骗罪的主体只包含投保人、被保险人和受益人，其目的在于打击不遵守合同约定、恶意篡改保险射幸特征的行为，上述投保方利用保险合同进行保险诈骗的活动构成保险诈骗罪，而保险方利用签订、履行保险合同进行诈骗的，因此不满足保险诈骗罪的主体要求，仍然应当按照合同诈骗罪处罚。当然，根据《刑法》第一百九十八条第四款的规定，保险事故的鉴定人、证明人、财产评估人故意提供虚假的证明文件，为他人诈骗提供条件的，以保险诈骗罪的共犯论处。

刑法为合同诈骗罪所规定的五种诈骗手段，除虚构担保证明与保险从业人员的诈骗活动无关外，其他手段形式都在涉保险犯罪之中有所体现。如：(1) 虚构合同主体：已经离职的保险从业人员利用前公司的名义与他人签订保险合同，保险从业人员冒充其他保险公司或机构的员工与他人签订合同，利用已作废的保单与投保人签订合同等；(2) 骗取他人信任：保险从业人员通过履

---

① 全国人大常委会法制工作委员会刑法室编著．中华人民共和国刑法解读（第4版）[M]．中国法制出版社，2015：499.

行真保单获得投保方信任后以假保险骗取他人财物；（3）携款潜逃：保险从业人员在收受投保人的保险费后潜逃。在认定诈骗时应当注意区分诈骗行为与正常的业务行为，在承保过程之中，保险销售人员为了推销保险而进行了适当的夸大和推荐，但没有进行误导、欺骗的，是正常的销售手段，不能认定为欺诈。

保险从业人员虽然利用了办理保险的借口骗取他人财产，但是没有利用合同进行诈骗的，或者其所利用的合同不具有经济合同的基本要素的，不能认定为合同诈骗罪，只能以普通诈骗罪定罪处罚。例如，朱某是某寿险商丘中心公司的一名业务员。某一天，朱某告诉恋人刘某，他公司有个理财产品不错，月息 2 分，非常赚钱。刘某动了心。后两人到朱某所在的寿险公司大厅柜台，用公司内的 POS 机刷了卡，转账 9 万元。虽然刷了卡，因出于信任，刘某未索要相关手续，而朱某也没有提供。后经朱某介绍，刘某的妹妹和兄长也分别在朱某处购买相关理财保险，共计本息共 24 万元，且都没有相关手续。[①] 本案中，朱某虽然是保险公司的业务员，但是其在实施诈骗的过程中并未真实地利用合同，双方未就合同内容进行口头或者书面的协商，不满足合同诈骗罪利用签订、履行合同来实施诈骗的要件，被害人出于对朱某的信任而交付钱款，因此朱某仅构成诈骗罪。

二、保险诈骗罪的共犯

《刑法》第一百九十八条保险诈骗罪所列举的保险诈骗活动，均以投保人、被保险人或受益人为犯罪主体，因此，保险从业人员不可能单独构成保险诈骗罪。保险从业人员虽然不满足保险诈骗罪的主体要求，但其仍然可以参与到投保人、被保险人和受益人的保险诈骗活动之中，教唆、帮助甚至组织、领导投保人、被保险人和受益人实施保险诈骗。

例如，张某酒后驾车撞上护栏致车辆受损，因其是某保险代理公司代理员齐某的客户，张某便打电话叫齐某来协商。齐某在得知情况后遂与张某商定，由张某之妻王某冒充驾车司机。齐某伙同王某向保险公司验损员和交警谎称王某开车发生事故，后保险公司将保险金 5.85 万元赔付张某。公安机关立案后，张某退还了骗取的保险金。[②]

对于齐某的行为如何定性的主要争议在于：因齐某不是保险诈骗罪的适格主体，一种意见认为，在交警对交通事故认定的过程中，齐某伙同张某、王某

① 倪政伟.《假借卖理财　保险业务员诈骗 20 多万元》，载新浪网：http：//news. sina. com. cn/o/2014 -03 -12/180929691548. shtml，最后访问时间：2017 年 6 月 12 日。

② 《保险代理员帮助他人骗保如何定性》，载新浪网：http：//finance. sina. com. cn/sf/news/2016 -07 -04/093035700. html，最后访问时间：2017 年 6 月 12 日。

虚构保险事故原因，之后齐某又对保险公司隐瞒不报事故真相，使得保险公司向张某支付了保险金的行为，只能构成妨碍作证罪或者诈骗罪，而不能构成保险诈骗罪。另一种意见则主张，齐某虽然不能实施保险诈骗罪，但其在张某实施保险诈骗罪的过程中发挥了重要作用，帮助张某顺利从保险公司骗得保险金，因此齐某与张某、王某构成保险诈骗罪的共犯。《刑法》第一百九十八条第四款的规定是注意规定，而非法律拟制，只是为了提示司法工作人员，对于保险事故的鉴定人、证明人、财产评估人故意提供虚假的证明文件，为他人诈骗提供条件的，以保险诈骗罪的共犯论处，而并不表明其他保险从业人员以其他方式对他人诈骗提供条件的就不能构成诈骗罪的共犯。

首先，第一百九十八条第四款的规定究竟是注意规定，还是法律拟制，直接决定了“保险事故的鉴定人、证明人、财产评估人故意提供虚假的证明文件”是否为保险诈骗罪的唯一共犯形式。前已述及，考虑到《刑法》第二百二十九条规定了提供虚假证明文件罪，保险事故的鉴定人、证明人、财产评估人故意提供虚假的证明文件，为他人诈骗保险金提供条件的行为，也可能符合第二百二十九条的规定，因此，合理的解释是，立法者在第一百九十八条第四款明确提示司法人员，当上述行为也构成保险诈骗罪的共同犯罪时，应以保险诈骗罪的共犯论处。此外，在总则第二十五条明确规定了共同犯罪成立条件的情况下，如果第一百九十八条第四款要特别拟制保险诈骗罪的共同犯罪成立标准，必须具备充足的理由，但是，既无规范文件可以说明限缩保险诈骗罪共犯范围的理由，第四款又没有实质性地改变共同犯罪成立的条件，因此，《刑法》第一百九十八条第四款的规定应为注意规定，该条款并不影响将齐某认定为保险诈骗罪共犯。

其次，当无身份者和有身份共同实施犯罪时，无身份者当然可以构成有身份者实施犯罪的帮助犯或者教唆犯，根据最高人民法院《关于审理挪用公款案件具体应用法律若干问题的解释》（法释〔1998〕9号）第八条：“挪用公款给他人使用，使用人与挪用人共谋，指使或者参与策划取得挪用款的，以挪用公款罪的共犯定罪处罚。”即便使用人并不具有挪用公款罪的主体身份，不能实施实行行为，但其帮助、教授行为依附于实行行为，其仍可以构成挪用公款罪的共犯。

然而，无身份者是否可以与有身份者构成共同正犯，理论上存有争议。否定观点认为，由于无身份者不具备实施该犯罪的实行行为的基础，因为主体要素决定了行为不法，身份犯尤其是法定身份犯往往与一定的义务相关联，不具备相应义务的无身份者不可能实施特定的行为。肯定观点认为，无身份者也能承担和实施实行行为，只是缺乏了构成犯罪所要求的主体资格，由于其参与到实行行为的事实过程之中，因此无身份者与有身份者共同实施了犯罪。折中说的观点较为合理，无身份者与有身份者共同犯罪的，应当根据具体犯罪构成确定能否构成共同实行，如果无身份者能够参与部分实行行为，比如强奸罪，则其可以构成共同正犯，而如果无身份者不能参与到有身份者的实行行为之中，则其不能构成共同正犯。[①] 结合保险诈骗罪论，由于本罪不属于亲手犯，投保人、被保险人和受益人仅仅是法律身份，并不存在无此身份就不能实施保险诈骗行为的情形，其他人在保险诈骗的过程中通过制造事故、伪造证明、作伪证、骗取保险金等方式伙同投保人、被保险人和受益人实施保险诈骗的，并无不妥，故而，当其他人在共同犯罪中处于与投保人、被保险人和受益人相当的重要地位时，可以构成保险诈骗罪的共同正犯。

最后，无身份者与有身份可以共同实施犯罪，且两者间的关系可能是共同正犯，也可能有主从犯之分，当无身份者与有身份者构成共同正犯，或者当无身份者处于主要地位时，可否认定三人成立诈骗罪的共犯？又或者应根据《刑法》第一百八十三条第一款认定为职务侵占罪或者贪污罪？

关于无身份者与有身份者共同实施犯罪的定性问题，理论上主要有以下观点：1. 主犯决定说即按照共同犯罪中主犯的犯罪行为的基本特征来确定共同犯罪的性质，最高人民法院《关于审理贪污、职务侵占案件如何认定共同犯罪几个问题的解释》（法释〔2000〕15 号）支持了这一观点，“公司、企业或者其他单位中，不具有国家工作人员身份的人与国家工作人员勾结，分别利用各自的职务便利，共同将本单位财物非法占为己有的，按照主犯的犯罪性质定罪”；2. 分别定罪说：在无身份者与有身份者共同实施犯罪时，应当按照无身份的犯罪与有身份的犯罪分别定罪；3. 实行行为性质说：以实行行为的性质来定罪，有身份者依其身份所实施的实行行为决定了整个犯罪的性质，即便无身份者出于主犯地位，也不影响定罪；4. 为主的职权行为说：由共犯主要利用的职权决定犯罪性质，主要解决绝大多数情况下两个有身份者共同实施犯罪的定罪问题。

由于我国《刑法》所规定的主犯、从犯、胁从犯、教唆犯体系属于量刑体系，在正犯、共犯的定罪体系之外进行刑罚的划分，因此以主犯身份决定共同犯罪的定罪问题，颠倒了定罪与量刑的关系。而分别定罪说立足于行为共同说，与通说的犯罪共同说并不融洽，既然行为人选择了共同实施犯罪，其所应承担的责任就从单独犯罪进入到了共同犯罪之内，不能再依其单独身份进行定罪。实行行为性质说是对传统正犯理论的延伸，只能由有身份者实施实行行为，并且这一实行行为决定了共同犯罪的定罪。但是，在两种身份者均为实行犯时，以谁的行为为准，则无法说明，而为主的职权行为说正是为了解决这一问题。为主的职权行为说实际上反映了行为支配理论的思想，对于共同犯罪中的正犯

---

① 马克昌主编．犯罪通论［M］．武汉大学出版社，1999：582－583.

性质，进行了重新定义，但行为支配理论并不是共同犯罪理论的通说，其可行性还有待检验。

事实上，依照通说的正犯概念来认定犯罪并非不能解决两种有身份者共同犯罪的定罪问题。如果两者有正犯和共犯的区别，那么就应当以实行行为的性质来定罪，有身份者所实施的实行行为决定了整个犯罪的性质，即便无身份者处于主犯地位，也不影响定罪；如果两者共同实行，则会造成构成两个犯罪的局面，于 A 罪的有身份者 a 而言，其实施的行为构成 A 罪与 B 罪，于 B 罪有身份者 b 而言，其实施的行为也构成 A 罪与 B 罪，那么 a、b 均实施了相应身份犯罪的实行行为，属于一个行为触犯两个罪名，想象竞合从一重处罚，也即保险从业人员和投保人内外勾结骗取保险公司保险金的，就定罪而言，保险从业人员实施了职务侵占罪或贪污罪的实行行为，投保人构成职务侵占罪或贪污罪的共犯，同时，投保人实施了保险诈骗罪的实行行为，保险从业人员构成保险诈骗罪的共犯。在此基础之上，再进行主犯、从犯、帮助犯或者教唆犯的量刑。

保险从业人员在明知他人实施保险诈骗，在行为人不知情的情况下提供帮助，使得诈骗顺利进行的，保险从业人员的帮助行为在理论上被称为“片面帮助犯”。传统上，由于片面帮助犯与其他犯罪人之间缺乏共同故意，并不能成立共同犯罪，但是随着时代的发展和打击犯罪的需要，司法解释也开始倾向于肯定片面帮助犯的地位，如最高人民法院、最高人民检察院、公安部《关于办理电信网络诈骗等刑事案件适用法律若干问题的意见》（法发〔2016〕32 号）就规定，明知他人实施电信网络诈骗犯罪，有提供信用卡、资金支付结算账户、手机卡、通信工具的等行为，以共同犯罪论处。其中，“明知”并未要求行为人与他人有共同犯罪的故意，只要求行为人“明知他人实施电信网络诈骗犯罪”，打破了传统共同犯罪理论中共谋的故意，肯定了片面帮助犯的成立。当然，这一趋势可否扩大到全部诈骗行为的认定之中，还可以探讨。

第三节　侵占类保险犯罪司法认定规则

一、贪污罪

根据《刑法》第三百八十二条，贪污罪，是指国家工作人员利用职务上的便利，侵吞、窃取、骗取或者以其他手段非法占有公私财物的行为。

（一）贪污罪的构成特征

贪污罪的行为主体必须是国家工作人员，根据《刑法》第九十三条的规定，国家工作人员是指在国家机关中从事公务的人员；国有公司、企业、事业单位、人民团体中从事公务的人员和国家机关、国有公司、企业、事业单位委派到非国有公司、企业、事业单位、社会团体从事公务的人员，以及其他依照法律从事公务的人员。根据相关立法解释和司法解释等规范文件，[①] 认定国家机关工作人员的关键在于其所承担事务的公务性，并非所有在国家机关或者国有公司、企业、事业单位、人民团体中从事公务的人员都属于国家工作人员，只有其中能从事公务，因而其职务行为具有被期待的廉洁性，不可收买性的人员，才属于国家机关人员。不属于上述机关或组织的人员，因为法律授权或者上述单位委派而行使公务，因此其行为具有被期待的廉洁性、不可收买性，则其符合贪污罪的主体要求。

利用职务上的便利，侵吞、窃取、骗取或者以其他手段非法占有公私财物。利用职务上的便利是指，利用职务上主管、管理、经营、经手公共财物的权力及方便条件，既包括利用本人职务上主管、管理公共财物的职务便利，也包括利用职务上有隶属关系的其他国家工作人员的职务便利。如果行为人利用的是与职务无关的便利条件，不成立贪污罪，行为人虽然利用了职务上的便利，但是其所非法占有的并非本人职务上或者有职务上隶属关系的其他国家工作人员主管、管理公共财物的便利，也不构成贪污罪。

侵吞，与侵占的概念基本相同，是对已经合法处于自己主管、管理、经营、经手中的公共财物占为已有或者为第三人所有的行为。窃取，是指违反占有者的意思，利用职务上的便利，将他人占有的公共财物转移给自己或者第三者占有。应注意区分窃取和侵吞，由于贪污罪要求行为人利用职务上主管、管理、经营、经手公共财物的权力及方便条件，故而公共财物一般已处于行为人的合法占有之下，只有当行为人与他人共同占有公共财物，或者公共财物处于职务上有隶属关系的其他工作人员的占有之下，才有可能构成违背占有人意志的窃取。骗取，是指利用职务上的便利，虚构事实、隐瞒真相，非法占有公私财物，其中利用职务上的便利是因为行为人的职务或者地位使得其可以对有处分权限的人进行欺骗。其他手段，是指除侵吞、窃取、骗取以外的其他利用职务之便的手段。

行为对象必须是公共财物，而非私人所有的财物，包括国有财产、劳动群众集体所有的财产、用于扶贫和其他公益事业的社会捐助或者专项基金的财产。

贪污罪要求行为人主观上具有故意，明知自己的行为会侵犯职务行为的廉

---

① 参见2000年4月29日第九届全国人民代表大会常务委员会第15次会议通过的《关于〈中华人民共和国刑法〉第九十三条第二款的解释》、2002年12月28日第九届全国人民代表大会常务委员会第31次会议通过的《关于〈中华人民共和国刑法〉第九章渎职罪主体适用问题的解释》、最高人民法院《关于村民小组组长利用职务便利非法占有公共财物行为如何定性问题的批复》（法释字〔1999〕第12号）、最高人民检察院《关于镇财政所所长是否适用国家机关工作人员的批复》（高检发研字〔2000〕9号）。

洁性，会造成公共财物的损害，希望或者放任这种结果发生。除故意外，还应具有非法占有的公共财物的特别目的。

（二）保险从业人员实施贪污行为的认定

国有保险公司，是指国有独资保险公司，是由国家授权投资的机构或者国家授权的部门单独投资设立的保险有限责任公司，出资者只有国家一人，因而也称为“一人保险公司”，是有限责任公司的特殊形式。[①] 国有保险公司中从事公务的工作人员，属于国家工作人员。根据最高人民法院《关于如何认定国有控股、参股股份有限公司中的国有公司、企业人员的解释》，国有公司、企业委派到国有控股、参股公司从事公务的人员，也以国有公司、企业人员论。

在国家出资的保险公司中的工作的人员，也可能符合国家工作人员的标准。其一，根据最高人民法院《关于在国有股份有限公司中从事管理工作的人员非法行为如何定罪问题的批复》（法释〔2005〕10 号），“在国有资本控股、参股的股份有限公司中从事管理工作的人员，除受国家机关、国有公司、企业、事业单位委派从事公务的以外，不属于国家工作人员。对其利用职务上的便利，将本单位财物非法占为己有，数额较大的，应当依照《刑法》第二百七十一条第一款的规定，以职务侵占罪定罪处罚”。此批复以《刑法》第三百八十四条贪污罪第二款规定为依据。国家工作人员有两大条件：一是必须受国家机关、国有公司、企业、事业单位委派，二是应从事公务。事实上，实践中存在着非受国家机关、国有公司、企业、事业单位委派但从事公务的人员，有观点认为出于保护国有资产的必要，应当对上述人员的利用职务之便，侵吞、窃取、骗取或者以其他手段非法占有公共财物的行为为贪污罪，但是，职务犯罪是针对国家工作人员职务性行为的特别要求，其目的在于确证职务行为廉洁性和不可收买性，虽然国有资产因为某种行为而受到损害，但并不能因此就认为该行为为职务行为，受国家机关、国有公司、企业、事业单位委派实际上是赋予了非国家工作人员以国家职权，只有在此前提之下，非国家工作人员才应对其职务行为承担进一步的责任。所以，在国有保险公司工作的保险从业人员利用职务之便，实施侵吞、窃取、骗取或者以其他手段非法占有公共财物的，构成贪污罪。受国有保险公司委派，到非国有保险公司从事公务的人员，在被委派而从事公务时，利用职务之便，侵吞、窃取、骗取或者以其他手段非法占有公共财物的，也构成贪污罪。

其二，根据最高人民法院、最高人民检察院《关于办理国家出资企业中职务犯罪案件具体应用法律若干问题的意见》（法发〔2010〕49 号），“经国家机

① 朱铭来主编．保险法学［M］．南开大学出版社，2006：271.

关、国有公司、企业、事业单位提名、推荐、任命、批准等，在国有控股、参股公司及其分支机构中从事公务的人员，应当认定为国家工作人员。具体的任命机构和程序，不影响国家工作人员的认定。经国家出资企业中负有管理、监督国有资产职责的组织批准或者研究决定，代表其在国有控股、参股公司及其分支机构中从事组织、领导、监督、经营、管理工作的人员，应当认定为国家工作人员。国家出资企业中的国家工作人员，在国家出资企业中持有个人股份或者同时接受非国有股东委托的，不影响其国家工作人员身份的认定”。该解释实际上是对贪污罪第二款规定中的“委拖管理、经营”进行扩大解释。在保险行业中，存在着由国有资本控股、国有资本参股的保险公司，其公司资产涉及国有资产，此类公司的经营、管理等工作涉及国家和人民利益，据此，国有机构或组织也参与到了公司的人员任命、领导、监督、经营、管理活动之中，而由国有机构所提名、推荐、任命、批准参与到公司内部经营、管理活动中的人员，是代表国有机构从事公务，应认定为国家工作人员。

保险从业人员借助不同的保险项目进行贪污的，手段形式多样，应注意各个手段行为之间的区别。例如，成县中华保险负责人的王某甲由于担心完成不了规定马铃薯种植任务，公司将无法得到财政补贴的 80 多万元，并会对其的业务能力有所影响，所以王某甲决定找一些农业专业合作社参保，不管合作社有没有种马铃薯，在理赔时均可以得到投保时合作社交的保险费的 1.8 倍至 2 倍理赔。此后，王某甲利用其为保险公司负责人的职务之便，为完成马铃薯投保任务，采取虚报马铃薯参保亩数和虚假理赔的手段套取政策性农业保险补贴。[①] 王某甲本人作为公司负责人，销售马铃薯的农业保险的审核、签订属于其工作任务，王某甲作为对马铃薯的投保与理赔具有最终理赔决定权的主管人员，在明知马铃薯参保亩数不足、虚构理赔事故的情况下，利用其职权自报自批，非法占有公共财物，是以侵吞的手段贪污国家政策性补贴，属于侵吞型贪污。侵吞的手段还包括，贪污投保户缓缴的保费的，或者指使投保户将保险费直接汇入公司以外的账户的等。

而利用基于保险代理人等的身份或者地位，使其能够欺骗本单位中具有理赔决定权的主管人员作出保险理赔的决定，或者利用职务便利假冒投保户名义办理退保手续提现的，则属于骗取型贪污，例如，某县甲镇人民政府为落实“政府主导推进农业保险工作”的指示精神，要求辖区内各村村干部协助镇政府在村内开展农业保险测量、登记造册、代收代缴保费、勘定核查上报灾情、发放赔偿金等工作。被告人李某作为某村村委会主任，在向镇政府交纳代收部分参保农户小麦险保险费时，冒用本村四名未参保村民的名字，向某财产保险股

① 甘肃省成县人民法院（2016）甘 1221 刑初 37 号刑事判决书。

份有限责任公司投保了100亩虚假标的小麦种植保险。2013年秋，村里遭受冰雹灾害后，被告人李某在协助镇政府及保险公司勘定核查登记上报灾情时，将自己虚假投保的小麦种植险隐瞒上报并进行理赔，获得保险金18894元。[①] 李某以村委会基层组织人员的身份协助镇政府开展保险行政管理工作，符合国家工作人员的身份要求，但审核投保方资料、决定承保与否等保险方的工作，与李某的职务行为无关，李某虽然利用其上报参保农户保险人数、费用等职务上的便利虚构了投保事实，但其并无直接决定承保、理赔的权力，李某只能通过欺骗具有处分权的保险方工作人员，造成对方错误的认识并基于此处分财产，而达到"骗取"保险金的目的。

《刑法》第一百八十三条第二款规定，国有保险公司的工作人员和国有保险公司委派到非国有保险公司从事公务的人员利用职务上的便利，故意编造未曾发生的保险事故进行虚假理赔，骗取保险金归自己所有的以贪污罪追究刑事责任。首先，本条规定是否可以适用于共同犯罪尚有争议。保险从业人员与投保人、被保险人或受益人内外勾结，所能采取的手段并不仅限于编造未曾发生的保险事故，也有可能采取扩大事故损失、篡改事故责任等等方式进行，仅在保险从业人员利用职务之便，故意编造未曾发生的保险事故进行虚假理赔，保险金归自己所有时，才能认定为职务侵占罪理由不足，仅将职务侵占罪中的"非法占为己有"限定在"故意编造未曾发生的保险事故进行虚假理赔"上也无可依凭的根据，因此第一百八十三条第二款只能适用于单独犯罪的场合。其次，由于保险方不可能构成保险诈骗罪，因此单独由保险公司从业人员所实施的诈骗行为只能以普通诈骗罪论处，而在缺乏投保方配合时，最常见、最易行的手段就是"故意编造未曾发生的保险事故进行虚假理赔"，即便投保方缺位，保险从业人员也可以利用职务之便在不为投保方所知的情况下实施此一行为。由于此一手段极度依赖职务行为，保险从业人员故意编造保险事故的行为直接背离了其应该对保险公司所履行的义务、辜负了保险公司交付工作时的信赖，为强调对职务行为忠诚义务的侵害，立法者将其拟定为职务侵占罪。

二、职务侵占罪

根据《刑法》第二百七十一条，职务侵占罪，是指公司、企业或者其他单位的人员，利用职务上的便利，将本单位的财物占为己有，数额较大的行为。

本罪要求行为主体是公司、企业或者其他单位的人员。1979年刑法仅规定了贪污罪，并未规定职务侵占罪，在1997年刑法将贪污罪的主体规定为国家工

① 郭涌泉.《村干部骗取农业保险构成贪污罪》，载河北法制网：http://news.hbfzb.com/2015/zhengfufazhi_0814/5018.html，最后访问时间：2017年6月13日。

作人员，将非国家工作人员的公司、企业或者其他单位的人员，侵占本单位财物的，规定为职务侵占罪，因此，本罪的主体应排除国有公司、企业或者其他事业单位中从事公务的人员和国有公司、企业或者其他事业单位委派到非国有公司、企业和事业单位从事公务的人员。

本罪的客观行为是利用职务上的便利，将数额较大的单位财务非法占为己有。其中，利用职务之便是指利用自己主管、经营、经手单位财物的便利条件；非法占为己有包括利用职务便利的侵占，也包括利用职务便利的窃取、骗取等行为，虽然本款并没有明文将盗窃、诈骗行为纳入职务侵占罪中，但是一直以来，刑法理论的通说与司法实践均将公司、企业或者其他单位的人员利用职务上的便利窃取、骗取本单位财物的行为认定为职务侵占罪。贪污罪与职务侵占罪只是主体与对象不同，其他要件均相同，不论是侵吞，还是窃取、骗取，均是占为己有的手段。但随着最高人民法院、最高人民检察院《关于办理贪污贿赂刑事案件适用法律若干问题的解释》的出台，大幅度提高了贪污、受贿、职务侵占等罪的数额标准，有学者认为，“为了使职务侵占罪、贪污罪与盗窃罪、诈骗罪保持协调关系，应当将窃取、骗取行为排除在职务侵占罪之外（刑法有特别规定的除外）”。[①] 根据《刑法》第一百八十三条第一款，保险公司的工作人员利用职务上的便利，故意编造未曾发生的保险事故进行虚假理赔，骗取保险金归自己所有的，依照职务侵占罪定罪处罚。

本罪的主观方面为故意，明知自己的行为会侵犯职务行为的廉洁性，会造成公共财物的损害，希望或者放任这种结果发生。除故意外，还应具有非法占有的公共财物的特别目的。

在实践中，由于职务侵占可能利用职务之便实施了盗窃、骗取等手段，因此应注意以非法取得采取的手段方式来区分职务侵占罪与诈骗罪。职务侵占罪中的骗取手段，是用于隐瞒行为人从公司非法获得财产的一种方式，在其从公司骗取财物的过程中，最关键的是行为人利用了公司交托给他这项工作的信任，其骗取的手段是依附于其职务行为的。而诈骗罪中的骗取手段，是在实施犯罪的过程中，造成了一个有权处分财产的他人的认识错误，并在此错误认识的基础上获得了被处分的财产。比较下述案例：

案例1：何某在一家保险公司天津分公司的业务部门担任副科长，负责承揽保险业务，协助客户理赔等工作。何某利用负责为一家实业公司办理财产一切险的职务之便，收取代理人杨某作为保费交给保险公司的10张转账支票，共计67.1万元。后何某将其中的3张转账支票共计20.13万元，用于交付其已收取但未交公司的其他保费，将其余7张转账支票共计46.97万元通过

---

① 张明楷．贪污贿赂罪的司法与立法发展方向［J］．政法论坛，2017（1）．

公司财务部收款员魏某倒出现金，除将其中 15 万元现金按事先商定以手续费的名义交给杨某外，将其余的 31.97 万元现金占为己有。[①] 本案中，何某为保险公司业务部门主管人员，其责在承保，收取保险费属于其职权范围之内的事项。何某利用其收取保险金的职务便利，将本应上交保险公司的保险金占为己有即为第三人所有，其行为已经构成非法占有本单位财物，符合职务侵占罪的客观行为。

案例 2：2011 年 3 月 10 日，张某某的儿子张某因交通事故死亡。同年 3 月 29 日，张某某到代理保险业务的乡邮政所为张某购买了一份保险，缴保费 2.1 万元。因当时张某某未将儿子已去世的情况告知工作人员，工作人员为他填写了投保人为张某的保险单。2012 年 4 月 27 日，被告人汪某到张某某家核实张某车祸死亡的情况时，将身份证、户口本复印件等材料要走，而后隐瞒被保险人张某因交通事故死亡的真实情况，通过伪造证明材料和虚构受益人，以张某因建筑事故意外死亡为由向保险公司申请理赔款 8.8 万余元，真实受益人张某某只获得理赔款 2.2 万余元，剩余 6.6 万余元被汪某占为己有。[②] 在本案中，汪某作为保险公司的员工接受公司委派前往核对张某的死亡原因，汪某违反了确保所有文件的有效性和准确性的职业要求，伪造证明材料，虚构被保险人意外死亡的事实，违背了对公司的忠诚义务，向公司隐瞒张某死亡的真相，使得公司在相信其职务行为的前提之下，支付了保险金，汪某据此将保险金占为己有及为第三人所有的，构成骗取型的职务侵占罪。

案例 3：甲为某保险公司的保险推销员，甲在给保户办保险时，保户一般都会把身份证等有效证件交给甲，当保户交费后，甲立即冒用保户身份到公司申请退保，公司按照规定会将钱打回保户银行卡中，甲则用保户的身份证开办银行卡，随后又用保户的身份证将钱取出。甲作为保险公司的从业人员，借签订保险合同之机取得投保方的身份证明，确实利用了其作为销售人员的便利身份，但在这之后，甲利用投保方的身份证明申请退保的骗取行为，并没有利用其职务上的便利，而是冒用了投保方身份，对公司隐瞒了真相，从公司负责处理退保的员工手中骗得了退保费，甲并没有从自己主管、经营、经手单位财物的职务行为（甲作为一名保险销售人员，并不具有此等职责）中获得财物，其非法占有他人财物的行为实质上是诈骗，而不是利用职务行为的骗取。

---

① 《工作一年大肆捞钱　保险公司员工因职务侵占获刑》，北方网：http：//news. enorth. com. cn/system/2010/12/29/005517260. shtml，最后访问时间：2017 年 6 月 13 日。

② 高传伟等．《保险业务员多次借死骗保　犯职务侵占罪获刑六年》，正义网：http：//news. jcrb. com/jxsw/201412/t20141208_ 1456903. html，最后访问时间：2017 年 6 月 13 日。

第四节 挪用类保险犯罪司法认定规则

一、挪用公款罪

根据《刑法》第三百八十四条，挪用公款罪，是指国家工作人员利用职务上的便利，挪用公款归个人使用，进行非法活动的，或者挪用公款数额较大、进行营利活动的，或者挪用公款数额较大、超过三个月未还的。

（一）挪用公款罪的构成特征

依本罪之构成要件，国家工作人员利用职务上的便利挪用公款归个人使用的，分为以下三种情形：1. 挪用公款进行非法活动的，不受数额较大和挪用时间的限制，以挪用公款五千元至一万元为追究刑事责任的数额起点；2. 挪用公款数额较大、进行营利活动的，不受挪用时间和是否归还的限制，以挪用公款一万元至三万元为“数额较大”的起点，以挪用公款十五万元至二十万元为“数额巨大”的起点；3. 挪用公款数额较大，进行除营利活动、非法活动以外的其他活动，超过三个月未还的，以挪用公款一万元至三万元为“数额较大”的起点，以挪用公款十五万元至二十万元为“数额巨大”的起点。

挪用，是指擅自使单位的款物脱离单位的行为。挪用行为是一个单数行为，仅包括“挪”，而不要求“用”，因为本罪所保护的是公款的占有、使用、收益以及职位行为的廉洁性。[①] 所谓“挪而未用”，是行为人在挪用公款之后尚未将公款作他用的状态，但行为人已利用职务行为使公款脱离了原单位的控制范围，即使尚未使用公款，也属于挪用。

本罪的行为对象是公款，包括挪用用于救灾、抢险、防汛、优抚、扶贫、移民、救济七种特定款物。据此，最高人民检察院《关于国家工作人员挪用非特定公物能否定罪的请示的批复》（高检发释字〔2000〕1号）指出，“《刑法》第三百八十四条规定的挪用公款罪中未包括挪用非特定公物归个人使用的行为，对该行为不以挪用公款罪论处。如构成其他犯罪的，依照刑法的相关规定定罪处罚。”所以，在判断行为对象时应加以区分，挪用上述七种特定公物的，根据第三百八十四条第二款的规定，属于挪用公款罪；挪用非特定公物的，不属于挪用公款罪，如果构成其他犯罪，依照相关规定处罚。

根据全国人民代表大会常务委员会《关于〈中华人民共和国刑法〉第三百八十四条第一款的解释挪用公款“归个人使用”是指：“（一）将公款供本人、

---

① 张明楷．刑法学（第五版）（下册）［M］．法律出版社，2016：1189.

亲友或者其他自然人使用的；（二）以个人名义将公款供其他单位使用的；（三）个人决定以单位名义将公款供其他单位使用，谋取个人利益的。”

本罪的主观方面为故意，即明知自己的行为会造成危害结果，希望或者放任结果的发生。挪用公款给他人使用，不知道使用人用公款进行营利活动或者用于非法进行营利活动或者用于非法活动，数额较大、超过三个月未还的，构成挪用公款罪；明知使用人用于营利活动或者非法活动的，应当认定为挪用人挪用公款进行营利活动或者非法活动。本罪的主观方面不要求非法占有之目的，如果行为人具有非法占有目的，则以贪污罪论处，如果不能查明行为人是否有非法占有之目的，无法认定贪污罪的，可以以挪用公款罪论处。

（二）保险从业人员挪用公款行为的认定

保险从业人员要构成挪用公款罪的主体，必须满足国家工作人员的主体要求，除《刑法》第九十七条的规定外，立法者在第一百八十五条第二款注意规定中提示司法人员，国有金融机构亦属于此范围之内，“国有商业银行、证券交易所、期货交易所、证券公司、期货经纪公司、保险公司或者其他国有金融机构的工作人员和国有商业银行、证券交易所、期货交易所、证券公司、期货经纪公司、保险公司或者其他国有金融机构委派到前款规定中的非国有机构从事公务的人员有前款行为的，依照本法第三百八十四条的规定定罪处罚”。上述范围之内，就包含了受国有保险公司委派，至非国有机构从事公务的人员。

公款，一般是指国家或集体所有的货币资金，以及由国家和集体管理、使用、汇兑、储存的私人所有的货币，包括现金和银行存单，公款的主要表现形式是人民币，也包括外币，如美元、英镑等。[①] 挪用金融凭证、有价证券用于质押，使公款处于风险之中，与挪用公款为他人提供担保没有实质的区别。符合刑法关于挪用公款罪规定的，以挪用公款罪定罪处罚，挪用公款数额以实际或者可能承担的风险数额认定。除此之外，考虑到保险所具有的保障、救济等特定目的，保险从业人员还有可能接触到属于挪用公款罪行为对象的“特定款物”，包括最高人民检察院《关于挪用失业保险基金和下岗职工基本生活保障资金的行为适用法律问题的批复》（高检发释字〔2003〕1号）中所认定的，“挪用失业保险基金和下岗职工基本生活保障资金属于挪用救济款物……国家工作人员利用职务上的便利，挪用失业保险基金和下岗职工基本生活保障资金归个人使用，构成犯罪的，应当依照《刑法》第三百八十四条的规定，以挪用公款罪追究刑事责任”。

结合一案件对挪用公款罪各要件进行分析。案件如下：中煤财产保险股份

---

① 杨兴国．贪污贿赂犯罪认定精解精析（修订版）［M］．中国检察出版社，2015：101.

有限公司为国有控股公司，张某兵被聘任为中煤财产保险股份有限公司某中心支公司总经理。2015 年 12 月至 2016 年 2 月期间，张某兵共收取煤矿安全责任服务保险费 133.5 万元承兑汇票，张某兵拿到银行承兑汇票后未交回单位，而是拿承兑汇票向张某兵质押借款用于归还个人债务，后张某兵无力归还借款，张某兵将其质押的银行承兑汇票转让。[①]（1）主体：中煤财产保险股份有限公司为国有控股公司，根据前述最高人民法院、最高人民检察院《关于办理国家出资企业中职务犯罪案件具体应用法律若干问题的意见》，“经国家机关、国有公司、企业、事业单位提名、推荐、任命、批准等，在国有控股、参股公司及其分支机构中从事公务的人员，应当认定为国家工作人员”。保监会依法审查、认定各类保险机构高级管理人员的任职资格，本案中，张某兵的任命由中国保监会山西监管局审核批准通过，张某兵因此满足了经国家机关、国有公司、企业、事业单位提名、推荐、任命、批准的条件，符合挪用公款罪的主体要求。（2）行为对象：本案所涉及的价值 133.5 万元的保险费是以承兑汇票形式存在，汇票并不属于传统意义上以货币为表现形式的公款，但由于承兑汇票作为短期融资工具，非法挪用为他人提供担保，将使单位资金处于风险之中。虽然最高人民法院《全国法院审理经济犯罪案件工作座谈会纪要》（以下简称《纪要》）中仅规定“挪用金融凭证、有价证券用于质押，使公款处于风险之中，与挪用公款为他人提供担保没有实质的区别，符合刑法关于挪用公款罪规定的，以挪用公款罪定罪处罚”，而从《刑法》第一百九十四条第二款金融凭证诈骗罪和第一百九十七条有价证券诈骗罪可知，票据并不包括在上述两个概念的内涵之内，但本书认为，最高法在《纪要》中有关“金融凭证”的提法不妥，《刑法》第一百九十四条将票据与金融凭证作为银行结算凭证下的两种概念规定在同一条款之中，两者性质在质押活动中并无二致，均会导致单位资金处于不受控的风险之中，《纪要》仅提出金融凭证而放弃票据的规定厚此薄彼，无充分理由。在本书看来，本案中张某兵挪用承兑汇票进行质押的行为，属于挪用公款的范围之内。（3）客观行为：张某兵利用收取投保方保险费的职务便利，将承兑汇票用于质押借款、归还个人债务，属于挪用公款为其本人使用。其虽未进行营利活动、非法活动，但挪用公款数额较大，挪用时间已超过三个月，符合挪用公款罪的客观行为要件。（4）主观：张某兵明知自己利用职务之便，将原属于单位的承兑汇票用于质押的行为威胁了单位对公款的占有、使用、收益，损害了职务行为的廉洁性，并且希望、放任这一结果的，是故意犯罪。由于张某兵并没有携款潜逃、抹平账目、不入账等行为，在现有证据不足以证明其有非法占

---

① 水木．《中煤财险张某兵挪用公款 133 万元一审获刑 5 年》，载和讯网：http：//insurance. hexun. com/2017 - 03 - 01/188339152. html，最后访问时间：2017 年 6 月 14 日。

有的目的时，只能认定其成立挪用公款罪。

二、挪用资金罪

根据《刑法》第二百七十二条，挪用资金罪，是指公司、企业或者其他单位的工作人员，利用职务上的便利，挪用本单位资金归个人使用或者借贷给他人使用，数额较大、超过三个月未还的，或者虽未超过三个月，但数额较大，进行营利活动的，或者进行非法活动的行为。

本罪的主体是公司、企业或者其他单位的工作人员，根据《最高人民法院关于对受委托管理、经营国有财产人员挪用国有资金行为如何定罪问题的批复》，还包括受国家机关、国有公司、企业、事业单位、人民团体委托，管理、经营国有财产的非国家工作人员。

本罪的行为对象是单位资金，包括筹建公司的工作人员在公司登记注册前，利用职务上的便利，挪用准备设立的公司在银行开设的临时账户上的资金的。

本罪的客观行为是，利用职务上的便利，挪用本单位资金归个人使用或者借贷给他人。利用职务之便是指利用自己主观、管理、经营、经手单位财物的便利条件。挪用，是指擅自使本单位财物脱离单位的控制范围。归个人使用包括三种情形：（1）将公款供本人、亲友或者其他自然人使用的；（2）以个人名义将公款供其他单位使用的；（3）个人决定以单位名义将公款供其他单位使用，谋取个人利益的。上述客观行为与挪用公款罪一致，而挪用资金罪额外规定了“借贷给他人”的条件，《最高人民法院关于如何理解刑法第二百七十二条规定的“挪用本单位资金归个人使用或者借贷给他人”问题的批复》将之理解为，“挪用本单位资金归本人或者其他自然人使用”为归个人使用，“挪用人以个人名义将所挪用的资金借给其他自然人和单位”为借贷给他人。在本书看来，这一解释有可推敲之处。如果司法解释承认全国人民代表大会常务委员会《关于〈中华人民共和国刑法〉第三百八十四条第一款的解释》也可以适用于挪用资金罪中的“归个人使用”，则其实际上将“借贷给他人”从于“归个人使用”的并列位子划分到“归个人使用”的范围之内，属于将公款供本人、亲友或者其他自然人使用的和以个人名义将公款供其他单位使用；如果司法解释认为立法解释不适用于挪用资金罪，则其缩小了“归个人使用”的范围，从体系而言，折损了刑法用语的统一性。

本罪的主观方面为故意，即明知自己的行为会造成危害结果，希望或者放任结果的发生。本罪的主观方面不要求非法占有之目的，如果行为人具有非法占有目的，或者基于某种原因转化为主观上不愿意归还的，则行为性质转为职务侵占罪。

典型的挪用资金案如：梁华（化名）是某保险公司驻仪征地区的负责人，

其具体的工作内容是向当地医保处核实投保人员的人数信息，然后再将扬州中心支公司开具的发票提供给医保处，再由医保处将相应的钱款汇到扬州中心支公司的账户里。梁某私刻了仪征支公司的公章和财务专用章，随后又伪造了支公司的营业执照、机构代码证等证件，炮制出来了一个“仪征支公司”，并在银行开具了账户。之后，梁某以业务方便为由，要求当地医保处将转账支票开具给这个“仪征支公司”。医保处因和梁某业务往来密切，对他也比较熟悉，因此就没有过多追问，就把转账支票相关业务，全权转给了这个所谓的“仪征支公司”。在将这笔钱转到账户里后，梁某将其分成两笔，其中一笔尽快打给扬州中心支公司，而剩下的一笔他则挪用在其他方面，等到月底的时候再转到扬州中心支公司。在一年多的时间里，先后10余次将当地医疗保险管理处给付扬州中心支公司的保费450多万元，挪作个人使用，用于投资、购房等。[①]

在本案中，（1）主体：梁某作为某保险公司员工，该保险公司并非国有企业，梁某也并非由受国家机关、国有公司、企业、事业单位、人民团体委托，管理、经营国有财产的非国家工作人员，因此其属于非国家工作人员，符合非国家工作人员受贿罪的主体要件。（2）行为对象：梁某所挪用的虽然钱款名义上是医保处转账给“仪征支公司”的钱款，但这一笔款项实际上是医保处应该交于某保险扬州中心支公司的保险费，虽然医保处被蒙蔽，但保险费仍属于扬州中心支公司所有，梁某无权使用钱款。（3）客观行为：利用职务上的便利，挪用本单位资金归个人使用或者借贷给他人，梁某是医保处和扬州中心支公司交接的桥梁，医保处转账给扬州中心支公司的保险费经由梁某之手完成转移，梁某利用其职务上经手钱款的便利将钱款截留、挪用的，满足利用职务上的便利的客观条件。之后，梁某将挪用的钱款用于个人的投资、购房，是挪用单位资金归个人使用，属于“盈利活动”，且数额达到450万元之多，符合虽未超过三个月，但数额较大、进行营利活动之要件。（4）本罪的主观方面为故意，梁某明知自己的行为是侵害公司的财产权，仍希望挪用公司钱款为自己所用。应注意的是，在本案中，梁某的工作内容直接涉及上报投保人数和保险费用，其工作决定梁某可以通过虚报投保人数、少上缴保险费用等方式挪用或者侵吞单位财物。梁某采用方式仅仅是“挪用在其他方面，等到月底的时候再转到扬州中心支公司”，并没用虚报人数、隐瞒保险费用等体现非法占有目的的客观行为，因此其仅构成挪用资金罪。

① 张达朝等．挪用400万元保费　保险公司员工被判刑［N］．扬州时报，2015－09－03（10）．

第五节 受贿类保险犯罪司法认定规则

一、受贿罪

根据《刑法》第三百八十五条，受贿罪，是指国家工作人员，利用职务上的便利，索取他人财物的，或者非法收受他人财物，为他人谋取利益的行为。事实上，除保险从业人员可能在从事保险业务中实施受贿犯罪外，作为国家机关工作人员的保监会工作人员在从事保险监督管理过程中也可能实施受贿罪，在这里本书一并对二者进行研究。

关于受贿罪的法益，一直以来存在着两种观点：一是认为受贿罪保护的法益是职务行为的不可收买性，这一认识来源于罗马法；二是认为受贿罪保护的是职务行为的廉洁性、公正性或不可收买性，来源于日耳曼法。在此基础之上，形成了各种学说，如信赖说、公正性说、清廉义务说、国家意志篡改说、不可收买性说等等。法益具体内容的争议焦点在于，受贿行为是否要与国家工作人员的职务行为相关联？通过正当的职务行为为他人谋取利益，是否可以索取或者收受财物？在实施职务行为之后，是否可以索取或者收受财物？“为他人谋取利益”是否与受贿罪相关联，以及其程度如何？为政清廉、公正，是对国家工作人员履行职务的基本要求，一旦国家工作人员利用手中的职权谋取私利，就违反了职务行为廉洁性、公正性的要求。廉洁性、公正性并不为受贿罪所特有，把职务行为的廉清性、公正性作为受贿罪的客体太过宽泛，不够准确。信赖说认为，受贿罪可能影响到国民对职务行为的公正性及对其的信赖，不但国民的信赖感难以界定，国家工作人员收取贿赂但依法办事的，根据信赖说也不应该认定为贿赂罪。但是，当职务行为本身已经包含了薪酬、荣誉与地位时，国家工作人员以其职务行为换取金钱利益的，不应当得到默许，并且一旦权力可以用于与其他利益交换，其公正性、廉洁性本身也会受到侵蚀。因此，本书认为，受贿罪的法益是国家工作人员职务行为的不可收买性，即便受贿但不为他人谋取非法利益的，也构成受贿罪。

受贿罪的主体必须是国家工作人员，与贪污罪相同，前已就保险业内的国家工作人员进行了划定，此处不再赘述。

受贿罪的犯罪对象一般是财物，且其获得与国家工作人员的职务行为有关联，可能因为行为人具有某种职务，已经、正在或者能够实施某种职务行为。[①] 依据最高人民法院、最高人民检察院《关于办理商业贿赂刑事案件适用法律若

① 张明楷．刑法学（第五版）（下册）［M］．法律出版社，2016：1205.

干问题的意见》（法发〔2008〕33 号）的规定，“商业贿赂中的财物，既包括金钱和实物，也包括可以用金钱计算数额的财产性利益，如提供房屋装修、含有金额的会员卡、代币卡（券）、旅游费用等”。“具体数额以实际支付的资费为准。所以受贿罪的犯罪对象包括金钱、实物和可以用金钱计算数额的财产性利益。”在实践中，贿赂财物的形式可能比较隐秘，例如，石某在担任某保险公司（国有）沈阳市分公司车商业务部经理期间，明知沈阳市内多家汽车 4S 店及修理厂的负责人员请托其利用负责调配肇事维修车辆的职务便利给予照顾的情况下，先后多次在单位办公室等地非法收受他人财物，其中包括石某以明显低于市场价格在一家汽车销售服务有限公司购买奥迪 A4 汽车，并以返还形式收受人民币 1 万元。[①] 石某所购入的汽车市场价格为 36 万元，石某以 31 万元的市场最低价购买车辆后，鉴于石某车商部经理的身份，汽车公司为与车商部在合作中搞好关系，在出具 31 万元的购车发票之后，又返还 1 万元购车优惠款，返款后，汽车公司用其他票据冲抵了返还的 1 万元。法院认为，该返款行为有悖于市场正常交易中的优惠，如果优惠应按实际交易金额开具发票，而非开具发票后返款，再使用其他票据冲抵进行账务处理，因此，认定石某利用职务之便，非法收受他人财物，为他人谋取利益。在确定究竟是以市场的优惠价格还是以交易形式收受贿赂时，应注意区分优惠是具有一般性还是具有个别性，且出卖方是否对优惠款项采取了正常的财务处理方式的。在同自己职务行为息息相关的出卖方处购买产品并获得优惠待遇的行为人，在面对出卖方所提供的优惠政策、返现活动时，应有一定的自觉性。

受贿罪的客观方面包括，利用职务上的便利，索取他人财物的，或者非法收受他人财物，为他人谋取利益。一则，利用职务行为的便利，比如被告人王某在担任某保险公司宣城中心支公司泾县营销部车物查勘定损员期间，利用职务上的便利，非法收受多家单位回扣、礼金等财物价值共计 14106 元。汪某身为定损员，负责对事故车的受损情况进行正确的分析，核定事故车维修的零件费、工时费，本是其职务行为应有之义，但汪某利用此一职务行为之内的权力，在定损的过程中，修改数据、费用，以此换取回扣、礼金等等，是以职务行为换取其他利益，损害了职务行为的不可收买性。二则，受贿罪要求索取他人财物，或者非法收受他人财物，为他人谋取利益。因此，不管汪某是采取索取的方式——其背后蕴含的潜台词是“你不给我钱我就压低你的定损”——还是非法收受其他单位的回扣、礼金而为其谋利的，都满足本罪的客观方面的要求。

受贿罪的主观方面是故意，即明知自己的行为会侵害职务行为的不可收买

① 《沈阳一保险公司经理因“交易型受贿”被定罪》，载新华网：http：//news. xinhuanet. com/legal/2015 - 10/24/c_ 128353315. htm，最后访问时间：2017 年 6 月 15 日。

性，并且希望或者放任这一结果的发生。受贿罪并不需要特别的目的，行为人出于何种目的接受贿赂并不影响受贿罪的认定。

应正确区分一罪与数罪的界限。受贿行为一般伴随着其他谋取利益的行为，要完成这些利益，可能涉及正当行为，也可能涉及违法行为，有些还涉及犯罪行为。国家工作人员为他人谋取的利益构成犯罪时，除刑法另有规定的以外，应当认定为数罪并罚，例如，国有保险公司的员工收受他人财物，为他人提供虚假的保险事故鉴定书的，同时构成受贿罪和提供虚假证明文件罪。受贿罪的法益是职务行为的不可收买性，其关注的是国家工作人员钱权交易的危险性，而不是事实上谋取为他人谋取的利益，在收受贿赂之后的谋取利益的承诺，已经超过了受贿罪的规制范围。并且，我国受贿罪的法定刑标准主要是由受贿数额所决定的，如果仅以一罪论处，则提供虚假事故鉴定书等等犯罪行为得不到相应的刑罚处罚，不利于罪责刑相适应的实现。

二、非国家工作人员受贿罪

非国家工作人员受贿罪，最早见于1995年全国人大常委会《关于惩治违反公司法的犯罪的决定》，被称为一般商业受贿罪，1997年刑法修订后罪名确定为公司、企业人员受贿罪，2008年最高人民法院、最高人民检察院《关于办理商业贿赂刑事案件适用法律若干问题的意见》改为非国家工作人员受贿罪。

从法律规定看，本罪与受贿罪之间的区别主要体现在主体方面，即受贿罪的主体是国家工作人员，而非国家工作人员受贿罪的主体是非国家工作人员。《刑法修正案（六）》将非国家工作人员受贿罪主体由“公司、企业的工作人员”，扩大到“公司、企业或者其他单位的工作人员”，并且规定国有公司、企业或者其他国有单位中从事公务的人员和国有公司、企业或者其他国有单位派到非国有公司、企业以及其他单位从事公务的人员受贿的，按照受贿罪处理。“其他单位”，根据《关于办理商业贿赂刑事案件适用法律若干问题的意见》，既包括事业单位、社会团体、村民委员会、居民委员会、村民小组等常设性的组织，也包括为组织体育赛事、文艺演出或者其他正当活动而成立的组委会、筹委会、工程承包队等非常设性的组织。这一解释的指向与《刑法修正案（六）》旨在应对我国市场经济发展过程中日益增加的商业贿赂而扩大本罪主体范围的目的一致，是对利用职务便利进行“权钱交易”进行打击和威慑的手段，因此，无论是常设性还是非常设性的，只要其组织合法，其成员收受他人财物并利用职权为他人谋取利益的行为，都可构成非国家工作人员受贿罪。同时，解释第三条将“公司、企业或者其他单位的工作人员”的范围同《刑法》第一百六十三条第三款的规定结合起来，因为本罪第三款明确规定，国有公司、企业和其他国有单位中从事公务的人员和国有公司、企业或者其他国有单位委派到非国有公司、企业从事公务的人员受贿的，以受贿罪定罪处罚，所以非国家工作人员受贿罪的主体应限于非国有公司、企业中的工作人员或者国有公司、企业或者其他国有单位中的非国家工作人员，第三款作为注意规定，其所指的“国有单位”应与《刑法》第九十三条所指的事业单位、人民团体内涵概念一致。

在本罪的客观方面，考虑到国家职务行为的不可收买性，立法者在受贿的认定上采取了更为严格的标准，索贿行为是不需要为他人谋取利益的，而在非国家工作人员受贿罪中，公司、企业或者其他单位的工作人员利用职务上的便利，索取他人财物或者非法收受他人财物，应具备为他人谋取利益这一要件。

本罪所指的各种名义的回扣、手续费，并不是指经济交往中的正常账目往来，而是损害公司利益，破坏公平、公正、公开的市场经济环境的行为，属于索取或者非法收受的他人财物的范围内，如回扣，就是经营者销售商品时在账外暗中以现金、实物或者其他方式退给对方单位或者个人的一定比例的商品价款。由于回扣是以暗账的形式存在，这一现象如果发生在经济往来活动中，就会涉及职务行为的腐败问题，构成非国家工作人员受贿罪，但如果不是在经济往来活动中，而是在日常生活之中，没有利用自己职务的便利为他人谋取利益的，则不能构成本罪。当然，上述已收受的回扣、手续费必须归个人所有，如果交给单位，也不构成本罪。在保险行业内，业务员私下索取回扣，或者客户为了投保、理赔的需要私下给予业务员回扣是会导致保单失效的，这一行为严重损害了其他保险从业人员及投保客户的利益，为法律所禁止。但现实是，根据保监会的规定，业务员最多可以拿到8%的手续费，但实际上拿到的手续费可以高达25%至30%，多的部分通过“租赁费”“公杂费”“印刷费”“会议费”等科目变通手续费开具假发票报销后，其真实用途就隐蔽了起来，部分涉及行贿受贿，部分涉及侵吞。同时，在理赔的过程中，投保方为了多获得保险金，与定损员勾结，夸大事故损失或者篡改事故发生原因的，在获得保险金后以回扣形式返现给定损员，也可能构成非国家工作人员受贿罪和向非国家工作人员行贿罪。例如，保监会就曾通报，2007年4月至2008年3月，嘉禾人寿鞍山中支在委托中国农业银行鞍山分行代理销售保险过程中，为提高公司经营业绩，原嘉禾人寿鞍山中支负责人边策授权批准原嘉禾人寿鞍山中支银保部经理白勇用假发票套取现金，分发给五名银保部客户经理，由这五人以展业费的方式向农业银行一线柜员支付账外回扣，累计达107万元。

本罪的主观方面为故意，行为人明知自己索取、收受贿赂的行为会发生危害社会的结果，并且希望或者放任这一结果的发生。

当非国家工作人员与国家工作人员共同收受他人财物时，应如何定罪？被告人韩某在担任中国人寿财产保险有限公司新乡市中心支公司长垣县营销服务部副经理期间，利用其负责投保车辆理赔管理，现场查勘及定损工作等职务上的便利，伙同被告人王某某、宗某、邢某、毛某某优先向长垣县太国汽修厂推荐需维修的事故车辆。2012—2014 年，被告人韩某某本人或安排他人多次收受杨某甲人民币、手机等物，并与被告人王某某、宗某、邢某、毛某某瓜分。[①] 本案中，韩某作为中国人寿财产保险股份有限公司新乡市中心支公司长垣县营销服务部副经理，是经支公司研究决定代表公司在其分支机构从事领导、管理工作的人员，其对于保险实务进行理赔、管理，符合国有企业中从事公务的人员的要求，应以国家工作人员论。而王某某、宗某、邢某、毛某某仅是人寿保险的普通员工，并非国家工作人员，但其与国家工作人员韩某通谋，共同收受他人财物，系共同犯罪。本案中，国家工作人员韩某在实施犯罪的过程中发挥了主要作用，组织相关人员，决定理赔数额，收取及分配所收受财物，按照前述《关于办理商业贿赂刑事案件适用法律若干问题的意见》，“非国家工作人员与国家工作人员通谋，共同收受他人财物，构成共同犯罪的，根据双方利用职务便利的具体情形分别定罪追究刑事责任：（1）利用国家工作人员的职务便利为他人谋取利益的，以受贿罪追究刑事责任。（2）利用非国家工作人员的职务便利为他人谋取利益的，以非国家工作人员受贿罪追究刑事责任。（3）分别利用各自的职务便利为他人谋取利益的，按照主犯的犯罪性质追究刑事责任，不能分清主从犯的，可以受贿罪追究刑事责任”。因此，应当以受贿罪的共犯追究上述人员的刑事责任。

第六节　其他类保险犯罪司法认定规则

除上述典型的涉保险类犯罪之外，鉴于国有保险公司工作人员的特殊身份，以及其在经济活动之中承担的相应角色，其不法行为可能妨害到对公司、企业的管理秩序罪。简略几个保险从业人员可能牵涉其中的罪名。

一、非法经营同类营业罪

根据《刑法》第一百六十五条，非法经营同类营业罪，是指国有公司、企业的董事、经理利用职务便利，自己经营或者为他人经营与其所任职公司、企业同类的营业，获取非法利益，数额巨大的行为。

本罪的主体为国有公司、企业的董事、经理，因为上述人员处于公司管理阶层，熟知公司的内部信息、商业秘密，对公司具有忠诚义务，如果其参与到同行业的其他企业，在与原公司的竞争中，就可能会为了私利而损害国家利益。本罪的客观行为表现为：（1）自己经营与其所任职公司、企业同类的营业，即

① 河南省新乡市中级人民法院（2015）新中刑二终字第 107 号刑事裁定书。

自己直接在外兼营与其所任职国有公司、企业的营业范围相同的业务；（2）为他人经营与其所任职公司、企业同类的营业，即行为人在外代理或帮助他人兼营与其所任职国有公司、企业的营业范围相同的业务。[①] 构成本罪要求获取非法利益数额巨大，根据司法实践，数额10万元以上的，应予以追究。本罪的主观方面要求故意。就涉保险犯罪的内容而言，作为国有保险公司的董事、经理，不能以自己或者他人的名义经营保险同类营业，假设甲身为国有保险公司的经理，以其妻子的名义设立了一家私营性质的保险公司，之后，甲利用自己国有保险公司经理的身份，先与一家大型集团公司就保险业务报价，然后又让妻子以明显较低的报价与该集团公司接洽并成功，从中非法获利数额巨大的，就构成非法经营同类营业罪。

二、签订履行合同被骗罪

根据《刑法》第一百六十七条，签订、履行合同失职被骗罪，是指国有公司、企业、事业单位直接负责的主管人员，在签订、履行合同的过程中，因严重不负责任被诈骗，致使国家利益遭受重大损失的。

本罪的行为主体仅限于国有公司、企业、事业单位直接负责的主管人员。客观行为表现为在签订、履行合同的过程中，因严重不负责任被诈骗，从而造成国家利益重大损失的行为。“被诈骗”不限于刑法上的诈骗罪即其相关罪名，应包括民事欺诈的情形，因为本罪所处罚的是因国有公司、企业、事业单位直接负责的主管人员严重不负责任而导致国家利益损失的行为，即便对方仅构成民事欺诈，主管人员主观上对由其负责管理的国有财产严重不负责任，客观上造成了国家利益的损失的事实都不会改变。“致使国家利益遭受重大损失”在实践中通常以以下情形为标准：（一）造成国家直接经济损失数额在五十万元以上的；（二）造成有关单位破产，停业、停产六个月以上，或者被吊销许可证和营业执照、责令关闭、撤销、解散的；（三）其他致使国家利益遭受重大损失的情形。本罪的主观方面为过失，一般是指行为人应当履行其作为主管人员的监督责任而没有履行。就保险犯罪而言，国有保险公司的业务负责主管人员，在与投保方签订、履行保险合同的过程中，本应履行一定的审核义务，诸如对合同主体资格、经办人的身份、保险标的、保险责任和责任免除、保险事故的性质、原因、损失程度等进行审查，但行为人盲目轻信投保方，草率地与对方签订保险合同或者进行保险理赔的，不履行应履行的相关职业要求的，是过失。本罪是国有公司、企业、事业单位人员失职罪的特别规定，仅限于签订、履行合同中的失职行为。

---

① 徐志伟主编．破坏社会主义市场经济秩序罪［M］．中国民主法制出版社，2015：493.

三、国有公司、企业、事业单位人员失职罪、国有公司、企业、事业单位人员滥用职权罪

根据《刑法》第一百六十八条，国有公司、企业、事业单位人员失职罪，国有公司、企业、事业单位人员滥用职权罪，是指国有公司、企业、事业单位的工作人员，由于严重不负责任或者滥用职权，造成国有公司、企业、事业单位破产、严重损失，致使国家利益遭受重大损失的行为。根据立案追诉标准，国有公司、企业、事业单位的工作人员，严重不负责任，涉嫌下列情形之一的，应予立案追诉：（一）造成国家直接经济损失数额在五十万元以上的；（二）造成有关单位破产，停业、停产一年以上，或者被吊销许可证和营业执照、责令关闭、撤销、解散的；（三）其他致使国家利益遭受重大损失的情形。国有公司、企业、事业单位的工作人员，滥用职权，涉嫌下列情形之一的，应予立案追诉：（一）造成国家直接经济损失数额在三十万元以上的；（二）造成有关单位破产，停业、停产六个月以上，或者被吊销许可证和营业执照、责令关闭、撤销、解散的；（三）其他致使国家利益遭受重大损失的情形。

本罪与滥用职权罪、玩忽职守罪的区分关键在于主体。1997 年修订刑法时，考虑到国家机关工作人员在行使国家权力时玩忽职守、滥用职权给国家和人民利益造成重大损失的行为，与企业领导人行使企业管理权出现的这类行为在性质上是不同的，因此在对国家机关工作人员行使权力的渎职行为严加惩处的同时，政企分离，对企业人员在企业管理活动中的严重不负责任、滥用职权的犯罪行为制定了相对较高的入罪门槛和更贴近具体工作的规定。[①] 国有保险公司不属于国家机关，因此其中的工作人员，只有符合最高人民法院、最高人民检察院《关于办理渎职刑事案件适用法律若干问题的解释（一）》（法释〔2012〕18号）第 7 条规定的才可能构成渎职罪，即“依法或者受委托行使国家行政管理职权的公司、企业、事业单位的工作人员，在行使行政管理职权时滥用职权或者玩忽职守，构成犯罪的，应当依照全国人民代表大会常务委员会《关于〈中华人民共和国刑法〉第九章渎职罪主体适用问题的解释》的规定，适用渎职罪的规定追究刑事责任”。

典型案例如：2012—2013 年，被告人徐某先后任中国人民财产保险股份有限公司某支公司副经理和经理，先分管保险业务发展，后主持全面工作。被告人雷某鸣任中国人民财产保险股份有限公司某支公司副经理，分管保险查勘、理赔工作。被告人徐某和雷某鸣明知该镇农户未进行水稻投保而是由政府统一

---

① 全国人大常委会法制工作委员会刑法室编著．中华人民共和国刑法解读（第 4 版）［M］．中国法制出版社，2015：326.

投保、垫付保费的情况下，仍然出具水稻种植保险单，致使各级财政保费补贴资金被套取。后又通过伪造理赔档案，将理赔款交于丰集镇政府工作人员，进入财政账户。[①] 被告人的辩护人辩称，两名被告不属于国家机关工作人员。但是，农业保险属于国家政策性保险，为推广农业保险，河南省成立了农业保险工作领导小组，各承保机构负责人为领导小组成员，而中国人民财产保险股份有限公司河南分公司是由河南省有关政府部门确定的从事本省政策性农业保险承办工作的公司，两被告人作为行使上述职权的中国人民财产保险股份有限公司河南分公司下属支公司管理人员，实际上实施的是行政管理职权。

严重不负责，主要是指为不履行、不正确履行或者放弃履行自己的职责，通常表现为工作马马虎虎，草率行事，或公然违反职责规定，或放弃职守，对自己负责的工作撒手不管等；滥用职权，通常表现为行为人超越职责权限或违反行使职权所应遵守的程序。[②] 两者的区别在于，严重不负责任的主观心理为过失，行为人在履行职责的过程中，有能力、有条件履行但没有履行，以粗忽大意、不认真负责的心态对待自己的职责。而滥用职权的主观心理状态为故意，包含间接故意与直接故意，行为人明知自己滥用职权的会妨碍国家职权行为的正当、有效地施行，造成他人对国家权力信赖的降低，并希望或者放任这一结果的发生。

国有公司、企业、事业单位人员，徇私舞弊犯前两款罪的，即基于徇个人私情、私利的目的，置国家利益于不顾的，主观恶性较大，应从重处罚。

---

① 《中国人保商城支公司经理滥用职权 联合镇政府虚假投保骗赔偿》，载中国经济网：http：//finance. ce. cn/rolling/201702/09/t20170209_ 20089960. shtml，最后访问时间：2017 年 6 月 17 日。

② 全国人大常委会法制工作委员会刑法室编著．中华人民共和国刑法解读（第 4 版）［M］．中国法制出版社，2015：328.

第六章

保险监管人员保险犯罪的表现及认定

所谓保险监管，是指国家保险监督机构为了维护保险市场的良好秩序而对保险业实施的监督、管理与控制。[①] 保险监管人员，就是在保险监督管理机构（即保监会）中依法履行保险监督管理职责、维护保险市场秩序的工作人员，是从监管角度参与保险活动的一方主体。保险监管人员按照保险监管法律法规对投保方和保险机构进行的保险活动进行恰如其分的监督管理，对于维护保险市场秩序公平有序具有重要价值。与之相对，保险监管人员亵渎保险监管职责实施相应的职务犯罪，对于正常保险市场秩序势必造成严重扰乱，并且极大地妨害保险业的健康、有序发展。基于此，有必要对保险监管人员实施的保险犯罪进行专门研究。

第一节　保险监管人员保险犯罪的主要表现形式

考虑到保险监管人员保险犯罪的本质主要表现为，保险监管机构工作人员在依法实施保险监督管理过程中实施的职务犯罪，探究保险监管人员保险犯罪主要表现形式及其危害性必然率先明确“保险监管”的含义、意义及内容。

一、保险监管的含义

究其本质而论，保险监管是控制保险市场主体参与市场行为的一个完整系统，保险市场准入与退出监管是保险监管的重要组成部分和核心环节。[②] 按照保险监管主体的差异，“保险监管”有广义和狭义之分。

广义的保险监管，包括立法监管、司法监管、行政监管、行业监管和社会监督，但监督主体并不介入保险人的具体经营活动。立法监管是国家对保险业进行监管最直接、最有效的手段，是根本性的保险监管。司法监管是指司法审判机关通过法定程序，按照法律、法规规定，负责协调解决保险市场主体之间产生的各种保险争议，保证法律的贯彻实施，并通过司法判决书和建议书影响保险的行政监管和保险立法的进程。[③] 行政监管是由保险监管机构依法对保险业进行监管。为深化保险金融体制改革，增强保险行业风险防范能力，我国于1998年成立了中国保险监督管理委员会，即“保监会”，专门对保险业进行监督管理。保监会对保险机构的监督管理，采取现场监管与非现场监管相结合的方式。根据国务院2003年颁布的《中国保险监督管理委员会主要职责内设机构和人员编制规定》（国办发〔2003〕61号），保监会的行政监管手段可概括为以

① 傅廷中．保险法学［M］．清华大学出版社，2015：286.
② 许崇苗，李利．中国保险法原理与适用［M］．法律出版社，2006：634.
③ 许崇苗，李利．中国保险法原理与适用［M］．法律出版社，2006：635.

下五种：行政审批、行政指导、行政检查、行政强制和行政处罚。行业监管是由行业协会自行对业内活动进行监督、管理，具有自律性，对保险监管起到辅助作用。《保险法》第一百八十二条规定“保险人应当加入保险行业协会”，本条义务性规则明确了作为监管主要对象的保险人负有加入行业协会，并遵守行业协会规则的义务。社会监督，是公众对保险业的监督，主要依靠舆论的力量进行。

狭义上的保险监管，只是国家保险业监督机关对经营保险业务的主体与保险活动的主体资格以及其实施的保险行为进行的监督管理，即特指保险行政监管。“保险监管既是一种行为，也是一种制度，同时代表一种制约性权力。严格意义上，保险监管应指政府保险监管，因为广义上的其他几种非政府主体的所谓“监管”——行业自律、企业内控和社会监督，均非法律意义上的监管，或者只是一种监督权，或者加上内部管理权，一般不具有当然的法律强制力，谓之“监管”仅仅是对习惯称谓的宽容而已。”① 本书所使用的保险监管主要是狭义上的保险监管。

二、保险监管的意义

鉴于保险具有鲜明的公共性行业特征，保险市场的经营秩序在关涉自身发展水平的基础上，也深刻地影响着社会经济的整体秩序，对保险业实施监管是极其必要的。《保险法》第一条开宗名义地指出，“为了规范保险活动，保护保险活动当事人的合法权益，加强对保险业的监督管理，维护社会经济秩序和社会公共利益，促进保险事业的健康发展，制定本法”。可见，保险监管的重要意义在于维护保险市场秩序，保障保险活动当事人利益，促进保险市场的健康长足发展。

（一）保险监管有助于维护保险市场秩序

保险业作为金融业的重要部分，是现代经济发展的支柱之一，与普通行业相比较，保险业有其独特的性质。

1. 保险产品具有无形性。无论财产保险还是人寿保险，都是保险人对被保人的一种合同约定承诺。保险业务的高度专业性决定保险合同具有较强的专业性和复杂性，其典型表现为在保险实践中，由保险人一方提供格式条款，导致其与投保人、被保人之间实际不平等的法律地位。借助保险监管机关对保险合同所使用的保险费率、保险合同条款的审核，并且督促保险人在保险合同签订时履行条款说明义务等监管手段，保护被保险人的合法权益。②

① 郭宏彬．论保险监管的理论渊源［J］．政法论坛，2004（4）．

② 贾林青．保险法（第四版）［M］．中国人民大学出版社，2011：259.

2. 保险业具有社会性和公共性。因保险业已将市场经济中的生产、流通等各个环节有机地连成一体，则其经营效益不限于其本身，而是具有社会性和公共性，关系到整个社会经济的稳定发展。投保没有门槛，任何人都可自由进行投保，而保险的种类不仅多样，且保险所覆盖人群亦宽泛，有的险种诸如人寿保险具有长期性。若保险人经营混乱甚至破产，广大的投保人、被保险人的保险目的难以实现，个体利益及社会利益都会受到损害。

3. 保险业属于金融业，同样体现着市场的一般规律。正当的市场竞争机制是保险业的活力所在，反之则阻碍保险业的发展。也即市场竞争激励各个保险人不断提高保险经营管理水平，不断推陈出新，满足市场需要，但市场竞争的压力也容易使保险人为了追求超额利润而实施不正当竞争行为，破坏保险市场的正常秩序。

鉴于现代政府除了执行好“守夜人”职能，也要发挥好宏观调控职能，各国政府为了保护保险市场的稳定以及金融业的健康发展方向，无不选择对保险业进行相应的监管，并通过对保险业的监管，实现鼓励正当竞争行为，防止和制裁不正当行为，优化保险市场的发展机制，维持正常的保险市场秩序。

（二）保险监管有助于维护保险消费者的合法利益

通过对保险业的监管，确保保险的保障职能，进而维护保险消费者的合法权益。国家通过对保险业的监管规范保险人的经营行为，使之按照法律和规章制度的规定，为保险消费者提供品质优良、价格合理的保险产品，分散风险、增加福利。

通常而言，保险监管机关通过对保险业的监管实现维护保险消费者合法利益的方式主要体现在：（1）调控保险费率，满足公众对保险的基本需求。随着保险成本的提高，当保险费率超过保险消费者的承受能力时，保险业监管机关就要施行调控政策，从而干预保险费率的飙升，使之维持在大多数人能够消费的水平之上，满足公众对保险的需求。（2）通过对偿付能力实施重点监管，确保在保险事故发生时被保人能获得约定的赔偿。偿付能力就是保险人向被保人或受益人履行保险赔偿和给付人身保险金的能力。[①] 保险人的偿付能力直接决定着保险保障职能能否实现。具体来讲，保险人具有偿付能力，意味着被保人或受益人可以从保险人处以保险合同约定获得保险赔偿或人身保险金，保险消费者购买保险的初衷遂得以实现。

保险实践中，保险人的经营方式是先收取保险费形成负债，在合同事由实现时通过保险赔付予以偿还。因此，保险机关监管重中之重，是对保险人的保

① 贾林青．保险法（第四版）［M］．中国人民大学出版社，2011：258.

险经营活动，诸如保险人的最低资本金必须达到法定标准等内容实施监督管理，促使保险人科学、合法地进行经营活动。

（三）保险监管有助于保险人管控风险及稳健经营

保险是以特定危险作为经营对象，其经营具有强烈的风险性，是一种高风险行业。保险业经营方式为负债经营，且保险合同是典型的射幸合同，这种一本万利的特点使人趋之若鹜。在巨额利益的诱惑下，保险经营的风险极高，这种风险来源主要有三：其一是来自保险经营内在的不确定性，即保险经营与风险密不可分，保险事故的随机性、损失程度的不可知性、理赔的差异性使得保险经营本身存在着不确定性；其二是来自投保人、被保人、保险人的道德风险，诸如投保人故意隐瞒事实，骗取保险人承保或投保人、被保人、受益人故意制造保险事故骗取保险赔付等；其三是来自行业内的不正当竞争行为的经营风险。保险监管不仅有利于抑制保险经营中的各种风险因素，助力保险人风险管控，而且有助于规范保险市场的竞争秩序，维护保险体系的整体安全稳定，促进保险业有秩序并充满活力地全面协调可持续发展。

三、保险监管的内容

保险监管的内容源自作为保险监管机构的保监会所需要履行的法定职责。根据前述《中国保险监督管理委员会主要职责内设机构和人员编制规定》以及《保险法》第六章“保险业监督管理”的相关规定，我国保监会保险监管的内容主要有以下三方面。

（一）市场准入和退出监管

就市场准入而言，保险机构应依法设立、登记，并以此经营保险业务。保险机构的市场准入表现为规定了保险机构的设立必须经过保监会批准，并满足设立条件及设立程序。设立保险机构必须具备比一般工商企业设立更为严格的条件，这是世界各国保险法的通例。

就市场变更及退出而言，保险组织的变更包括保险组织的合并、分立、组织形式的变更及其他事项变更，应由股东会或董事会同意，并经过保监会批准，且向原登记机关办理登记。保险公司的终止分为保险公司的解散、撤销和破产三种形式。保险公司的解散和撤销都要经保监会批准，但由于人寿保险合同具有储蓄性质、涉及的社会面广，故经营人寿保险业务的公司不得解散。当保险公司不能支付到期债务时，经保监会同意，由人民法院宣告破产。

（二）保险经营监管

保监会对保险机构经营保险业务的监管主要表现为：一是保险经营业务范围监管。《保险法》按保险标的的不同将保险公司的业务范围分为财产保险业务和人身保险业务两大类。二是保险费率与保险条款监管。在我国对关系社会公众利益的保险险种、依法执行强制保险的险种和新开发的人寿保险险种等的保险条款和保险费率，应报保险监督管理机构审批，而对其他险种的保险条款和保险费率由保险公司拟定，但应当报我国保险监督管理机构备案。三是保险人恶性竞争行为监管。为规范保险市场、防止恶性竞争，遵循诚实信用和公平竞争的原则，《保险法》对保险人在保险业务中的行为做出一些禁止性规定。四是对再保险经营与本国民族保险业的保护。在我国，再保险公司也要分业经营。为了保护民族保险业的发展，对保险公司需要办理再保险分出业务的，应优先向本国境内的保险公司办理。对外国保险公司则有选择地逐步让其进入。五是对承保责任限额的监管。为保证保险公司的偿付能力，有必要通过保险公司业务量的限制控制其责任限额，从而分散风险，稳定经营。

（三）保险财务监管

保监会对保险公司保险财务的监管主要表现为：一是最低偿付能力监管。偿付能力是指保险组织履行赔偿或给付责任的能力。保险公司应当具有与其业务规模相适应的最低偿付能力除了更为具体的规定。二是各种保险准备金监管。保险准备金是保险公司的负债。保险公司应有与准备金等值的资产作为后盾，才能完全履行保险责任。各种准备金有未到期责任准备金、未决赔款准备金、保险保障基金。三是公积金的监管。公积金是保险公司依照法律和公司章程的规定从公司税后利润中提取的积累资金。保险公司提取公积金，是为了用于弥补公司亏损和增加公司资本金。四是保险公司资金运用监管。保险资金运用是现代保险业得以生存和发展的基础，同时因保险公司是经营风险的企业，其资金运用状况，直接影响着公司的赔付能力，我国《保险法》对保险资金运用进行了相应的限制。

四、保险监管人员犯罪的表现

理论上，保险监管人员监管职责的履行好坏直接决定保险监管意义的实现程度。保险监管对于维护保险市场秩序以及保障保险活动主体合法利益意义的实现，有赖于保险监管机构正确、依法履行监管职责，而保险监管职责的具体履行又必须由保险监管机构相应的工作人员实际承担。因此，保险监管人员必须在保险法律法规规定的范围内依法、正确履行保险监管职责，对于违反保险法律法规的违法监管行为，《保险法》第一百七十八条规定了相应的行政处分后果。“保险监督管理机构从事监督管理工作的人员有下列情形之一的，依法给予处分：（一）违反规定批准机构的设立的；（二）违反规定进行保险条款、保险费率审批的；（三）违反规定进行现场检查的；（四）违反规定查询账户或者冻结资金的；（五）泄露其知悉的有关单位和个人的商业秘密的；（六）违反规定实施行政处罚的；（七）滥用职权、玩忽职守的其他行为。”根据《保险法》第一百七十九条，保险监管人员违法监管行为，构成犯罪的，应当依法追究保险监管人员刑事责任。

结合刑法分则的具体规定，上述保险监管人员违法监管行为可能构成的犯罪主要有受贿罪、滥用职权罪、玩忽职守罪、侵犯商业秘密罪或侵犯个人信息罪以及徇私舞弊不移交刑事案件罪等几种犯罪。然而，鉴于保险从业人员在经营保险业务中实施的受贿罪与保险监管人员在从事保险监督管理中实施的受贿罪实质相同，同时考虑到保险监管人员泄露其知悉的有关单位和个人的商业秘密及个人信息的行为，与保险机构及其工作人员泄露保险业务中获知的有关单位和个人商业秘密及个人信息的行为，除行为主体以及发生领域外并无本质的差异，因此，以下本书对于保险监管人员实施的受贿罪、侵犯商业秘密罪或侵犯公民个人信息罪的司法认定规则拟不另作论述。

第二节　保险监管人员保险犯罪司法认定规则

保险市场的健康稳健发展离不开保险监管机构的监督管理，而保险机构监管效果直接取决于保险监管机构中从事保险监督管理工作的人员履行职责的状况。而保险实践中，保险监管人员履行保险监管职责所涉及的滥用职权罪、玩忽职守罪及徇私舞弊不移交刑事案件罪是发生频率最高、危害最严重、司法认定相对较难的保险犯罪，以下分述之。

一、滥用职权罪

根据《刑法》第三百九十七条，滥用职权罪，是指国家机关工作人员超过职权，违法决定、处理其无权决定、处理的事项，或者违反规定处理公务，致使公共财产、国家和人民利益遭受重大损失的行为。

（一）滥用职权罪的构成特征

根据《刑法》第三百九十七条以及《保险法》的相关规定，保险监管人员构成滥用职权罪的构成特征表现为以下几方面。

首先，本罪侵犯的客体是国家机关职责的公正性、权威性和勤勉性。具体到保险监管人员实施的滥用职权罪中，根据《中国保险监督管理委员会主要职责内设机构和人员编制规定》，保险监管相关人员的职责是行政审批、行政指导、行政检查、行政强制和行政处罚，其滥用职权犯罪所侵犯的客体是保险监管机关的公正性、削弱了保险监管机关的权威性、违背了保险监管机关以及保险监管人员的勤勉性。

其次，本罪的客观方面表现为保险监管人员在从事保险监督管理工作中滥用职权，致使公共财产、国家和人民利益遭受重大损失。具体来说，本罪行为方式之“滥用职权”主要指不法行使职务上的权限的行为，即就形式上属于保险监管人员一般保险监督管理职务权限的事项，以不当目的或者以不法方法，实施违反职务行为宗旨的活动，具体包括：

（1）超越职权，违法决定、处理其无权决定、处理的事项。其中“超越职权”中职权的来源可以是法律法规、行政规章、单位内部的决议和制度等，特别是《中国保险监督管理委员会主要职责内设机构和人员编制规定》《保险法》第六章以及《保险监管人员行为准则》所赋予的保险监管人员所拥有的各种职权。但应当注意的是，单位内部的决议和制度并不能创设职权，而只能根据法律法规和行政规章赋予该单位的实际职权予以细化和分配。针对保险监管人员滥用职权犯罪来说，保险监督管理机构依照保险法和国务院规定的职责，遵循依法、公开、公正的原则，对保险业实施监督管理，维护保险市场秩序，保护投保人、被保险人和受益人的合法权益。保险监管机构相关人员超越其职权，违法决定或处理其无权处理的事项，导致公共财产、国家和人民利益受损的，应当认为是滥用职权罪。这里的“违法”中的“法”是广义的法，是指违反刑法之外的国家关于保险业及保险监管的相关法律、行政法规和行政规章。超越职权违法决定、处理事项总的来说有几种情况：一是保险监管人员横向超越职权，即保险监管人员行使了其他国家机关的权利或不属于本人所在部门的权力。例如，保监会财产保险监管部工作人员本应负责审核和备案管理财产保险条款和保险费率，但其违规审核管理人身保险的保险费率。二是保险监管人员纵向越权，即下级保险监管机关工作人员超越行使了上级保险监管机关的权利。例如，某省保监局越权行使了本应属于保监会的行政处罚权。

（2）不正确使用职权，即违反规定处理公务。违反规定处理公务必须具备两个条件：其一，行为人必须有履行公务的职责，这是超越职权和不正确使用职权的根本性区别；其二，行为人必须有违反规定处理公务的行为，即行为人实施该项职权并且违背了相关的规定或者背离了该项职务行为的宗旨。任何国家机关都有其行使职权的有关规定，国家机关工作人员应该严格依照相关工作规定严格执行公务、履行职责。保险监管人员应该在《公务员法》《保险法》《行政处罚法》乃至《保险监管人员行为准则》等法律、规章和规定下严格进行保险监管活动。例如，对违反《保险法》的保险公司可以处以罚款，罚款金额有一定的限度，保险监管机关相关部门不能在法定标准以下罚款，也不能高于法定标准罚款。如果违反规定行使此职权，则构成“违反规定处理公务”。有的行政职权有较大的自由裁量权，承担该行政职权的工作人员拥有较大的自由决定对特定的相对人适用何种标准，但如果该工作人员处于不法动机，在较大选择区间内选择对于当事人最为不利的情形实施职权，这并未违反相关规定，但却给相对人造成极大的伤害。例如，行政审批人员徇私舞弊，故意在法定期间内拖延时间，一再耽搁审批申请人员的申请活动，最终导致申请人员的申请计划一再延误，利益受到很大损失的，也应当作为滥用职权行为处理。[①]

滥用职权罪属于结果犯，保险监管人员滥用保险监督管理职责实施滥用职权的行为，只有同时具备“致使公共财产、国家和人民利益遭受重大损失”这一结果要件，才构成本罪。根据最高人民法院、最高人民检察院《关于办理渎职刑事案件适用法律若干问题的解释（一）》（法释〔2012〕18 号）第一条，“致使公共财产、国家和人民利益遭受重大损失”是指：造成死亡 1 人以上，或者重伤 2 人以上，或者重伤 1 人、轻伤 3 人以上，或者轻伤 5 人以上的；导致 10 人以上严重中毒的；或者造成经济损失 30 万元以上的；或者造成恶劣社会影响的；或者其他致使公共财产、国家和人民利益遭受重大损失的情形。

再次，本罪的主体是特殊主体，只有具备国家机关工作人员身份资格的人才能构成本罪。根据前述最高人民法院《全国法院审理经济犯罪案件工作座谈会纪要》，国家机关工作人员是指在国家机关中从事公务的人员，包括在各级国家权力机关、行政机关、司法机关和军事机关中从事公务的人员。2002 年 12 月 28 日，全国人大常委会《关于〈中华人民共和国刑法〉第九章渎职罪主体适用问题的解释》指出：“在依照法律、法规规定行使国家行政管理职权的组织中从事公务的人员，或者在受国家机关委托代表国家机关行使职权的组织中从事公务的人员，或者虽未列入国家机关人员编制但在国家机关中从事公务的人员，在代表国家机关行使职权时，有渎职行为，构成犯罪的，依照刑法关于渎职罪的规定追究刑事责任。”保险监管人员实施渎职犯罪中，保险监管人员是在保监会中依法从事保险监督管理工作的人员，属于国家机关工作人员的序列。但必须注意，并非所有在保监会从事工作的人员都可以成为本罪的主体，仅保监会中从事保险监督管理工作、实际履行对保险市场进行监督管理职责的人员，才能成为本罪的犯罪主体。当然，本罪犯罪主体并不以具有编制为必要。

最后，本罪的主观方面是故意。即保险监管人员明知自己逾越保险监管职权，违反法律决定、处理其无权决定、处理的事项，或者违反规定处理保险监管公务，将致使公共财产、国家和人民利益遭受重大损失，并希望或者放任该重大损失的发生。

理论上，关于滥用职权罪的罪过形式，存在激烈争议。有学者认为是故意，

① 江岚，祝炳岩．滥用职权罪中“滥用职权”再析［J］．中国刑事法杂志，2013（11）．

包括直接故意和间接故意。[①] 有学者认为是过失，包括疏忽大意的过失和过于自信的过失。[②]认为本罪的主观方面是故意的主要理由为：第一，故意是行为人对于本罪危害结果的态度，即行为人明知自己滥用职权的行为会造成公共财产、国家和人民的利益遭受重大损失的结果，而希望或者放任该结果的发生。故意包括直接故意和间接故意，行为人持间接故意的情况比较多。[③] 第二，本罪的主观方面为故意，符合我国刑法总则中关于故意犯罪和过失犯罪刑事责任的规定。故意犯罪的，应法当负刑事责任；过失犯罪的，法律有规定才负刑事责任。如果滥用职权罪是故意犯罪，那么故意形式的渎职行为可按本罪论处，而过失形式的渎职行为则可按照法律规定的过失犯罪——玩忽职守罪定罪处罚，这样完全符合刑法总则关于故意犯罪和过失犯罪行为人刑事责任承担的原则性规定，也方便在司法中的操作。与之相对，认为本罪的主观方面是过失的理由包括：第一，判断罪过形式，应以行为人对于结果的认识和意志为标准。本罪的故意只是行为人对行为的故意，并非刑法学中罪过形式意义上对结果之故意。由于行为人对于危害结果的发生不抱持希望或者放任的心理态度，所以滥用职权只能成立过失犯罪。第二，根据《刑法》第三百九十七条的规定，即使在徇私舞弊的情况下犯滥用职权罪的，其法定最高刑为十年有期徒刑，如果将玩忽职守罪的罪过形式认定为过失，滥用职权罪的罪过形式认定为故意，同一法条中两罪的量刑幅度一样，那么就明显违背了罪过形式与法定刑关系的理论，使滥用职权罪的法定刑明显畸轻，这势必会造成刑法法定刑体系的混乱。[④] 比较而言，本书认为，将滥用职权罪的主观方面理解为故意的主张更具合理性，即保险监管人员只有故意实施滥用保险监督管理职权的行为，致使公共财产、国家和人民利益遭受重大损失的，才构成滥用职权罪。

（二）滥用职权罪的司法疑难

在司法实践中，保险监管人员实施滥用职权罪可能与重大责任事故罪发生适用疑难，应对二者进行有效区分。根据《刑法》第一百三十四条，重大责任事故罪，是指工厂、矿山、林场、建筑企业或者其他企业、事业单位的职工，由于不服管理、违反规章制度，或者强令工人违章冒险作业，因而发生重大伤亡事故或者造成其他严重后果的行为。在保险监管人员违反保险监督管理的规章制度，滥用保险监管职权，因而发生重大伤亡事故或者造成其他严重后果的

---

① 高铭暄，马克昌主编．刑法学［M］．北京大学出版社、高等教育出版社，2000：649.

② 陈忠林．滥用职权罪的罪过形态新论［J］．人民检察，2011（23）；何秉松．刑法教科书（下卷）［M］．中国法制出版社，2000：1142－1143.

③ 张俊霞，郝守财．渎职罪的理论与司法适用［M］．中国检察出版社，2002：62.

④ 李洁．论滥用职权罪的罪过形式［J］．法学家，1998（4）.

场合，保险监管人员的行为究竟应认定为重大责任事故罪，还是认定为滥用职权罪？

在本书看来，保险监管人员实施的滥用职权罪与重大责任事故罪的界限相对清晰：首先，二罪侵犯的客体不同，本罪侵犯的客体国家机关职责的公正性、权威性和勤勉性，而后者侵犯的客体是公共安全；其次，二罪的犯罪主体不同，本罪的主体是国家机关工作人员，而后者的主体为工厂、矿山、林场、建筑企业或者其他企业、事业单位的职工，其可以是国家机关工作人员，也可以是非国家机关工作人员，只要是正在从事生产劳动的人员即可；再次，二罪的客观方面不同，两种犯罪都会导致国家和人民利益受重大损失，但本罪是行为人超越职权或不正当行使职权引起了损害后果，违反的前置法是有关国家工作人员职权、行为准则的法律法规；而后者违法的前置法是有关安全生产的法律法规，结果的发生是由于行为人在生产过程中不服管理、违反操作规程或者冒险强行作业而造成了重大损失；最后，二罪主观方面不同，本罪只能是故意，而重大责任事故罪只能是过失，对事故的发生一定持排斥的心理。据此，在保险监管人员违反保险监督管理的规章制度，滥用保险监管职权，因而发生重大伤亡事故或者造成其他严重后果，如果保险监管人员对所发生的危害后果持故意心态，则构成滥用职权罪；如果保险监管人员仅对所发生的危害后果持过失心态，因保险监管人员并不符合重大责任事故罪的主体要件，不仅不构成滥用职权罪，也不构成重大责任事故罪。

除此之外，保险监管人员滥用职权罪的司法认定还需区分其他滥用职权实施的犯罪之间的界限。除滥用职权罪外，刑法还规定了许多具体滥用职权犯罪种类，如滥用管理公司、证券职权罪、私放在押人员罪等，这些具体犯罪可能都存在滥用职权的情形，与本罪是一般与特殊的关系，发生法条竞合时应当如何适用法律呢？对此，《关于办理渎职刑事案件适用法律若干问题的解释（一）》作出相对明确具体的规定：（1）保险监管人员实施滥用职权犯罪行为，触犯刑法分则第九章第三百九十八条至第四百一十九条规定的，按照特别法优于一般法的处理原则，依照该规定定罪处罚；（2）保险监管人员滥用职权，因不具备徇私舞弊等情形，不符合刑法分则第九章第三百九十八条至第四百一十九条的规定，但依法构成第三百九十七条规定的滥用职权罪的，以滥用职权罪定罪处罚；（3）保险监管人员实施滥用职权犯罪并收受贿赂，同时构成受贿罪的，以滥用职权罪和受贿罪数罪并罚；（4）保险监管人员实施滥用职权行为，放纵他人犯罪或者帮助他人逃避刑事处罚，构成犯罪的，依照相应犯罪定罪处罚；（5）保险监管人员与他人共谋，利用其从事保险监督管理的职务行为帮助他人实施其他犯罪行为，同时构成滥用职权罪和共谋实施的其他犯罪共犯的，依照处罚较重的规定定罪处罚；（6）保险监管人员与他人共谋，既利用其从事保险监督管理的职务行为帮助他人实施其他犯罪，又以非职务行为与他人共同实施该其他犯罪行为，同时构成滥用职权罪和其他犯罪的共犯的，依照数罪并罚的规定定罪处罚。

二、玩忽职守罪

根据《刑法》第三百九十七条，玩忽职守罪是指国家机关工作人员严重不负责任，不履行或不认真履行自己的工作职责，致使公共财产、国家和人民利益遭受重大损失的行为。

（一）玩忽职守罪的构成特征

根据《刑法》第三百九十七条以及《保险法》的相关规定，保险监管人员构成玩忽职守罪的构成特征表现为以下几方面。

首先，本罪与前述滥用职权罪侵犯的客体相同，也是国家机关职责的公正性、权威性和勤勉性。具体到保险监管人员实施的玩忽职守罪中，保险监管人员对保险监管的本职工作严重不负责任，不遵纪守法，违反规章制度，不履行或者不认真履行应尽的保险监管职责义务，致使保险监管机关的保险监督管理工作遭到破坏，给国家、集体和人民利益造成严重损害，从而制约了保险监管机关的公正性、削弱了保险监管机关的权威性、违背了保险监管机构以及保险监管人员的勤勉性。

其次，本罪的客观方面表现为保险监管人员在从事保险监督管理工作中，严重不负责任，不履行或不认真履行自己的工作职责，致使公共财产、国家和人民利益遭受重大损失。具体来说，本罪行为方式之“玩忽职守”主要指保险监管人员履行保险监管职责违反国家工作纪律和规章制度，背离保险监管职责的相关要求，具体包括不履行职责的不作为和不正确履行职责的作为两种行为方式，但不论以不作为还是作为的方式构成本罪，都必须要造成“公共财产、国家和人民利益遭受重大损失”的严重后果。

第一，不履行职责的不作为是本罪最典型的行为方式，意指保险监管人员按照保险监管职责要求有义务履行职责内容，且根据其处境有能力履行，但却没有实际履行，具体包括擅离职守和在岗弃责两种。其中擅离职守是保险监管人员违反弃监管义务，在应当履行监管职责的特定时间里未经批准，擅自离开特定场所，脱离工作岗位，以至于没有尽到职责。如保险监管人员在对保险公司进行现场检查过程中因私事擅自外出，导致应该发现而未发现保险公司所存在的风险因素最终现实化为严重损害后果等。在岗弃职是指保险监管人员虽然在特定的时间里在岗就职，但却没有实施其监管职责范围内的特定义务。如保险监管人员对保险消费者关于保险从业人员泄露其保险业务中获得的商业秘密的举报置若罔闻，不予调查处理等。保险实践中，在岗弃职表面上保险监管人员在岗就职，但事实上却放弃自己的监管职责，实质上仍是不作为。

第二，不正确履行职责的作为是指保险监管人员违反监管职责规定或者操作规程，采取不合法或不合理的方法、手段，或者不及时地履行监管职责，具体包括错误履行、瑕疵履行及迟延履行三种情形。错误履行是指保险监管人员在履行监管职责过程中，严重不负责任，从根本上违反职责要求，不仅没有实现本应具有的保险监管功效，反而产生了危害公共财产、国家和人民利益的效果。如负责审批保险监管人员在审批关系社会公众利益的保险险种、依法实行强制保险的险种和新开发的人寿保险险种等的保险调控和保险费率时，严重不负责任，背离保护社会公众利益和防止不正当竞争原则，致使不应批准最终被错误批准。瑕疵履行是指保险监管人员只履行了全部监管职责内容的一部分，这种不完整、不全面、不到位的履行监管职责，导致监管职责的功效发挥大打折扣，不能实现立法预期。如负责批准开业的保险监管人员在受理申请人开业申请之日起六十日内，做出不批准决定，但却没有书面通知申请人并说明理由。迟延履行是保险监管人员责任心不强，办事拖沓，没有在规定的时间内完成本职工作或者发现问题后采取补救措施不及时。

玩忽职守罪属于结果犯，保险监管人员违背保险监督管理职责要求不履行或不正当履行监管职责的行为，只有同时具备“致使公共财产、国家和人民利益遭受重大损失”这一结果要件，才构成本罪。根据前述《关于办理渎职刑事案件适用法律若干问题的解释（一）》第一条，“致使公共财产、国家和人民利益遭受重大损失”是指：造成死亡 1 人以上，或者重伤 2 人以上，或者重伤 1 人、轻伤 3 人以上，或者轻伤 5 人以上的；导致 10 人以上严重中毒的；或者造成经济损失 30 万元以上的；或者造成恶劣社会影响的；或者其他致使公共财产、国家和人民利益遭受重大损失的情形。

再次，本罪的主体是特殊主体，与滥用职权罪犯罪主体相同，只有具备国家机关工作人员身份资格的人才能构成本罪。作为保险犯罪，玩忽职守罪的犯罪主体仅限于保监会中负有保险监管职责、从事保险监管工作的人员。虽然在保监会中从事工作，但并未从事保险监管工作的人员，不符合本罪的主体要件。本罪犯罪主体以是否实际从事保险监管职责为根本标准，行为人是否具有编制在所不问。

最后，本罪的主观方面表现为过失，故意不构成本罪。即保险监管人员本应恪尽职守，时刻保持必要注意，但其却持一种疏忽大意或过于自信的心理，对自己的玩忽职守行为可能导致的危害后果应当预见而没有预见，或者已经预见而轻信可以避免，以致造成重大损失结果。值得注意的是，保险监管人员是对其玩忽职守行为所造成重大损失这一危害后果持过失心态。他应当知道自己不履行或者不正确履行保险监管职责，可能会发生一定的社会危害结果，但却因疏忽大意而没有预见，或者虽然已经预见该危害结果可能发生，但却凭借着自己的知识或者经验而轻信可以避免，以致造成严重损失的危害结果。保险监管人员主观上的过失是针对造成重大损失的结果而言，但并不排斥行为人对违反工作纪律和规章制度或对自己的不履行职责或不正确履行职责行为则可能是故意的情形。如果保险监管人员在主观上对于危害结果的发生不是出于过失，而是出于故意，不仅预见到，而且希望或者放任它的发生，那就不属于玩忽职守的犯罪行为，而构成其他的故意犯罪。

（二）玩忽职守罪的司法疑难

1. 玩忽职守罪罪与非罪的界限

在司法实践中，保险监管人员严重不负责任，不履行或不正确履行保险监管职责，会给公共财产、国家和人民利益造成重大损失，而保险监管人员工作失误也会给公共财产、国家和人民利益造成重大损失。在基于过失造成重大损失这一点上，保险监管人员的玩忽职守与工作失误具有相同之处，但是二者却涉及保险监管人员罪与非罪的重大区别，需要明确二者的界限。比较而言，二者之间的区别还是相对明显的。一方面，二者客观行为特征不同。在工作失误的场合，保险监管人员是认真履行自己的保险监管职责义务；而玩忽职守罪则表现为保险监管人员不履行或不正确履行自己的保险监管职责义务。另一方面，二者导致危害后果发生的原因不同。工作失误造成严重损失，是由于制度不完善，具体政策界限不清，管理上存在弊端，以及由于保险监管人员业务素质不过关，缺乏工作经验，以致计划不周、措施不当、方法不对。然而，在玩忽职守罪的情形中，保险监管人员则是违反既有工作纪律和规章，对工作极端不负责任等行为，才导致严重危害后果的出现。应当承认，我国现代保险业发展时间有限，各种机制体制尚存在进一步完善的空间，保险监管工作中出现某些失误，造成某些严重损失是可以理解并得到宽宥的，因此必须与需要负刑事责任的玩忽职守罪严格区别开来。对于那些在国家法律政策不允许的情况下，保险监管盲目决策，混乱管理，给公共财产、国家和人民利益造成重大损失的，绝对不能以工作失误来搪塞蒙混，逃避罪责。

2. 玩忽职守罪因果关系的认定

玩忽职守罪属于过失犯罪，而过失犯罪同时又属于结果犯，必须要求自己的过失行为造成客观的物质性危害后果，即过失行为与危害后果之间具备刑法上的因果关系。然而，玩忽职守罪因果关系却表现出过失性、不作为性以及复杂性，“就玩忽职守罪而言，由于它往往与一些重大责任事故、科学技术水平以及其他人的行为因素交织在一起，因此，其因果关系问题具有一定的复杂性，导致在司法实践中，判明因果关系存在很大难度”。[①] 普通玩忽职守罪的复杂性也深刻地反映在作为保险犯罪的玩忽职守罪之中。保险监管人员玩忽职守犯罪危害结果得以发生，并不是行为人所实施的玩忽职守行为所必然造成的，危害结果之所以发生往往是介入了其他人的行为，是其他人的行为直接造成玩忽职守罪危害结果发生。与此相应，保险监管人员实施的玩忽职守罪因果关系呈现出间接性的特征，即危害后果的发生不是保险监管人员玩忽职守行为所直接造成的，而是与保险监管人员相关的其他人的行为，即保险监管的对象行为所直接造成。由此导致，保险监管人员的玩忽职守行为与重大损失之间的因果关系具有相当的特殊性与复杂性。多数情况下，保险监管人员的玩忽职守行为与重大损失之间不是表现为一因一果的简单因果关系，而是表现为多因一果的复杂因果关系。

在本书看来，保险监管人员玩忽职守行为造成严重损失的根本原因在于，保险监管人员亵渎自身监管职责，没有对被监管对象的行为实施有效的监督，没有及时有效抑制被监管对象的保险违法行为现实为客观危害，或者未能有效防止保险违法行为危害后果的扩大化。显然，这种行为与结果的构造是符合监督过失的理论模型的。[②] 就概念而论，监督过失有广义和狭义之分，狭义的监督过失是指与实施直接使结果发生的过失（即直接过失）的行为人（即直接行为人）相对应，处于指挥、监督直接行为人的立场的人（监督者）怠于履行应当防止该过失的义务的情况。广义的监督过失是指除狭义的监督过失外还包括管理过失的情况，即由于管理人的物的设备、机构、人的体制等的不完备本身与结果发生有着直接联系的直接的过失。[③] 将监督过失理论运用到保险监管人员玩忽职守罪因果关系的判断中，如果是由于保险监管人员严重不负责任，缺乏应有的监管措施而导致危害结果发生，抑或其他主体直接实施的保险违法行为是由于保险监管人员没有履行或者不正确履行监督职责所引起的，均应当追究保险监管人员的监督过失责任。

3. 玩忽职守罪与滥用职权罪的界限

滥用职权罪和玩忽职守罪是保险监管人员渎职犯罪最典型的两种行为，由于该二罪被规定于《刑法》第三百九十七条之中，两种犯罪行为所侵犯的客体、主体以及造成的严重后果的具体标准均相同。保险犯罪的司法实践中，必须准确区分该二罪。在本书看来，保险监管人员实施的滥用职权罪与玩忽职守罪的区别主要体现为以下几个方面。

---

① 董兆玲．玩忽职守罪因果关系初探［J］．政法学刊，2008（1）．

② 汝国亚．玩忽职守犯罪因果关系认定理论优劣之比较［J］．江苏警官学院学报，2008（6）．

③ 马克昌．比较刑法原理［M］．武汉大学出版社，2002：269．

其一，行为性质上的区别。滥用职权罪在客观方面的本质属性是保险监管人员对监管职权的“滥用”，即超越监管职权与不正确行使监管职权，而玩忽职守罪在客观方面的本质属性是对监管职守的“玩忽”，即不履行监管职责或者不正确履行监管职责。

其二，行为方式的主要区别。就行为方式来看，滥用职权罪和玩忽职守罪均可由作为和不作为构成，只是行为的主要方式有所差异，即滥用职权罪主要表现为以作为的方式超越保险监管职权，决定、处理无权处理的事项，或者违法行使保险监管职权随心所欲处理公务；而玩忽职守罪主要表现为以不作为的方式对保险监管工作严重不负责任，该为而不为，放弃职守、擅离岗位、不履行职责。

其三，主观方面的明显区别。滥用职权罪的主观罪过形式为故意，即保险监管人员对其滥用保险监管职权所会发生的严重后果主观上持希望或者放任的态度；而玩忽职守罪的主观方面则为过失，即保险监管人员对其玩忽职守行为所可能发生的严重后果主观上持排斥抵制的态度。毕竟他要么没有预见到该危害后果会发生，要么虽然预见到该危害后果会发生，但轻信自己的行为能够避免该危险结果（实则还是没有预见到危害结果会发生）。如果保险监管人员追求危害后果的发生而不履行或者不正确履行监管职责，就应以其所追求的目标和实际造成的后果具体确定其罪名，而不能认定为玩忽职守罪，否则将重罪轻判、放纵犯罪。

三、徇私舞弊不移交刑事案件罪

根据《刑法》第四百零二条，徇私舞弊不移交刑事案件罪，是指行政执法人员徇私舞弊，对依法应当移交司法机关追究刑事责任的不移交，情节严重的行为。

（一）徇私舞弊不移交刑事案件罪的构成特征

根据《刑法》第四百零二条以及《保险法》的相关规定，保险监管人员构成徇私舞弊不移交刑事案件罪的构成特征表现为以下几方面。

首先，本罪侵犯的客体是作为行政执法机关的保监会的正常执法活动。在我国，保监会是根据国务院授权履行行政管理职能，依照法律、法规统一监督管理全国保险市场，维护保险业的合法、稳健运行的特定部门，负有依法监管保险公司的偿付能力和市场行为；负责保险保障基金的管理，监管保险保证金；根据法律和国家对保险资金的运用政策，制定有关规章制度，依法对保险公司的资金运用进行监管；对政策性保险和强制保险进行业务监管；对专属自保、相互保险等组织形式和业务活动进行监管；依法对保险机构和保险从业人员的不正当竞争等违法、违规行为以及对非保险机构经营或变相经营保险业务进行调查、处罚等职责。在保险监管实践中，保监会是以行政执法机关的身份履行这些职责，而履行职责所授权采取的措施则规定于《保险法》第一百五十四条。保险监管人员在依法对保险市场进行监督管理过程中，具有行政执法权和行政处罚权，却无司法权和刑事处罚权，因此，保险监管人员发现投保方、保险机构及其从业人员存在保险行政违法行为的，应当依法给予行政处罚；发现相关保险活动参与人的行为已经构成犯罪的，应当依法向有关司法机关移交。如果保险监管人员违反职责，徇私舞弊，枉法行政，对依法应当移交司法机关追究刑事责任的案件不移交，将严重破坏保监会的正常保险监督管理活动，影响保监会的整体形象，并损害保险活动参与人的合法利益，因此，必须对严重徇私舞弊不移交刑事案件的保险监管人员施以刑事制裁。

其次，本罪的客观方面表现为保险监管人员徇私舞弊，对依法应当移交司法机关追究刑事责任的不移交，情节严重的行为。在认定本罪客观方面时，应注意把握以下规则：

第一，徇私舞弊应拆分理解，本罪之“舞弊”表现为“依法应当移交司法机关追究刑事责任的不移交”，而徇私是指徇私情、徇私利，往往表现为贪图钱财、贪图女色、袒护亲友、照顾关系、打击报复或者为徇其他私情私利。然而，为牟取本单位等小团体私利是否属于徇私呢？实践中，一些该追究刑事责任的保险犯罪案件之所以未予移交司法机关，往往是由于个别保监会的领导为牟取本单位私利，搞“以罚代刑”而造成的。对此，有观点认为，徇小团体利益之私，行为人个人没有取得不当利益，而且刑法又没有明确规定徇私舞弊不移交刑事案件罪为单位犯罪，所以此种行为不宜认定为犯罪。① 这种观点曾得到最高人民法院的支持，《关于全国法院审理经济犯罪案件工作座谈会纪要》指出，关于徇私舞弊型渎职犯罪的“徇私”应理解为徇个人私情、私利。

本书认为，上述观点值得商榷。其一，徇个人之私与徇小团体之私在司法实践中往往交织在一起，难以明确区分。“从司法实践的具体情况来看，因舞弊而获得的小团体利益的支配权仅仅掌握在少数人手里，舞弊者是可以从中获得自己应得的好处的，或者是直接的财产性利益，或者是工作、生活条件的改善，等等。这说明，行为人在舞弊时往往是有直接的利益取向的。从这个角度来讲，小团体利益实际上就是扩大了的个人利益，两者并无本质上的区别。”② 其二，本罪属于渎职类犯罪，本质特征在于渎职，行为人是否谋取个人私利并非渎职认定关键要素，也不会实质性影响本罪所保护的客体。“为了小团体利益对一些

① 王作富，刘志远．论徇私舞弊不移交刑事案件的司法适用［J］．中国刑事法杂志，2000（3）．

② 李保唐等．认定徇私舞弊不移交刑事案件犯罪若干问题研究［J］．中国刑事法杂志，2003（1）．

本应追究刑事责任的刑事案件，不移交司法机关处理，使本应被追究刑事责任的犯罪分子逃避了法律制裁，严重妨碍了司法机关刑事追究活动的正常运行，具有严重的社会危害性，应予以严厉打击。”① 其三，将徇单位小团体之私认定为“徇私”符合最高人民检察院相关司法解释的立场，1996 年最高人民检察院《关于办理徇私舞弊犯罪案件适用法律若干问题的解释》规定，徇私舞弊中的“私”包括“为谋取单位或小集体不正当利益”。2006 年最高人民检察院《关于渎职侵权犯罪案件立案标准的规定》（高检发释字〔2006〕2 号）也明确包括直接负责的主管人员和其他直接责任人员为谋取本单位私利而不移交刑事案件，情节严重的行为。事实上，最高人民检察院颁布上述两部规范性文件性质为司法解释，其法律效力明显高于最高人民法院发布的会议纪要，应以最高人民检察院的立场为准，将徇单位小团体之私也认定为本罪“徇私”。

第二，关于“对依法应当移交司法机关追究刑事责任的不移交”的认定，包括两个层面，即实施了“不移交”的舞弊行为以及不移交的对象是“应当移交司法机关追究刑事责任的案件”。

“不移交”是指保险监管执法人员在查清全部案件事实，对应当移交的保险犯罪案件做出不给予任何处罚，或者仅仅给予行政处罚的决定后，就应当认定为不移交，而不宜认为只要保险监管执法人员执法中发现有严重违法情形需要追究刑事责任就应移交，否则就属于不移交，因为不仅会使不移交的时间过于提前，对保险监管执法人员失之过苛，并且在司法实践中不具有操作性，毕竟涉及本罪的案件大都是在保险监管执法主体做出不给予任何处罚的决定，或仅给予行政处罚的决定之后才发案的。②

理论上对不移交的对象，即本罪的犯罪对象，存在不同认识。有观点认为，本罪的犯罪对象是指依法应当移交司法机关追究刑事责任的犯罪嫌疑人，理由是《刑法》第四百零二条并未说明犯罪对象是刑事案件，而仅仅指出是“依法应当移交司法机关追究刑事责任的”，实际上，能够被追究刑事责任的，只能是犯罪人，而不可能是刑事案件。③ 反对观点主张，本罪的犯罪对象是依法应当移交司法机关追究刑事责任的刑事案件，而非犯罪嫌疑人。④ 本书赞同反对观点的看法，保险监管执法人员不移交的对象是保险犯罪案件，而非保险犯罪人。理由有三：其一，这是相关规范性文件的立场。2001 年国务院《行政执法机关移

---

① 孙应征. 渎职罪办案一本通［M］. 中国长安出版社，2007：235.

② 苏彩霞. 徇私舞弊不移交刑事案件罪的司法认定与立法完善［J］. 当代法学，2005（1）.

③ 王作富，刘志远. 论徇私舞弊不移交刑事案件的司法适用［J］. 中国刑事法杂志，2000（3）；李保唐等. 认定徇私舞弊不移交刑事案件犯罪若干问题研究［J］. 中国刑事法杂志，2003（1）.

④ 阮方民. 徇私舞弊不移交刑事案件罪的若干司法与立法问题［J］. 法学，2002（2）；李俊丽. 徇私舞弊不移交刑事案件罪的司法适用问题［J］. 商丘师范学院学报，2010（4）.

送涉嫌犯罪案件的规定》、最高人民检察院《人民检察院办理行政执法机关移送涉嫌犯罪案件的规定》以及2006年最高人民检察院、全国整顿和规范市场经济秩序领导小组办公室、公安部、监察部《关于在行政执法中及时移送涉嫌犯罪案件的意见》等均强调移送的对象是涉嫌犯罪的案件，而非犯罪嫌疑人。其二，将不移交的对象界定为犯罪嫌疑人与行政执法的实际不符。行政执法过程中，执法人员有时会发现涉嫌犯罪的犯罪嫌疑人，但大多数情况下，执法人员发现的仅是造成一定危害后果而涉嫌犯罪的违法行为，而不知道犯罪嫌疑人是谁。[①]其三，刑事案件的内涵宽于犯罪嫌疑人，包括犯罪事实、犯罪嫌疑人与犯罪相关的文书材料等，将不移交的对象界定为刑事案件能够覆盖犯罪嫌疑人。

第三，本罪的成立要求具备“情节严重”的要素。根据前述《关于渎职侵权犯罪案件立案标准的规定》第十二条，构成本罪所需之“情节严重”主要包括：对依法可能判处3年以上有期徒刑、无期徒刑、死刑的犯罪案件不移交的；不移交刑事案件涉及3人次以上的；司法机关提出意见后，无正当理由仍然不予移交的；以罚代刑，放纵犯罪嫌疑人，致使犯罪嫌疑人继续进行违法犯罪活动的；行政执法部门主管领导阻止移交的；隐瞒、毁灭证据，伪造材料，改变刑事案件性质的；直接负责的主管人员和其他直接责任人员为牟取本单位私利而不移交刑事案件，情节严重的；其他情节严重的情形。

再次，本罪的主体是特殊主体，只有具备行政执法职能的保险监管人员才能构成作为保险犯罪的徇私舞弊不移交刑事案件罪。从《刑法》第四百零二条的规定来看，徇私舞弊不移交刑事案件罪的犯罪主体是“行政执法人员”，而何谓“行政执法人员”缺乏法律及司法解释的明确规定，理论上则形成“身份论”与“职能论”之争。身份论者认为，本罪所谓之行政执法人员，实际上也仅指行政机关中从事执法的人员。[②]职能论者则主张，行政执法人员就是代表国家依法行政并具有行政处罚权的工作人员，既包括行政执法机关中从事执法的人员，也包括法律、法规授权的组织中从事执法的人员，同时，还包括行政机关委托的组织中从事行政执法的人员以及直接受行政机关委托从事行政执法的人员。[③]本书认为，究竟应采取何种观点，取决于对“行政执法机关”的理解。根据国务院《行政执法机关移送涉嫌犯罪案件的规定》第二条：“本规定所称行政执法机关，是指依照法律、法规或者规章的规定，对破坏社会主义市场经济秩序、妨害社会管理秩序以及其他违法行为具有行政处罚权的行政机关，以及法律、法规授权的具有管理公共事务职能、在法定授权范围内实施行政处罚的组织。”

① 缪树权．渎职、侵权案件重点、难点问题的司法适用［M］．中国法制出版社，2006：253.

② 赵秉志主编．中国刑法案例与学理研究·分则篇（六）［M］．法律出版社，2001：258.

③ 李保唐等．认定徇私舞弊不移交刑事案件犯罪若干问题研究［J］．中国刑事法杂志，2003（1）.

由此可见，并非所有的组织都能成为行政主体，是否享有行政职能是判定一个组织能否成为行政主体的决定性要素，是行政主体的本质特征。行政执法行为的主体之所以定位于行政主体，是因为行政主体享有行政职权。所以，能够成为本罪主体的人员必须是在保险监管过程中享有行政执法权的人员，保监会的一般工作人员无法独立实施本罪的构成要件行为。此外，本罪为自然人犯罪，保监会（各地的保监局）无法构成本罪。

最后，本罪的主观方面是故意，即保险监管人员明知应当将依法追究刑事责任的保险犯罪案件移交司法机关却不移交会产生严重扰乱作为行政执法机关的保监会的正常保险执法活动的后果，并且希望或放任这种后果的发生。行为人实施本罪的犯罪动机可能多种多样，既可以是为了贪图钱财等不法利益，也可以是因碍于亲朋好友情面而徇私舞弊，还可以是出于报复或嫉妒心理而徇私舞弊等，动机如何对本罪构成没有影响，可以在量刑时作为因素之一予以考虑。

（二）徇私舞弊不移交刑事案件罪的司法疑难

保险监管人员实施的徇私舞弊不移交刑事案件罪的司法认定应当注意区分本罪与保险监管人员工作失误的界限。如果保险监管人员主观上不是明知所涉保险违法犯罪案件需要依法追究刑事责任，而是出于其业务知识、经验不足，或者是调查研究不够充分，工作作风不够深入，思想方法简单片面造成认识偏颇甚至认识错误而未将应移交的保险犯罪案件移交司法机关追究刑事责任，即便造成相应的危害后果，符合前述“情节严重”的情形，一般也不应认定为本罪。换而言之，本罪司法认定中保险监管人员主观上的“明知”是本罪罪与非罪认定的疑难。

刑法理论上，关于“明知”主要存在确知说、应知说和可能说三种观点。确知说认为，明知是确切知道，保险监管人员必须对嫌疑人保险犯罪行为的确切危害程度、侵犯客体及符合刑事立法标准等内容明确地知道；应知说认为，明知是应当知道，只要保险监管人员知道嫌疑人的行为触犯了保险刑法规范，保险行政法律规范已然不能规制，就能认定主观上存在明知。可能说认为，可能知道即为明知，只要保险监管人员有知道嫌疑人涉嫌保险犯罪的可能，就足以认定其主观上的明知。比较而言，本书认为，应知说是相对妥当的观点。确知说将不需要明知的情况包含在内，失之过严，即可能架空本罪、放纵犯罪；而可能说则走向另一个极端，其成立范围过于宽泛，判断标准不易把握，极易扩大刑法的打击范围。按照应当说，只要根据保险监管人员行为时所掌握案件资料所反映的客观情况能够判断保险监管人员不可能不知道嫌疑人已经涉嫌保险犯罪，应当移交司法机关，就可以认定其主观上存在明知。

本罪客观方面表现为保险监管人员不向司法机关移交应当移交的保险刑事

案件，相关案件是否“应当移交”是保险监管人员构成本罪的另一疑难。本书认为，认定“应当移交”应把握以下规则：

一是“应当移交”是指依照刑法的规定，相关保险违法行为已经构成犯罪。判断保险违法行为是否构成犯罪，应判断其是否符合刑法及相关司法解释规定的相关保险犯罪的犯罪构成。对此，前述《行政执法机关移送涉嫌犯罪案件的规定》第三条明文规定：“行政执法机关在依法查处违法行为过程中，发现违法事实涉及的金额、违法事实的情节、违法事实造成的后果等，根据刑法关于破坏社会主义市场经济秩序罪、妨害社会管理秩序罪等罪的规定和最高人民法院、最高人民检察院关于破坏社会主义市场经济秩序罪、妨害社会管理秩序罪等罪的司法解释以及最高人民检察院、公安部关于经济犯罪案件的追诉标准等规定，涉嫌构成犯罪，依法需要追究刑事责任的，必须依照本规定向公安机关移送。”

二是“应当移交”是指按照《刑事诉讼法》的规定，案件所涉的保险违法行为应当被追究刑事责任。相关保险违法行为是否应被追究刑事责任须不属于《刑事诉讼法》第十五条规定不予追究刑事责任的六种情形：（一）情节显著轻微、危害不大，不认为是犯罪的；（二）犯罪已过追诉时效期限的；（三）经特赦令免除刑罚的；（四）依照刑法告诉才处理的犯罪，没有告诉或者撤回告诉的；（五）犯罪嫌疑人、被告人死亡的；（六）其他法律规定免予追究刑事责任的。

三是“应当移交”的判断标准是涉案保险违法行为构成犯罪不以人民法院的最后裁判为标准，只需要保险监管人员行政执法时的证据能够证明保险违法行为主体有罪需要追究刑事责任即可。其中缘由，苏彩霞教授正确地指出：“从打击徇私舞弊不移交刑事案件罪，保护依法行政的法益看，只要有证据证明行政执法当时原案属依法应移交的案件，且行政执法主体对此明知而故意不移交的，就侵犯了本罪的法益，应受本罪的规制；从实际操作看，如果要求以原案时候被立案或法院的有罪判决为准，这不切实际，因为一旦原案由于某种特定事由（犯罪嫌疑人潜逃或下落不明）而使法院迟迟无法判决，或者由于原案已过追诉时效或原案被告人死亡而导致根本不可能立案，作为徇私舞弊不移交刑事案件罪的本案岂不无法处理？”①

① 苏彩霞．徇私舞弊不移交刑事案件罪的司法认定与立法完善［J］．当代法学，2005（1）．

第七章

保险犯罪的法律制裁措施

法律制裁措施是产生法律责任后行为人承担法律责任的具体表现，是行为人构成犯罪、违反法律或合同约定义务应承担的不利后果。根据行为性质的不同，违反的可能既是民事法律，也可能是行政法，还可能是刑法，甚至是同时违反数个部门法，因此，可能造成民事责任、行政责任或刑事责任，也可能产生几个责任的竞合。与之相对，则存在民事制裁措施、行政制裁措施、刑事制裁措施以及数种制裁措施竞合。

第一节　保险犯罪的刑事制裁措施

刑事制裁是人民法院对触犯刑法，实施犯罪行为且应追究刑事责任的人所施加的剥夺犯罪人生命、自由、财产或资格的法律制裁方法。刑事制裁既是法律制裁体系中最严厉的方式，也是保险犯罪最主要的制裁措施。

一、保险犯罪刑事制裁措施概述

前已述及，规范意义上的保险犯罪，是指在保险领域中违反国家保险刑事法律，严重危害和破坏保险市场秩序和保险监管秩序，依法应当受到刑罚处罚的行为。而根据客体的不同，保险犯罪可以分为以下几类：（1）破坏金融管理秩序类保险犯罪，包括《刑法》第一百七十四条规定的擅自设立金融机构罪与伪造、变造、转让金融机构经营许可证、批准文件罪、第一百八十条规定的利用未公开信息交易罪、第一百八十五条之一规定的背信运用受托财产罪与违法运用资金罪、第一百九十一条规定的洗钱罪；（2）金融诈骗类保险犯罪，即《刑法》第一百九十二条规定的集资诈骗罪、第一百九十八条规定的保险诈骗罪；（3）扰乱市场秩序类保险犯罪，包括《刑法》第二百二十一条规定的损害商业信誉、商品声誉罪、第二百二十四条规定的合同诈骗罪、刑法第二百二十四条之一规定的组织、领导传销活动罪、第二百二十五条规定的非法经营罪、第二百二十九条规定的提供虚假证明文件罪与出具证明文件重大失实罪；（4）侵犯财产类保险犯罪，包括《刑法》第一百八十三条、第一百八十四条以及第一百八十五条规定的非国有保险公司的从业人员实施之职务侵占罪、非国家工作人员受贿罪与挪用资金罪，第二百六十六条规定的诈骗罪；（5）贪污贿赂类保险犯罪，包括《刑法》第一百八十三条、第一百八十四条以及第一百八十五条规定的国有保险公司的从业人员实施之贪污罪、受贿罪与挪用公款罪，以及保险监管机构工作人员实施的受贿罪（第三百八十五条）；（6）渎职类保险犯罪，主要是保险监管机构工作人员在保险监管过程中实施的《刑法》第三百九十七条规定的滥用职权罪和玩忽职守罪以及第四百零二条规定的徇私舞弊不移交刑事案件罪；（7）其他类保险犯罪，主要包括保险从业人员在从事保险活动中侵犯投保人商业秘密、个人信息犯罪，所构成的《刑法》第二百一十九条与第二百五十三条之一规定的侵犯商业秘密罪和侵犯公民个人信息罪。纵观以上罪名，其刑罚方法包括拘役、有期徒刑、无期徒刑、罚金、没收财产。

然而，《刑法》第三十七条之一第一款规定："因利用职业便利实施犯罪，或者实施违背职业要求的特定义务的犯罪被判处刑罚的，人民法院可以根据犯罪情况和预防再犯罪的需要，禁止其自刑罚执行完毕之日或者假释之日起从事相关职业，期限为三年至五年。"保险市场主体或者保险监管主体均有可能利用从事保险职业或者保险监管职业便利实施犯罪，或者实施违背其职业要求的特定义务的犯罪被判处刑罚。如果人民法院根据犯罪情况和预防再犯罪的需要，认为应当对其宣告刑事职业禁止的，可以在判处刑罚的同时，禁止犯罪人在刑罚执行完毕或假释之后三年到五年期间从事相应职业。而一般认为，刑事职业禁止不属于刑罚方法，也不属于保安处分，而是保安处分之外的特定非刑罚方法。[①] 因此，对保险犯罪的刑事处罚包括刑罚方法与非刑罚方法两部分。

二、保险犯罪配置之刑罚方法

保险犯罪所配置的刑罚方法，主要有以下特点：第一，主刑与附加刑结合，体系完整。保险犯罪的刑罚方法，既有主刑也有附加刑，主刑与附加刑互相补充，相得益彰，避免了单一使用一种刑罚方法的局限性。根据犯罪的具体情节、社会危害性等内容，在适用刑罚时可以选择单独使用主刑或附加刑也可以并用两者，处理灵活，同时符合与罪刑相适应的刑法基本原则，也是宽严相济刑事政策的体现。第二，内容合理，方法人道。保险犯罪属于贪利型犯罪，实施保险犯罪行为的目的在于获取非法利益，即使有的情况下有合法行为的外衣，其实质在于谋取非法利益。根据保险犯罪这一特点，我国保险犯罪的刑罚方法主要为自由刑、罚金刑、没收财产，没有死刑甚至鲜有无期徒刑。这些刑罚方法使犯罪分子感受到相当的剥夺性痛苦，又不以给其造成剧烈超过相当性的痛苦为目的，包含了刑罚教育和改造的功能。

（一）保险犯罪之刑罚分布

1. 拘役

拘役是短期剥夺犯罪人自由，就近实行劳动改造的刑罚方法。它具有以下特点与内容：

（1）拘役是剥夺自由的刑罚方法。拘役剥夺犯罪人的自由，它与行政拘留、刑事拘留、司法拘留在法律属性、适用对象、适用机关、适用依据、适用程序、

① 曹波．刑事职业禁止司法适用疑难问题解析［J］．刑法论丛，2017（1）．

适用期限上都有明显区别。无论是何种类型的保险犯罪，其刑罚种类无不包含拘役。这是因为，拘役属于短期自由刑，虽然是对犯罪人人身自由的剥夺，但时间较短，与犯罪情节较为轻微的一些保险犯罪相适应。从各国司法实践看，对交通犯罪和经济犯罪者，比较大量地适用短期自由刑。此外，拘役平等地剥夺犯罪人自由的特点，符合公平的观念，也符合法律面前人人平等的观念。

（2）拘役是短期剥夺自由的刑罚方法。根据《刑法》第四十二条、第四十四条及第六十九条的规定，拘役的期限为1个月以上6个月以下，数罪并罚时不得超过1年。判决执行前，先行羁押的，羁押一日折抵刑期一日。拘役这种短期的特点对犯罪情节轻微、初犯者、过失犯人具有较好教育和改造的积极作用，能够起到一般预防和特殊预防的作用。

（3）拘役由公安机关就近执行。拘役由公安机关在就近的拘役所、看守所或者其他监管场所执行；在执行期间，受刑人每月可以回家1~2天；参加劳动的，可以酌量发给报酬。由于刑期较短，又无须在监狱执行，提高了拘禁场所的利用率，节约了大量的司法成本。

2. 有期徒刑

有期徒刑是剥夺犯罪人一定期限的自由，实行强制劳动改造的刑罚方法。在我国，有期徒刑是适用面最广的刑罚方法，也是所有保险犯罪都配置的刑罚方法。首先，有期徒刑剥夺犯罪人的自由。主要表现在将犯罪人拘押于监狱或其他执行场所，这是有期徒刑区别于生命刑、财产刑、资格刑以及管制的基本特征。其次，有期徒刑具有一定的期限。根据我国刑法第四十五条、第四十七条、第六十九条的规定，有期徒刑的刑期为6个月以上15年以下；数罪并罚时，有期徒刑总和刑期不满35年的，最高不能超过20年，总和刑期在35年以上的，最高不能超过25年。最后，有期徒刑的基本内容是对犯罪人进行教育和改造。根据《刑法》第四十六条之规定，被判处有期徒刑的犯罪分子，凡有劳动能力的，都应该参加劳动。劳动具有强制性，通过劳动，矫正犯罪人的行为、思想，增加犯罪人刑满释放后适应社会的能力，提高犯罪人的劳动技能从而达到自食其力的目的。

有期徒刑的刑期从6个月到15年，在数罪并罚时最高可以达到25年，其跨度较大，具有较大的可分性。它既可以适用于严重的犯罪，也可以使用与危害较小的犯罪。保险犯罪，根据具体罪名具体犯罪的情节不同、侵害法益的程度不同因而判处的刑期也有不同，跨度较大，从3年以下到10年以上，重罪重罚，轻罪轻罚。在保险犯罪的刑罚方法中，有期徒刑是被利用的最多的一种。但是，此种贪利型犯罪是否都应无差别地适用有期徒刑？值得深思！

3. 无期徒刑

无期徒刑是指剥夺犯罪分子终身自由，并强制其劳动改造的刑罚方法。无期徒刑是介于死刑与有期徒刑之间的一种刑罚方法。无期徒刑不但剥夺了犯罪人终身人身自由且不可能单独使用，因为根据《刑法》第五十七条，被判处无期徒刑的犯罪应当附加剥夺政治权利。从这个角度讲，无期徒刑具有严厉性。我国刑法中，主要针对严重或特别严重的犯罪配置无期徒刑，所以，无期徒刑又具有慎重性。此外，在我国现阶段仍保留死刑的情况下，无期徒刑作为死缓和限制死刑适用的重要途径，还具有替代性。与有期徒刑一样，无期徒刑的基本内容也是对犯罪人进行强制劳动改造。

保险犯罪中，配置有无期徒刑的罪名较少，主要有合同诈骗罪、集资诈骗罪、贪污罪、挪用公款罪等。通常，保险犯罪侵犯的客体为保险市场秩序、保险活动参与者的合法权益以及国家公职人员的保险监管人员的廉洁性。从客体价值的角度看，一般情况下，终身的人身自由显然要高于以上保险犯罪所保护的客体。这也是保险犯罪较少配置无期徒刑的原因所在。从法经济学的角度看，无期徒刑的广泛使用不但起不到刑法（罚）预防犯罪的社会防卫作用，而且耗费大量的司法资源，在保险犯罪中大量配置无期徒刑的科学性是值得怀疑的。

4. 罚金

罚金是犯罪人向国家缴纳一定数额金钱的刑罚方法，具有惩罚性，是一种古老的刑罚方法。它在处罚性质、适用对象、适用机关、适用依据、适用程序、适用主体等方面与行政罚款、赔偿损失等处罚措施有严格区别。罚金刑的执行以犯罪人具有一定金钱为前提，罚金刑的惩罚作用依赖于对金钱的价值观念，因此到了近代，罚金刑才真正产生作用。刑法规定对保险犯罪适用罚金刑包括三种情况：一是没有规定具体数额，如第二百二十一条损害商业信誉、商品信誉罪。二是规定了相对确定的数额，如第一百七十四条擅自设立金融机构罪。三是以违法所得或犯罪涉及的数额为基准处以一定比例或倍数的罚金，如第一百八十条内幕交易、泄露内幕信息罪。罚金刑根据罪行的轻重程度以及犯罪人的具体情况，可以与主刑一起适用，也可以单独适用。应当承认，罚金刑的设置是能够与罪行相适应的，特别针对贪利图财的保险犯罪，罚处犯罪人一定数额的金钱，不仅使其能够感到明显的痛楚，具有特殊预防的作用，而且也让普通社会公众认识到，保险犯罪实际无利可图，可谓是“赔了夫人又折兵”，进而从源头上打消实施保险犯罪的意图，起到了一般预防的作用。因此，针对保险犯罪，应扩大罚金刑的使用范围，提高罚金刑的使用频率。下文将详述之。

（二）刑罚的适用

1. 前提：具有可罚性

从刑罚与犯罪的关系来看，保险犯罪具体罪名成立是适用刑罚的前提，刑罚是保险犯罪人必须承担的后果，是刑罚对行为人在自由意志支配下实施保险犯罪的非难和谴责。如果没有刑罚作保障，刑法对犯罪的规定无疑将失去意义。传统的罪刑关系中，由罪生刑，罪名的认定是刑罚裁量的根据，罪名成立则必须接受刑罚。在犯罪面前，刑罚是第二性的，它是犯罪的附属物应当没有疑问。①

事实上，横向来看，我国的法律保障体系是以宪法为圆心的两个同心圆，第一个圆圈内的法律应包括民法、行政法、诉讼法等部门法，第二个圆圈内是刑法，也是法律调整社会关系的最后一道屏障，是一切部门法的保障。“权利的不当行使或者义务的不当履行，不仅是对调整性规则的违反，而且是对调整性法律关系及其建立的正常法律秩序的破坏和侵犯，从而在成为违法行为的同时，开启了法律对社会关系的第二次调整——法律保护……保护性规则体系其实由两个层次组成，第一层次由非刑事保护性规则组成，系法律保护的第一道防线，笔者称为第一保护性规则；第二层次则由刑事保护性规则组成，是法律保护的第二道也是最后一道防线，笔者称为第二保护性规则。作为第二保护性规则的刑法，并非第一保护性规则的替代，而是第一保护性规则的补充与保障，只有在仅凭第一保护性规则之力难以有效保障被严重侵犯的调整性法律关系恢复正常的情况下，才有济之以刑事责任的追究与刑事制裁的启动，以补充第一保护性规则责任追究与制裁力量之不足的必要，刑事法律保护也才有了存在的意义与价值。”② 按照这种理解，只有当一个行为违反了行政法、民法等刑法的前置法并且侵害法益程度足够启动刑法时，才可能进入刑法调整的范围。一个行为侵犯了何种法益，并不是刑法决定的，而是刑法的前置法决定的，因此，具有法益侵害性的行为不一定构成犯罪。“法不理会琐碎之事”，尤其是对刑事法而言，刑法本来即以实现分配正义为基本理念，对于触犯法律之行为，唯有在确实值得处罚之时，方有动用刑罚制裁之必要。一则，这是刑法最后的手段性、补充性、谦抑性等基本性质之使然；二则，这是有效防止刑罚权扩张，防治立法的“泛刑法化”趋势，合理控制刑法与刑罚之恶的当然态度；三则，这也是基于提高司法效率、节约司法资源等政策性、效率性的考量；四则，也同样不违背社会民众普通的法律感情。③

2. 实现：前置法定性，刑法定量

我国刑法对犯罪的规定，既有定性因素，也有定量因素，在定罪量刑时应该充分考虑定性因素与定量因素，行政责任先于刑事责任实现。因此，保险犯罪刑事责任的实现也必须是遵循此原则的结果。

---

① 王勇．定罪导论［M］．中国人民大学出版社，1990：263.

② 田宏杰．行政犯的法律属性及其责任——兼及定罪机制的重构［J］．法学家，2013（3）.

③ 王彦强．可罚的违法性纲论［J］．比较法研究，2015（5）.

保险犯罪属于法定犯，其成立必须要违反前置法，这里的前置法是国家关于保险业管理的行政法律规范。社会的发展导致行业分工更加细化、专业化，行业门类越来越多。保险业不是从来就有的，随着生产力的提高，社会变迁速度加快，保险业也在发展，为了保障其健康发展，维护金融市场秩序，国家通过运用法律手段来进行宏观调控。近年来，保险犯罪的行为也表现出了复杂性、易变性、专业性等特点。针对这些现象，首先做出反应的一定是作为前置法的行政法律规范，因为国家要行使公共管理之职能，在不同时期结合不同的金融市场环境、保险业发展状况等因素修改、制定不同的行政法律法规。然而，刑法作为我国法律体系中位阶较高，稳定性较强的部门法，其不能做出如环境行政法般面面俱到的规定，也不能对保险业出现的新问题进行及时反应。因此，保险犯罪破坏了何种法益，是由其前置法决定的。根据《刑法》第十三条之规定，成立犯罪不仅需要定性，而且需要定量。因为“行为犯罪性或者说刑事违法性的具备，不仅必须以前置违法性的存在为基石，而且必须以前置法之法律责任的产生为必要”。① 所以，保险犯罪行为是满足了刑法关于情节严重或一定数额之规定的行为。换而言之，刑法决定了此违反保险业法律法规行为在何种程度上构成犯罪，在量上对上述违法行为进行管控。

三、保险犯罪配置之非刑罚方法

非刑罚方法，又称非刑罚处置方法或非刑罚处罚方法，意指人民法院根据案件的不同情况，对犯罪分子直接适用或建议主管部门适用的刑罚以外的其他处理方法的总称。② 在我国刑事制裁体系中，非刑罚方法占据重要地位，“是对刑罚手段的有益补充，是具有中国特色的综合治理刑事政策在刑法上的具体体现，客观上，它有助于预防犯罪并符合世界性的非刑罚化潮流”。③ 非刑罚方法虽然由刑法明文规定，但就其性质而言不是刑种，不具有刑罚的性质、作用和后果，而是刑罚的必要补充或替代措施，是强制犯罪分子实际承担其形式责任的具体表现方式。④ 非刑罚方法虽然不是刑罚方法且与刑罚相比相对轻缓，但是它与刑罚相同仍具有惩罚、教育、改造犯罪人的作用。加之，非刑罚方法维护了受害人的权益，通过国家对犯罪行为的否定性评价伸张了正义，安抚了受害人。因此，非刑罚方法在打击犯罪、教育犯罪人、维护社会稳定方面也具有重要意义。

---

① 田宏杰．行政犯的法律属性及其责任——兼及定罪机制的重构［J］．法学家，2013（3）．

② 陈兴良主编．刑法总论精释［M］．人民法院出版社，2010：777．

③ 陈灿平．非刑罚处罚措施新议［J］．刑法论丛，2008（3）．

④ 陈兴良．规范刑法学（上册）［M］．中国人民大学出版社，2009：329．

在《刑法修正案（九）》正式生效实施之前，非刑罚方法的适用前提是免除刑罚处罚，免除刑罚处罚并不意味行为不构成犯罪，而是对犯罪行为作出有罪宣告的前提下，对犯罪人免予刑罚处罚，即不判处刑罚。与我国《刑法》第十三条“但书”之“情节显著轻微危害不大的，不认为是犯罪”之间有着重大区别，前者是有罪无罚，后者是无罪无罚。所以，只有行为构成犯罪，才有可能视情节给予犯罪人刑罚处罚或非刑罚处罚。如果罪行轻微，犯罪人人身威胁性小，即使不判处刑罚也能实现罪行相当的原则，则可以适用非刑罚方法，这也是实现特殊预防的目的之需。《刑法修正案（九）》增加《刑法》第三十七条之一，新设刑事职业禁止制度，充实了我国非刑罚方法体系。与原有非刑罚方法相比，刑事职业禁止是在对职业直接关联犯罪人判处刑罚的同时，禁止其在刑罚执行完毕或假释后三年到五年内从事特定职业。

在保险犯罪的刑事制裁中，非刑罚方法的具体种类有如下几种：

1. 教育性的非刑罚处罚

教育性非刑罚处罚包括训诫、具结悔过和赔礼道歉。训诫是人民法院以口头方式对犯罪人当庭公开批评、谴责和教训，责令其改正，不再犯罪的教育方法。根据最高人民法院《关于批评教育、传讯、训诫等的运用和如何填写司法统计报表问题的复函》，批评教育、训诫、警告等都不是刑种，一般的只是适用于口头教育的办法，对这类案件，在审理后可以不必制作判决书。对那些行为虽然没有构成犯罪，但应当采取批评教育或者训诫办法处理的，如果需要作出判决时，应在判决书上先写明无罪，然后再写明予以批评教育或者训诫。对于用批评教育、传讯、训诫、警告等办法处理了的案件，应在案卷笔录中详细记明，但不能把批评教育、训诫等作为刑罚单独作出判决。

具结悔过，指人民法院责令犯罪人用书面方式保证悔过，以后不再重新犯罪的教育方法。刑法没有明确规定责令具结悔过的方式，但在司法实践中，具结悔过可以是责令犯罪人在开庭前写好悔过书，并在开庭时当庭宣读，也可以是在开庭判决后，责令犯罪人在规定时间内写出悔过书。悔罪书写好后可以向相关人员或单位发送。

赔礼道歉，指人民法院责令犯罪人公开向被害人当面承认罪行，表示歉意，恳求谅解的教育方法。赔礼道歉的适用目的在于促进犯罪人进行自我反省，悔过自新，从而达到对犯罪人的教育和警示作用。犯罪人悔过自新、赔礼道歉的过程也使被害人得到安抚，有利于社会稳定。

2. 赔偿损失

赔偿损失是人民法院对免于刑事处罚的犯罪人，责令其向被害人支付一定数额的金钱的处理办法。这是一种民事赔偿责任，在免除处罚的情况下，即使被害人没有提起民事诉讼，法院也可以根据案件的具体情况责令犯罪人赔偿损失。值得注意的是，《刑法》第三十七条所规定的赔偿损失与《刑法》第三十六条规定的赔偿损失有所不同，前者是免予刑罚前提下的作为刑事责任主要承担方式的赔偿损失，而后者则是在被判处刑罚的条件下，同时承担赔偿赔偿责任，主要是赔偿犯罪行为给被害人所造成的物质经济损失，更倾向于承担因犯罪所生的民事责任。

3. 行政性非刑罚处罚

行政性非刑罚处罚包括行政处罚和行政处分。行政处罚是人民法院根据案件的具体情况，向特定的主管部门提出司法建议，由主管部门给予犯罪人以行政处罚的方法。行政处分，是指人民法院根据案件的情况，向特定的主管部门提出司法建议，由主管部门给予犯罪人内部纪律处分的行政惩戒措施。保险犯罪是典型的行政犯，对犯罪人进行处罚的过程中，更应结合实际案情，是否可以适用行政性非刑罚方法，或者说，应该考虑适用行政性非刑罚方法是否更能契合刑法保护犯罪人人权与防卫社会的功能。

4. 刑事职业禁止

所谓刑事职业禁止，是指人民法院根据犯罪情况和预防再犯罪的需要，禁止实施职业直接关联犯罪的被判刑人在特定时期内从事相关职业，抑制其再犯能力的刑事制裁措施。[①] 刑事职业禁止具有特定性、附属性以及强制性的特征，也有预防性、惩罚性和个别性特征。司法实践中，绝大多数保险犯罪的实施都是行为人利用从事保险职业或者保险监管职业的便利，或者违背所从事保险职业要求的特定义务，因而在行为人被判处刑罚的同时，人民法院可以根据犯罪情况和预防再犯罪的需要，宣告刑事职业禁止，禁止保险犯罪被判刑人在刑罚执行完毕或者假释后三年到五年内从事与其保险职业直接相关的职业类型。

应当注意的是，唯“犯罪情况和预防再犯罪的需要”表征犯罪人在刑罚执行完毕或假释后具有继续实施与相关职业直接关联犯罪的高度危险时，人民法院才能宣告刑事职业禁止，绝不能出于加重惩罚的需要，宣告刑事职业禁止。刑事职业禁止之预防再犯罪的作用机理，“并非通过严厉惩罚迫使被禁止者不敢再犯罪，也不是以教育形式引导被禁止者不愿再犯罪，而是禁止从事相关职业使被禁止者不能再犯罪”。[②] 按照这种理解，在保险犯罪刑事制裁方式的选择中，刑事职业禁止应该用作预防保险犯罪被判刑人继续滥用其所从事的保险职业实施相应保险犯罪。

---

① 曹波．刑事职业禁止制度研究［D］．中国人民大学博士论文，2017：56.

② 曹波．我国古代刑事职业禁止制度及其当代价值［J］．江西警察学院学报，2016（6）.

第二节 保险犯罪的民事制裁措施

民事制裁是指人民法院依法对违反民事法律应负民事责任的行为人所处的民事制裁、处罚措施。尽管保险犯罪的法律制裁中，刑事制裁居于绝对主要的地位，但保险犯罪通常会给受害人带来民事权益的损失，因此，保险犯罪人在承担刑事责任被刑事制裁的同时，还应当对其保险犯罪行为给被害人造成的损失承担民事责任被民事制裁。

一、保险犯罪民事制裁措施概述

民事责任是民事主体因违反民事义务或者侵犯他人的民事权利所应当承担的法律后果。民事责任的基本功能，是救济受害人并制裁违反义务人，警示和教育他人。救济受害人是民事责任的基本功能，将违反民事义务造成的不利后果，归于原因者承担才能保护受损失一方的利益，以实现社会的公平正义。承担民事责任，是对违反民事义务人的民事制裁，是其违反民事义务应承担的法律后果。民事责任的追究，不仅可以教育违反民事义务人，对他人也有警示教育作用，有利于促使人们自觉履行民事义务维护社会的稳定和发展。① 民事责任也是国家强制力的体现，在制裁体系中有着重要地位。

保险活动作为民商事活动，是平等主体间作出的真实意思表示，应当遵循民法的基本原则与制度，违反《民法总则》《保险法》所规定的权利和义务或《合同法》规定的权利和义务，给他人造成损害的，应当承当民事责任。所以，《保险法》第一百七十五条明文规定：“违反本法规定，给他人造成损害的，依法承担民事责任。”《民法总则》第一百七十九条规定了十一种承担民事责任的方式，即停止侵害；排除妨碍；消除危险；返还财产；恢复原状；修理、重作、更换；继续履行；赔偿损失；支付违约金；消除影响、恢复名誉；赔礼道歉。法律规定惩罚性赔偿的，依照其规定。本条规定的承担民事责任的方式，可以单独适用，也可以合并适用。”根据保险活动的特点，适用于保险活动的民事处罚措施主要包括返还财产、赔偿损失、支付违约金、赔礼道歉。

二、保险犯罪民事制裁的具体方式

（一）返还财产

作为民事责任方式的返还财产，是指返还原物。不法侵占他人财产，或者

---

① 刘士国．论民法总则之民事责任规定［J］．法学家，2016（5）．

原来依据合同占有他人财产但合同无效或者被撤销的，行为人应当返还原物。也就是侵占国家的、集体的财产或者他人财产的，应当返还财产。《合同法》第五十八条也规定合同无效或者被撤销后，一方占有对方财产的，应当予以返还。返还财产责任方式的适用条件，是侵占财产，并且其原物依然存在。如果原物已经灭失，返还原物在客观上已经不可能，所有人只能要求实物赔偿或者折价赔偿，而不能要求返还财产。如果原物虽然存在，但已经遭受毁损，可以在请求返还财产的基础上，再提出赔偿损失。返还财产在性质上是物的占有的转移，而不是所有权的转移，因此必须要占有人将所有物转移至所有人的控制之下，才能视为原物已经返还。返还原物应当返还原物所生的孳息。构成侵权行为的侵占财产均为恶意，在恶意占有的情况下，占有人应负责返还其在全部恶意占有期间所获得的一切孳息并且无权请求所有人补偿其支付的费用。[①] 保险活动中，若保险合同任意一方利用保险合同不当得利或者实施诈骗犯罪，损害了对方当事人的利益，应当返还财产。例如，被保险人对发生的保险事故编造虚假的原因或者夸大损失的程度，骗取数额较大的保险金，构成保险诈骗罪的，应当向作为受害人的保险公司返还骗取的保险金。

（二）赔偿损失

保险活动中，违反保险合同义务或违反保险法规定，给他人造成损失的，应该承担赔偿损失的民事责任。只要造成了权利人的损害，都可以适用损害赔偿的责任方式进行补救。《合同法》规定的损害赔偿责任方式有两种：一是一般的损害赔偿，即补偿性的损害赔偿；二是惩罚性损害赔偿。在一般的合同责任中，适用的是补偿性的损害赔偿，不得适用惩罚性赔偿。惩罚性赔偿只有在商品欺诈和服务欺诈中才可以适用，以及在最高人民法院司法解释中规定的商品房买卖中的欺诈行为可以适用，在其他领域中不可以适用。补偿性赔偿金中，确定“损失赔偿额应当相当于因违约所造成的损失，包括合同履行后可以获得的利益”。侵权责任法上的赔偿损失，包括财产损害赔偿、人身损害赔偿和精神损害赔偿三种，应当根据侵权行为所侵害的财产权、物质性人格权和精神性人格权的不同，确定不同的损害赔偿方式。损害赔偿是侵权责任法救济损害的最基本形式。[②]

（三）支付违约金

违约金，是指当事人通过协商预先确定的，在违约后作出的独立于履行行为之外的给付。《合同法》第一百一十四条规定，“当事人可以约定一方违约时

---

① 杨立新．民法总则［M］．法律出版社，2013：574.

② 杨立新．民法总则［M］．法律出版社，2013：576.

应当根据违约情况向对方支付一定数额的违约金，也可以约定因违约产生的损失赔偿额的计算方法。”违约金的性质是当事人双方约定的救济违约的一种责任方式，但在实际上，这种民事责任方式具有担保的作用。

适用违约金责任方式，当事人在合同中应当事先约定，按照约定，在一方当事人违约的时候，对方按照约定给付违约金。至于违约金的金额，双方可以自由协商，但是按照《合同法》第一百一十四条第二款的规定，应当受到实际损失的限制。保险合同订立时，双方可以约定违约金的数额，若保险合同一方违约，可以根据法律要求对方承担违约责任。

（四）赔礼道歉

赔礼道歉，是指侵权行为人向受害人承认错误，表示歉意，以求得受害人原谅的民事责任方式。赔礼道歉有两种方式：一是口头道歉的方式，二是书面道歉的形式。口头道歉由加害人直接向受害人表示；书面道歉以文字形式为之，可以登载在报刊上，张贴于有关场所，或者以信件的方式转交受害人。侵权人拒不执行赔礼道歉民事责任方式的，法院可以按照判决确定的方式进行，相关费用由侵权人承担。当保险活动伤害到了当事人的名誉时，如保险公司及其工作人员在保险业务活动中不得以捏造、散布虚假事实等方式损害竞争对手的商业信誉，构成损害商业信誉、商品声誉罪的场合，在对犯罪人进行刑事制裁外，还可以追究犯罪人损害被害人商业信誉、商品声誉所需承担之赔礼道歉的民事责任。司法实践中，赔礼道歉可以单独适用也可以与其他民事制裁方式并用。

第三节　保险犯罪的行政制裁措施

作为法定犯，保险犯罪不仅违反保险刑法规范，而且率先违反保险行政法律规范，是在违反保险行政法律规范而具有行政违法习惯基础上，进一步具备应受刑罚惩罚的“可罚的违法性”而具有刑事违法性。保险犯罪的双重违法性特征内在地决定，保险犯罪人在承担刑事责任被刑事制裁的同时，还应承担相应的行政法律责任被中国保监会给予行政制裁。

一、保险犯罪行政制裁措施概述

行政制裁，是指行政机关或其他行政主体依照法定权限和程序对违反行政法规范的行政相对人所给予法律制裁的具体行政行为。行政制裁应当遵循制裁法定原则、处罚与教育相结合原则、公正公开原则、处罚救济原则、一事不再罚原则、过罚相当原则，等等。行政制裁的特点有：

（1）行政制裁的主体是行政机关或法律、法规授权的其他行政主体。保险犯罪中主要是指保监会。

（2）行政制裁的对象是作为相对方的公民、法人或其他组织。这与行政处分形成了鲜明对比，行政处分是行政机关或监察机关依职权对具有行政隶属关系的公务员作出的处分。

（3）行政制裁的前提是相对方实施了违反行政法律规范的行为。只有法律法规规定必须处罚的行为才能处罚。

（4）行政制裁的性质是一种以惩戒违法为目的的具有制裁性的具体行政行为，是对违法相对方权益的限制、剥夺，或对其科以新的义务。

我国《保险法》规定的行政责任是保险活动当事人违反保险行政法律法规所应承担的不利后果。这里的行政责任既包括保险活动当事人因违反保险经营规则和保险监管规则所应受到的处罚，也包括保险监管机构的工作人员在对保险业实施监管过程中的作为或不作为而应当承担的责任。[①] 对投保人、被保人或受益人而言，违反《保险法》以及保险监管规定尚未触犯刑法的，就可能产生行政责任，依法应受到保监会施加的行政制裁；由于保险犯罪是对保险行政违法的加强，触犯刑法的，也必然同时产生行政责任，需要保监会给予行政制裁。对保险人而言，违反《保险法》或保险监管规定而受到行政制裁的情况较多，比如：利用职务之便，泄露或利用在保险活动中掌握的投保人或被保人的商业秘密，不按规定报送或保管报告、报表、文件、资料，或者编造、提供虚假财务报告、报表、文件或资料；对投保人隐瞒与保险合同有关的重要情况等。对于保险人的行政违法行为，保监会可以给予罚款、没收非法所得、吊销业务许可证等行政制裁，情节严重的，可以禁止责任人员在一定期限内进入保险行业。对保险监管人员而言，行政违法行为包括：（1）违规批准保险机构的设立；（2）违规审批保险条款或保险费率；（3）违规进行现场调查或检查；（4）违规查询账户或冻结资金；（5）泄露其知悉的有关单位和个人的商业秘密；（6）违规施行行政制裁；（7）滥用职权、玩忽职守的其他行为。对上述违规行为，应当视情况给予相关责任人员行政处分，根据《公务员法》以及《行政机关公务员处分条例》之规定，行政处分的方式包括警告、记过、记大过、降级、撤职、开除。

二、保险犯罪行政制裁的具体方式

根据《中国保险监督管理委员会行政处罚程序规定》（保监会令〔2017〕1号）第二条，保险当事人违反有关保险管理的法律、行政法规和中国保监会规

① 傅延中．保险法学［M］．清华大学出版社，2015：322.

定的，中国保监会及派出机构应当依法查处，并依法作出下列行政制裁：（一）警告；（二）罚款；（三）没收违法所得；（四）限制业务范围；（五）责令停止接受新业务；（六）责令停业整顿；（七）吊销业务许可证；（八）撤销外国保险机构驻华代表机构；（九）撤销任职资格；（十）责令撤换外国保险机构驻华代表机构的首席代表；（十一）禁止进入保险业；（十二）法律、行政法规规定的其他行政处罚。限于篇幅，本书仅择其要者介绍。

（一）警告

警告是指行政主体对违法者实施的一种书面形式的谴责和告诫，是向行政违法相对人精神上造成警戒的处罚措施，既具有教育性质又具有制裁性质。警告适用于情节轻微或未构成实际危害结果的违法行为，当违法情节严重时也可以同时使用其他行政制裁。例如，我国《保险法》第一百七十一条规定："保险公司、保险资产管理公司、保险专业代理机构、保险经纪人违反本法规定的，保险监督管理机构除分别依照本法第一百六十条至第一百七十条的规定对该单位给予处罚外，对其直接负责的主管人员和其他直接责任人员给予警告，并处一万元以上十万元以下的罚款；情节严重的，撤销任职资格。"

（二）罚款

罚款是行政主体强制违法者向对方承担金钱给付义务的处罚形式，是实践中应用最为广泛的处罚方式。因其内容为金钱，易与刑罚中的罚金刑产生混淆，两者有本质区别。首先，罚金刑是刑罚的附加刑，是对犯罪人科处的刑罚，会产生前科，而罚款则不会。其次，两者的处罚依据不同，罚金刑由刑法规定，罚款则由有关行政管理的法律、行政法规等规定使用。再次，两者的适用主体不同，罚金刑由法院判处，罚款则由行政机关或法律、法规授权的组织依法处罚。最后，适用对象不同，罚金是对行为构成的犯罪的犯罪人科处的刑罚，罚款是对违法相对人。在保险违法犯罪的行政制裁中，罚款是适用最广泛的行政制裁方式，所有的保险违法犯罪的制裁措施中都包含罚款。

（三）没收违法所得、非法财物

没收违法所得或非法财物是指由行政主体实施的将行政违法行为的部分或全部违法收入、物品或其他非法占有的财物收归国家所有的处罚方法。没收的对象是违法者的违法所得及非法占有的利益，从事违法活动所使用的工具和违禁品等。是否应当没收全部，应视情节而定，合法收入或其他没有用于违法活动的物品不属于没收的范围。

（四）责令停产停业

这是限制违法相对方从事生产、经营活动的处罚形式，是剥夺和限制违法相对方行为的一种处罚，属于行为罚。责令停产停业有时间限制，在一定时间内违法相对人改正了违法行为，则可以恢复生产、经营，但并不意味着责令停产停业的时间具有确定性。行政制裁的实践中，责令停产停业一般适用于三类行为：一是生产经营者实施了比较严重的违法行为，而后果严重。二是从事加工、生产与人的生命健康密切相关的已经或可能造成威胁人的生命健康的商品。三是出版对人精神生活产生不良影响的出版物、音像制品等违法行为。① 就保险违法犯罪行为而言，《保险法》第一百六十一条也规定有："保险公司有本法第一百一十六条规定行为之一的，由保险监督管理机构责令改正，处五万元以上三十万元以下的罚款；情节严重的，限制其业务范围、责令停止接受新业务或者吊销业务许可证。"

（五）吊销、暂扣许可证或执照

吊销、暂扣许可证或执照亦属于行为罚，是指行政主体依法对持有某种许可证或执照而实施行政违法行为的相对人采取暂时限制或剥夺其相应行为能力的处罚形式。其目的在于取消违法相对人的一定资格，剥夺、限制某种特许权利。吊销与暂扣虽然都是限制违法相对人的某种行为或资格，两者间是有区别的。吊销许可证是对违法行政相对人相应行为能力或资格的剥夺，取消行政违法相对人从事某种活动或者享有的某种特许权利或资格。暂扣许可证是中止从行政违法相对人从事某项活动的资格，是短时间内扣留许可证或执照，在一定条件成熟时，再发还许可证。这种处罚方式，对于保险公司来说是极为致命的，因此在实践中应该慎用，掌握好处罚的度。

（六）禁止进入保险业

禁止进入保险业，是对违反保险行政法律法规且情节严重的保险机构工作人员，依法在一定期限或终身剥夺其进入保险业、从事保险业务的资格。《保险法》第一百七十七条规定："违反法律、行政法规的规定，情节严重的，国务院保险监督管理机构可以禁止有关责任人员一定期限直至终身进入保险业。"我国保险业实行严格审批的市场准入机制，不论是单位，还是个人，只要从事保险业务，就必须具备《保险法》所要求的各种资质，缺乏相关资质从事保险业务，是极为严重的保险违法犯罪行为。相应地，作为对违反保险行政法律规范行为的制裁措施，禁止进入保险业也是一种相当严厉的行政资格罚。

三、保险犯罪行政责任与刑事责任的竞合及化解

（一）行政责任先于刑事责任实现

由于保险犯罪是法定犯，兼具行政违法性与刑事违法性，因此常常会出现

① 罗豪才，湛中乐．行政法学（第三版）［M］．北京大学出版社，2012：235.

刑事责任与行政责任的竞合。在保险犯罪的责任实现应遵循行政责任的实现优先的原则，它是指在行政制裁和刑事处罚竞合的情况下，优先考虑实现行政责任。在程序上应以“行政优先”为原则，在实体上应以“并合实现”为必要，即由行政执法机关对行为人依法先予追究行政责任，再由刑事司法机关依照刑事诉讼程序进行刑事责任的追究。[①]

第一，从实体上看，行政违法判断先于刑事违法判断，因此行政犯的行政责任追究应先于刑事责任。行政违法性判断是刑事违法判断的前提，刑事违法的判定依赖于行政违法的判断，但是行政违法并不能直接推出刑事违法。行政违法判断的依据是行政法规范，刑事违法的依据是刑法。行政违法的判断，基本上属于客观判断，即只要行为人客观上违法了行政法律规范，就构成行政违法，而不必过问主观上是否有过错，除非法律另有规定的情况。[②] 刑事违法判断要求主客观相一致原则，构成要件不仅要求客观行为还要强调主观罪过。因此行政违法判断不仅先于刑事违法判断，而且易于刑事违法判断。在大多数情况下，一个行为是否具有行政违法性首先是由行政机关做出的。此行为是否具有刑事违法性，不仅要遵循罪刑法定的基本原则，而且要建立在正确的行政违法判断之上。也就是说，对于轻微犯罪，能通过行政制裁就恢复被破坏的法益就没有必要启动刑事司法程序，这不仅是刑法应具有谦抑的内在品格，而且也节约了司法资源，更能起到预防犯罪的目的。对于严重的犯罪，行政法的调整性规则已经不能调整被破坏的社会关系，通过行政制裁不足以恢复被破坏的法益，就必须启动刑事司法程序，作为所有部门法的保障法，刑法必须发挥强大的后盾作用。刑事责任比行政责任更加严厉，所以刑事责任理应在行政责任不足时才予以施行。

第二，从程序上看，“行政优先”更有利于刑事司法程序的进行。对行政犯罪中的行政违法和刑事违法事实的认定需要大量的证据，而这些证据大量存在于经济、行政管理活动之中，对这些证据的收集审查既需要具备很强的专业知识，又需要丰富的行政执法实务经验。[③] 我国行政法规数量庞大、门类繁多，不仅包括行政法律、规章等规定，也包括地方各级国家权力机关和行政执法部门的相应规范性和非规范性法律文件、决定等。因此，行政犯罪的刑事诉讼程序的证据审查通常以行政权的行使为基础。这些证据既是刑事审判中的重要证据，也是行政机关行使行政权的结果。从经济和效益的角度看，行政机关确定行为人责任的证据专业且具有公信力，在刑事诉讼中作为证据使用节省了司法机关

① 田宏杰．行政犯的法律属性及其责任——兼及定罪机制的重构［J］．法学家，2013（3）．

② 罗豪才主编．行政法学［M］．中国政法大学出版社，1996：193．

③ 田宏杰．侵犯知识产权案件的几个疑难问题研究［J］．法商研究，2010（2）．

再一次取证、调查的人力、物力，节约了司法资源。因此，从这个角度上考虑，确立“行政优先”原则也是必要的。

（二）行政制裁与刑事制裁竞合的化解

行政制裁包括包括警告、罚款、没收、责令停产停业、吊扣证照、行政拘留及法律、法规规定的其他行政制裁。刑事制裁则包括主刑和附加刑等刑罚方法及种类繁多的非刑罚方法。《行政处罚法》第二十八条规定，“违法行为构成犯罪，人民法院判处拘役或者有期徒刑时，行政机关已经给予当事人行政拘留的，应当依法折抵相应刑期。违法行为构成犯罪，人民法院判处罚金时，行政机关已经给予当事人罚款的，应当折抵相应罚金”。据此，在保险违法行为构成犯罪的场合，即出现行政制裁与刑事制裁竞合的情形，人民法院给予保险犯罪人刑事制裁与保监会给予保险违法人行政制裁的种类相互重合时，行政制裁的内容应当折抵相对应的刑事制裁，但存有例外情形。

罚款是行政机关做出的责令违法者缴纳货币的一种行政制裁形式，它属于财产罚，其作用是对违法者予以经济制裁。罚金是刑法设置的强制犯罪分子缴纳一定数额金钱给国家的刑罚方法，它的执行依据是法院判决结果。尽管罚款与罚金的产生原因不一样，但惩罚效果却类似，在行刑衔接制度建立中可以将二者协调起来，可以达到互补目的，实践中应当注意：一是罚金与罚款的数额规则要协调统一，不能相互矛盾冲突。二是在行政机关做出罚款决定并执行后，进入刑事诉讼程序时必须在移送材料中明确表达，作为法院判处刑事处罚的考量因素。罚款的适用已经足以恢复被破坏的法益时，法院不再适应罚金刑；但是适用行政罚款处罚后，仍不足以恢复被破坏的法益时，又必须要继续进行财产处罚的，可以单处罚金或并处罚金。

行政制裁上的没收包括没收违法所得和没收非法财物。没收违法所得是将行为人通过违法行为所获得的收入收归国有。没收非法财物是将行为人占有的与违法行为有关的财物收归国有。刑法中的没收财产是将犯罪分子个人所有财产的一部分或者全部强制无偿地收归国有的刑罚方法。虽然二者的依据和性质截然不同，但没收与没收财产两种处罚方式出发点相同，行刑效果也相同。因此，没收财产和没收并不冲突，根据罪犯的犯罪情节、处罚情况以及财产状况，不排除重复适用的方式。

应当注意，行政职业禁止和刑事职禁止两者因规范目的不尽相同，两者在适用时不能折抵而应并行适用。行政职业禁止是指我国行政法律、法规所规定的禁止或限制担任特定职务、从事某种特定职业或特定活动的行政措施。对保险犯罪而言，《保险法》第一百七十七条规定“违反法律、行政法规的规定，情节严重的，国务院保险监督管理机构可以禁止有关责任人员一定期限直至终身进入保险业”。鉴于行政职业禁止与刑事职业禁止限制或剥夺的内容具有重合性，为便于司法实践的具体操作，《刑法》第三十七条之一第三款以“专款”的形式特别规定：“其他法律、行政法规对其从事相关职业另有禁止或限制性规定的，从其规定。”据此，在保险犯罪的法律制裁中，刑事职业禁止与行政职业禁止的具体适用存在两种可能：一是并行适用。人民法院宣告刑事职业禁止保险犯罪人在刑罚执行完毕或假释之日起三年到五年内从事保险职业，在刑事职业禁止持续期间内，同时依据《保险法》第一百七十七条禁止保险犯罪人一定期限直至终身进入保险业；二是先后适用。由于《保险法》第一百七十七条规定的禁止期限可能长于刑事职业禁止，在刑事职业禁止的期限届满后，依据该条规定适用的行政职业禁止还会继续单独存在，保险犯罪人依然不得进入保险业。

针对保险犯罪，行政职业禁止与刑事职业禁止应当并行适用。行政职业禁止的性质属于行政处分，服务于行政管理目的；刑事职业禁止的性质为司法处分，服务于实现责任报应和预防再犯罪的目的。鉴于行政处分与司法处分的规范目的不同，不仅要始终谨惕较为主动的行政权不当侵蚀相对被动的司法权，还要防止司法权主动对行政权不当抵销，出现司法权直接替代行政权的问题。事实是，行政职业禁止的行政管理目的具有多元性，并非纯粹地预防犯罪或者预防再犯罪。不可否认，依据《保险法》第一百七十七条禁止保险犯罪人进入保险业，对于预防保险犯罪人再次滥用原有保险职业实施保险犯罪具有重要意义，但该条的最主要目的往往并不在此，而是维护保险职业的严肃性、权威性和尊荣感，强化职业所具有的公信力，纯洁、净化职业队伍，并有效维护职业秩序。行政职业禁止与刑事职业禁止的具体目的虽不尽相同却具有兼容性，能够彼此共存，唯有同时根据各自的适用条件，并行适用二者，才能最为充分地实现各自的规范目的，这也是特别设置“从其规定”的深层原因。

需要澄清的是，在保险犯罪中，“从其规定”所要求的并行适用刑事职业禁止和行政职业禁止，是指根据各自适用条件和禁止内容期限，分别由人民法院或保监会依据刑法或者《保险法》，禁止保险犯罪人从事保险职业，而不是指任何情形下适用刑事职业禁止，就必须同时适用行政职业禁止，抑或相反。基于刑事职业禁止与行政职业禁止适用方式上的差异，且适用行政职业禁止客观上具有预防再犯罪的实际效果，行政职业禁止在相当程度上能够取代或补充刑事职业禁止：如果适用行政职业禁止已经客观上满足实现对保险犯罪人滥用保险职业实施犯罪特殊方式的责任报应和预防再犯罪的需要，使在行政职业禁止之外宣告刑事职业禁止成为多余，从而保障刑事职业禁止适用的谦抑性和最后性。

在并行适用刑事职业禁止和行政职业禁止的场合，保险犯罪人违反职业禁止决定所承担法律责任的具体内容因其违反相关规定阶段的不同而有所差异。在刑事职业禁止期限内继续从事保险职业的，保险犯罪人同时违反刑事职业禁止决定以及行政职业禁止决定，应由公安机关依法给予行政处罚，情节较重的，直接依照《刑法》第三百一十三条追究刑事责任即可。在刑事职业禁止期限届满但尚处于行政职业禁止期限之内的，应依照《保险法》的规定进行行政处罚，即便其违反职业禁止的处罚决定情节严重的，也不得直接以拒不执行判决、裁定罪定罪处罚。考虑到在刑事职业禁止期限内，违反刑事职业禁止所应承担法律责任的严厉性和便捷性。可以认为，刑事职业禁止是在三年至五年的特定期限内对其《保险法》第一百七十七条规定的行政职业禁止的特别突出和强调。

第八章

保险犯罪的致罪因素及风险防范

保险犯罪是保险业发展过程中不可避免的负面现象，其随着保险业的产出而产生，并随着保险业深度和广度的拓展而不断蔓延泛滥。诚如德国著名刑法学家李斯特所言，“无论对个人还是对社会，预防犯罪行为的发生要比处罚已经发生的犯罪行为更有价值，更为重要”。① 鉴于保险犯罪是阻滞保险业健康持续发展的“毒瘤”，是侵蚀保险业存续基础的“腐蚀剂”，必须要采取行之有效的科学的风险防范措施控制并防范保险犯罪的发生，而有针对性的风险防范措施又有赖于对保险犯罪致罪因素的深入挖掘和剖析。

第一节　保险犯罪的致罪因素剖析

通常而言，致罪因素是诱发犯罪发生的各种要素的总和。预防犯罪必然以深入挖掘和剖析致罪因素、明晰罪因机制为前提，毕竟“医治犯罪疾病的手段应当适应导致犯罪产生的实际因素。”② 从保险犯罪的发生机理来看，诱发保险犯罪的因素主要可以分为社会因素、制度因素和人性因素三个方面。

一、诱发保险犯罪的社会因素

（一）市场经济有其无法克服的缺点

在价值规律的支配下，市场经济本身固有之盲目性、滞后性与自发性的特点，必将导致资源配置不均衡、社会管理不公平、收入分配两级分化等问题。这些问题是市场经济与生俱来的，因为在市场经济的环境下，人们必将争取更多的利益分配。在争取利益的活动中，从来不乏采取非法甚至犯罪手段的违法犯罪分子。保险业和市场经济相伴而生，伴随市场经济的发展而发展。作为商品经济重要的发展成果之一，保险业已然成为现代金融的重要支柱产业，其既深受市场经济的制约，市场经济的发展程度根本地决定了保险市场的规模，也对市场经济发展起着极大的促进作用，能够为资本市场的发展提供长期且稳定的资金，实现保险市场与货币市场、资本市场的有机结合和协调发展。市场经济的不断成熟和发展，使得保险业可以积累起全社会范围的资金规模，具备足够抵御不可抗力可保风险的偿付力，降低风险，为人们提供丰富多样的保险产品。然而，市场经济利益最大化所带来的负面效应在保险业体现得尤为明显，保险内的在以小博大的投入回报机制，使得有人为了谋取不法利益不惜铤而走险。例如，保险诈骗行为可以通过保险合同的虚假订立等手段使投保人支出少量的保费，获得高出投入几倍甚至上百倍的保费。

① ［德］李斯特．德国刑法教科书［M］．徐久生译，法律出版社，2006：23.

② ［意］恩里科·菲利．犯罪社会学［M］．郭建安译，中国人民公安大学出版社，2004：181.

（二）保险业自身包含的机制性因素

保险运行的基本原理是组织社会千家万户、各行各业的忧虑者分险种类别组合成各个基本同质的群体并按各类风险出险率以及损失平均值计收保险费从而筹集起相当规模的保险基金，用以补偿或给付少数遭受灾难者，实现“一人困难，众人分担”。[①] 保险这种一旦约定的保险事由实现则会获得超出“成本”若干倍的保险赔偿的特点，可以说是一本万利。既有不良用心的投保人恶意利用订立保险合同骗取保险金，也有擅自设立保险机构企图谋利，还有保险监管机关故意疏于对保险公司的监管以满足某种利益需要。正因如此，保险合同关系要求当事人具有比一般合同更高的诚实信用。然而，在保险机制不健全的情形下，诚信原则更多地是建立在双方当事人诚实正直的品格之上，这无疑使这个原则具有先天性缺陷，为保险活动参与人实施保险犯罪提供了绝好的机会。

此外，信息不对称是造成保险犯罪重要原因，这种不对称包含两个方面，一是保险合同双方的信息不对称。订立保险合同之时，投保人对被保险标的的信息了解是全面的、直接的，而保险公司对保险标的信息了解是不完整的、间接的。保险合同的真实性相当程度上取决于投保人、被保人的诚信。二是保险公司之间的信息不对称。因业务竞争激烈，各保险公司之间没有信息共享平台，投保人信息保密，信誉无评价等级，也无信息查询渠道。以投保方实施的保险诈骗为例，即使行为人在一家保险公司的骗保行为被发现，因不同保险公司之间缺乏信息共享机制，行为人仍可在其他保险公司继续多次投保，从而在客观上为逃避犯罪惩治创造条件。

（三）文化断裂致使社会价值体系混乱

改革开放以来，我国的计划经济体制逐步向社会主义市场经济体制过渡。一方面，旧的计划经济体制尚未完全被打破；另一方面，新的市场经济体制尚在发育之中，制度变迁过程中，两种体制之间的碰撞与矛盾，使得社会各阶层的利益分化、力量博弈、价值对垒日趋激烈，社会结构也随之产生变化。社会结构变动极大地冲击着传统文化（无论其价值取向还是基本内涵），而适应新经济形态的新兴文化尚未完全形成，这就出现了所谓“文化断裂”的现象，导致维护社会正常运行的精神控制力量大为削弱，从而使贪污、贿赂等经济犯罪现象大量出现。“人的一切行为，包括善行和恶行，无不受一定的思想制约。”也即行为受一定精神力量的控制，而当文化断裂、精神力量严重失控时，也就导致抵御违法犯罪的精神堤坝的崩溃。如果一个人内心无任何约束，只要有一点外界诱因或自我需要，就会轻易实施犯罪。当前在新旧体制转换过程中的矛盾

① 牛晓鹏．保险诈骗犯罪的特点、成因及防范［J］．法制与经济，2006（1）．

与冲突形成的漏洞、管理制度和监督制度的不健全等又成为诱发经济犯罪的外部条件。①

二、诱发保险犯罪的制度因素

（一）保险市场管理制度不健全

当前我国保险业发展迅猛，社会公众的保险意识广泛增强，但是与发达国家相比，我国保险市场的现代保险制度尚不成熟，很多地方存在着管理漏洞，使犯罪分子实施保险犯罪有机可乘。

首先，经营制度不健全。一是有些保险公司为了盲目追求经济效益，扩大保险业务，承保了一些不符合承保条件的保险业务。实践中，保险公司的销售人员的工作业绩和收入直接与保险业务量紧密相连，这极易导致保险销售人员的工作责任心下降，不顾客户的实际情况，承保了不符合承保条件的保险业务，容易诱发保险犯罪。二是上级公司为了迅速扩大业务规模，不顾自身实际能力。三是内部机构中上级管控不力的管控能力公司内部核查流于形式，公司内部稽核部门不够中立、检查力度和深度都不深入。保险业经营不健全在相当程度上为不法分子实施保险犯罪提供便利，使不法分子有隙可乘。

其次，理赔制度不健全。保险公司最重要的工作就是理赔，但保险公司并没有一套成熟体系化的理赔制度。一些保险公司采取粗放式经营，不能在核保前对保险标的进行科学的风险评估，发生赔案时第一现场查勘率不高，识别真假的能力不强，有时单纯依照有关机关的证明。如有的情况下，投保车辆发生碰撞或人身伤亡事故后，保险公司不能尽快到现场去勘查，而是等坏车修好、伤员出院，凭他们所提交索赔申请书和发票上记载的款额予以赔付。这种不负责任的理赔操作模式留给保险犯罪分子太多可以利用的条件，使保险犯罪行为较易得逞。

最后，人员管理制度不健全。保险工作人员的管理制度不严格、不健全、不完备，也是导致保险犯罪频发的重要原因。针对保险公司来说，由于工作量的增大，需要的保险工作人员数量也十分庞大。如此之大的人力资源需求量难免会出现入行门槛低、人员流动性大等现象，因而导致人员管理混乱、人员素质良莠不齐、人员业务水平低下等情况。针对保险监管机构来说，虽然我国保监会颁布了《保险监管人员行为准则》和《保险从业人员行为准则》，但不难看出，这些准则较为宏观，对保险监人员与保险从业人员行为的只是一些原则性、理念性的规定，缺少相关人员管理配套实施的细则，操作性不强。

---

① 苏满满．经济犯罪成因初探［J］．苏州大学学报（人文社会科学版），1997（3）．

（二）保险市场法律制度不健全

在世界任何一个国家，保险业的发展都离不开法律体系的支持，优质的法律环境是保险业健康发展的必要条件。我国现处于全面深化改革、全面推进依法治国的关键时期，健全的法律体系不仅对我国的社会发展有着重要意义，对保险市场的良好秩序形成也有不可忽视的作用。然而，保险市场法律制度不健全，致使法律制度预防保险犯罪的内在机能未能充分发挥，主要体现在几个方面。

一是立法滞后。今天社会的发展总是日新月异，犯罪的手段也呈现出“百花齐放”“推陈出新”的态势，但我们所用法律法规之大部分内容没有及时随着社会发展和犯罪形势作出修正，绝大多数还停留在制定时的环境下。“通过环境设计预防犯罪”的理论主张者纽曼认为，每个潜在的犯罪人都在寻求犯罪的目标，当犯罪目标暴露，具有对犯罪目标监护义务的主体缺失，或者尽职不到位，无论上述所说的监护义务还是法律义务，还是道德义务，犯罪就可能发生。针对经济犯罪尤其是作为新型经济犯罪的保险犯罪，我们的法律制度常常反应迟钝，甚至缺失。具体来看，首先表现为犯罪情景预防的缺失。情景预防并不涉及消除犯罪的原因问题，而是通过限制犯罪的条件，增加犯罪的困难，减少犯罪的可乘之机，增加犯罪的风险，降低犯罪的成功率，使之高投入低产出、高风险低回报，使犯罪的动机和目的难以实现，如果胆敢冒风险，就必遭惩罚的命运。①

二是执法不严。由于保险犯罪行为表现形式多样，有的行为具有高度隐蔽性，加之近年来“互联网 +”理念的提出并广泛实践化，保险业的经营方式也发生了深刻的变化，电子化的经营方式解放了人们的时间，提高了效率，促进保险业拓展和发展，与此同时，也为调查取证带来新的问题，造成了有的行政执法机关不主动作为，对违法现象“睁一只眼，闭一只眼”。对于涉案金额较小的案件，保险公司在理赔时或由于人力、财力不足或由于工作人员重视不够导致理赔调查不够详尽，而公安机关则因其案件“太小”不予立案或长期搁置。涉案金额大的案件往往是团伙犯罪、手段高明，公安部门侦查费时费力案件侦破，但犯罪人却长期不能归案。另外，随着经济全球化进度加快，国际保险业务也剧增。由于各国对保险犯罪的法律规定不尽一致，刑事管辖权的规定也不统一，加之，缺乏一个强有力的国际保险监管机构，客观上为保险犯罪提供了法律漏洞和便利条件。

三是处罚不科学。保险犯罪的处罚方式包括了行政处罚、民事处罚和刑事

---

① 海蛟．我国经济犯罪原因分析［J］．四川警官高等专科学校学报，2007（8）．

处罚，可以说层次分明、手段多样，但我国多年惩治保险犯罪的实践证实，对保险犯罪的处罚有强烈的重刑主义色彩。然而，一味适用刑罚对预防保险犯罪并非是上上策。诚如现代心理学研究已经证明的那样，“确保遵从规则的因素，如信仰、公正、可靠性和归属感，远较强制力更重要。法律只在受到信任，并且因而并不要求强制力制裁的时候，才是有效的；依法统治者无须处处都仰赖警察。……总之，真正能阻止犯罪的乃是守法的传统，这种传统又植根于一种深切而热烈的信念之中，那就是，法律不仅是世俗政策的工具，而且还是生活终极目的和意义的一部分”。① 在预防犯罪、惩罚犯罪上，过分夸大甚至迷信刑罚的威慑力无疑是错误的，应该强调培植人们对法律的信仰和尊重，只有从内心里真诚地忠实并忠诚于法律，法律才会被切实遵守，而只有在法律被公民信守的社会，法律调整机制功能的发挥才最充分、最彻底，违法犯罪现象才能得以有效控制，社会和谐与安宁才能够被实际期待。事实上，从20世纪50年代开始，西方发达国家渐减少或者避免刑法对经济生活的干预，出现了非犯罪化潮流，限缩了经济犯罪的成立条件。应当看到，刑法和刑罚的功能是有限的、居次要地位的。保险市场的秩序和保险关系的调控应该主要依靠刑法的前置法即保险行政法律法规等非刑事法律。在就刑罚对预防保险犯罪的实际效用上，应从科学分析出发，在不否认刑罚相应威慑力的基础上，特别突出民事制裁措施和行政制裁措施对防范保险犯罪的内在价值，通过整合刑事制裁、行政制裁和民事制裁，以最终达到控制并预防保险犯罪的良好社会效果。

四是法律意识薄弱。法律意识薄弱，不仅体现在对法律规则的认识片面甚至不知，还体现为法律思维、法治意识的缺位和稀薄。保险犯罪的犯罪主体主要集中为保险从业者、保险监管者和保险关系当事人。虽然上述人员文化水平不低甚至有的是行业精英，但是许多人在巨额利益的诱惑下，抱着侥幸心理，认为自己可以利用专业知识技能或职权掩饰实施犯罪行为，企图瞒天过海。这种心理折射了犯罪人对法律制裁的漠视、对法律制度的无知，对法秩序的不信任，根本上讲是对法律缺少敬畏之心。当然，“不积跬步无以至千里”，强化上述人员的法律意识，必须从加强对全社会普法做起。

三、诱发保险犯罪的人性因素

犯罪与人性具有密切关联，这一点不仅在近代犯罪学者如意大利犯罪学家龙勃罗梭、菲利等的著作中得到认真对待，而在马克思主义学者这里也得到主张。“动机的观念表示一种本能的自身利益，而思想的观念在自私自利的个人被认为要对犯罪行为负责的意义上则是保守的……如果我们想理解并解释犯罪，

① ［美］哈罗德·J. 伯尔曼著．法律与宗教［M］．生活·读书·新知三联出版社，1991：43.

就必然涉及人的动机，要了解人的动机，就需要涉及人性。而且罪行的观念既包括解释也包括理解，这比单纯只是解释或理解更有意义。”① 在保险犯罪的致罪因素中，人性因素是与社会因素及制度因素并列的重要因素，是从犯罪人的角度对保险犯罪的犯罪原因进行挖掘。

一方面，拜金主义、个人本位主义的盛行，刺激了保险犯罪。人的本性是趋利避害，尤其在利益可预见并且可以通过“低成本”、可行的手段实现时，这种本性极有可能被激发。拜金主义、个人本位和利己动机是一切经济犯罪的思想基础，犯罪人为追求利益不择手段。自古以来，我国的价值观念强调的是艰苦奋斗、勤俭节约，而随着社会开放程度的提高，经济发展速度加快，市场经济大行其道的背景下，拜金主义、个人本位主义成为潮流，许多人信奉动物界的功利法则、实力法，强调个人的物质利益，强化了人们的私有观念，二者的反差导致了人们社会行为的混乱、信仰的没落和各种社会控制力量的削弱。

另一方面，个人道德沦陷是诱发保险犯罪的另一重要人性因素。保险业经营活动中，最难管控的环节是人性的道德风险，从个人的角度，这种风险可以通过自我的行为约束实现很好的管控；从社会的角度，对道德风险的管控是一项长期而复杂的课题。不难看出，道德中包含的自律、自强、诚实等优良品质是防止保险犯罪或违法行为的有效手段。但是，面对金钱与物质的强烈诱惑，道德的严重失范就有可能引起犯罪。放纵欲望又缺少自我行为的管控，缺少基本的道德约束导致犯罪人明知是犯罪也愿意铤而走险或抱着侥幸心理为之“一搏”。理性思维是人与动物的根本区别，也是人类社会发展的重要原因，道德体系的瓦解，势必导致理性能力锐减，陷入了对物质利益盲目追求的窘境。因此，道德的严重失范甚至丧失是保险犯罪发生的重要原因。

第二节 保险犯罪的宏观防范对策

一、完善保险宏观监管体系

保险监管是保障保险业健康发展、维护保险市场秩序、保护被保人、受益人、投保人合法权益的重要手段，是维护金融市场安全、社会经济发展的重要内容，其本身是一项宏大而艰巨的任务。目前，我国已经初步建立起了以保险法为核心的保险法律体系，以保监会为核心，行业监督与社会监督并重的监管体系，以及以各保险公司为主体的内部控制系统。因此，对保险监管体系的完

① ［美］G. 格罗斯，W. B. 格罗夫．犯罪与人性——马克思主义者的一个观点［N］．杨中兴译，中共中央党校学报，1990（3）．

善，应该是政府、社会和保险公司共同作用的结果。

（一）完善政府监管体系

保监会是我国政府设立的专门对保险市场的各类经营主体、保险经营活动进行监督和管理的机构，对保险监管起到主要作用。可以说，保监会的设立，意味着保险不再像以往那样处于一种从属的地位，而是和银行、证券等金融部门一样，成为金融市场的主体之一，因为有专门监管之必要。[①] 由保监会专门对保险业进行监管，具有里程碑意义，标志着我国保险业监管逐步科学化、现代化和专业化。完善政府监管体系，就是要提高保监会的监管能力，完善保监会的监管制度体系。保监会在实际运营中主要依照我国相关保险法律、法规，重点对保险偿付能力和保险行为两个方面开展监管。其中，保险偿付能力使保险交易的结果具有确定性和可预测性，而结果的可预测性是保险的核心和本质，因此，提高和保持偿付能力是一切保险监管活动的核心内容。[②]

有鉴于此，明确保险监管的目标，增强监管工作的针对性是完善监管体系的首要步骤。一是要从全球保险业国际化的发展趋势出发，调整和完善我国保险业监管目标，努力维护保险消费者的合法权益，保障我国保险业健康、安全、有序地发展，全面提升我国保险业的国际竞争力，充分发挥市场机制配置资源的作用，强化政府监管，兼顾保险市场的效率与公平。二是应坚决奉行依法监管。保险业监管应在遵守市场规律、经济规律的前提下，以法律和相关行业制度为框架约束，克服监管的随意性和盲目性，逐步使我国保险业监管向规范化、程序化、制度化的方向发展。

其次，增强对保险偿付能力的监管。如上文所述，保险监管的重中之重是保险偿付能力和保险市场行为，当前减少市场行为监管，加强偿付能力监管是国际保险监管体系的发展主流。加强偿付能力监管可以帮助监管机构及时、迅速发现保险公司存在的问题，进而达到保险市场健康、有序发展的效果。《保险公司偿付能力额度及监管指标管理规定》《保险公司偿付能力报告编报规则》等规章的发布实施，标志着我国偿付能力监管迈出实质性步伐。[③]《保险法》第一百三十八条与一百三十九条对保险偿付能力的监管已经做出明确的规定，要增强偿付能力的监管并非易事。

具体来说，一是利用现代化的信息技术，完善的保险监管信息系统以及信息分享系统。在采集、分析、处理保险公司经营信息的基础上，对保险公司风险及偿付能力的变化做出动态、合理的评估及预警。二是细化偿付能力监管指

① 孙祁祥等．中国保险业：矛盾、挑战与对策［M］．中国金融出版社，2000：266.

② 刘茂山主编．保险发展学［M］．中国金融出版社，2005：282.

③ 赵心宇．对健全我国保险监管体系的研究［J］．上海保险，2012（7）.

标，从现场监管、非现场监管采集的数据中，提取有用的数据，形成切实可行的监管指标，依照指标指导监管活动，实现动态、量化监管。三是加强基层的保险监管力量。虽然我国保险业监督由保监会统领全局，保监会亦在各地设有派出分支机构，但我国地大物博、民情复杂是不争的事实，保险监管机构的分布稍显薄弱，造成了保监会巨大的监管压力。加强基层的保险监管力量，不仅减少保险会的工作压力，也使得监管频率和密度增加。四是善于借鉴发达国家经验，完善财务分析和偿付能力跟踪系统，建立起统一的风险监测与风险识别指标体系。

（二）完善社会监管体系

除了专门的保险监管机构对保险业进行监管外，社会公众对保险业的监管也是监管体系中不可缺少的一环，是政府监管的必要补充。其优势之处在于有助于形成对保险机构经营管理的倒逼机制，促使其提升服务质量、防范化解风险，同时也可对政府监管和保险机构内部控制所呈现的保险监管力量不足，监管覆盖面不高，无法及时有效地对所有违法行为实施惩戒等缺陷作出弥补。① 应当说，提升社会监管能力，完善社会监管体系使之适应整体保险监管体系，是一个健全的保险行业的内在要求。鉴于此，一方面，应当加强行业自律。行业自律具有经常性、及时性、专业性、低成本性的特点，所以，行业自律能有效地促进和保障保险业的规范运用和健康发展，提高保险业的整体素质。② 在开展保险业的行业自律过程中，不妨赋予保险行业协会一定的权力，逐步提高行业协会在社会上的公信度，使其具有一定的权威性，行业协会也要遵循专业化、协调化和科学化的原则，积极发挥自我管理、自我服务、自我监督的功能，以详细、全面、针对性强且具有可操作性的市场规范和监察程序来约束市场经营主体。③ 另一方面，要充分发挥社会其他监督的作用，鼓励社会其他力量例如：律师、审计师、会计师等专业人员或中介人员加强对保险业的监督管理。这种监督不仅成本较低，而且监管范围较广。此外，普通公众的舆论监督也是一种重要的监管力量，对于规范保险经营者的经营行为，提高保险经营水平有着不可忽视的作用。

（三）完善保险经营者内部监管体系

虽然政府监管与社会监管使得监管体系看似丰满，但无论何种强度、何种科学的监管方式，最终落实者在保险经营者。因此，保险经营者内部的监管机制是完成健全监管体系的最终环节。保险公司内部控制主要是对本单位内部运

① 杨俊．涉保险犯罪刑法理论与实务［M］．上海人民出版社，2015：254.

② 丁孜山，丁蔚．保险发展与创新［M］．复旦大学出版社，2006：166.

③ 杨俊．涉保险犯罪刑法理论与实务［M］．上海人民出版社，2015：254.

行以及对客户资信审定和融通、交易、支付等行为的规范化。① 产权边界清晰是企业利润最大化行为规范的基石，西方发达国家的保险企业产权清晰，因此他们为利润最大化目标所驱动，建立起规避风险、保证保险公司收益的机制，遵循稳妥配置及处置资产的准则，确保公司长期正常运营。我国保险公司通过近几年的改革，产权状况得到很大改善，合资保险公司和民营保险公司的兴起，成为保险公司产权商业化、市场化的标志，部分保险公司转制上市，更是保险企业产权市场自由交易的趋势。

完善保险经营者内部监管体系，需要做到以下几点：其一，要积极推动保险公司上市和改制，建立健全保险市场微观主体企业制度，做到监管者、所有者、经营者的有效分离。其二，要大力推进优化股权结构工作。通过定向募集、公开发行股票和探索其他的融资方式实现保险公司的增资扩股。其三，要增强董事会管理的独立性。建立完善保险公司独立董事制度。进一步增强董事会的独立性，鼓励在保险公司董事会下建立投资、审计、核保、理赔、再保险、薪酬等专门委员会，提高董事会决策的效率和质量。② 其四，确定保险公司内部稽查的有利地位。只有保险内部存在一个强有力的稽查机关才能随时发现其内部运营的问题，及时修正内部的问题，预估风险点，做好预防措施，防止风险扩大化。

二、规范保险市场经营活动

保险市场经营活动作为保险业发展的主要方面，也是保险业正常运营的核心要素，保持保险市场的长期稳定和健康发展，必须规范保险市场经营活动，净化保险业的成长环境。保险公司既是经营风险业务的企业，又应该是防范风险的主体，保险经营过程的实质就是对所承保风险进行有效管理和合理组合的过程，所以，任何保险公司要长期立足于保险市场，处于不败之地，就得合法经营、严格履约、杜绝违规、规范管理、防范欺诈、提高效率。③

事实上，作为保险市场经营的主体，保险公司的经营活动直接关系着保险市场的健康与否，保险经营者的行为应该严格遵守经济、市场发展规律，要确立起合理经营、稳健发展的经营意识，自觉监理业务操作规则和管理规章，维护保险业的良好声誉。规范保险公司市场经营活动，应当从以下几点入手：

首先，严格遵守保险公司的经营范围。保险业实行特许经营制度，明确保险公司的经营范围是进行一切保险经营活动的前提。为规范我国境内各保险公

① 王凤垒．金融犯罪研究［M］．中国检察出版社，2008：358.
② 赵心宇．对健全我国保险监管体系的研究［J］．上海保险，2012（7）.
③ 林茂荫，陆爱勤．保险违约与保险犯罪［M］．中国检察出版社，2002：279－283.

司的经营行为，《保险法》第九十五条明确了保险公司的业务范围，包括(1) 人身保险业务，包括人寿保险、健康保险、意外伤害保险等保险业务；(2) 财产保险业务，包括财产损失保险、责任保险、信用保险、保证保险等保险业务；(3) 国务院保险监督管理机构批准的与保险有关的其他业务。此外，保险人不得兼营人身保险业务和财产保险业务。但是，经营财产保险业务的保险公司经国务院保险监督管理机构批准，可以经营短期健康保险业务和意外伤害保险业务。最后，保险公司应当在国务院保险监督管理机构依法批准的业务范围内从事保险经营活动。本条规定是我国境内一切保险公司“开张做事”的基本前提——在国务院保险监督管理机构依法批准的业务范围内从事经营活动，其业务范围不是由自己设定也不是由市场自发形成，而是经保险监管机关核准。需要注意的是，之所以《保险法》第九十五条规定保险人不得兼营，原因在于人身保险和财产保险，性质各异，经营方式也不同，为保证保险公司业务的纯粹性、专业性，避免市场的混乱，保障被保人、投保人、受益人之利益。除了禁止兼营外，“保险业和银行业、证券业、信托业实行分业经营、分业管理，保险公司与银行、证券、信托业务机构分别设立。国家另有规定的除外”，此条是《保险法》第八条关于禁止保险公司兼业之规定。禁止兼业的立法旨意在于保障保险公司资金安全，防止保险公司与其他金融行业的资金混淆，保障保险公司能够正常承保和理赔。

其次，加强对保险公司偿付能力的重视。保险公司是经营危险的行业，人们之所以愿意花费重金投保，源于保险具有分担风险、降低风险的内在特征。由此，保险公司偿付能力直接关系着万千投保人、被保人、受益人的保险利益，与保险市场的稳定和繁荣更是密不可分。《保险法》第一百零一条以命令性规范的方式明确了保险公司应当保证其偿付能力——“保险公司应当具有与其业务规模和风险程度相适应的最低偿付能力”。保险公司的认可资产减去认可负债的差额不得低于国务院保险监督管理机构规定的数额；低于规定数额的，应当按照国务院保险监督管理机构的要求采取相应措施达到规定的数额。再者，针对偿付能力不足或存在风险的保险公司，《保险法》第一百三十八条、第一百四十四条、第一百四十五条规定了对其的监管方式以及接管方式。由此可见，无论是从保险经营的角度，还是保险监管的角度，保险公司的偿付能力都是重点内容，对其的高度重视应当贯穿保险经营的整个过程。概而言之，重视保险公司偿付能力，应当建立起科学的偿付能力监管指标体系，利用大数据技术实时监测保险公司偿付能力，及时发现风险、化解风险。在此过程中，应积极学习保险业发达国家如美国、英国等的先进思想和技术，立足我国保险市场、金融市场的自身特点，利用现代科技，创造出更加完善的偿付能力管理方案。

最后，进一步规范保险资金的运用。保险资金是保险公司正常运营的基本，是保险公司营利的来源，也是保险经营的主要目的。保险资金之所以能够运用，是因为资金形成与保险赔付之间存在着时间差，特别是长期人身保险业务，存积的保险资金有很长的闲置时间，保险公司通过资金运用，可以增强其偿付能力和竞争能力。① 有鉴于此，《保险法》第一百零六条规定了保险公司保险资金的运用原则和具体方式，要求“保险公司的资金运用必须稳健，遵循安全性原则。保险公司的资金运用限于下列形式：（1）银行存款；（2）买卖债券、股票、证券投资基金份额等有价证券；（3）投资不动产；（4）国务院规定的其他资金运用形式。保险公司资金运用的具体管理办法，由国务院保险监督管理机构依照前两款的规定制定”。除此之外，《保险法》第一百零七条规定了“经国务院保险监督管理机构会同国务院证券监督管理机构批准，保险公司可以设立保险资产管理公司。保险资产管理公司从事证券投资活动，应当遵守《中华人民共和国证券法》等法律、行政法规的规定。保险资产管理公司的管理办法，由国务院保险监督管理机构会同国务院有关部门制定”。以此两项规定为框架，一切保险资金的运用均不能超出此范围。因此，规范保险资金的运用，保险公司必须集坚守规定与灵活运用为一体，提高资金运用的流动性，增大资金运用的积极效果，扩大保险公司的社会影响，防止不当投资行为甚至违规投资行为，保障资金安全，确保偿付能力。

三、提高公众安全意识

我国现阶段，经济发展水平离发达国家还有一定的差距，民众对保险的投资虽然在逐年增加，但是大部分人基本保险知识却是欠缺的，遑论熟悉保险的运作方式。保险犯罪区别于其他犯罪的一个重要因素是保险经营和保险执业需要极高的专业性，换而言之保险犯罪具有极高的隐蔽性，同时保险犯罪的危害性易被忽视。在保险机制中，投保人缴纳保费虽然数额相对较小但却是确定的，而保险人所给付的保险金数额巨大但却并不确定。由于总体上保险事故必然会发生，但发生的范围相对较小，并不一定发生到某个特定的投保人或被保险人身上，由此导致没有发生保险事故的投保人或被保险人最终丧失保险费而未得任何给付。保险的此种射幸性，极易使行为人实施保险犯罪获得不明就理之人的谅解，从而使保险犯罪的严重社会危害性被不当地忽视。正是保险犯罪的这种特点，决定了预防保险犯罪必须从大众的防范意识抓起。

一方面，普及保险知识，提高公众对保险的正确意识。当前，我国的保险业发展水平相比发达国家较低，普通民众意识到保险的作用，但是尚未觉察到保险的重要性。面对种类繁多的保险产品，以及铺天盖地的理财评论，大多数

---

① 方乐华．保险与保险法［M］．北京大学出版社，2009：393.

人不了解保险的运作方式，使得我国民众对保险的认识停留在感性阶段，缺乏理性认识。鉴于此，应通过各种手段大力宣传保险的基本常识，引导民众理性认识保险及保险的功能，遏制不正确的保险评论。通过提高公众保险基本知识，增加保险犯罪的犯罪成本、降低保险犯罪的发生频率。

另一方面，普及保险相关法律，提高公众的法律意识。虽然我国现阶段保险业发展不够充分，但随着经济的发展，保险业无疑将成为支撑我国金融业发展的一股重要力量。在此前提下，普及保险相关法律，提供公众的保险法律意识，防止不正当的保险经营行为发生对完善保险市场以及防治保险犯罪有着重要意义。具体来说，要提高公众的契约意识。基于保险合同乃保险双方约定事由的主要依据，因此须培养公众遵纪守法，严格履约的契约意识，同时应加强保险原则、保险合同性质以及保险法规教育，让其认清保险的互助共济之特性，即保险是以大数法则和概率论为理论基础的，并在损失机会均等条件下的一种互助。① 此外，还应通过普法宣传提高民众对保险犯罪的鉴别能力。法律具有规范机能，即法律通过对行为模式及其后果的规定而对人的行为发生影响的方式、手段和后果。② 法律规范作为一种带有价值判断的行为规则，同时具有指引机能和评价机能。作为行为规范的法律规范是国民的行动准则，指引着人们该如何行为，发挥着创设国民行动预期的作用，并就违背此种指引的行为规定了相应的处罚后果，因而也体现出法律规范的指引机能和评价机能的统一。事实上，法律一经制定并生效就对国民的行为起着现实的指引和评价作用，人们可以从对法律条文的解读中预测自己的行为后果，并据此调整自己的行为，自由选择是实施违法行为，还是实施适法行为。但法律此时的指引和评价机能仅是一种抽象的、“当为”意义上的机能，其在实践中真正发挥作用还有待普法宣传，让社会公众知悉法律规范的具体内容及违反后需要承受的法律制裁，从而强化社会公众对法律规范有效性和强制性的信赖。因此，通过保险法律的普法宣传，可以极大地推动社会公众掌握保险法律知识，提升保险法律意识，这不仅可以促使社会公众本人不实施保险犯罪行为，而且吸引其投身于保险犯罪的监督和防治工作中来。

第三节　保险犯罪的微观防治对策

一、建立科学规范的保险理赔制度

保险理赔是投保人实现其保险利益的最后环节，也是防范保险犯罪的关键

① 王晓东主编．当代金融犯罪防治对策研究［M］．山东人民出版社，2006：230.

② 陈春龙．法律规范作用新探［J］．现代法学，1990（4）.

环节。由于保险公司风控管理没有形成一套科学的机制，也由于我国保险市场保险公司间不正当竞争的客观存在，不乏保险公司在理赔时“政策宽松”，从而滋长某些人企图通过保险犯罪获得巨额财富的心理，实际上为保险犯罪提供了产生的土壤。从严格意义上来说，保险理赔是防范涉保险犯罪，避免恶用保险得逞的重要环节，是保险违法、犯罪实现其骗取保险金目的必须经历的关口，当然这也是保险内控监管机制审核的重点和最后的防线。① 理赔制度的严密和科学与否直接决定了保险犯罪的难易程度，因此，要防范和打击保险犯罪，建立科学、严密、规范、高效的保险理赔制度实属必要，应从以下几个方面展开：

1. 加强理赔制度建设，健全管理规章。保险理赔是根据保险合同约定，在保险事由发生时，保险公司履行其保险合同义务的行为。保险理赔活动应严格依照《保险法》及其他保险法律法规、保险公司内部制度进行，防止滥赔、乱赔。理赔程序应按照接报登记、查阅档案、初审保险单责任、现场勘察、调查原因、审核证明材料、定损复核、出示保险事故调查报告、理赔审批的步骤按部就班地进行。各保险公司应当对保险理赔的规范流程进行严格的梳理，从中发现漏洞所在并加以完善，任何一个理赔环节在兼顾理赔效率的同时，都必须建立起科学、规范的制度。此外，作为保险理赔的重要角色，保险理赔员的管理制度也对理赔制度建设与完善起着重要意义。除将遵纪守法、坚持理赔原则等强制性要求作为管理理赔员的规定外，为了预防道德风险，还可以根据保险公司内部的情况，建立起切实有效的轮岗制度，进而起到理赔员互相监督、防止串通骗保等情况发生的作用。

2. 加强技术支撑建设，弥合制度漏洞。在保险实践中，保险制度的漏洞客观上为不少不法分子实施保险犯罪提供了便利条件，防范保险犯罪，必须加强技术支撑建设，充分运用现代技术特别是计算机信息技术，弥合保险制度的漏洞。一是要善于利用计算机技术，大力发展计算机工作系统，建立先进、完备且便于使用的计算机工作系统，在输入资料、数据准确、规范之基础上进行理赔活动，最大限度地避免管理上的漏洞及人为因素产生的漏洞，提高承保理赔水平。二是各保险公司内部可以利用大数据技术，根据自己内部的数据以及法院公布的案件数据，提炼出各理赔环节的各项数据，针对此数据进行漏洞分析、发生原因分析、预估风险点进而对各项制度进行健全，针对多次骗保等不规范行为的行为人设立黑名单制度。三是各保险公司和保险监督机关之间可以利用互联网技术，建立起一个资源共享的理赔数据库，信息互通，加强沟通。既方便保险公司间信息的及时共享、交流，又方便保险监督机关的实时监督，从而减少保险犯罪人可钻的空子。

---

① 林茂荫，陆爱勤．保险违约与保险犯罪［M］．中国检察出版社，2002：287.

3. 建立健全承保和理赔相分离制度。承保和理赔是控制道德风险的两个最重要的环节，它们分别独立设置，可以起到相互制约、相互验证的作用。① 建立和健全承保、理赔相分离制度，是降低理赔过程中的道德风险，强化保险公司内部监督，防治保险犯罪的重要手段之一。为此，一方面要严把承保关，对标的做全面考查，杜绝超额承保，不能使不合格标的蒙混过关。要一一交验各种手续、证照，剔除不合格的被保险人和标的。另一方面严格理赔审核制度，实行双人查勘定损，查明出险时间、地点、肇事原因和损失金额等，全面、准确地收集证据，正确确定责任。司法实践中很多案件表明，虽然事故发生后犯罪分子手段很狡猾、隐蔽，但由于理赔人员坚持按规章制度办事，进行了认真、深入的调查，总能发现问题、识破骗局。②

二、健全保险机构的内部管理机制

健全保险机构的内部管理机制，是确保保险公司能够正常有序运营的核心，一个完善的内部管理机制不仅能够帮助保险公司扩大保险业务、增加保险资金、加大公司盈利，而且可以保障投保人、被保人、受益人的保险权益，从而起到稳定保险市场，繁荣金融业的作用。总的来说，健全保险机构的内部管理机制就是要使保险公司内部形成一个依法经营、按章办事、有条不紊的工作机制，进而有效防止保险犯罪的发生。具体来说，主要有以下几个方面的手段：

1. 健全财务管理制度。《保险法》第一百一十条规定，保险公司应当按照国务院保险监督管理机构的规定，真实、准确、完整地披露财务会计报告、风险管理状况、保险产品经营情况等重大事项。作为应当披露的内容之一，财务会计报告，对公众和保险监管机构透露的是该保险公司的运营情况，直接反映出该保险公司的健康状况，似一张“体检表”。无疑是保险公司内部管理的重要内容，财务管理制度建设是每个现代保险公司都应进行的工作。保险机构应该按照会计准则和保险监管的要求，建立统一的财务核算制度体系会计核算流程，并根据法律和监管政策的要求及时更新相关控制要求，同时定期接受财务方面的经常性检察，以便及时发现经营管理中存在的问题，有效防止职务侵占、挪用公款、违规支付等违法、违规及犯罪行为。③

2. 处理好扩展业务和保单质量的关系。如前文所述，当前我国保险市场竞争激烈，保险从业门槛较低，为了在激烈竞争的环境中尽量获取最多的保单，保险公司常常只盲目将关注点落在保单数量即保险从业人员的业务量上，而忽

---

① 陶存文. 中国保险交易制度成本研究［M］. 立信会计出版社，2005：201.

② 怯帅卫. 保险诈骗犯罪的侦防对策［J］. 山东警察学院学报，2015（6）.

③ 杨俊. 涉保险犯罪刑法理论与实务［M］. 上海人民出版社，2015：267.

视了保单的质量，例如在人身保险业务中，保险销售者为了拉拢客户，可能对客户谎报年龄的做法睁一只眼闭一只眼甚至自己亲自指导做假。也可能出现保险销售人员顾于销量之忧，盲目信任某些所谓的“大客户”的吹嘘，而签订了保险合同。这些不正常的扩展业务的方式，也给别有用心者提供了极佳的犯罪机会。因此，保险公司要处理好业务开展和保单质量的关系，既要拓展市场，又要保证保险销售人员依规办事。应当看到，要克服此问题就要着力改善保险营销人员的工作环境和条件。中国当前保险公司数量大，保险销售人员的数量则更大，但是目前的保险销售获得工资薪酬的方式是按照其完成的保单数量以一定的比例提取报酬，在代理制的人事制度下，保险销售人员没有底薪，工资来源直接取决于业务量大小。此外，由于保险公司要大幅度降低自身的运营成本，对保险销售人员采取的是人事代理制度，免去了为这些保险销售人员缴纳社会保险的费用。这些制度终成为迫使某些保险销售人员或误导或诱骗投保人，或与投保人串通制造假保单的情况发生，然而这也是保险犯罪发生的开端。

3. 提高保险机构内部的业务管理水平。保险公司的业务管理是否科学决定着保险公司经营水平的高低，也决定着保险犯罪的犯罪成本高低，深而言之，保险公司内部的业务管理水平越高保险犯罪的成本越高，保险犯罪发生的可能性就会越低。因此，可以从以下两个方面提高保险公司内部的业务管理水平。一是如上文所述要建立健全严格、科学、有效的承保理赔制度，同时加强保险偿付能力的监管。二是对再保险业务进行严格、科学管理。根据我国《再保险业务管理规定》第二条，再保险是指保险人将其承担的保险业务，部分转移给其他保险人的经营行为。再保险是对风险的再次分担，对于保险经营者、投保者、被保者、受益人的利益起到保障作用，对于保险市场起到稳定作用。因此，保险公司在进行再保险时，应当对再保险的方式、再保险的对象、再保险合同、再保险人资格等内容进行综合评估，制定科学合理的再保险制度。

三、提高保险从业人员的整体素质

无论保险监管制度、保险公司内部经营制度如何健全，最终的执行者仍然落到保险从业人员身上，因此，保险从业人员的素质决定了保险监管机构、保险公司各项制度是否能顺畅实施。保险从业人员的素质是保险从业者在保险工作中的内在品质，包括了保险从业者的道德品质、业务能力、知识储备、心理素质等内容。提高保险从业人员的素质，不仅关乎着保险公司乃至保险业的繁荣昌盛，更是扼制保险犯罪的重要手段。具体来说，可以由以下几个方面展开：

1. 提高从业人员的业务技能。由于保险服务对象广泛、保险标的多样、赔偿处理程序复杂，保险从业人员应当熟知业务知识才能保证工作效率，保证保险机构的正常运行。为此，首先应加强保险从业人员的学习。要鼓励保险从业人员自觉进行业务学习，建立激励机制，对学习积极性高、学习效果明显的保险从业人员给予一定程度的奖励。也可以通过开展定期培训等活动促使保险从业人员学习业务知识。其次，要培养保险从业人员对保险犯罪的甄别能力。要通过案例教育、法制教育、交通运输知识教育、医疗服务知识教育等方式培养保险从业人员的警惕性，依照规定开展工作的同时要善于在日常工作中发现疑点，严把保险经营中的各个关卡，使欲犯罪者无处“施展拳脚”，将保险犯罪扼杀在摇篮之中。

2. 要对保险业从业人员加强思想教育。保险从业人员的思想情况决定其工作中的态度和道德风险发生的概率，强化保险从业人员的思想教育既是预防保险从业人员职务犯罪的重要手段，也是提高保险从业人员对其他保险犯罪识别率的重要方式。实践中发现，保险犯罪出现团伙化、职业化倾向，有保险从业人员伙同投保人、被保人、受益人进行犯罪的，也有保险从业人员伙同其他工作岗位工作人员进行犯罪的，例如，怂恿交警开出假事故责任认定书，要求医院医生进行虚假伤残鉴定等，还有保险从业人员监守自盗挪用公款或贪污的。对保险从业人员的思想教育包括社会公德、个人道德、职业道德、法律意识的教育，帮助保险从业人员树立起正确的人生观和价值观，尽量从源头上降低道德风险的发生，一旦发现有不良苗头的，要立即制止和纠正，必要时将其调离岗位或部门①。

3. 保险公司严把进人关，加强员工管理，及时将不合格的从业人员清除出保险队伍，以防微杜渐，确保企业稳健经营。保险系统发生的一些“骗保窝案”可谓触目惊心，如新华人寿江苏泰州中心支公司副总经理王某某，2003—2009年通过私自印制假保险凭证非法集资、截留挪用保费和退保资金等方式，诈骗、挪用和侵占资金约3.5亿元。王某某在挪用资金后用于投资设立了公司、购置房产汽车等，新华人寿对所涉及的消费者进行了资金垫付。据知情人士透露，新华泰州中心支公司的数名员工均参与了王某某的非法集资和挪用保费活动，这其中既有内勤也有外勤；既有财务部负责人，也有技术岗位员工。保监会在对此案的通报中称：“泰州中支历任主要负责人管理不善，未能对团体业务的质量和风险进行有效制约和管控；泰州中支部分员工直接参与协助王某某作案或客观上为王某某作案提供帮助”。此案除主要涉案人员被公安机关逮捕或采取强制措施外，其他28位新华人寿总公司、分公司和中支公司主要负责人、分管领导和直接责任人被保监会追究责任，处以开除、警告和罚款等措施。②

① 李永升主编．金融犯罪研究［M］．中国检察出版社，2010：551．

② 怯帅卫．保险诈骗犯罪的侦防对策［J］．山东警察学院学报，2015（6）．

四、完善惩治保险犯罪的刑罚配置

（一）进一步扩大罚金刑的使用

早在人类社会出现的初期，罚金刑就已被使用，直到中世纪以前，罚金刑一直被当成赎罪的方法在欧洲普遍适用。我国古代的刑罚体系中，由于受到诸法合体的立法格局影响，在疑罪从赦方面和以钱赎罪方面具有重要作用。[①] 19世纪后半期以后，罚金刑作为刑罚社会化和轻刑化的改革方案，被认为是替代短期自由刑的最佳措施。进入20世纪以来（尤其是第二次世界大战后），社会越轨形态的多样性以及受福利司法理念影响，以罚金刑为代表的刑事处罚被应用于大量管理型行政规范。[②]

罚金刑作为我国刑罚体系中一项重要的附加刑，在1997年刑法修订之初，350个分则条文中有140个条款规定罚金刑，占比达到40%，时至《刑法修正案（九）》，我国刑法分则规定罚金刑条款已超过170个，占比达到48%以上。由此，我国立法者对扩大罚金刑的适用之立场是鲜明的。在刑罚轻缓化成为世界潮流的背景下，扩大我国罚金刑的适用范围无疑是明智之举。

首先，罚金刑是刑罚的宽缓和文明进步的体现。由于罚金刑是以金钱为媒介对犯罪人的人格进行非难，故给予本人的打击比较缓和，而且只限于财产性的痛苦。对初犯者或犯罪情节轻微的，罚金刑既能让其体会到痛苦，又符合了罪行相当的基本刑法原则。罚金刑误判易纠，一旦发现误判，可以将判罚的金钱本息全部返还给受刑人，使误判得到比较彻底的纠正。事实上，罚金刑作为对轻微犯罪的刑罚，能够避免短期自由刑的弊害，避免犯罪人在狱中感染更深的恶习，避免犯罪人对社会生活的不适应，避免影响犯罪人的家庭生活。此外，罚金刑符合刑罚发展的一般规律，即刑罚由重到轻、由封闭到开放、由残酷到人道的发展规律和世界刑罚发展趋势。

其次，罚金刑也是一种针对性很强的科学而有效的刑罚，可以很好地体现刑罚处罚的系统性、严密性、针对性和有效性，理由有六个：一是罚金刑能够从数量上反映出犯罪的轻重，可以做到对轻重不同的犯罪科处数额不同的罚金；二是由于在现代社会许多活动与享受都以金钱为前提，所以，罚金刑使犯罪人可以感知其“生活质量”的损失；三是罚金刑对基于贪利性动机的犯罪人，可以剥夺实施犯罪的资本，使他们感到犯罪无利可图，从而收到很好的效果；四是罚金刑可以适应犯罪人的资产、收入、性格、家庭状况进行适用，能比自由刑起到更好的特殊预防作用；五是罚金刑可以适用于法人犯罪，具有适用技术

① 周密. 中国刑法史纲［M］. 北京大学出版社，1998：72.

② 熊谋林. 我国罚金刑司法再认识［J］. 清华法学，2013（5）.

上的长处，在我国，罚金刑是目前处罚犯罪单位的唯一刑罚方法；六是罚金刑的执行方法简单，不仅不需要过多的执行费用，而且能增加国库收入。[①]

保险犯罪是典型的贪利型犯罪，贪图利益是其犯罪的根本动机，因此，对一切保险犯罪配置罚金刑是从源头上断了犯罪人企图通过保险犯罪获得非法获得利益之念想。某些情况下，剥夺此类犯罪人的金钱比剥夺其自由更有预防作用。此外，应当注意，将保险犯罪的犯罪人统统送入监狱增加了交叉感染的机会，增进了犯罪人对犯罪手段、追逃方式等“技能”的交流，加大了犯罪人再犯的危险，客观上增加了改造的难度，难以达到刑罚实施的目的。值得庆幸的是，根据我国刑法的规定，几乎每个涉保犯罪都配置了罚金刑，但问题在于，实际判处罚金刑的数量不足，执行完毕的更是屈指可数，因此，需要科学设置罚金刑的实现方式。

我国刑法中，保险犯罪的罚金刑的设置采有无限额罚金制、倍比罚金制、限额罚金制。应当说，无限额罚金制不符合罪刑法定的基本思想，应当以其他罚金制度代替。可以引入日额罚金、期间罚金制度等既赋予法官充分的自由裁量权又灵活多样的罚金方式。

（二）建构刑事职业禁止灵活执行机制

鉴于保险犯罪有着极强的专业性，其实施大多需要犯罪人利用从事保险业务的职业便利或者违背保险职业所要求的特定义务，因此，对保险犯罪人适用刑事职业禁止，剥夺保险犯罪人特定期限内从事保险业务，能够有效防止其再犯保险犯罪。然而，我国现行刑事职业禁止的执行具有机械僵化性，并未以被禁止者再犯危险性为依据决定是否需要执行或者需要继续执行刑事职业禁止，以致不可避免地造成处罚过剩的现象，需要建构灵活的执行机制。

刑事职业禁止灵活执行机制是根据被禁止者再犯危险性的消减状况，决定是否执行或者是否继续执行刑事职业禁止，是一种灵活且富有弹性的执行机制，对于消除刑事职业禁止处罚过剩具有极为重要的意义。除此之外，在保险犯罪刑事职业禁止制度中建构灵活执行机制还有下列刑事政策意义：首先，刑事职业禁止灵活执行机制体现了刑事制裁个别化理念。刑事制裁个别化理念要求根据犯罪者个人的具体情况和再犯危险性，因人而异、区别对待，给予不同的被禁止者以不同的处罚方式，以达到最佳的惩罚和预防效果。其次，刑事职业禁止灵活执行机制体现了行刑社会化理念。行刑社会化强调刑罚执行与社会间的紧密联系，促使罪犯重新回归社会。虽然刑事职业禁止并非传统的封闭式监禁刑，不具有剥夺自由的严厉性，但毕竟克减被禁止者的平等就业权，限制了被

---

① 高铭暄，孙晓．宽严相济刑事政策与罚金刑改革［J］．法学论坛，2009（2）．

禁止者的行动自由，所以，在被释放时已经缺乏实际执行刑事职业禁止抑制再犯危险性，或执行过程中已不具备继续执行刑事职业禁止必要的场合，应当不执行或不继续执行刑事职业禁止，从而推动被禁止者重新融入社会。再次，刑事职业禁止灵活执行机制符合刑事制裁的经济性原则。经济性原则要求以刑事制裁措施实现惩罚和预防犯罪，必须要坚持“成本—收益”分析法，即在刑事制裁措施执行过程中，以最小的司法成本投入实现刑事制裁收益的最大化，以不实际执行、缩短执行期限来达到执行刑事制裁措施的最佳效果。最后，刑事职业禁止灵活执行机制具备对被禁止者强烈的激励作用。适用刑事职业禁止的被禁止者真诚悔过和积极改造自我的努力，理应被相关司法机关认可并给予实实在在的肯定评价。灵活执行机制是对不具有再犯危险性或再犯危险性明显降低的被禁止者，不再实际执行或不继续执行刑事职业禁止，不剥夺其从事相关职业的资格，从而为被禁止者的积极改造注入强大动力，使他们为了不被实际执行或提前恢复被剥夺的职业资格而努力争取良好的表现。

建立刑事职业禁止灵活执行机制的主要手段有：

（1）确立刑事职业禁止暂缓执行机制

刑事职业禁止暂缓执行，意指附条件不执行原判刑事职业禁止，也即对于刑事职业禁止开始执行之日没有再次滥用保险职业实施犯罪危险性的保险犯罪人，规定一定的考验期，暂缓刑事职业禁止的实际执行。如果被暂缓执行的保险犯罪人在考验期内遵守一定条件，原判刑事职业禁止就不再执行。刑事职业禁止的宣告时点与执行时点具有间隔性特征，宣告时点犯罪人具有再犯危险性，不代表执行时点保险犯罪人原有之再犯危险性不会因为刑罚执行而减弱或消除。由于再犯危险性自身的动态消长性特征以及刑罚执行矫正受刑人危险性格的机能，完全可能出现在刑罚执行完毕或假释之日，宣告时点所表现出的再犯危险性已经消失，而使继续执行刑事职业禁止预防再犯罪成为多余。在此种情形中，如若固执地继续执行刑事职业禁止，势必造成处罚过剩或过度，建构刑事职业禁止的暂缓执行机制，则有针对性地避免上述处罚过剩现象的发生。

（2）确立刑事职业禁止复权机制

关于“复权”的准确定义，理论界众说纷纭，存在刑罚消灭说、赦免说、资格回复说的对立。[①] 刑事职业禁止复权机制，采用的是资格恢复说意义上的“复权”，即复权系“对于因实施犯罪而被判处资格刑的犯罪人，在其具备法律规定的条件时，提前恢复其被剥夺、限制的权利或资格的制度”。[②] 循此，刑事职业禁止复权机制，是指对因实施保险职业直接关联犯罪被判处刑并适用刑事

① 何龙，张宝．论刑法中的复权制度［J］．安阳师范学院学报，2010（6）．

② 于志刚．刑罚消灭制度研究［M］．法律出版社，2002（576）．

职业禁止的保险犯罪人，在其再犯危险性消释或明显减弱时，提前恢复其被剥夺从事相关职业资格的制度。

与刑事职业禁止暂缓执行不同，复权机制是在刑事职业禁止已经处在实际执行的过程中，出于刑事职业禁止的执行或其他原因，保险犯罪人再次滥用原有保险职业实施职业直接关联犯罪的危险性业已消释或明显降低，以至于无需继续执行刑事职业禁止，被禁止者也不会再次实施犯罪，故而提前恢复保险犯罪人从事保险职业的资格。纵观域外刑法立法，复权机制乃普遍性经验，包括法国、意大利、罗马尼亚、韩国、瑞士、德国、葡萄牙、美国、加拿大等主流国家，均规定了条件不同和内容各异的复权机制。

参酌域外复权机制，结合中国实际情况，建构刑事职业禁止的复权机制，可以从适用对象、适用条件、时间条件和适用方式上展开制度设计：（1）适用对象。正在实际执行刑事职业禁止的被禁止者，即被宣告刑事职业禁止，且尚处在所确定的刑罚执行完毕或假释后特定期限内的犯罪人。若尚处在刑罚（主刑）执行期间，因刑事职业禁止尚未正式执行，无需对其复权，但被禁止者在刑罚执行期间，再犯危险性已经明显降低或消释的，可以对其适用暂缓执行。（2）适用条件。即从宣告刑事职业禁止所考察的情节综合来看，被禁止者所具有的再次滥用原有职业实施职业直接关联犯罪的危险性已经明显降低或消释。（3）时间条件。原则上，复权的时间应与其再犯危险性的消减状况相对应，但若是人民法院依职权决定复权的，复权理应在刑事职业禁止实际执行了最短期限后，如已实际执行2年。（4）适用方式。包括依申请的申请复权制和依职权的法定复权制。前者是被禁止者主动向作出最终判决的人民法院提出申请，由宣告刑事职业禁止的人民法院决定，此时被禁止者应向人民法院提交证明其再犯危险性变化的材料；后者是人民法院根据刑事职业禁止执行机构的复权建议或者依职权对已经执行最短期限的被禁止者的再犯危险性进行客观评估。若评估结论显示被禁止者的再犯危险性已经明显降低或消除的，应由人民法院决定对被禁止者复权，提前恢复其被剥夺的职业资格。

参考文献

一、著作类

［1］曹波．刑事职业禁止司法适用疑难问题解析［J］．刑法论丛，2017（1）．

［2］曹波．我国古代刑事职业禁止制度及其当代价值［J］．江西警察学院学报，2016（6）．

［3］曹兴权．保险法学［M］．华中科技大学出版社，2014．

［4］曹子丹，侯国云主编．中华人民共和国刑法精释［M］．中国政法大学出版社，1997．

［5］陈辐宽主编．金融证券犯罪疑难问题解析［M］．中国检察出版社，2009．

［6］陈兴良主编．刑法总论精释［M］．人民法院出版社，2010．

［7］陈兴良．规范刑法学［M］．中国人民大学出版社，2009．

［8］陈兴良主编．刑法各论的一般理论［M］．中国人民大学出版社，2007．

［9］陈兴良．刑法的启蒙［M］．法律出版社，2007．

［10］陈云中．保险学［M］．台湾五南图书出版股份有限公司，2009．

［11］陈子平．刑法总论［M］．中国人民大学出版社，2009．

［12］邓宇琼，许成磊．危害金融安全、利益和管理秩序犯罪司法适用［M］．法律出版社，2005．

［13］邓子滨．斑马线上的中国［M］．法律出版社，2015．

［14］丁孜山，丁蔚．保险发展与创新［M］．复旦大学出版社，2006．

［15］樊启荣．保险法［M］．北京大学出版社，2011．

［16］方乐华．保险与保险法［M］．北京大学出版社，2009．

［17］冯占军．中国保险业与经济协调发展研究［M］．武汉大学出版社，2007．

［18］付荣辉，李丞北主编．保险原理与实务［M］．清华大学出版社，2014．

［19］傅廷中．保险法学［M］．清华大学出版社，2015．

［20］高铭暄．中华人民共和国刑法的孕育诞生和发展完善［M］．北京大

学出版社，2012.

［21］高铭暄主编．刑法学原理［M］．中国人民大学出版社，2005.

［22］高铭暄主编．新型经济犯罪研究［M］．中国方正出版社，2000.

［23］高铭暄，马克昌主编．刑法学［M］．北京大学出版社、高等教育出版社，2016.

［24］高铭暄，赵秉志主编．21世纪刑法学新问题研讨［M］．中国人民公安大学出版社，2001.

［25］高宇．中国保险法［M］．高等教育出版社，2015.

［26］关浣非编译．保险欺诈［M］．中国检察出版社，1992.

［27］郭晶．刑事领域中法定犯问题研究［M］．黑龙江人民出版社，2009.

［28］何秉松．刑法教科书（下卷）［M］．中国法制出版社，2000.

［29］何帆．刑法修正案中的经济犯罪疑难解析［M］．中国法制出版社，2006.

［30］黄华明主编．中国保险法理论与实务［M］．经济科学出版社，1996.

［31］黄开旭主编．财产保险公司保险调查理论与实务［M］．中国金融出版社，2007.

［32］贾林青．保险法［M］．中国人民大学出版社，2014.

［33］江生忠．保险学理论研究［M］．中国金融出版社，2007.

［34］孔令学等编著．中华人民共和国反洗钱法解读与适用［M］．中国市场出版社，2007.

［35］郎胜主编．《关于惩治破坏金融秩序犯罪的决定》释义［M］．中国计划出版社，1995.

［36］李莹．法定犯研究［M］．法律出版社，2015.

［37］李永升主编．刑法新增和修正罪名适用［M］．中国人民公安大学出版社，2013.

［38］李永升．金融犯罪研究［M］．中国检察出版社，2010.

［39］李玉泉．保险法［M］．法律出版社，2003.

［40］梁庭标主编．刑法学［M］．厦门大学出版社，2015.

［41］梁宇贤．保险法实例解说［M］．中国人民大学出版社，2004.

［42］林山田．刑法通论［M］．北京大学出版社，2012.

［43］林荫茂，陆爱勤．保险违约与保险犯罪［M］．中国检察出版社，2002.

［44］蔺翠牌主编．保险法教程［M］．中国财政经济出版社，1998.

［45］凌氤宝等．保险学理论与实务［M］．台湾华泰文化事业股份有限公司，2014.

［46］刘革，邓庆彪主编．保险原理与实务［M］．西安电子科技大学出版社，2014.

［47］刘金章编著．保险学导论［M］．北京交通大学出版社，2009.

［48］刘克崮．论草根金融［M］．中国金融出版社，2015.

［49］刘树德．“口袋罪”的司法命运非法经营的罪与罚［M］．北京大学出版社，2011.

［50］刘茂山主编．保险发展学［M］．中国金融出版社，2005.

［51］刘宪权主编．刑法学［M］．上海人民出版社，2016.

［52］刘宪权．金融犯罪刑法学新论［M］．上海人民出版社，2014.

［53］刘宪权．金融犯罪刑法学专论［M］．北京大学出版社，2011.

［54］刘宪权．金融犯罪刑法理论与实践［M］．北京大学出版社，2008.

［55］刘宪权．金融风险防范与犯罪惩治［M］．立信会计出版社，1998.

［56］刘永刚主编．保险学［M］．人民邮电出版社，2013.

［57］刘远．金融诈骗罪研究［M］．中国检察出版社，2002.

［58］陆爱勤编著．保险原理与实务［M］．华东理工大学出版社，2014.

［59］罗豪才主编．行政法学［M］．中国政法大学出版社，1996.

［60］罗豪才，湛中乐．行政法学［M］．北京大学出版社，2012.

［61］马克昌．比较刑法原理［M］．武汉大学出版社，2002.

［62］马克昌主编．犯罪通论［M］．武汉大学出版社，1999.

［63］马克昌．经济犯罪新论——破坏社会主义经济秩序罪研究［M］．武汉大学出版社，1998.

［64］缪树权．渎职、侵权案件重点、难点问题的司法适用［M］．中国法制出版社，2006.

［65］齐瑞宗主编．保险理论与实践［M］．知识产权出版社，2015.

［66］任惠华主编．职务犯罪侦查指引［M］．中国检察出版社，2015.

［67］宋浩波，靳高风主编．犯罪学［M］．复旦大学出版社，2009.

［68］孙国祥，魏昌东．经济刑法研究［M］．法律出版社，2005.

［69］孙积禄．保险法［M］．高等教育出版社，2008.

［70］孙军工．金融诈骗罪［M］．中国人民公安大学出版社，2003.

［71］孙祁祥等．中国保险业：矛盾、挑战与对策［M］．中国金融出版社，2000.

［72］孙应征．渎职罪办案一本通［M］．中国长安出版社，2007.

［73］谭兆强．法定犯理论与实践［M］．上海人民出版社，2013.

［74］汤俊湘．保险学［M］．台湾三民书局，1987.

［75］陶存文．中国保险交易制度成本研究［M］．立信会计出版社，2005.

[76] 王凤垒．金融犯罪研究 [M]．中国检察出版社，2008.
[77] 王海桥．经济刑法解释原理的建构及其适用 [M]．中国政法大学出版社，2015.
[78] 王和．大数据时代保险变革研究 [M]．中国金融出版社，2014.
[79] 王觐．中华刑法论 [M]．姚建龙勘校，中国方正出版社，2005.
[80] 王利明．合同法 [M]．中国人民大学出版社，2015.
[81] 王晓东主编．当代金融犯罪防治对策研究 [M]．山东人民出版社，2006.
[82] 王勇．定罪导论 [M]．中国人民大学出版社，1990.
[83] 王作富主编．刑法分则实务研究 [M]．中国方正出版社，2010.
[84] 温世扬主编．保险法 [M]．法律出版社，2016.
[85] 吴荣清．财产保险概要 [M]．台湾三民书局，1992.
[86] 吴允锋．经济犯罪规范解释的基本原理 [M]．上海人民出版社，2013.
[87] 肖兴政，郝志伦主编．犯罪心理学 [M]．四川大学出版社，2004.
[88] 谢望原主编．伪造、变造犯罪研究 [M]．中国人民公安大学出版社，2010.
[89] 修波主编．人身保险 [M]．中国金融出版社，2014.
[90] 许崇苗，李利．中国保险法原理与适用 [M]．法律出版社，2006.
[91] 徐志伟主编．破坏社会主义市场经济秩序罪 [M]．中国民主法制出版社，2015.
[92] 薛瑞麟主编．金融犯罪再研究 [M]．中国政法大学出版社，2007.
[93] 杨俊．涉保险犯罪刑法理论与实务 [M]．上海人民出版社，2015.
[94] 杨立新．民法总则 [M]．法律出版社，2013.
[95] 杨仁寿．法学方法论 [M]．中国政法大学出版社，2013.
[96] 杨兴国．贪污贿赂犯罪认定精解精析 [M]．中国检察出版社，2015.
[97] 杨雪冬．风险社会与秩序重建 [M]．社会科学文献出版社，2006.
[98] 杨正鸣主编．经济犯罪侦查新论 [M]．中国方正出版社，2004.
[99] 杨忠海编著．保险学原理新编 [M]．中国金融出版社，2015.
[100] 于志刚．刑罚消灭制度研究 [M]．法律出版社，2002 版。
[101] 赵秉志主编．中国刑法案例与学理研究·分则篇（六）[M]．法律出版社，2001.
[102] 赵秉志，李希慧主编．刑法各论 [M]．中国人民大学出版社，2016.
[103] 赵秉志．刑法分则问题专论 [M]．法律出版社，2004.
[104] 赵秉志主编．金融诈骗罪新论 [M]．人民法院出版社，2001.

［105］赵宁．罪状解释论［M］．上海人民出版社，2014.

［106］赵翔，刘贵萍主编．犯罪学原理［M］．中国言实出版社，2009.

［107］张静．保险案件司法观点集成［M］．法律出版社，2016.

［108］张军主编．破坏金融管理秩序罪［M］．中国人民公安大学出版社，2003.

［109］张俊霞，郝守财．渎职罪的理论与司法适用［M］．中国检察出版社，2002.

［110］张明楷．刑法学［M］．法律出版社，2016.

［111］张明楷．外国刑法纲要［M］．清华大学出版社，2007.

［112］张明楷．诈骗罪与金融诈骗罪研究［M］．清华大学出版社，2006.

［113］张世琦，张锐铭．刑法罪名例解［M］．人民法院出版社，2016.

［114］张小虎．当代中国社会结构与犯罪［M］．群众出版社，2009.

［115］张兆利．保险诈骗罪研究［M］．中国检察出版社，2007.

［116］郑飞等．金融诈骗罪研究［M］．立信会计出版社，2014.

［117］郑泽善．刑法总论争议问题研究［M］．北京大学出版社，2013.

［118］郑镇樑．保险学原理［M］．台湾五南图书出版股份有限公司，2014.

［119］钟明主编．保险学［M］．上海财经大学出版社，2015.

［120］周光权．刑法各论［M］．中国人民大学出版社，2016.

［121］周密．中国刑法史纲［M］．北京大学出版社，1998.

［122］朱铭来主编．保险法学［M］．南开大学出版社，2006.

［123］本书编写组编写．财产保险公司反洗钱理论与实务［M］．首都经济贸易大学出版社，2016.

［124］全国人大常委会法制工作委员会刑法室编著．中华人民共和国刑法解读［M］．中国法制出版社，2015.

［125］全国人大常委会法制工作委员会刑法室编．《中华人民共和国刑法》条文说明、立法理由及相关规定［M］．北京大学出版社，2009.

［126］中国人民银行反洗钱局编．中国反洗钱专题研究 2012［M］．中国金融出版社，2014.

［127］最高人民法院民事审判第二庭编．保险案件审判指导［M］．法律出版社，2015.

［128］［德］克劳斯·罗克辛．德国刑法学总论［M］．王世洲译，法律出版社，2005.

［129］［德］李斯特．德国刑法教科书［M］．徐久生译，法律出版社，2006.

［130］［德］约翰内斯·韦塞尔斯．德国刑法总论［M］．李昌珂译，法律出版社，2008.

［131］［法］卢梭．社会契约论［M］．钟书峰译，法律出版社，2012.

［132］［美］阿罗．信息经济学［M］．何宝玉等译，北京经济学院出版社，1989.

［133］［美］C. 小阿瑟·威廉斯等．风险管理与保险［M］．马从辉等译，经济科学出版社，2000.

［134］［美］E. 博登海默．法理学：法律哲学与法学方法［M］．邓正来译，中国政法大学出版社，2004.

［135］［美］哈罗德·J. 伯尔曼著．法律与宗教［M］．生活·读书·新知三联出版社，1991.

［136］［美］克拉克．保险合同法［M］．何美欢等译，北京大学出版社，2002.

［137］［美］M. W. 瓦托夫斯基．科学思想的概念基础——科学的哲学导论［M］．范贷年等译，求实出版社，1982.

［138］［美］特瑞斯·普雷切特等．风险管理与保险［M］．孙祁祥等译，中国社会科学文献出版社，1998.

［139］［美］詹姆斯·R. 卡利瓦斯，迈克尔·R. 奥弗利．大数据商业应用风险规避与法律指南［M］．陈婷译，人民邮电出版社，2016.

［140］［日］井田良．刑法总论的理论构造［M］．日本成文堂，2005.

［141］［日］日高义博．违法性的基础理论［M］．张光云译，法律出版社，2015.

［142］［日］山口厚．刑法总论［M］．付立庆译，中国人民大学出版社，2011.

［143］［日］松宫孝明．刑法总论讲义［M］．钱叶六译，王昭武审校，中国人民大学，2013.

［144］［日］松原芳博．刑法总论重要问题［M］．王昭武译，中国政法大学出版社，2014.

［145］［日］平野龙一．刑法总论Ⅱ［M］．日本有斐阁，1972.

［146］［日］西原春夫主编．日本刑事法的重要问题（二）［M］．金光旭等译，法律出版社，2000.

［147］［日］曾根威彦．刑法学基础［M］．黎宏译，法律出版社，2005.

［148］［意］加罗法洛．犯罪学［M］．耿伟、王新译，中国大百科全书出版社，1996.

［149］［意］恩里科·菲利．犯罪社会学［M］．郭建安译，中国人民公安大学出版社，2004.

［150］［英］丹尼斯·罗伊德．法律的理念［M］．张茂柏译，上海译文出

版社，2014.

二、论文类

［1］曹波．刑事职业禁止司法适用疑难问题解析［J］．刑法论丛，2017（1）．

［2］曹波．我国古代刑事职业禁止制度及其当代价值［J］．江西警察学院学报，2016（6）．

［3］陈春龙．法律规范作用新探［J］．现代法学，1990（4）．

［4］陈少青．法秩序的统一性与违法判断的相对性［J］．法学家，2016（3）．

［5］陈婷等．中国十大骗保案揭秘［J］．理财周刊，2014（21）．

［6］陈兴良．罪刑法定主义的逻辑展开［J］．法制与社会发展，2013（3）．

［7］陈泽宪．非法经营罪若干问题研究［J］．人民检察，2000（2）．

［8］储槐植．论我国刑法犯罪概念的定量因素［J］．中国法学，1998（2）．

［9］董兆玲．玩忽职守罪因果关系初探［J］．政法学刊，2008（1）．

［10］杜国强．保险诈骗罪共犯问题研究［J］．人民检察，2005（1）．

［11］高铭暄，孙晓．宽严相济刑事政策与罚金刑改革［J］．法学论坛，2009（2）．

［12］古加锦．利用未公开信息交易罪司法适用的疑难问题研究［J］．政治与法律，2015（3）．

［13］顾肖荣．论我国刑法中的背信类犯罪及其立法完善［J］．社会科学，2008（10）．

［14］郭宏彬．论保险监管的理论渊源［J］．政法论坛，2004（4）．

［15］郭庆茂，顾尧．事后投保骗取保险金构成保险诈骗罪［J］．人民司法，2008（22）．

［16］海蛟．我国经济犯罪原因分析［J］．四川警官高等专科学校学报，2007（8）．

［17］韩玲．保险诈骗罪中几种特殊行为方式的司法认定［J］．政治与法律，2005（4）．

［18］韩忠谟．行政犯之法律性质及其理论基础［J］．台湾大学法学论丛，1980（1）．

［19］郝建玉．浅谈如何防范人寿保险洗钱风险［J］．时代金融，2016（5）．

［20］何海宁．“骗保”疑案难倒法官［J］．政府法制，2005（14）．

［21］何龙，张宝．论刑法中的复权制度［J］．安阳师范学院学报，

2010（6）.

［22］胡启忠，秦正发．“虚构保险标的”型保险诈骗罪适用边界论［J］．中国社会科学院研究生院学报，2014（3）.

［23］黄牛等．逆流——有识之士认为，狙击车险诈骗不力将危及整个财险经验［J］．中国保险，2006（2）.

［24］黄太云．《刑法修正案（六）》的理解与适用（下）［J］．人民检察，2006（15）.

［25］缑泽昆．《刑法修正案（七）》中“老鼠仓”犯罪的疑难问题［J］．政治与法律，2009（12）.

［26］贾宇，梁增昌．论保险欺诈罪［J］．中国法学，1991（1）.

［27］江岚，祝炳岩．滥用职权罪中“滥用职权”再析［J］．中国刑事法杂志，2013（11）.

［28］金华捷，傅锐．虚构标的型保险诈骗行为的刑民交叉问题分析——兼谈刑法的“二次违法性”［J］．江西警察学院学报，2014（2）.

［29］李保唐等．认定徇私舞弊不移交刑事案件犯罪若干问题研究［J］．中国刑事法杂志，2003（1）.

［30］李加明．保险犯罪的罪名适用［J］．保险研究，1998（7）.

［31］李洁．论滥用职权罪的罪过形式［J］．法学家，1998（4）.

［32］李俊丽．徇私舞弊不移交刑事案件罪的司法适用问题［J］．商丘师范学院学报，2010（4）.

［33］李兰英．契约精神与民刑冲突的法律适用——兼评《保险法》第54条与《刑法》第198条规定之冲突［J］．政法论坛，2006（6）.

［34］李丽红等．“互联网+”时代背景下的保险行业信息安全管理［J］．中国信息安全，2016（7）.

［35］李晓君．损害商业信誉、商品声誉罪的若干问题解析［J］．商业时代，2013（24）.

［36］李亚子等．医疗保险信息泄露案例分析及对我国安全隐私保护的借鉴［J］．医学信息学杂志，2014（2）.

［37］梁慧轩．着力打造“四位一体”的反保险欺诈机制——保监会有关部门负责人就《关于加强反保险欺诈工作的指导意见》答记者问［J］．上海保险，2012（9）.

［38］林荫茂．保险诈骗犯罪定性问题研究［J］．政治与法律，2002（2）.

［39］林荫茂．保险诈骗犯罪行为研究［J］．华东刑事司法评论，2002（2）.

［40］林荫茂．保险诈骗犯罪客体的探讨［J］．上海市政法管理干部学院学报，2001（6）.

［41］林亚刚．论想象竞合犯的若干问题［J］．法律科学，2004（1）．

［42］刘德法，尤国富．论空白罪状中的“违反国家规定”［J］．法学杂志，2011（1）．

［43］刘国亮．试论保险洗钱表现的方式、原因和防范［J］．河北金融，2009（10）．

［44］刘娜，杨胜刚．保险领域的洗钱犯罪：手段与案例［J］．中国金融，2005（11）．

［45］刘士国．论民法总则之民事责任规定［J］．法学家，2016（5）．

［46］刘文强．论保险诈骗罪未遂形态的认定［J］．湖北警官学院学报，2013（3）．

［47］刘宪权．保险诈骗罪疑难问题的司法认定［J］．浙江大学学报（人文社会科学版），2008（4）．

［48］刘宪权，周舟．违法运用资金罪的刑法分析［J］．法学杂志，2010（9）．

［49］卢勤忠．利用未公开信息交易罪的认定［J］．政法论丛，2010（1）．

［50］牛晓鹏．保险诈骗犯罪的特点、成因及防范［J］．法制与经济，2006（1）．

［51］彭文华．论擅自运用客户资金罪［J］．中国检察官，2006（9）．

［52］怯帅卫．保险诈骗犯罪的侦防对策［J］．山东警察学院学报，2015（6）．

［53］汝国亚．玩忽职守犯罪因果关系认定理论优劣之比较［J］．江苏警官学院学报，2008（6）．

［54］阮方民．徇私舞弊不移交刑事案件罪的若干司法与立法问题［J］．法学，2002（2）．

［55］沈言．基本医疗保险基金不能成为保险诈骗罪的对象［J］．人民司法，2014（16）．

［56］时延安．论刑事违法性判断与民事不法判断的关系［J］．法学杂志，2010（1）．

［57］孙国祥．行政犯违法性判断的从属性和独立性研究［J］．法学家，2017（1）．

［58］孙海龙．论空白罪状在中国刑法中的命运［J］．福建法学，2002（1）．

［59］孙万怀．法定犯拓展与刑法理论取代［J］．政治与法律，2008（12）．

［60］孙万怀．保险诈骗共同犯罪的实践难题及合理解决［J］．法学家，2012（6）．

[61] 孙玮，魏凯．利用未公开信息交易罪的司法认定 [J]．人民司法，2013 (4).

[62] 孙文红．保险诈骗罪若干问题研究 [J]．国家检察官学院学报，2003 (3).

[63] 孙志华．保险诈骗罪初探 [J]．山西省政法管理干部学院学报，2012 (3).

[64] 宋一虎．经济违法行为犯罪化立法初探 [J]．载游伟主编．华东刑事司法评论，2006 (2).

[65] 苏彩霞．徇私舞弊不移交刑事案件罪的司法认定与立法完善 [J]．当代法学，2005 (1).

[66] 苏满满．经济犯罪成因初探 [J]．苏州大学学报（人文社会科学版），1997 (3).

[67] 唐金成，韦红鲜．中国互联网保险发展研究 [J]．南方金融，2014 (5).

[68] 田宏杰．行政犯的法律属性及其责任——兼及定罪机制的重构 [J]．法学家，2013 (3).

[69] 田宏杰．侵犯知识产权案件的几个疑难问题研究 [J]．法商研究，2010 (2).

[70] 童伟华．日本刑法中的违法性判断的一元论与相对论述评 [J]．河北法学，2009 (11).

[71] 涂龙科，胡建涛．论背信运用受托财产罪的认定 [J]．华东理工大学学报（社会科学版），2008 (3).

[72] 王非．保险诈骗共同犯罪的具体形式及责任认定 [J]．江南大学学报（人文社会科学版），2011 (2).

[73] 王辉．我国晋升为保险全球第二大国 [J]．中国保险，2017 (2).

[74] 王潜．擅自设立金融机构罪若干疑难问题研究 [J]．江西警察学院学报，2015 (6).

[75] 王涛，汤琳琳．利用未公开信息交易罪的认定标准 [J]．法学，2013 (2).

[76] 王欣元，康相鹏．利用未公开信息交易罪疑难问题探析 [J]．法学，2014 (6).

[77] 王彦强．可罚的违法性纲论 [J]．比较法研究，2015 (5).

[78] 王一飞．解码保险信息安全“三重门” [J]．中国信息安全，2014 (8).

[79] 王一木．走向地狱的荒唐之梦——全国首例谋杀替身骗赔案始末

[J]. 中国保险，1999 (6).

[80] 王昭武. 犯罪的本质特征与但书的机能及其适用 [J]. 法学家，2014 (4).

[81] 王作富，刘志远. 论徇私舞弊不移交刑事案件的司法适用 [J]. 中国刑事法杂志，2000 (3).

[82] 魏迎宁. 保险诈骗罪研究 [J]. 保险研究，2010 (9).

[83] 魏迎宁. 保险业违法运用资金罪研究 [J]. 保险研究，2010 (12).

[84] 吴占英. 擅自设立金融机构罪研究 [J]. 中南民族学院学报（人文社会科学版），2001 (2).

[85] 肖晚祥. 保险诈骗罪的若干问题研究 [J]. 政治与法律，2010 (1).

[86] 肖中华. 空白刑法规范的特性及其解释 [J]. 法学家，2010 (3).

[87] 邢海宝.《新保险法》解读 [J]. 法学杂志，2009 (5).

[88] 熊海帆，罗晓芹. 刍议洗钱概念的非罪化界定——基于保险洗钱行为的分析 [J]. 社会科学研究，2013 (2). 谢杰. 利用未公开信息交易罪行为对象的刑法分析 [J]. 江苏警官学院学报，2011 (6).

[89] 熊谋林. 我国罚金刑司法再认识 [J]. 清华法学，2013 (5).

[90] 许娟. 损害商业信誉、商品声誉罪之法理分析 [J]. 社会科学论坛，2006 (6).

[91] 许翔. 行政刑法的伦理性探析 [J]. 武汉公安干部学院学报，2016 (4).

[92] 杨俊. 关于完善保险诈骗罪刑罚设置的几个问题 [J]. 云南大学学报（法学版），2015 (4).

[93] 杨俊. 论擅自设立保险机构的犯罪行为 [J]. 河北法学，2015 (1).

[94] 杨俊. 关于保险诈骗犯罪客体的探讨 [J]. 铁道警官高等专科学校学报，2013 (3).

[95] 于改之. 保险诈骗罪的司法认定 [J]. 法律适用，2003 (7).

[96] 于改之，吴玉萍. 刑、民冲突时的法律适用：以帅英骗保案为中心 [J]. 法律适用，2005 (10).

[97] 曾文星，曾力杰. 浅论保险商业贿赂的产生及治理对策 [J]. 保险职业学院学报，2012 (5).

[98] 张惠芳. 擅自设立金融机构罪有关问题的探讨 [J]. 北京人民警察学院学报，2000 (2).

[99] 张明楷. 贪污贿赂罪的司法与立法发展方向 [J]. 政法论坛，2017 (1).

[100] 张明楷. 行政违反加重犯初探 [J]. 中国法学，2007 (6).

［101］张明楷．保险诈骗罪的基本问题探究［J］．法学，2001（1）．

［102］张新民．社会医疗保险欺诈法律责任制度研究［J］．西南民族大学学报（人文社会科学版），2014（1）．

［103］张宇，刘军善．保险从业人员“道德风险”问题研究［J］．产业与科技论坛，2006（12）．

［104］张甄珍．试论保险从业人员职业道德规范和风险管控［J］．企业研究，2014（8）．

［105］赵秉志，许成磊．金融诈骗罪司法认定中的若干重点疑难问题研讨［J］．刑事司法指南，2000（4）．

［106］赵心宇．对健全我国保险监管体系的研究［J］．上海保险，2012（7）．

［107］周光权．经济犯罪审查起诉的方法论［J］．刑事司法指南，2014（2）．

［108］［美］G. 格罗斯，W. B. 格罗夫．犯罪与人性——马克思主义者的一个观点［M］．杨中兴译，中共中央党校学报，1990（3）．

三、报纸类

［1］陈恳．保险“洗钱”三宗罪 FATF 突击检查三大公司［N］．21 世纪经济报道，2005－02－24．

［2］谷剑冰．内外勾结，利用交通事故骗取保险赔偿金［N］．大河报，2014－12－24．

［3］胡金华．泛鑫保代 13 亿元诈骗案沉思录［N］．华夏时报，2014－07－21．

［4］胡利民．整治保险公司中介业务违法违规行为［N］．金融时报，2009－08－14．

［5］黄蕾．保监部门调研摸底反洗钱［N］．上海证券报，2014－10－23．

［6］康民．保监会严查保险公司中介业务违法违规行为［N］．中国保险报，2011－11－22．

［7］李海洋．追究保险业“违法运用资金罪”应成为常态［N］．中国商报，2016－05－24．

［8］李蕊．2016 年我省保险欺诈涉案总额 8961 万余元［N］．陕西日报，2017－02－07．

［9］李运平．储槐植：要正视法定犯时代的到来［N］．检察日报，2007－06－01．

［10］廖芸，刘冬晨．哥哥“移花接木”用弟弟病历骗保万元获刑［N］．新法制报，2008－06－12．

［11］刘伟．车主如何堵截车险欺诈［N］．北京商报，2013－05－15．

［12］门君诚．医保被骗近千万元　禅城社保局4人被判无罪［N］．南方都市报，2015－12－17.

［13］孟伟阳．个人信息买卖“黑产业链”曝光［N］．法制日报，2014－11－27.

［14］钱澄蓉．冒名顶替骗保　小伙后悔不已［N］．嘉兴日报，2017－02－26.

［15］苏向杲．保险洗钱七大手法：互联网保险洗钱最便捷［N］．证券日报，2014－06－05.

［16］魏迎宁．违反国家规定运用保险资金即使盈利也可能构成犯罪［N］．中国商报，2016－04－12.

［17］席韶阳．保险诈骗手段花样翻新　金额约占全部保险金20%［N］．大河报，2012－06－22.

［18］肖扬．保险业重拳连击非法集资［N］．金融时报，2016－06－08.

［19］肖扬．首例互联网保险欺诈案宣判　险企重拳打击职业骗保师［N］．金融时报，2015－02－04.

［20］徐心俊．江苏保险诈骗犯罪十大典型案例发布［N］．京江晚报，2014－07－21.

［21］赵国辉．论保险洗钱的治理问题［N］．中国保险报，2006－06－09.

［22］张达朝等．挪用400万元保费　保险公司员工被判刑［N］．扬州时报，2015－09－03.

［23］张明楷．实体上的刑民关系［N］．人民法院报，2006－05－17.

［24］郑舜．堂弟“借”堂兄医保卡使用　二人双双因诈骗医保获刑［N］．青年时报，2017－03－29.

［25］保险业积极参与“破案会战”成效明显［N］．中国保险报，2012－10－25.

［26］首例保险从业人员利用未公开信息交易股票被查［N］．新闻晚报，2013－02－25.